Michael Kuhn

Marcus - Soldat Roms

Band I

Dritte überarbeitete Auflage 2013

Umschlaggestaltung und Bildbearbeitung: Thomas Kuhn
Zeichnungen: Hannelore Kuhn
Fotos: Michael Kuhn, Veronika Geerling
Kartenerstellung: Till Stoletzki
Satz, Druck und Bindung: TZ-Verlag, Roßdorf bei Darmstadt

Printed in Germany
ISBN 978-3-9815774-1-9

www.ammianus.eu

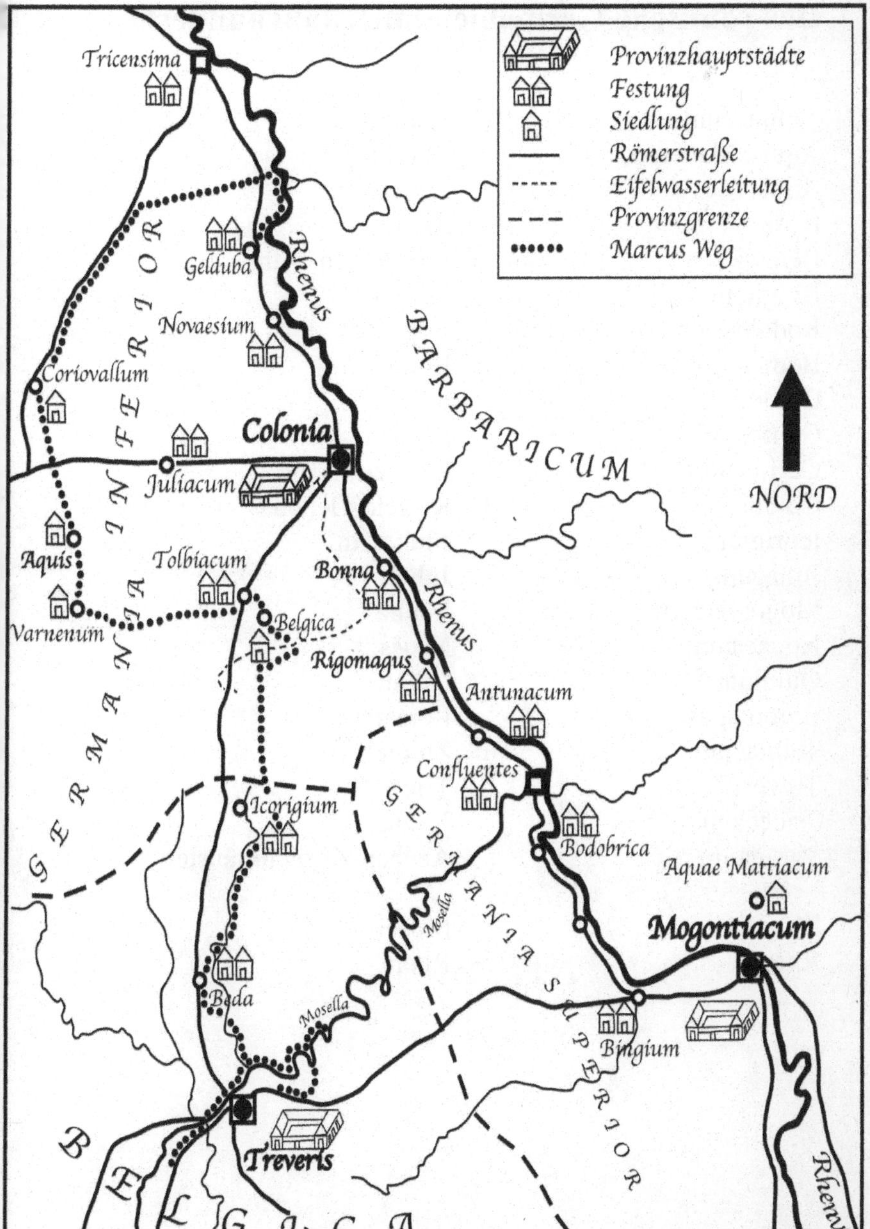
Provinzhauptstädte
Festung
Siedlung
Römerstraße
Eifelwasserleitung
Provinzgrenze
Marcus Weg
NORD
BARBARICUM
GERMANIA INFERIOR
GERMANIA SUPERIOR
BELGICA
Rhenus
Mosella
Tricensima
Gelduba
Novaesium
Coriovallum
Colonia
Juliacum
Aquis
Tolbiacum
Varnenum
Belgica
Bonna
Rigomagus
Antunacum
Confluentes
Icorigium
Bodobrica
Aquae Mattiacum
Mogontiacum
Beda
Bingium
Treveris

Das römische Germanien im 4. Jahrhundert

Antunacum	Andernach
Aquae Mattiacorum	Wiesbaden
Aquis	Aachen
Beda	Bitburg
Belgica	Euskirchen-Billig
Bingium	Bingen
Bodobrica	Boppard
Bonna	Bonn
Colonia	Köln
Confluentes	Koblenz
Coriovallum	Heerlen (NL)
Gelduba	Krefeld-Gellep
Icorigium	Jünkerath
Juliacum	Jülich
Mogontiacum	Mainz
Novaesium	Neuss
Quintum	Quint
Rigomagus	Remagen
Tolbiacum	Zülpich
Treveris	Trier
Tricensima	Xanten
Varnenum	Aachen-Kornelimünster
Mosella	Mosel
Rhenus	Rhein

MARCUS

SOLDAT ROMS
Schicksal an Mosel und Rhein

BAND I

Ammianus Verlag

Danksagung

Vorab möchte ich all denen Dank sagen, die am Gelingen des Buches ihren Anteil hatten.

Thomas Kuhn gebührt der Verdienst, dem vorliegenden Werk mit der künstlerischen Gestaltung des Umschlages und der Bearbeitung des Fotomaterials seine endgültige Gestalt gegeben zu haben.

Hannelore Kuhn erstellte in mühevoller künstlerischer Kleinarbeit die Zeichnungen, die dem Leser in anschaulicher Art und Weise die provinzialrömische Wirklichkeit nahebringen.

Das Kartenmaterial wurde von Till Stoletzki entworfen.

Ang. Kiel hatte die wichtige Aufgabe des Lektorats.

Heike Breimes, Sabine und Torsten Goesch, Rainer Schulz, Ines Grohmann und Tanja Baumgart wurden nicht müde, durch wiederholtes Lesen viel zum Gelingen des Buches beizutragen.

Andreas Schaub übernahm als Aachener Stadtarchäologe das wissenschaftliche Lektorat für den Teil des Buches, der sich mit der Stadt Aachen und seiner näheren Umgebung auseinandersetzt.

Danken möchte ich zum Schluss auch Dr. Cornelius Ulbert, Dr. Peter Henrich und Dr. Iris Hofmann-Kastner, die mir wichtiges Material zur provinzialrömischen Geschichte zur Verfügung gestellt haben und all denen aus meinem Freundes- und Bekanntenkreis, die immer wieder Passagen des Buches gelesen und mich ermutigt haben, in meinem Schaffenseifer nicht nachzulassen.

Für meine Tochter Jenny

und

ihre Cousinen Hannah und Sarah

Zum Buch

Wir schreiben das Jahr 355 nach Christus. Wo die „Pax Romana“ Jahrhunderte lang Sicherheit und Wohlstand garantiert hatte, herrschen Chaos und Auflösung.
Seit Jahren setzen fränkische und alemannische Scharen über den Rhein und legen die römischen Provinzen Germaniens und Ostgalliens in Schutt und Asche. Um der Lage Herr zu werden, ernennt der Imperator Constantius II. seinen Vetter Julian zum Stellvertreter und Caesar des Westens. Der „Ungeliebte“ soll das Unmögliche vollbringen und zieht von Mailand mit wenigen Getreuen nach Gallien, um ein schlagkräftiges Heer zu sammeln. Marcus Junius Maximus, ein langgedienter Offizier, erlebt in diesen Tagen das Abenteuer seines Lebens. Beim Fall der Grenzfestung Gelduba wird er schwer verwundet, und nur die Kunst der Ärzte und sein Überlebenswille retten sein Leben. Dunkle Schicksalsmächte treiben ihn durch die Provinzen an Rhein und Mosel, und große Geschichte wird in seinem Beisein geschrieben, als Caesar Julian zu seinem Siegeszug antritt und die Grenze am Rhein ein letztes Mal für das Imperium zurückgewinnt.

Der Autor

Michael Kuhn M.A., Jahrgang 1955, studierte in Aachen Geschichte und Politische Wissenschaften. Im Anschluss war er in unterschiedlichen historischen Projekten involviert und organisierte im eigenen Unternehmen geschichtliche Events. Zurzeit arbeitet er neben seiner Tätigkeit als Autor in der Archäologie.
Das Anliegen, bei seinen Mitmenschen Interesse und Verständnis für die faszinierende Welt der Geschichte zu wecken, durchzieht seine bisherige Vita wie ein roter Faden.
So steht der vorliegende Band am Beginn einer Buchreihe, die den Leser mit Spannung und Information auf eine Zeitreise in die aufregendsten Epochen unserer Vergangenheit mitnimmt.
Zurzeit schreibt Michael Kuhn an der Fortsetzung der abenteuerlichen Lebensgeschichte des römischen Offiziers Marcus Junius Maximus.

Inhalt

Marcus
Soldat Roms

Dramatis Personae

Marcus Junius Maximus:	römischer Tribun und Herr der Villa Vineta
Bissula:	eine Alemannin aus dem Taunus
Galerius:	Verwalter der Villa Vineta, Freund von Marcus
Charietto*:	Tribun fränkischer Abstammung und Anführer einer Spezialeinheit
Ulf:	ein fränkischer Krieger
Flavius Claudius Julianus*:	Caesar des Westens und späterer Kaiser
Constatius II.*:	Kaiser
Severus*:	Magister Equitum, Reitergeneral
Germanus:	Reiteroffizier alemannischer Abstammung, Bissulas Vetter
Titus Venator:	Reiteroffizier (Centenarius)
Rufus:	Soldat mit fränkischen Wurzeln
Gaius Aelius Viatorinus:	Kommandant der Festung Noviomagus. Verschwörer
Secundinus:	Medicus
Maximus:	Verwalter der Villa Vineta
Secundus:	Fischer bei der Villa Vineta
Flavia:	junge Alemannin in der Villa Vineta
Gaius Lucius Tiburinus:	Senator, Herr der Villa Urbana
Marcus Sidonius Rufus:	Freund von Galerius
Decimus Magnus Ausonius:	Dichter, Rhetor, Konsul
Valerius Aurelius Ambrosius*:	Sohn des Statthalters und späterer Kirchenvater

* Historische Persönlichkeiten

Prolog

Es geschah im 18. Jahr der Herrschaft des Imperators Constantius II., als die Provinzen im Nordwesten des Imperiums unter dem Ansturm von Franken und Alemannen zu zerbrechen drohten.

Vor Stunden war die Nacht hereingebrochen und der Herbststurm peitschte niedrige Wolken über die Ebene, aus denen Regenschleier herabwehten. Unheimlich rauschten und gurgelten in der Dunkelheit die Fluten des Rhenus, der sich keine hundert Schritte entfernt dem Nordmeer entgegenwälzte.

Verzweifelt kämpften in dieser Nacht einige hundert Legionäre auf den Mauern der Festung Gelduba um ihr Leben. Die Lage schien hoffnungslos, denn unentwegt stürmten fränkische Krieger bei Tag und Nacht gegen die Wälle. Schulter an Schulter standen die Überlebenden der Lagerbesatzung neben den Resten der „Legio Tricensimae“ und versprengten Kampfgruppen des Bewegungsheeres, die sich zum Kastell durchgeschlagen hatten. Das war alles, was im Umkreis von fünfzig Meilen von der ehemals starken Grenzsicherung übrig geblieben war. Bis jetzt hatten sie den anstürmenden Franken standgehalten, die nach dem Fall der Großfestung Tricensima diesen letzten Sperrriegel auf dem Weg zu den großen Städten im Süden vor dem Beginn des Winters erobern wollten.

Auf den Wällen flackerten in eisernen Becken gespenstische Feuer, in deren Licht die Bedienungsmannschaften der Wurfgeschütze und Ballisten ihre tödliche Ladung gegen den Feind schleuderten. Wer dabei war und überlebte, sollte nie mehr das Sirren und Sausen der Geschosse, die Schreie der Kämpfer und das Stöhnen der Verwundeten vergessen.

Gelbrot loderten im Halbkreis die Lagerfeuer der Franken um das belagerte Kastell. Ohne Unterbrechung krachten Steine und Feuertöpfe auf die Deckungen und Behausungen der Verteidiger. Längst hatte der Feind gelernt, Schleudergeschütze und Ballisten selber herzustellen und wirkungsvoll einzusetzen. Die Festung lag im Würgegriff, und niemand hätte den Einschließungsring unbeschadet durchdringen können.

Seit Wochen starrten deshalb die Wachtposten angespannt über die Fluten des Rhenus, denn Rettung oder Entsatz wäre nur über den Wasserweg möglich gewesen. Eine vergebliche Hoffnung, weil sie nicht wissen konnten, dass überall längs des Flusses die Legionen im verzweifelten Abwehrkampf standen. Sie waren nicht in der Lage, Hilfe zu schicken. Selbst in den Gefechtspausen fanden die Verteidiger keine Ruhe, wenn aus dem Dunkel, Angst und Schrecken verbreitend, die wilden Kampfgesänge der Barbaren dröhnten.

Wieder setzten rhythmisch die Trommeln ein, die den an- und abschwellenden Gesang aus tausend rauen Kehlen begleiteten. Besorgt musterten die erfahrenen Truppführer ihre Rekruten, wobei sie besonders auf flackernde Blicke und fahrige Bewegungen achteten. Sie wussten aus Erfahrung, was geschehen konnte, wenn die ersten Anzeichen der Panik übersehen wurden. In der vergangenen Nacht hatten drei Legionäre die Nerven verloren, waren den Wall hinuntergesprungen und in ihrer Verwirrung dem Feind direkt in die Arme gelaufen. Die Köpfe der Unglücklichen spießten die Franken auf Holzstangen, die sie in Sichtweite der Belagerten in den Boden rammten. Bei Anbruch der Dämmerung hatten sie Fackeln entzündet, damit die verzerrten Gesichtszüge der geschlachteten Kameraden weithin sichtbar blieben.

Kaum noch fähig, sich auf den Beinen zu halten, lehnte eine Kampfgruppe an der Brustwehr der flussseitigen Kastellmauer. Voller Angst blickten Offiziere und Legionäre über die zerstörten Innenbauten des Kastells zur gegenüberliegenden Seite der Festung, wo diesmal der Angriff der sturmreif geschossenen Toranlage galt. Müde blickten die Augen aus den grauen und unrasierten Gesichtern der Männer, die seit Tagen nur wenige Stunden geschlafen hatten.

Der Nieselregen rann von den Helmen auf Kettenpanzer und zerschlissene Uniformen. Die an der Brustwehr lehnenden Schilde und Lanzen befanden sich wie die übrigen Waffen in einem schlechten Zustand, da keine Zeit blieb, sie auszubessern.

Eine Stunde war vergangen, seit sie einen Angriff auf ihren Verteidigungsabschnitt mit letzter Kraft hatten abwehren können. Der Feind hatte mit Leitern die Mauer erklettert und musste im Nahkampf von der Brustwehr geworfen werden, wobei drei Kameraden ihr Leben ließen. Einer von ihnen lag noch auf dem Wehrgang, wo ihm die Wurfaxt eines Franken den Schädel gespalten hatte. Viele waren verletzt und in Ermangelung sauberen Verbandmaterials hatte der Medicus die Wunden mit zerrissenen Bekleidungsfetzen umwickelt.

Abseits seiner Männer kauerte, mit dem Rücken an die Brustwehr gelehnt, ein Centurio auf dem Boden des Wehrgangs. Er hatte den Bügelhelm abgenommen, so dass sein dunkelblonder Haarschopf dem Regen ausgesetzt war. Mit seinen ebenmäßigen Gesichtszügen, der geraden Nase, den graublauen Augen und der wettergegerbten Haut glich er eher einem eingeborenen Provinzialen als einem reinblütigen Römer aus den Kernprovinzen des Imperiums. Erste Falten und Linien um Augen und Mundpartie, die das Leben eingetieft hatte, ließen auf ein Alter Ende der Dreißig schließen. Rasiert und vom Dreck befreit hätte man ihn als gut aussehend bezeichnen können, was sein hoch gewachsener und vom Militärdienst gestählter Körper noch unterstrich.

Vor wenigen Stunden waren er und die anderen Truppführer zu einer letzten Lagebesprechung in die Principia befohlen worden. Mit fahlem Gesicht und flackerndem Blick hatte ihnen der Vicarius dargelegt, dass der Fall der Festung unmittelbar bevorstand.

Der Centurio und zwei seiner Kameraden hatten jeweils einen auf Pergament geschriebenen Bericht über die Vorgänge bis zum Fall der Festung und eine Liste der abzuschreibenden Truppenteile ausgehändigt bekommen. Müde und schicksalsergeben hatte der Vicarius seine obersten Offiziere aus verschatteten Augenhöhlen angefleht, die Schreiben der Kanzlei des Magister Equitum per Gallias zukommen zu lassen.

Die Rechnung war einfach. Wenn die Lage hoffnungslos

wurde, sollten sie sich befehlsgemäß absetzen und versuchen, durch die fränkischen Linien zu entkommen. Schaffte es einer der drei, würde die Nachwelt einen Beweis von der Tapferkeit und Pflichterfüllung des Kommandanten und seiner Untergebenen in den Händen halten. Ihren Familien bliebe somit der Makel der unehrenhaften Niederlage erspart. Zusätzlich hatte man sie mündlich informiert, an welcher Stelle die zusammengeschmolzenen Geldmittel der Lagerverwaltung vergraben worden waren, um sie bei der Wiedergewinnung der verlorenen Grenzgebiete weiter verwenden zu können. Zum Schluss musste sich jeder der drei den Inhalt des Schreibens genau einprägen, damit er die Botschaft zur Not mündlich überbringen konnte. Ein Händedruck aus einer kraftlosen Hand und sie waren, das Schreiben in einem unter der Tunika getragenen Leibgurt verborgen, an ihre Plätze zurückgeeilt.

Der Centurio starrte gedankenverloren auf einen goldenen Armreif, den er am linken Unterarm trug. Fortgesetzt drehte er das Schmuckstück mit der Rechten um das Handgelenk. Endlich hielt er inne und wischte das von Schmutz und Regentropfen benetzte Kleinod sorgfältig sauber, worauf eine sich windende Schlange mit smaragdbesetzten Augen sichtbar wurde.

In diesem Augenblick stieg wildes Triumpfgeheul in den Nachthimmel. Zu Hunderten ergossen sich die Feinde durch das zerbrechende Lagertor in den Innenbereich der Festung. Die wenigen, die, von Pfeilen und Speeren getroffen, im Lauf zusammensackten, brachten die Hintermänner zum Straucheln, den Ansturm aber nicht zum Stehen.

Bis auf den Centurio schreckte die Kampfgruppe auf dem Rhenuswall hoch. Die Männer rückten zitternd ihre Kettenpanzer oder Helme zurecht und rissen hastig die Schutzschilde hoch.

„Bei allen Göttern, Marcus, das ist das Ende“, schrie einer der Legionäre seinen Centurio an. Der Offizier riss sich gewaltsam vom Anblick seines Armreifs los und kam mit einem Satz auf die Beine.

„Verdammt!“, fluchte der mehr zu sich selbst als an seine Männer gewandt. „Wer hat bloß die Bataver an das Tor gestellt?“

Im gleichen Moment wusste er, dass der Vorwurf unberechtigt war und sie alle in wenigen Minuten tot sein würden, wenn die Götter kein Wunder geschehen ließen.

Fieberhaft arbeitete sein Kopf, bis er die Aussichtslosigkeit der Lage erfasste und er sich entschloss, den letzten Befehl des Vicarius auch auf seine Männer auszuweiten. Gelduba war gefallen und ihr Heldentod würde daran nichts ändern. Er hatte einen Fahneneid geschworen, der nicht verlangte, seine Untergebenen sinnlos zu opfern. Das Imperium brauchte auch morgen noch jeden Mann, der eine Waffe führen konnte.

„Raus hier!", brüllte er seine Männer an. „Verschwindet über die Mauer und dann zu den Kähnen im Hafen."

Die Hoffnung auf Rettung setzte bei den Männern, die eben noch ihr sicheres Ende vor Augen hatten, die letzten Kräfte frei. Sie warfen Waffen und Schilde über die Brustwehr, schwangen sich hoch und glitten die regennasse Feldseite der Mauer hinab, nicht der Spitzen und Kanten achtend, die Kleidung und Haut zerrissen. Die aufgeweichte Erde dämpfte ihren Aufprall, so dass sich alle unverletzt erhoben und auf das Flussufer zuliefen. Sie hatten den ersten Holzkahn fast erreicht, als die Pfeile der Feinde über sie hinweg in die Nacht surrten.

Plötzlich wankte der Centurio und stürzte mit einem wütenden Aufschrei zu Boden. Zwei Legionäre rissen ihren Offizier hoch, in dessen Rücken ein Pfeil steckte und hievten den Verletzten ins Boot. Über die Schultern zurückschauend, schoben die Männer den Kahn in den Fluss, bis das Wasser ihre Knie umspülte, sprangen hinein und suchten hinter der Bordwand Deckung.

Die Franken hatten mittlerweile das Ufer erreicht und schickten den Fliehenden einen Hagel von Pfeilen hinterher. Diese schwirrten über sie hinweg oder krachten mit ihren Eisenspitzen in die Holzplanken des hochgezogenen Hecks.

Die Strömung erfasste das Boot und riss das sich immer schneller um die eigene Achse drehende Gefährt vom Ufer weg in die Mitte des Flusses. Kurz darauf waren die Fliehenden in der Dunkelheit verschwunden und vorerst gerettet.

An den Pforten der Unterwelt

Mein Name ist Marcus Junius Maximus, geboren auf dem väterlichen Weingut in der Nähe der Kaiserstadt Treveris im 14. Jahr der Herrschaft des Großen Constantinus. Im Alter von neunzehn Jahren hatte ich meinen Dienst bei der ruhmreichen XXX. Legion in Tricensima angetreten, wurde in den Grenzkriegen mehrfach ausgezeichnet und zum ranghöchsten Centurio meiner Einheit befördert. Als Tribun und Freund des göttlichen Imperators Julian, dessen früher Tod ein neues Zeitalter verhinderte, war ich maßgeblich an dem blutigen Sieg über Franken und Alemannen und der Rückgewinnung der verlorenen germanischen Provinzen beteiligt.

Ich beginne meinen Bericht mit meiner befehlsgemäßen Flucht aus der untergegangenen Festung Gelduba, bei der ich durch einen Pfeilschuss in den Rücken schwer verwundet wurde.

Unser überladenes Boot schwankte stark in der Strömung, und zwei Kameraden waren die ganze Nacht beschäftigt, das über die Bordwand hineinflutende Wasser mit ihren Helmen herauszuschöpfen. Glücklicherweise hatten sich an Bord ein paar Ruder befunden, so dass wir dem reißenden Fluss nicht steuerlos ausgeliefert waren.

Als der Schock der Verwundung nachließ, begann meine Schulter heftig zu schmerzen und hilflos musste ich meinen Kameraden bei ihren verzweifelten Bemühungen zuschauen, das Boot auf Kurs zu halten und vor dem Kentern zu bewahren.

Sobald wir ruhigeres Wasser erreichten, zog mir ein Soldat mit einem heftigen Ruck den Pfeil aus der Wunde und der Medicus legte einen notdürftigen Verband an. Das Geschoß hatte den Kettenpanzer durchschlagen und steckte unterhalb des Schulterblattes im Fleisch, ohne einen Knochen verletzt zu haben. Das war die einzige positive Erkenntnis, denn die Widerhaken hatten beim Entfernen der Spitze die Wunde weit aufgerissen und mir war schwarz vor Augen geworden.

Danach dämmerte ich im Halbschlaf dahin, während als erste Anzeichen des beginnenden Wundfiebers heiße und kalte Schauer in Wellen durch meinen Körper fluteten.

„Hoffentlich war das Geschoß nicht vergiftet", hörte ich aus weiter Ferne die Stimme des Medicus. „Es gibt Stämme, die ihre Pfeil- und Lanzenspitzen in den Leichensaft verwesender Tiere tauchen und damit auch die kleinste Verwundung zu einer tödlichen Gefahr machen."

Mühsam stemmte ich meinen Oberkörper über den Bootsrand und erbrach mich unter Krämpfen, bevor eine gnädige Ohnmacht meinem Leiden zunächst ein Ende setzte. Mitleidvoll ruhten beim Erwachen die Blicke der Gefährten auf mir, von denen keiner einen Follis auf mein Überleben gesetzt hätte. Ich hatte es allein meiner kräftigen Konstitution zu verdanken, dass ich die Nacht überlebte.

Im Morgengrauen legten wir an einer Sandbank an, und die Männer schleppten mich das Ufer empor, während sie unser Fluchtgefährt dem Fluss überließen. Führerlos auf den Wellen tanzend, war das Boot bald unseren Blicken entschwunden, und nichts konnte mehr unseren Aufenthaltsort an einen zufällig vorbeikommenden Feind verraten.

Wir schlugen das Lager in einem Waldstück auf, das wir aus Angst vor Entdeckung zwei Tage nicht verließen. Es war ein ungemütlicher und nach modriger Verwesung stinkender Ort, den wir uns ausgesucht hatten. Schwarzes Laub, in dem ekliges Gewürm und huschende Asseln hausten, bedeckte den Boden des aus Weiden und vereinzelten Buchen bestehenden Wäldchens. Brombeerranken krallten sich bei jeder Bewegung in die Kleidung, und es kostete viel Mühe, den Boden von Unterholz und Blattlaub zu befreien.

Den ganzen Tag dämmerte ich im unruhigen Halbschlaf dahin.

Am Abend gelang es einem meiner Kameraden, mit Feuerstein, Stahl und etwas trockenem Zunder ein kleines Feuer zu entzünden, das notdürftig wärmte und die feuchten Kleider trocknete. Wegen der starken Rauchentwicklung des nassen Holzes unterhielten wir es erst nach Einbruch der Dämmerung mit einer größeren Flamme.

Nach dem kargen Abendessen, das aus angefeuchteten Resten der Tagesration bestand, die sich in unseren Proviantbeuteln fanden, trat der Medicus an mein Krankenlager.

„Wie geht es dir, Centurio?“, fragte er und fingerte an dem klammen Mantel, der über die Laubauflage meiner provisorischen Bettstatt gebreitet war.

„Mir ist heiß und es pocht in der Schulter“, presste ich heraus und sank stöhnend zurück.

Über der Nasenwurzel des Medicus bildete sich eine Sorgenfalte, als er die Hand auf meine Stirn legte.

„Du hast hohes Fieber, lass mich die Wunde anschauen.“

Ächzend richtete ich den Oberkörper auf und zuckte bei der leisesten Berührung vor Schmerz, als die Binden entfernt wurden.

„Verdammt“, fluchte der Medicus und legte mich sachte zurück. „Die Wundränder haben sich verfärbt, Centurio. Wenn wir nichts tun, wirst du an der Entzündung sterben und die Nacht nicht überleben. Ich muss schneiden, den Eiter entfernen und die Wunde ausbrennen.“

Verzweifelt stöhnte ich auf. „Lasst mich sterben, ich bin euch sowieso nur eine Last.“

„Das Fieber spricht aus dir, Centurio. Es sieht nicht gut aus, aber du solltest jede Möglichkeit nutzen. Füge dich in das Unvermeidliche und lass mich meine Arbeit tun.“

Rote Schleier tanzten vor meinen Augen und ich verlor kurz das Bewusstsein, als der Medicus zum Feuer schritt und seinen Dolch in die Glut legte.

Ich erwachte aus der Ohnmacht, als zwei Männer mich auf den Bauch drehten und mir ein Stück Holz zwischen die Zähne klemmten. Voller Panik drehte ich den Kopf und schaute über die Schulter zum Feuer, von dem aus sich ein großer Schatten auf mich zu bewegte, der etwas rot Glühendes in den Händen hielt. Ich stöhnte wie ein wundes Tier, als man mich packte und auf dem Boden fixierte.

„Ruhig Centurio“, klang über mir die beruhigende Stimme des Medicus. „Wenn du leben willst, musst du das ertragen.“

Mein Körper entspannte, und ich ergab mich in stumpfer Verzweiflung in die Hände des fremden Mannes, der mein Leben retten wollte.

Ein schrecklicher Schmerz, grell wie ein Blitz, tobte durch meinen Körper, als die glühende Klinge in mein Fleisch schnitt und jeden Augenblick zur Ewigkeit werden ließ.

„Es ist gleich vorbei, Centurio“, drang eine Stimme durch eine rote Wolke in mein Bewusstsein, während das Holzstück im gleichen Augenblick mit einem Krachen zwischen meinen Zähnen zerbrach.

Wieder durchzuckte mich der Schmerz, Feuerräder tanzten vor den Augen, und es roch nach verbranntem Fleisch.

„Lasst mich endlich in Ruhe“, stieß ich gequält hervor.

„Du bist tapfer“, lobte eine Stimme.

Als ich verbunden wurde und der Medicus Heilkräuter auf die ausgebrannte Wunde presste, verlor ich das Bewusstsein.

Fiebernd und phantasierend verbrachte ich die Nacht und spürte kaum die helfenden Hände, die mir den Schweiß vom Gesicht wischten und mich mit Flüssigkeit versorgten. Im Morgengrauen fiel ich in einen tiefen Erschöpfungsschlaf und durchlebte einen Fiebertraum, der sich bis auf den heutigen Tag mit allen Einzelheiten in meine Erinnerung eingebrannt hat.

Die Welt stand in Flammen und aus der Glut erhob sich schlängelnd und züngelnd eine riesige Schlange, die bis zu den Sternen emporwuchs und schließlich Himmel und Erde ausfüllte. Langsam wand sie mir ihr Antlitz zu, und ich versank in ihren smaragdgrünen Augen. Sie schien mich anzulächeln, als sie das Maul öffnete und mir ihre schrecklichen, Blut triefenden Giftzähne zeigte. Das Untier war das genaue Abbild der Schlange auf meinem Armreif.

Fast hätte ich es nicht geschafft. Ich stand am Ufer eines grauen Gewässers und ein dunkler Kahn glitt langsam auf mich zu, den ein hagerer Mann in weitem Kapuzenmantel steuerte. Gebannt starrte ich in ein gesichtsloses Antlitz und erschauerte, als der

Fährmann seinen Arm hob und mir zuwinkte. Die Angst löste sich, die Schmerzen wichen und leicht und kühl durchrieselte es meinen fieberverzehrten Körper.

„Loslassen“, sehnte meine geschundene Seele, „endlich loslassen.“

Da schob sich eine Nebelwand vor den Nachen und der Fährmann entschwand im Dunst. Dumpf kroch der Schmerz in den Körper zurück, bis Qualen und Elend der ganzen Welt auf meinem gemarterten Körper lasteten. Ich hatte es geschafft und sollte leben.

Ich schlief durch bis zum Abend, als mir die Strahlen einer tief stehenden Sonne, die ein letztes Mal eine Wolkenlücke gefunden hatten, direkt in die Augen schienen. Obwohl matt und schwach wie noch nie in meinem Leben, fühlte ich mich besser und verspürte Hunger und brennenden Durst.

„Willkommen bei den Lebenden“, spürte ich die beruhigende Wärme einer kräftigen Hand auf meiner Stirn. „Du hast Glück gehabt und das Fieber hat sich ausgetobt“, erkannte ich die Stimme des Medicus, der neben mir auf dem Boden saß und mir mit sanften Bewegungen den Verband abnahm.

„Als ich deine Wunde öffnete, war die Fäulnis schon eingedrungen, und ich habe nicht mehr daran geglaubt, dass du es schaffen könntest.“ Er zog sein Messer und fing mit der blitzenden Klinge einen Sonnenstrahl ein, bevor er fortfuhr.

„Du musst die Nerven eines Ochsen haben, denn du hast kaum einen Laut von dir gegeben, während ich die Wunde ausbrannte.“ Er beugte sich über meine Schulter und schnalzte mit der Zunge.

„Sie verheilt wunderbar, du Liebling der Götter, aber es wird eine kräftige Schramme zurückbleiben.“ Daumen und Zeigefinger des Mannes zeigten die Größe der zu erwartenden Narbe an, die nicht die letzte in meinem Leben bleiben sollte. Er packte eine frische Lage Heilkräuter auf die operierte Stelle und legte einen neuen Verband an.

„Ich werde weiter nach dir sehen“, wandte er sich zum Gehen, „und wenn dich jemand fragt, wer dein Leben gerettet hat, dann antworte, dass es der Wundarzt Gaius Secundinus aus Coriovallum war.“

Ich schaute dem Medicus nach, und mir fiel auf, dass ich den Mann, dem ich so viel verdankte, zum ersten Mal in meinem Leben genauer betrachtet hatte. Er war groß, mehr als sechs Fuß, und wie ein Athlet gebaut. Erstaunlich für einen Mann über vierzig, dass nicht eine einzige graue Strähne das bis auf die Schultern herabwallende, dunkle Lockenhaar durchzog. Die lebhaften Augen unter buschigen Brauen und die energische Mundpartie standen für Tatkraft und Durchsetzungsvermögen, während der höckerige Nasenrücken sein Aussehen der Faust eines eifersüchtigen Tribunen verdankte. Auffällig waren die für seine Statur feingliedrigen, langen Hände, die mich so behutsam versorgt hatten.

Ich aß etwas von dem Fisch, den einige Männer in einem Tümpel gefangen hatten, kaute bittere Waldnüsse und trank in gierigen Zügen das saubere Wasser aus dem Fluss.

Einer nach dem anderen kamen die Gefährten an mein Lager und drückten in ehrlicher Anteilnahme ihre Freude über meine Rettung aus. Sie hatten die Muße des vergangenen Tages genutzt und aus Ästen und Stoffstreifen eine improvisierte Trage gebaut, die mich in den nächsten Tagen befördern sollte.

Im Morgengrauen brachen wir auf. Ich vermied es, den Männern in die Augen zu schauen, die mich auf die Trage hoben und sorgsam aus dem Wäldchen herausschleppten.

„Wir tun das gerne für dich, Centurio“, bekräftigte ein Legionär, der meinen Gemütszustand richtig deutete. Es war mir peinlich, von meinen Männern wie ein unnützer Krüppel getragen zu werden.

„Centurio, ruh dich aus und genieße es, denn ohne dich wäre keiner von uns lebend aus Gelduba herausgekommen. Man hätte uns an Ort und Stelle massakriert oder später zu Ehren irgendeines germanischen Gottes geschlachtet.“ Die um die Trage herumstehenden Legionäre bestätigten die Aussage ihres Kameraden mit beifälligem Gemurmel.

Wir bewegten uns im Tageslicht über offenes Gelände, ohne Angst haben zu müssen, von einer fränkischen Streifschar gesichtet zu werden. Vorsicht war nicht angebracht, da wir seit unserer Flucht niemanden gesehen hatten. Mit unserem Boot waren wir weit den Rhenus herabgetrieben und der Feind hatte diesmal darauf verzichtet, in das ungeschützte Hinterland einzufallen. Wir ahnten, dass sie dieses Mal ernst machten und alle Kräfte zusammenfassten, um stromaufwärts die Befestigungen und Siedlungen anzugreifen, die sie vor dem Frost erreichen konnten. Ehe wir uns nach Süden wandten, mussten wir nur lange genug Richtung Westen marschieren, um aus dem gefährdeten Gebiet herauszukommen.

Anfangs kamen wir langsam voran, weil die trotz der kühlen Witterung schwitzenden Männer meine Trage durch sumpfige Wiesen und schlammige Bruchwälder schleppen mussten. Wir benötigten zwei Tage, bis wir uns zur Straße durchgeschlagen hatten, die Tricensima mit Coriovallum verband. Auf der geschotterten Straßendecke kamen wir besser voran, denn erst vor wenigen Jahren waren der Kiesbelag ausgebessert und die Abwassergräben freigelegt worden. Wie an der Schnur gezogen verlief die Straße durch die niedergermanische Ebene, und endlos erstreckten sich zu beiden Seiten die dunklen und sumpfigen Wälder des Tieflandes.

Als wir am dritten Tag hügeliges Gelände erreichten, war ich so weit wieder zu Kräften gekommen, dass ich, anfangs nur kurz und später auch längere Zeit, die Trage verlassen konnte.

Sorgsam wurde ich von Secundinus betreut, der mich ermahnte, vorsichtig mit meinen wieder gewonnenen Kräften hauszuhalten. Er wechselte täglich meinen Verband und achtete darauf, dass ich ausreichend Nahrung und Flüssigkeit zu mir nahm.

Am meisten machte uns in der ersten Woche der Dauerregen zu schaffen, der in dünnen Schleiern aus der tiefhängenden Wolkendecke herunterwehte und bis zum Abend jede Faser unserer Kleidung durchfeuchtet hatte. Die Wärme der Lagerfeuer reichte nicht aus, Tuniken, Mäntel und Stiefel bis zum nächsten Morgen durchzutrocknen, was bei den meisten Männern Erkältungen nachsichzog, die unser Marschtempo verlangsamten.

Die Vorratsbeutel mit der Lagerverpflegung waren längst

aufgezehrt, und wir ernährten uns von dem, was auf dem Marsch der Natur abgetrotzt werden konnte: späte Pilze, Nüsse, Bucheckern und, wenn wir Glück hatten, Fische aus einem Tümpel oder einen unvorsichtigen Hasen. Einmal gelang es einem Bogenschützen, einen Rehbock zu schießen, dessen Fleisch uns zwei Tage ernährte.

Im Abstand von zehn Leugen verteilten sich die Straßenstationen entlang des Verkehrsweges, der vor 200 Jahren als rückwärtige Verbindung zur Limesstraße ausgebaut worden war. Mediolanum, Sablones und Medriacum waren von ihren Bewohnern aus Angst vor den Franken verlassen worden. Trotzdem waren wir froh, in der Nacht ein Dach über dem Kopf zu haben, in dessen Schutz wir uns am Feuer aufwärmen und eine heiße Mahlzeit kochen konnten.

In den Nächten wurde es kalt, und wir schliefen dicht aneinandergedrängt neben dem Lagerfeuer. Am Morgen bedeckte eine dünne Eisschicht das Wasser der Pfützen und Wasserlöcher, Raureif lag auf Wiesen und Wäldern und die Atemluft kondensierte in weißen Schleiern. Den Göttern sei Dank hatte es aufgehört zu regnen und die Temperaturen stiegen am Tag so weit an, dass wir auf dem Marsch nicht froren.

In Teudurum trafen wir erstmals auf Menschen, die uns begierig ausfragten und herzlich bewirteten, als wir erzählt hatten, wo wir herkamen.

Ab hier traten die Wälder zurück und machten Ackerfluren Platz, die weit vor unserer Zeit auf den fruchtbaren Böden angelegt worden waren. Wir hatten die Kornkammer Niedergermaniens erreicht, die sich nördlich von Aquis bis zum Rhenus bei Novaesium und hinunter nach der Colonia und dem Legionslager von Bonna erstreckte. Im Gegensatz zu den dünn besiedelten Fluren der nördlichen Germania Secunda, wo Viehzucht betrieben wurde, prägten unzählige Einzelgehöfte das Bild der Landschaft, auf deren Ländereien das Getreide und die Feldfrüchte für die großen Städte und Garnisonen am Rhenus angebaut wurden.

Seitdem wir uns durch bewohntes Gebiet bewegten, verkleinerte sich unsere Gruppe zusehends. Drei Männer hatten Familien im Hinterland und verließen uns, um ihre Angehörigen vor den vielleicht nachdrängenden Franken in Sicherheit zu bringen. Zwei andere waren am Morgen einfach nicht mehr da. Ordnung und Disziplin lösten sich auf, und ich konnte die Männer verstehen, die mit dem militärischen Zusammenbruch alles verloren hatten, was ihr Leben in den vergangenen Jahren und Jahrzehnten bestimmt hatte. Was hätten sie auch tun können, als sich und ihre Familien zu schützen?

Die Nachrichten, die wir von den wenigen Menschen, die uns begegneten, in Erfahrung brachten, waren nicht gut. Wie es schien, waren die germanischen Provinzen verloren und jeder nur darauf bedacht, seine Haut zu retten.

Auch ich hatte begonnen, darüber nachzudenken, wie meine schriftlichen und mündlichen Botschaften an ihren Bestimmungsort gelangen konnten. Dabei wurde mir bewusst, dass ich in der Erfüllung meines Auftrages die Heimat wiedersehen und zu Hause nach dem Rechten sehen konnte. Voller Sehnsucht und Heimweh stiegen vor meinem geistigen Auge das Vaterhaus und die sanften Rebenhänge über den Ufern der Mosella empor. Zuerst musste ich aber gesund werden, denn selbst, wenn ich es gewollt hätte, wäre es in meinem angeschlagenen Zustand und ohne Begleitung und Hilfe unmöglich gewesen, bis nach Hause durchzukommen.

Die letzten Gefährten und mit ihnen der Medicus Secundinus verließen mich in Coriovallum.

„Bleib einige Tage in meinem Haus, Centurio und ruh dich aus. Meine Familie wird dich willkommen heißen“, wies er einladend auf die Gebäude des nahen Ortes. „Coriovallum ist eine hübsche Landstadt mit einer bekannten Therme.“

„Hab Dank, Secundinus“, schüttelte ich den Kopf. „Du hast viel für mich getan und dafür danke ich dir. Versuch nicht, mich zum Bleiben zu bewegen. Bis Aquis ist es nicht weit und dort finde ich alles, was ich brauche, um gesund zu werden.“

„Das findest du bei mir auch, Centurio“, widersprach der Medicus.

„Secundinus, in Aquis liegt vielleicht Militär zum Schutz der Lazarette. Die haben Verwendung für mich, und ich muss mich dort melden und sehen, wie es weitergeht."

Ich sah Tränen in den Augenwinkeln meines Lebensretters aufblitzen, als er nach meiner Hand griff.

„Die Götter mögen mit dir sein, Centurio, und lass dich den Winter über gesund pflegen. Wie es meine Zeit erlaubt, werde ich kommen und nach dir sehen."

In diesem Augenblick tauchte ein zweirädriger Bauernkarren zwischen den letzten Häusern des Ortes auf.

„Siehst du, jetzt kann ich doch noch etwas für dich tun." Behende eilte Secundinus dem Karren entgegen und gebot dem Fahrer mit erhobenen Armen zu halten. Ängstlich zügelte der Bauer sein Ochsengespann und griff nach einem Knüppel, der hinter ihm auf der Ladefläche lag.

„Was wollt ihr von mir?", stammelte der Mann, der sich unversehens zwei zerlumpten und verwahrlosten Gestalten gegenübersah, die eine Spatha am Gürtel trugen.

„Bei allen Göttern, Secundinus", warf der Bauer den Knüppel hinter sich und ein Lächeln überzog das derbe Gesicht.

„Das wurde aber Zeit Fabius, habe ich mich so verändert?"

„Du bist schmal geworden, Medicus", entschuldigte sich der Landmann, „und warst mehr als ein Jahr fort. Schön, dass du wieder hier bist, wir brauchen dringend einen Arzt im Ort."

„Fabius, nimm diese Münzen und fahr den Offizier nach Aquis."

Während der Bauer erfreut die Münzen in seiner Hand wog, half der Wundarzt mir auf die Lagefläche und deckte mich mit meinem Mantel zu. Ein letzter Händedruck, und ächzend setzte sich der Karren in Bewegung.

Durchgeschüttelt und von Hitzewellen und Schüttelfrost zermürbt, rumpelte ich Stunden später auf meinem Gefährt nach Aquis hinein. Die Bäume hatten in den letzten Tagen alle Blätter abgeworfen, und die ersten Schneeflocken taumelten aus winterdunklen Wolken auf die Erde herab.

Die Wasser des Grannus

Der Bauer setzte mich vor dem Eingang einer der beiden Thermenanlagen des Ortes ab, die in ein Behelfslazarett umgewandelt worden war.

Obwohl mir als Offizier ein Einzelzimmer zustand, musste ich froh sein, für ein entsprechendes Geldgeschenk ein Bett in einem Bretterverschlag des ehemaligen Caldariums zu bekommen. Ein Luxus, weil in diesem Teil des Gebäudes die Heizungsanlage noch intakt war. Dagegen hatte man in den übrigen Räumen die Menschen auf stinkende Strohsäcke gebettet. Um zusätzlichen Platz zu schaffen, waren die großen Wasserbecken mit dem Schutt der bröckelnden Innenausstattung verfüllt und mit einem groben Dielenboden abgedeckt worden.

Hunderte Verletzte und Kranke drängten sich in den ehemals prächtigen Hallen der Badeanlage, durch die nicht mehr der Wohlgeruch erlesener Duftöle zog. Der Gestank von fiebrigem Schweiß und faulendem Eiter erfüllte die Gewölbe bis in die letzte Nische. Nur die Liegeplätze der Schwerkranken und Sterbenden waren den Blicken der Leidensgenossen durch eilig gespannte Laken und Vorhänge entzogen.

Es verging kein Tag, an dem die Knechte nicht wenigsten einen Toten herausschafften und neues Strandgut des Krieges in die Therme gespült wurde. Die Zahl der Unglücklichen, deren Leichen in der Einsamkeit der Wälder und Sümpfe Niedergermaniens vermoderten, wird dagegen niemand erfahren.

Durch die zerbrochenen und nicht ersetzten Fensterscheiben wirbelte der Wind Regen und welkes Laub, das sich in den Ecken häufte. Rückzugsort für Wanzen und anderes Getier, das die Wehrlosen in der Nacht heimsuchte.

Wie ein Schlag hatte es mich getroffen, als ich in einen Spiegel schaute. Aus tiefen Augenhöhlen starrte mich ein Gespenst an, das nicht der Offizier sein konnte, der immer auf sein Äußeres geachtet hatte. Mein Körper hatte die letzten Reserven mobilisiert, um hierhin zu kommen, und war dann einfach zusammengebrochen.

Tagelang war ich nicht in der Lage, mein Lager zu verlassen, und musste von einem Pfleger auf die Latrine geschleppt und gefüttert werden, und obwohl ich Tag und Nacht schlief, verspürte ich keine Erholung.

Jeder Neuankömmling schien eine andere Krankheit mitzubringen, die nach wenigen Tagen Eingang in meinen geschwächten Körper fand. Wieder war mein Leben bedroht, als der Medicus eine Entzündung meiner Lungen diagnostizierte.

Trotzdem gelang es der Kunst der Ärzte, meinen Körper am Leben zu halten, und die nach Schwefel riechenden Wasser des Gottes Grannus stellten mich nach langen Wochen soweit her, dass keine Gefahr mehr bestand, vor den Mauern des Ortes in einem Massengrab verscharrt zu werden.

Aber mein Geist gesundete nicht. Tagsüber lag ich in meinem Bretterverschlag auf dem Lager und starrte die Decke an, während ich in der Nacht keinen Schlaf fand und mich unruhig hin und her wälzte.

Meinen Auftrag, die letzte Botschaft des Vicarius nach Treveris zu bringen, hatte ich längst in den hintersten und dunkelsten Teil meines Bewusstseins verdrängt.

Hoffnungslosigkeit und Untergangsstimmung wurden zu Ratgebern und Begleitern dieser schlimmen Zeit.

Der fränkische Giftpfeil konnte mich nicht umbringen, aber er hatte meine Seele verletzt. Was sollte aus mir werden und wie sollte es weitergehen, wenn die letzten Plätze Niedergermaniens erstürmt waren und danach meine Heimat an der Mosella an die Reihe kam? Meine Welt war zusammengebrochen und der Krieg verloren. Vor 80 Jahren hatten Franken und Alemannen schon einmal die Grenzen überrannt und Gallien bis ans Meer verwüstet. Aber dem Imperium erwuchsen geniale Heerführer und kraftvolle Kaiser, die unter immensen Schwierigkeiten und Mühen die Krise meisterten. Und heute?

Der Imperator Constantius war mit der Welt zerstritten und mehr darauf bedacht, mögliche Konkurrenten seiner Herrschaft auszuschalten als die Grenzprovinzen wirkungsvoll zu verteidigen. Die Legionen setzten sich zum überwiegenden Teil aus angeworbenen Barbaren zusammen, weil die Römer nicht mehr kämpfen wollten und jede Gelegenheit ergriffen, dem Dienst an der Waffe zu entgehen. Um das Maß voll zu machen, verdrängten die Christen mit Unterstützung des Kaisers die Anhänger des alten Glaubens aus Staat und Armee und zerstörten die traditionellen Werte und Tugenden. Meine Welt schien dem Untergang geweiht und damit alles, was mir lieb und teuer war. Ich trauerte um Rom, und ich trauerte um mich.

Eines Nachmittags lag ich lange wach, bis ich endlich einnickte und ein Traum mir keine Ruhe ließ, in dem ein Schatten, die untergehende Sonne im Rücken, mit Gewalt an meinen Schultern rüttelte. Ich wollte den lästigen Plagegeist loswerden und wand mich immer wieder vergebens aus seinen Armen. Schweißüberströmt wachte ich auf, öffnete die Lider und blickte in die Augen des Wundarztes aus Coriovallum. Mein Freund Secundinus war gekommen.

Behutsam legte er mir die Hand auf die Stirn und fühlte meinen Puls.

„Centurio, du bist nicht mehr krank, siehst aber aus wie ein Leichnam."

Schwerfällig richtete ich mich auf, die durchschwitzte Decke wie einen Schutzpanzer um meinen Körper schlingend. Mit dem Rücken an die Wand gelehnt, saß ich mit angezogenen Knien auf der Bettstatt und wich den Blicken des Freundes aus.

„Marcus, hier stinkt es wie in einem Dachsbau, wann hast du dich das letzte Mal gewaschen?"

Meine Antwort bestand aus einem Grummeln, das Secundinus ignorierte.

„Centurio, wo ist dein Stolz geblieben?" stichelte der Medicus. „Mach einen Menschen aus dir, und wenn du zurück bist, gibt es etwas Ordentliches zu essen", fuhr er fort, ohne meine Antwort abzuwarten, und klopfte auf einen Weidenkorb, aus dem der Hals einer kleinen Weinamphore hervorschaute.

Eine Stunde später war ich gewaschen, trug eine frische Tunika, die Secundinus mitgebracht hatte und langte kräftig zu.

„Zeit für einen Spaziergang", kommandierte der Medicus, und

zum ersten Mal seit meiner Ankunft verließ ich das Lazarett.

Tief sog ich die Luft des Vorfrühlingstages in meine Lungen und musste mich sogleich setzen, da mir schwindelig wurde.

„Man kann sich an die schlechte Luft gewöhnen“, spottete Secundinus und schritt voran.

Zuerst mit Mühe und dann kräftiger Fuß vor Fuß setzend, folgte ich meinem Führer durch die Gassen und Plätze des Ortes.

Unser Rundgang begann an der umlaufenden Säulenportikus, welche die beiden Thermenanlagen des ehemaligen Militärbades verband und die Heiligtümer des Apollo Grannus und anderer lokaler Gottheiten vom Getriebe der Stadt abschirmte.

Drei Jahrhunderte hatten Legionäre und Offiziere die Annehmlichkeiten der hiesigen Thermen genossen, und es war nicht zu übersehen, dass Aquis bessere Tage gesehen hatte. Die Repräsentationsbauten wurden in den letzten Jahren nur notdürftig unterhalten und die Badeanlagen nicht mehr genutzt. Ein Badekomplex wurde zu meinem Lazarett umgerüstet, während die andere Therme geschlossen war. Zum Schutz vor streunendem Gesindel hatte man die Türen vermauert und die Fensteröffnungen mit Brettern vernagelt.

Das Zentrum des Ortes befand sich oberhalb von Tempelbezirk und Thermen auf einer flachen Erhebung. Hier standen die öffentlichen Gebäude und trafen sich die Straßen, die den Ort mit der Welt verbanden. Den Hügel abwärts erstreckten sich zu allen Seiten die Wohn- und Handwerkerviertel, bis sumpfige Niederungen und Bachläufe ihrer Ausdehnung ein Ende setzten. Bescheiden wirkten die auf Steinfundamenten ruhenden, ein- oder zweigeschossigen Fachwerkhäuser neben der verblichenen Pracht des Kurbezirkes. Auffallend viele Tavernen verteilten sich über die Wohngebiete. Dienten sie früher der Kurzweil und Unterhaltung der Badegäste, verdienten die Wirte heute an den versprengten Legionären des Grenzheeres und den Flüchtlingen, die aus ihren zerstörten Dörfern und Städten bis hierher an den Rand der Silva Arduenna geflohen waren.

Um mich zu schonen, kehrten wir zum Kultbezirk zurück und lagerten uns auf den Stufen des Säulenumgangs. Der Frühling schien früh zu kommen und wohlig sog ich die Wärme der von der Sonne beschienen Steinquader auf. Ich lehnte mich zurück und schloss die Augen, als mich die Stimme des Medicus aus den Gedanken riss.

„Wir werden uns so bald nicht wiedersehen, Centurio, weil ich die Germania Secunda verlasse."

„Das kann er nicht mit mir machen", schoss es mir durch den Kopf. „Erst rettet er mein Leben, holt mich aus dem Dreckloch raus und macht sich dann einfach davon." Ein „Warum?" war das einzige Wort, das mir über die Lippen kam.

„Weil ich ein gutes Angebot erhalten habe und hier weg will, Centurio. Ein Bruder meines Vaters", fuhr Secundinus fort, „ist in Burdigala verstorben. Er hatte sich dort als Arzt niedergelassen, und ich kann seine Patienten übernehmen, alles reiche Unternehmer und Beamte." Der Medicus schaute mir verständnissuchend in die Augen.

„Marcus, meine Familie will nicht ständig um Leben und Besitz bangen. In den letzten Wochen sind marodierende Frankenbanden bis in die Nähe von Coriovallum und Aquis gekommen und haben die Gegend unsicher gemacht. Sie sind noch nicht zahlreich genug, einen Vicus oder eine Stadt anzugreifen, aber in der Nacht sind die Feuer der brennenden Höfe zu sehen. Meine Frau möchte nicht warten, bis Coriovallum niedergebrannt wird oder ich auf dem Weg zu einem einsamen Patienten in die Hände der Feinde falle. Seit Wochen macht das Leben keine Freude mehr, weil es an den nötigsten Dingen fehlt. Es kommen keine Waren mehr durch, und die Läden der Händler sind leer.

Ich bin gekommen, weil mir der Abschied von dir wichtig ist, und ich mich bis Aquis einer bewaffneten Wagenkolonne anschließen konnte."

Obwohl ich die Beweggründe des Medicus nachvollziehen konnte, lehnte sich mein Innerstes mit aller Kraft dagegen auf. Hatte mich Secundinus in jenem finsteren Wäldchen am Leben erhalten und heute aus dem stinkenden Lazarett gezogen, um mir mitzuteilen, dass ich alleine klarkommen sollte? Wie ein schwarzer Schatten verdunkelten Bitternis und Missgunst mein Denken.

Um in der Erregung nichts Falsches oder Unüberlegtes zu sagen, nahm ich mir Zeit, die korinthischen Blattkapitelle und verzierten Archivolten der Bogenarchitektur zu betrachten, ehe ich antwortete.

„Secundinus, findest du es richtig, dass die Besten gehen und die Sache Roms im Stich lassen?“, fiel meine Entgegnung schroffer als beabsichtigt aus.

„Ich habe genug getan, Centurio“, polterte mein Freund los, während seine Augen im Zorn blitzten. „Weißt du, wie viele Jahre ich als Arzt bei der Legion war und dabei Gesundheit und Leben riskiert habe? Kannst du Gelduba vergessen?“

„Nein“, bestätigte ich mit einem Schütteln des Kopfes

„Es gäbe keine Probleme, Centurio, wenn alle meinen Einsatz gezeigt hätten. Es ist genug, und jetzt müssen Frau und Kinder zu ihrem Recht kommen. Wünsche mir Glück, mein Freund.“

„Du hast Recht“, lenkte ich kleinlaut ein, „gerade ich darf dir keine Vorhaltungen machen. Ich hänge hier untätig herum, obwohl ich einen dringenden Auftrag zu erledigen hätte.“

„Und der wäre?“, musterte mich Secundinus von der Seite.

„Ich trage ein Schreiben des Vicarius mit mir“, sprach ich mehr zu mir als zu meinem Freund, „das dringend nach Treveris an seinen Bestimmungsort muss. Was rätst du mir, was ich tun soll?“

Mit zusammengekniffenen Lidern musterte mich mein Freund, bevor er mir den Arm um die Schulter legte.

„Als erstes verlässt du das Lazarett und besorgst dir eine Unterkunft, denn du brauchst noch ein wenig Pflege und Erholung.

Hast du noch Geld?“

„Ja“ antwortete ich, „wenn ich sparsam bin, reicht es für ein paar Monate. Ich bin nicht wie viele andere im Lazarett bestohlen worden, weil ich den Gürtel, in dessen Innentasche mein Geld verborgen ist, niemals abgelegt habe. Außerdem steht mir noch Sold zu“, fügte ich hinzu.

„Sehr gut.“ Secundinus schlug mir die Hand auf ein Knie. „Gehe zur Kommandantur und mache deine Ansprüche geltend, die einem Offizier, der zurück zur Truppe muss, nicht vorenthalten werden können. Und dann überleg genau, was du tun wirst. Entweder suchst du dir in Aquis ein Kommando und siehst zu, dass deine Botschaft sicher nach Treveris gelangt, oder du gehst selber und schaust zu Hause vorbei."

Mein Freund schwieg eine Weile, und ich sah einem verfrühten Zitronenfalter zu, der über mir die Säulen der Portikus umflatterte.

„Beim Mars, Centurio", drang Secundinus wieder in mich, „wenn du dich hängen lässt, gehst du hier vor die Hunde."

Es blieb noch ein wenig Zeit bis zum Aufbruch meines Freundes, so dass er mir beim Umzug zur Seite stehen konnte. Ein Lazarettgehilfe brachte in einer hölzernen Lade meine persönliche Habe, die ich sofort auf ihre Vollständigkeit überprüfte. Zu meiner Freude fehlte nichts, und nach langer Zeit bog ich meinen goldenen Schlangenarmreif wieder um mein Handgelenk. Es sprach für meine desolate Verfassung in jenen Tagen, dass ich den Talisman nicht vermisst hatte. Schuldbewusst wischte ich den Staub von dem Begleiter eines halben Soldatenlebens, worauf die Smaragdaugen aufblitzten, und die einzelnen Schuppen des Schlangenleibes deutlich hervortraten.

Secundinus war in der Zwischenzeit in ein Gespräch mit dem herbeigeeilten Arzt vertieft, dessen Können mich auf die Beine gebracht hatte.

Ich unterbrach die beiden, drückte dem Mann meine Dankbarkeit aus und überreichte ihm ein üppiges Geldgeschenk von mehreren Silberdenaren, das er freudestrahlend in Empfang nahm.

„Centurio", ergriff der Arzt das Wort, „ich habe meinen Kollegen Secundinus über alles in Kenntnis gesetzt, was für deine Krankengeschichte von Belang ist. Wie dein Freund sehe ich keine Notwendigkeit, dass du weiter hier bleibst. Gehe es nicht zu schnell an und suche mich auf, wenn dein Zustand sich verschlechtern sollte."

„Das mögen die Götter verhindern", lachte ich das erste Mal seit Wochen.

„Ein Bruder meiner Frau betreibt in Aquis eine Bäckerei",

warf der Arzt ein „und wenn du ihm sagst, dass ich dich schicke, wird er dir ein sauberes Zimmer zu einem annehmbaren Preis überlassen."

Wir suchten die angegebene Adresse auf, und ich bezahlte vorerst für einen Monat die Miete. Der Bäcker machte einen ehrlichen Eindruck, und man sah ihm an, dass er froh war, in diesen Zeiten einen Offizier zum Untermieter zu bekommen.

Das Zimmer lag im hinteren Teil des Hauses, weit genug vom Lärm der Straße und dem Trubel des Verkaufsraumes entfernt. Die geweißten Wände waren am Sockel und Deckenansatz mit gemalten Blumenornamenten verziert, ein gemauerter Ofen mit Abzug ersetzte die Heizung und das Fenster öffnete sich zum Garten. Die Latrine befand sich im kiesgepflasterten Hof und war bequem durch die Hintertür zu erreichen. Eine Schlafstatt, bestehend aus Holzrahmen und Pferdehaarmatratze, und eine Holzkiste für meine Habseligkeiten, in die ich meine während der Bettlägerigkeit vom Lazarettpersonal gewaschene Kleidung verstaute, vervollständigten die einfache Einrichtung. Ich hatte es gut angetroffen, denn ich wohnte im Zentrum des Ortes und hatte meine Ruhe.

Viel zu früh wurde es für Secundinus Zeit zu gehen, da der Wagenzug, mit dem er gekommen war, Richtung Coriovallum aufbrach.

Ich begleitete den Freund bis auf die Straße und umarmte ihn herzlich, während mir die Tränen die Wangen herabliefen.

„Viel Glück und der Segen der Götter mit dir, Secundinus. Ich werde dich und was du für mich getan hast, niemals vergessen."

„Auch dir Glück und Segen", wünschte der gerührte Freund. „Mach alles so, wie wir es besprochen haben und lass dich nicht hängen. Sollte ich nach Treveris kommen, werde ich nach dir fragen und dich besuchen. Wenn die Götter es wollen, sehen wir uns wieder, Centurio."

Mit feuchten Augen sah ich dem Freund nach, bis er um die Ecke der zur Hauptstraße führenden Gasse verschwunden war.

Nachdem ich Secundinus verabschiedet hatte, erstand ich im Verkaufsraum meines Vermieters etwas Brot und legte mich dann in meinem Zimmer auf das Bett, um den ereignisreichen Tag an mir vorüberziehen zu lassen. Ich muss augenblicklich in den Kleidern eingenickt sein und den Rest des Tages und die Nacht verschlafen haben, denn als ich erwachte, schienen die Strahlen der Morgensonne durch das Fenster.

Erfrischt wie seit langem nicht mehr, sprang ich tatendurstig von meinem Lager und machte mich nach Frühstück und Toilette auf dem Weg zur Ortspräfektur. Über Ausgehtunika und bronzebeschlagenem Militärgürtel trug ich meinen Mantel, den an der Schulter eine breite Silberfibel schloss, die mir in Tricensima anlässlich meiner Beförderung zum Centurio als Auszeichnung verliehen worden war.

Mit Schwung betrat ich das Vorzimmer des Vicarius, des Ortskommandanten, und ließ die Türe hinter mir ins Schloss knallen.

Mit einem Satz schoss der wachhabende Legionär von seinem Stuhl hoch und fing mit einer geschickten Handbewegung die Kupfermünze, die ich ihm zugeworfen hatte.

„Noch eine, wenn du mich sofort zu deinem Offizier bringst!", bestach ich den Mann nach den ungeschriebenen Gesetzen der Militärverwaltung. Der Soldat schaute auf die Münze, salutierte und öffnete die Tür zum Dienstraum seines Vorgesetzten.

Ich trat ein und sah mich einem beleibten Mann gegenüber, der in seinem Lehnstuhl sitzen blieb und mich aus großen Augen anstarrte.

Schweißperlen rannen von der Stirn des fetten Mannes in den Fünfzigern, den eine behaarte Warze neben dem linken Nasenflügel entstellte und dessen Glatze im Licht der durch die milchigen Scheiben dringenden Sonne glänzte. Hastig räumte er ein Tablett zur Seite und bedeckte es mit einem fleckigen Tuch, während der Geruch von Wein und Gebratenem herüberwehte.

Verärgert musterte mich der Vicarius, bis sein Blick an meiner Silberfibel haften blieb und er mich jovial mit einer herablassenden Bewegung seiner fetten Hand heranwinkte. Seine Augen verengten sich zu Schlitzen, als sie in plötzlichem Verstehen aufleuchteten

„Du scheinst der verwundete Centurio aus Gelduba zu sein, den die Lazarettverwaltung gemeldet hat, und es scheint dir besser zu gehen“, dröhnte sein Wohlwollen heischendes Lachen durch den Raum „Was kann ich für dich tun?“

Mein Selbstvertrauen und der Schwung, mit dem ich den Tag angegangen war, gerieten vor dem selbstherrlichen Verwaltungsoffizier ins Straucheln. Diese Schreibstubenstrategen, die seit Jahren keine Waffe mehr geführt hatten und einen fränkischen Krieger nicht von einem Fuhrknecht unterscheiden konnten, waren mir seit meinem Dienstantritt verhasst.

Mir wurde mit einem Schlag bewusst, dass ich den Mann reden, mir aber nicht das Gespräch aus der Hand nehmen lassen durfte, wenn ich etwas erreichen wollte.

„Das hängt von der militärischen Lage ab“, antwortete ich wohlüberlegt, „und ich habe einiges aufgeschnappt, was kein genaues Bild ergibt.“

„Sagen wir mal, die Lage hat sich auf einem tiefen Stand stabilisiert“, räusperte sich der Vicarius und stocherte mit einem Holzspan in seinen Zähnen herum. „Die Götter sind uns nicht gewogen, aber sie lassen uns auch nicht gänzlich im Stich.“

Wieder dröhnte sein Lachen durch den Raum.

„Die Garnisonen am Rhenus sind überrannt worden, und wer sich wie du nicht ins Hinterland hat durchschlagen können, ist tot oder gefangen. Auf einer Breite von 30 Meilen ist westlich des Grenzstromes alles verwüstet. Und das Schlimmste zuletzt: Vor zwei Monaten ist die Colonia gefallen.“

Er schwieg und genoss es, die Wirkung seiner Worte in meinem Mienenspiel zu beobachten.

„Im Moment“, fuhr er fort und schnippte den Holzspan weg, „ich wiederhole, im Moment scheint ihnen die Kraft ausgegangen zu sein. Trotzdem brechen kleinere Banden immer noch bis an die Mosella und nach Gallien durch, die aber einen befestigten Platz oder einen größeren Ort nicht gefährden können. Da man aber auf den Straßen nicht mehr sicher ist, liegen Verkehr, Handel und Landwirtschaft am Boden, und wenn die Götter kein Wunder geschehen lassen, wird Niedergermanien bald hungern.“

Der Vicarius setzte sich auf und stützte die Ellbogen auf die Tischplatte.

„Es gibt Gerüchte, dass der Imperator Constantius seinen Vetter Julian zum Caesar ernannt hat, der als sein Stellvertreter die Karre aus dem Dreck ziehen soll.“

Langsam sank mein Gegenüber wieder in seinen Lehnstuhl zurück.

„Wie gesagt, ich weiß nichts genaues, weil die Verbindung nach Treveris unterbrochen ist. Ich warte auf Anweisungen und versuche, die Lage in Aquis so gut es geht zu bewältigen, wobei meine finanziellen Mittel beschränkt sind und wir von der Hand in den Mund leben. Ich weiß zum Beispiel nicht, wo ich den Sold für die kommenden Monate hernehmen soll. Brauchst du etwa Geld, Centurio?“

Der Vicarius war ein Fuchs. Er hatte das Gespräch unmerklich an sich gezogen und den Grund meines Besuches erahnt. Wie einem Schiff auf hoher See die Flaute, so hatte er mir den Wind aus den Segeln genommen.

Lauernd ruhte sein Blick auf mir, als ich begann, mein Gesuch vorzutragen.

„Ich bin gesund und möchte mich als kampferfahrener Offizier zum Dienst melden.“

Gelangweilt betrachtete der Mann im Lehnstuhl seine Fingerspitzen, und ich begann langsam die Fassung zu verlieren.

„Ich habe seit Monaten keinen Sold bekommen“, hing meine Stimme im Raum, und ich fragte mich, ob ich es war, der die Worte ausgesprochen hatte.

„Aha“, war das einzige, was mein Gegenüber von sich gab, und langsam wanderte sein Blick zu meiner Auszeichnung. „Die Stadt ist voll versprengter Truppen, und wir haben hier keinen Bedarf an Helden, die ich mir schlichtweg nicht leisten kann.“

„Aber“, begehrte ich auf, „du kannst doch einen erfahrenen Offizier nicht wegschicken.“ Mehr bittend als fordernd hatte ich meinen Einwand formuliert und stellte erschreckt fest, dass ich zu Wachs in den Händen des Vicarius geworden war, der mit mir spielte.

„Und wie ich das kann", fuhr der Mann mich an. „Was glaubst du eigentlich, wer du bist? Kommst nach Aquis und legst dich erst einmal zwei Monate ins Bett."

Ich fühlte, wie ich dem Tiefpunkt meiner Selbstachtung entgegensteuerte.

„Und kaum fühlst du dich besser", fuchtelte mein Gegenüber mit den Händen in der Luft herum, „kommst du zu mir und forderst ein Kommando und den Sold der letzten Monate."

Der Vicarius blies die Backen auf, bevor er fortfuhr.

„Aquis ist keine Festung wie Juliacum oder Traiectum, sondern eine hübsche Kleinstadt, die Wohlstand und Existenz den Thermen und der damit verbundenen Betreuung und Pflege der niedergermanischen Truppen verdankt. Hier gibt es nichts zu verteidigen, sondern nur zu verwalten, und wenn die Franken in den Talkessel herabsteigen, packe ich meine Sachen und setze mich mit meinen Leuten ab."

Wie um mich zu besänftigen, breitete er die Arme aus.

„Bleibe und kämpfe, wenn es zum Äußersten kommt und jeder Mann gebraucht wird, oder schlag dich nach Treveris oder weiter nach Westen durch, wo es ruhiger ist und du den Sommer abwarten kannst, bis Julian mit Geld und Legionen kommt und alles besser wird."

„Und was ist damit?", knallte ich den Brief des Kommandanten von Gelduba auf den Tisch. Während des Monologes des Vicarius hatte ich einen Teil meiner Selbstachtung in dem Maße zurück gewonnen, wie in mir die Wut auf diesen selbstgefälligen Fettwanst hochgestiegen war.

„Nichts da", legte ich meine Hand auf das zusammengefaltete und versiegelte Pergament, das der Vicarius ansichnehmen wollte. „Das ist eine Botschaft an den Magister Equitum per Gallias vom Kommandeur der Festung Gelduba, die ich überbringen muss."

Mein Gegenüber zuckte zurück und schien unmerklich unter meinem herausfordernden Blick zu schrumpfen, bis er den Augenkontakt abbrach, die Lade des Tisches aufzog und eine Holzkassette heraushob. Behutsam öffnete er den Deckel und zählte mit spitzen Fingern einige Münzen auf die Tischplatte.

„Quittier mir das als Abschlag auf deinen ausstehenden Sold, denn ich muss dir als Centurio genau diesen Betrag als Reisegeld aushändigen. Das wird dir helfen, hier wegzukommen, wenn du sparsam bist und nicht alles in den Tavernen von Aquis vertrinkst."

Mit einem Knall und zurückgefundener Überheblichkeit schlug er den Deckel der Kassette zu, schob sie in die Lade zurück und betrachtete aufreizend abschätzend meinen Armreif.

„Eine schöne Arbeit, Centurio", lobte er meinen Talisman.

Ich sah, wie sich seine kurzen Fettfinger auf der Tischplatte krümmten und unverhohlen die Gier aus seinen Schweinsaugen brach.

„Wenn du nichts mehr hast, komm mit deinem Armreif zurück, für den ich dir ein gutes Angebot machen werde."

Zum ersten Mal erhob sich der Vicarius, der mir gerade bis zur Schulter reichte, aus seinem Lehnstuhl und reichte mir die Hand, womit ich entlassen war.

„Centurio, ich bekomme noch eine Münze von dir", verstellte mir der Wachsoldat im Vorzimmer den Weg und verzog enttäuscht das Gesicht, als ich ihn mit einem Kupferfollis abspeiste.

„Was war denn das, Marcus?", sprach ich zu mir, als ich mich, die Münzen des Vicarius in der Hand, auf der Straße wiederfand. „Du hast dich von diesem Kerl wie einen unbequemen Bittsteller abspeisen lassen." Ich ballte beide Fäuste und schluckte die aufwallende Wut herunter.

„Eher krieche ich auf allen Vieren nach Hause, als dass dieser fette Kriegsgewinnler meinen Armreif bekommt."

Auf der Bettstatt meiner Unterkunft teilte ich meine Barschaft und das Geld des Vicarius in kleine Häufchen, eines für die Bleibe, das andere für die täglichen Ausgaben und das letzte für meine sonstigen Bedürfnisse. Ich rechnete hoch, dass meine Mittel für ein halbes Jahr reichen würden, genug, um mich zu erholen und in Ruhe auf eine Gelegenheit zu warten, nach Hause zu kommen, wo ich geachtet und gebraucht wurde.

Am nächsten Tag kehrte der Winter mit Schnee und Kälte

zurück, und ich versank wieder in Gleichgültigkeit und Lethargie. Täglich grübelte ich über der Frage, wie es mit der Erfüllung meines Auftrags weitergehen sollte, und es wanderten meine Gedanken in die Heimat zu den Ufern der Mosella.

Mehr als drei Jahre waren vergangen, dass ich Eltern und Freunde das letzte Mal gesehen hatte. Meinen letzten Urlaub hatte ich kurz vor der Empörung des Magnentius bewilligt bekommen, und keiner hatte damals an einen drohenden Germanenkrieg geglaubt. Ich genoss die Zeit in der Sonne eines goldenen Spätsommers und fuhr mit meinem Vater die Traubenernte ein, die wir im Keller auf Fässer zogen. Der letzte Brief aus der Heimat hatte mich vor einem Jahr erreicht, in dem meine Mutter mich bat, nach Hause zu kommen, da es meinem Vater nicht gut ging und er seine Angelegenheiten ordnen wollte. Leider konnte ich ihr diesen Wunsch nicht erfüllen, weil Franken und Alemannen den Rheinlimes durchbrochen, die Festung Tricensima zerstört hatten und mit Feuer und Schwert in die Grenzprovinzen eingefallen waren. Es grenzte an ein Wunder, dass der Brief mich überhaupt erreicht hatte.

Ich hatte in Aquis nichts mehr verloren, war wieder gesund und hätte längst die Botschaft des Vicarius überbringen müssen.

So oft ich auch nachfragte, bekam ich doch keine verlässlichen Auskünfte, ob die Treveris und das Land der Mosella vom Krieg verschont worden waren.

Unerträglich wurde es, wenn mir bewusst wurde, dass ich als Offizier untätig meine Tage in einer fremden Stadt verbrachte. In Treveris gab es wenigstens eine Möglichkeit, mich in meinem Beruf nützlich zu machen und die Ankunft des neuen Caesars abzuwarten.

Unzählige Male nahm ich mir abends vor, am nächsten Tag aufzubrechen, der dann einen triftigen Grund lieferte, in Aquis zu bleiben. Zum einen war es das Wetter, das sich verschlechtert hatte, oder es gab Nachrichten über Plünderer, die in der Silva Arduenna ihr Unwesen trieben. Einmal hätte ich es fast geschafft, aber die aus mehreren Bewaffneten bestehende Gruppe verlief sich kurz vor dem Abmarsch.

Mir wurde bewusst, dass mir der Antrieb fehlte, das Risiko der Reise gegen alle Widrigkeiten auf mich zu nehmen, was mich noch tiefer in meine Lethargie hinein stieß. Ich gab mich damit zufrieden, auf eine Eingebung oder ein Ereignis zu warten, das diesem Zustand ein Ende bereiten würde.

Die Abende verbrachte ich, die Mahnung des Vicarius missachtend, bei Wein und Bier in den Tavernen der Stadt. Kein Wirt, der mich nicht beim Eintritt freudig begrüßte und mir unaufgefordert einen gefüllten Becher oder einen Krug auf den Tisch stellte. Meinen Rausch schlief ich dann bis zum Mittag des nächsten Tages aus. Kaum konnte ich es erwarten, mit versprengten Legionären und vertriebenen Provinzialen um einen Tisch zu hocken und die Neuigkeiten und Gerüchte zu besprechen, die täglich von Neuankömmlingen und Flüchtlingen in die Stadt getragen wurden. Wenn der Rausch die Köpfe der Männer vernebelt hatte, kam es oft zum Streit, der mit Fäusten und manchmal auch mit Messern ausgetragen wurde. Den Göttern sei Dank gelang es mir, mich aus solchen Raufhändeln herauszuhalten, und ich lauschte den Erzählungen vom Untergang der Colonia und den Aufschneidereien der Verteidiger, die sich nach Aquis durchgeschlagen hatten. Wären diese Maulhelden dabei gewesen und hätten sie nur einen Bruchteil ihrer Heldentaten vollbracht, wäre die Stadt niemals erobert worden.

Meist endeten die Abende damit, dass ich versuchte, mit einem Mädchen ins Gespräch zu kommen, um die Nacht nicht alleine zu verbringen. An Gelegenheiten herrschte kein Mangel, denn es war Krieg und die Not hatte die Sitten gelockert. Viele hatten sich in die Sicherheit von Aquis geflüchtet, nachdem ihnen die Franken den Hof über dem Kopf angezündet und ihre Familien in alle Richtungen verstreut hatten. Es waren keine Huren, wie sie in den Tavernen der großen Städte anzutreffen sind, sondern naive, hübsche Dinger mit breiten Bauerngesichtern unter ihren flachsblonden Haarschöpfen und drallen Figuren, deren Rundungen die ausgeschnittenen, engen Kleider betonten. Ohne Mann und Familie waren sie darauf angewiesen, mit den Vorzügen ihrer Weiblichkeit das Leben zu fristen und darauf zu hoffen, einen redlichen Mann kennen zu lernen, der sie aus ihrem Elend erlösen oder ihnen wenigstens ein paar sorgenfreie Tage ermöglichen würde.

Mit Flavilla, einer Bauernmagd aus der Nähe von Novaesium, wohnte ich mehrere Wochen zusammen, und ich bedauerte den Tag, als sie einen Legionär kennen lernte, der es ehrlich mit ihr meinte und sie auf seinen Bauernhof bei Atuatuca mitnahm. Ich vermisste ihren üppigen Körper, den aufreizend eine knapp sitzende und weit ausgeschnittene Tunika verhüllte, bis ich Claudia aus Juliacum kennen lernte, die mich über den Verlust hinwegtröstete.

Auf den Frost folgte der Regen, und bald blühten die ersten Blumen, und die Knospen der Bäume brachen auf, bis die Wälder auf den Höhen rings um Aquis im frischen Grün erstrahlten.

Ich hatte begonnen, mich in der Stadt wohlzufühlen, und genoss das sorgenfreie Leben in vollen Zügen, als mir bewusst wurde, dass meine finanziellen Mittel bald aufgezehrt sein würden. Sofort stellte sich das schlechte Gewissen darüber ein, dass ich meine Abreise so weit aufgeschoben hatte und immer noch hier war.

In einer der folgenden Nächte saß ich in der drangvollen Enge einer Schankwirtschaft, die trotz des geöffneten Fensters von den Ausdünstungen der Gäste, dem Rauch des Herdfeuers und dem Qualm der Öllämpchen vernebelt wurde.

Ich war nicht in Stimmung und beteiligte mich nicht am Tavernengeschwätz, sondern drehte verdrossen meinen Tonhumpen zwischen den Händen, den die Schankmagd schon vier Mal mit frisch angesetztem Bier aufgefüllt hatte. Ich hatte mich in den letzten Wochen an das Getränk der Legionäre und Bauern gewöhnt, weil es billiger als Wein war und damit meine Barschaft schonte.

„Ich wünsche dir einen schönen Abend, junger Offizier“, sprach mich eine angenehm weiblich klingende Stimme von der Seite an. „Darf ich mich zu dir setzen?“

Wie selbstverständlich rückte eine Frau einen Schemel an meinen Tisch und setzte sich.

Die am Hals hochgeschlossene Tunika hatte sie mit einem wollenen Umhangtuch drapiert, das die Vorzüge ihres schlanken Körpers hervorhob, und die bis auf den Rücken fließende Pracht ihrer blonden Locken umrahmte ein Antlitz, wie ich es in Aquis noch nicht gesehen hatte. Hohe Wangenknochen betonten ein Augenpaar, dessen intensives Blau ins grünliche hineinspielte. Ihre gerade, schlanke Nase reckte sich ein wenig nach oben, was dem Gesicht ein keckes Aussehen verlieh, und das leicht hervortretende Kinn brachte die sacht gewölbten Lippen und weißen Zähne ihres Mundes zur vollen Geltung. Verglichen mit den Bauernmädchen war diese Frau eine vollendete Schönheit und mochte das dreißigste Lebensjahr gerade erreicht haben. In ihre saubere und sichere Aussprache des Lateinischen spielte ein leichter alemannischer Unterton hinein.

Irritiert schaute ich sie an und ein „Wenn du nichts besseres vorhast“, kam mir stockend über die Lippen.

„Habe ich dich gestört, Centurio?“, vertiefte sie meine Unsicherheit.

Ehe ich etwas erwidern konnte, stellte das Schankmädchen zwei frische Bierhumpen vor mir ab.

„Ist doch recht so, Herr, oder...?“, verschwand sie ohne meine Antwort abzuwarten zwischen den Gästen.

„Ich trinke auf dein Wohl“, forderte mein Gast mich auf und hob das Gefäß an die Lippen. Dabei schenkte sie mir einen herausfordernd prüfenden Blick ihrer Augen, dem ich nicht lange standhalten konnte.

Sie gefiel mir, wie mir keine Frau in den letzten Jahren gefallen hatte, und hob sich weit von den Frauen ab, mit denen ich meine bisherigen Erfahrungen gemacht hatte. Ich hatte keine naive Provinzialin oder eine Dirne vor mir und mir war bewusst, dass ich sie mit einer ungeschickten Anzüglichkeit oder falschen Bemerkung sofort verprellen würde.

Sie ließ den Humpen auf die Tischplatte knallen, dass Spritzer mein Gesicht nässten und wischte sich lachend den Schaum von den Lippen.

„Ich habe dich schon öfter in der Stadt gesehen und mich

gefragt, warum ein respektabler Offizier seine Zeit in dunklen Tavernen verbringt.“

„Tja, wenn ich das selber wüsste“, sinnierte ich und schaute in den Inhalt meines Trinkgefäßes, als könnte ich dort die Lösung finden.

„Wo kommst du her?“, ließ die Frau nicht locker.

„Ich komme aus Gelduba, das es nicht mehr gibt, und habe mein nacktes Leben und eine böse Verwundung mitgebracht. Die Feldscher hatten eine Menge Arbeit, bis sie mich hinbekommen haben.“

Aufblickend bemerkte ich Teilnahme in ihren Augen.

„Jetzt vertrinke ich meinen Sold und warte auf bessere Tage“, lachte ich bitter auf, bevor ich fortfuhr.

„Dieses Prachtexemplar eines Vicarius hat dankend auf meine Dienste verzichtet und hätte mich am liebsten weit fortgeschickt. Ich wette, der hat in seinem Leben noch keinem Franken im Nahkampf in die Augen geblickt.“

„Sei vorsichtig, die Wände haben Ohren“, versuchte ihre besorgte Stimme mich zu besänftigen.

„Du bist Centurio und kommst von der Front“, ruhte ihr Blick auf meiner silbernen Fibel. „Kein Wunder, dass er dich nicht will, denn du würdest den ganzen Laden durcheinanderbringen. Ich kenne die meisten Offiziellen der hiesigen Präfektur und die Götter mögen denen gnädig sein, die auf ihren Schutz angewiesen sind.“

Ich spürte, wie ihre Finger sanft meine rechte Hand berührten und langsam bis zu meinem Armreif hinaufglitten.

„Bei allen Göttern, was für eine schöne Arbeit.“

Ich genoss die Berührung ihrer weichen Haut, aber unwillkürlich zuckte mein Arm zurück.

„Entschuldige, ich wollte dir nicht zu nahe treten“, zog sie scheu ihre Hand zurück.

„Ist schon gut“, entgegnete ich und schob ihr den Arm wieder hin. Das Kleinod funkelte im Kerzenlicht auf, als sie es eingehend betrachtete.

„Das muss eine fränkische Arbeit sein“, murmelte sie, „denn

bei uns Alemannen gibt es so etwas nicht. Ich will nicht wissen, woher du es hast, aber es soll dir Glück bringen."

Unmerklich war sie zu mir herübergerückt, so dass ich heiß den leichten Druck ihres Schenkels spürte.

„Wo bist du zu Hause, Centurio?"

Als hätten ihre Worte ein Tor aufgestoßen, begann ich, anfangs stockend und dann immer flüssiger werdend, das Bild meines Vaterhauses in den Dunst der Taverne zu malen.

„Auf einer Anhöhe über dem Ufer erbauten meine italischen Vorfahren vor vielen Generationen die ‚Villa Vineta', deren weiß verputze Wände und ziegelrote Dächer sich mit den grünen Rebenhängen im Wasser der Mosella spiegeln."

Die Augen meiner Zuhörerin leuchteten auf, als ich vom nahen Treveris, der Kaiserstadt, erzählte. Unaufgefordert flossen meine Worte weiter, und ich schilderte Verwundung und Flucht, das triste Leben in Aquis, meinen unerledigten Auftrag und mein Zaudern, der Stadt endlich den Rücken zu kehren.

Sie beugte sich vor, so dass ich aufreizend den frischen Duft ihres Haares wahrnahm.

„Soldat," flüsterte sie mir ins Ohr, „mein Name ist Bissula, und ich bin auf den Höhen des Taunus geboren, wohin ich lieber heute als morgen zurück will. Nimmst du mich mit, wenn du gehst? Dein Weg führt dich an Tolbiacum vorbei, wo Verwandtschaft lebt und ich es nicht mehr weit zum Tal des Rhenus habe. Wie ist dein Name?"

„Marcus", kam ich ihrem Begehren nach und verfluchte meine Unhöflichkeit, mich nicht gebührend vorgestellt zu haben.

Die Aussicht, in ihrer Begleitung meine Heimreise zu beginnen, ließ wohlige Schauer meinen Körper durchfließen, und ich begann zu träumen.

„Geh nach Hause, Soldat!", unterbrach sie meine Phantasien, in denen ich sie vor Franken und wilden Tieren rettete und sie mir aus Dankbarkeit an die Mosella folgte. Ich hatte entschieden zu viel getrunken.

„Lass uns nichts überstürzen", brach ich das Schweigen, „und lass uns morgen darüber reden."

Es gab so vieles zu bedenken und die Geschwindigkeit, mit der sie ihr Vorhaben mit dem meinen verknüpfte, löste Schwindel in meinem Kopf aus.

„Nein“, entschied sie mit energischem Tonfall, „ich werde morgen, wenn die Sonne aufgeht, bei dir sein und dich abholen. Also sag mir, wo deine Unterkunft ist.“

„Es ist die Bäckerei in der nächsten Quergasse, aber…“, ich wurde von Bissula unterbrochen, die ihren Zeigefinger auf meine Lippen legte und mir das Wort abschnitt.

„Morgen, wenn die Sonne aufgeht, und trink nicht mehr, denn die Nacht ist kurz und du brauchst noch etwas Schlaf.“

Wieder wollte ich aufbegehren, als sie ihren Arm um meine Schulter legte, mir einen sachten Kuss auf die Lippen hauchte, sich erhob und wenige Augenblicke später die Taverne verlassen hatte.

Als hätte mich der Blitz Jupiters getroffen, saß ich auf meiner Bank und versuchte fahrig, meiner Verwirrung und Verblüffung Herr zu werden.

„Möchtet du noch etwas, Herr?“

Diensteifrig wartete die Schankmagd neben meinem Schemel und wischte mit ihrem Tuch über die Tischplatte.

„Danke, mir reicht es für heute.“

Ich knallte einige Kupferfolles auf den Tisch und verließ umgehend die Taverne, eine sprachlose Bedienung zurücklassend, die es gewohnt war, mich als letzten Gast hinauszubitten.

Draußen kühlte der Nachtwind mein erhitztes Gesicht, und ich strich ziellos durch die Gassen von Aquis in dem Bestreben, meinen Kopf klar zu bekommen und einen vernünftigen Gedanken zu fassen.

Ich weiß nicht mehr, wie lange ich umherirrte, bis ich mich an genau der Stelle unter der Portikus einfand, wo ich vor Wochen mit Secundinus gesessen hatte. Wie damals lehnte ich mit dem Rücken an der Säule und ließ die letzte Stunde an meinem inneren Auge vorbeiziehen.

„Geh nach Hause, Soldat!“, hatte sie gesagt, und worauf wartete ich noch? „Da war sie, die Gelegenheit und der Anstoß, auf den du so lange gewartet und gehofft hast."

Wie eine Welle überfluteten mich Heimweh und Sehnsucht nach Elternhaus, Vater und Mutter, während im gleichen Moment die lange vermisste Zuversicht zurückkehrte, Leben und Schicksal energisch in die eigenen Hände zu nehmen.

„Welcher Gott hatte mir diese Frau geschickt?"

Fluch und Segen

Ich hatte das Gefühl, gerade die Augen geschlossen zu haben, als mich kräftige Schläge gegen die Kammertür aus dem Tiefschlaf rissen. Ich brauchte einige Zeit, mich zu orientieren, während der das Donnern gegen die Tür nicht enden wollte.

„Centurio, steh auf!“, rief mein Vermieter von draußen, „hier ist eine Frau, die zu dir will.“

„Bissula“, schoss es mir durch den Kopf, und ich sprang aus dem Bett, zog mir die Tunika über den Kopf und tauchte meinen Kopf in die irdene Waschschüssel, nachdem ich dem Bäcker ein „Komme gleich“ zugerufen hatte.

Mir mit den Händen durch die nassen Haare fahrend, öffnete ich die Tür und prallte gegen den Bäcker, der hinter der Tür wartete.

„Wo ist sie?“, fuhr ich ihn an und folgte seinem ausgestreckten Zeigefinger durch den Flur vor die offenstehende Haustür.

Mit bloßen Füßen und Wasser befleckter Tunika stürzte ich auf die Gasse hinaus und sah mich Bissula gegenüber, die mich kritisch musterte, während sich eine Unmutsfalte auf ihrer Stirn bildete.

Wie oft hatte ich mir in der Nacht ein Mädchen schön getrunken und war am nächsten Tag enttäuscht, wenn ich in ihr Gesicht blickte. Aber die Alemannin wirkte im Licht des Tages noch anziehender als im trüben Licht der Gaststube. Wie ich hatte sie zu wenig Schlaf gehabt, was ich an ihren leicht verschatteten Augen feststellte.

„Hast du unsere Verabredung vergessen, Centurio, oder hast du noch versucht, die Taverne leer zu trinken?“

„Nein, nein“, stotterte ich verlegen und trat von einem Fuß auf den anderen, weil die Kühle des Morgens in meine Fußsohlen kroch.

„Lass mir eine viertel Stunde Zeit, Bissula“, gewann ich meine Fassung wieder, „ich packe nur schnell meine Sachen.“

„Du hast wenigstens meinen Namen nicht vergessen“, spottete sie und nahm die leinene Schultertasche ab, die sie gegen die Hauswand lehnte.

„Beeil dich, Marcus, ich möchte heute noch weit kommen.“

Ich stürzte ins Haus zurück und begann in aller Eile meine Sachen zusammenzusuchen.

„Marcus, Marcus“, sprach ich zu mir selbst, „weißt du eigentlich, was du da tust?“

Ich nahm einen tiefen Schluck Wasser aus dem Tonbecher, den ich jeden Abend gegen den Durst neben mein Bett stellte und fühlte das Leben kräftig durch meinen Körper pulsieren.

„Diese Frau hat dir wirklich ein Gott geschickt.“

Nachdem ich dem verdutzten Bäcker die ausstehende Zimmermiete in die Hand gedrückt hatte, die er mit einem „Gute Reise, Centurio“ entgegen nahm, verließ ich mit dem Gepäck in der Hand das Haus.

Die Strahlen der Morgensonne tauchten die Gasse in pastellfarbene Helle, als ich mit meiner Begleiterin den ersten Abschnitt meiner Heimreise antrat. Ich fühlte mich frisch und ausgeschlafen und kein Kopfschmerz erinnerte an die Bierkrüge des Abends und die wenigen Stunden der Nachtruhe.

Über meine Tunika hatte ich die Cuculla, den gallischen Kapuzenmantel, gezogen, während ich meine Habseligkeiten und den Proviant, den mein Vermieter mir als Abschiedsgabe überlassen hatte, in einem Beutel an einer Holzstange auf der Schulter trug. Die Spatha hing am Schulterriemen und mein wichtigster Besitz, die Barschaft, war sicher in dem Stoffgürtel verborgen, den ich unter der Tunika trug.

Meine Nagelstiefel klapperten auf dem Straßenpflaster, als ich, mehr ein Soldat auf dem Marsch denn ein Reisender, neben Bissula durch die menschenleeren Gassen und Straßen von Aquis schritt.

Meine Begleiterin hatte für die Reise eine dunkelbraune Tunika mit großem Halsausschnitt und weit geschnittenen, kurzen Ärmeln angelegt, deren Saum ihre Unterschenkel umspielte. Um die Schultern schlang sich ein rostrotes Umhangtuch mit Fransen, und die Füße steckten in Lederschuhen, die bis zu den schlanken Fesseln reichten. Bis auf ein besticktes Band, dass ihre blonden Haare im Nacken bändigte und einen Ledergürtel mit Bronzeschnalle, in dem ein Messer steckte, hatte sie auf jeglichen Schmuck verzichtet.

Wir verließen Aquis, wie ich es im Herbst betreten hatte, denn für einige Kupfermünzen hatten wir bis zum Vicus Varnenum Platz auf der Lade eines Lastkarrens gefunden, der aus der Stadt herausrumpelte.

Keine Wolke war am Himmel zu sehen und die Morgenfrische wich einer frühsommerlichen Wärme, weshalb ich die Cuculla ablegte und im Wandersack verstaute.

Ich blinzelte in die Sonne, und als ich realisierte, dass ich wirklich aufgebrochen war und im Begriff war, die Stadt zu verlassen, in der ich fast nur Not, Erniedrigung und Müßiggang erfahren hatte, entfuhr ein Freudenschrei meiner Kehle, den Bissula mit einem amüsierten Seitenblick quittierte und den Fuhrmann irritiert nach hinten schauen ließ. Der grobschlächtige Mann schüttelte den Kopf und wandte sich wieder dem Gespann zu.

Still lächelte ich vor mich hin, meinen Mitfahrern den Spaß belassend, sich Gedanken über meinen Geisteszustand zu machen.

„Setze einen Entschluss umgehend in die Tat um oder lass es bleiben“ – voller Stolz und Selbstlob rief ich mir den Leitsatz meines Vaters ins Gedächtnis zurück, den ich oft genug als Junge und Heranwachsender von ihm vernommen hatte.

Verstohlen blickte ich zur Seite und betrachtete das Profil des Menschen, dem ich es zu verdanken hatte, dass ich den Höhen der Silva Arduenna entgegenrollte.

Bissula spürte meinen Blick, wandte mir ihr Antlitz zu und lächelte mich aufmunternd an.

„Liebe Eltern, euer Sohn ist auf dem Weg und kommt nach Hause“, schoss es mir durch den Kopf und wieder jubelte ich auf, was der Fuhrmann mit einem Zucken seiner Schultern kommentierte.

Bergan ging die Fahrt und Aquis verschwand hinter Wäldern und Hügeln. Auf und ab rumpelte das Gefährt über die Schotterstraße, während ich vergnügt die Beine von der Lade herabbaumeln ließ.

Zwei Stunden mochten vergangen sein, in denen Bissula und ich kaum ein Wort sprachen und unseren Gedanken nachhingen, als die Bäume zurückwichen und den Blick auf den Vicus Varnenum freigaben. Die verstreuten Häuser des Ortes schmiegten sich an eine Anhöhe, an deren Fuß die Tempelgebäude eines heiligen Bezirkes im Sonnenschein hell aufleuchteten. Ein Ort wie geschaffen, den Beistand der Götter für die Heimreise herbeizuflehen.

„Mein Weg endet hier, Centurio", wandte sich der Fuhrmann mir zu und zog die Zügel an, worauf Gespann und Wagen anhielten, „denn ich bin hier zu Hause. Ihr müsst euch nach einem anderen Gefährt umsehen, was schwer sein wird, oder euren Weg zu Fuß fortsetzen."

„Hast du etwas dagegen Bissula, wenn wir einen kurzen Halt einlegen, damit ich ein kleines Opfer für das Gelingen unserer Reise darbringen kann?"

„Nur zu Marcus", sprang meine Begleiterin von der Ladefläche herunter und machte es sich neben der Straße auf dem grasbewachsenen Feldrain bequem, während unser Gefährt nach einem letzten Gruß bergan in den Vicus hineinrollte.

„Kommst du nicht mit?", drang ich in die Alemannin, die ein Stück Brot und eine mit Bast umwickelte Kupferflasche aus ihrer Umhängetasche hervorkramte.

„Es sind deine Götter, Marcus, und nicht meine. Bitte für mich mit, es kann nicht schaden."

Sie ließ sich ins Gras zurücksinken, schloss die Augen und genoss die Wärme der Sonne auf ihrem Antlitz.

Leicht zuckte ich mit den Schultern, erkennend, dass diese Frau ihren eigenen Kopf hatte und wandte mich dem Eingangstor des Tempelbezirks zu.

Ich stieg die Stufen zum Heiligtum der Sunuxal empor, der Schutzgöttin der Region, und während ich mein Gebet verrichtete, schweifte mein Blick in die Ferne.

Sanft stiegen in Wellen die Hügel und Berge der Silva Arduenna vor mir auf, Wälder, Wiesen und Felder bis zum Horizont und darüber in der Ferne als schwarzes Band die sturmgepeitschten Moore der Hochebene.

Ich wandte mich um, als schlurfende Schritte meine Andacht beendeten und sah einen Priester aus dem Innern des Heiligtums herauskommen.

Gewandet in Tunika und Mantel trat ein Greis zu mir, dessen weißes Haupthaar im Wind wehte und in dessen Augen sich das Blau des Himmels spiegelte, eine Erfurcht und Würde ausstrahlende Erscheinung. Ich hatte selten einen Menschen gesehen, der das achte Lebensjahrzehnt erreicht hatte. Unter der transparenten Haut, die sich wie zerknittertes Pergament kräuselte, traten bläulich die Adern hervor und Altersflecken bedeckten Gesicht und Hände. Aber die Last der Jahre hatte die schlanke Statur des Mannes, der mir lächelnd in die Augen blickte und mich um einiges überragte, nicht beugen können.

„Mein Sohn, es ist schön, wie du Zwiesprache zur Göttin suchst, denn es kommen nicht mehr viele zu uns hinaus“, sprach der Alte mit fester, jugendlicher Stimme. „Darf ich fragen, was dich herführt?“

„Gerne“, fasste ich sofort Vertrauen zu dem Greis. Ich nahm es als ein gutes Omen auf, mich vor dem Schritt in das Ungewisse einem Diener der Götter anzuvertrauen, und ich sollte es nicht bereuen.

Mit knappen Worten berichtete ich, was mir in den vergangenen Monaten widerfahren war.

Aufmerksam lauschte der Priester meinen Ausführungen und nahm mich bei der Hand, als ich geendet hatte.

„Ich trage schwer an der Last der Jahre, komm, lass uns sitzen.“

Wir ließen uns angesichts der vor uns ausgebreiteten Landschaft auf der obersten Tempelstufe nieder.

„Als ich ein Kind war“, ergriff der Priester das Wort, „lebten die Götter unter uns und Dank ihrer Hilfe hatten der Fleiß und die Frömmigkeit der Dorfbewohner Ansehen und Wohlstand geschaffen. Aber die Menschen begannen, die heiligen Symbole und Riten zu vernachlässigen und einige wandten sich sogar dem neuen Gott der Christen zu.

Da kamen vor mehr als 80 Jahren zum ersten Mal die Franken, und was Generationen geschaffen hatten, fiel in Schutt und Asche. Die Gebäude, die du siehst, sind auf den Trümmern der alten Pracht entstanden und in ihrer Bescheidenheit nur noch ein Abglanz vergangener Zeiten.

Hier die Anhöhe hinauf", er wies mit der Hand hinter sich „und auf der anderen Seite bis in die Talsenke hinab erstreckten sich Therme, Wohnhäuser und Gewerbebetriebe des Vicus.

Schau dir die Tempel an: Die Mauern bröckeln und von den Wänden blättert die Farbe. Die Schatzhäuser sind leer, und das, was die wenigen Beter spenden, reicht gerade aus, den heiligen Bezirk notdürftig zu unterhalten. Wo früher Gold und Silber flossen, tröpfelt es heute Bronze, Kupfer und Messing. Unsere einstigen Gönner wie Beamte und Offiziere, die in Aquis ihre Leiden auskurierten, tun es heute dem kaiserlichen Gefolge gleich und haben sowohl aus Eigennutz als auch aus Angst vor Repressalien dem Glauben der Väter den Rücken gekehrt und beten Jesus Christus an.

Den Göttern sei Dank steht die Landbevölkerung zum alten Glauben.

Wo er kann, beschränkt der Imperator Constantius unseren Einfluss, untersagte vor Jahren die Ausübung der alten Kulte und hätte am liebsten alle Tempel zerstören lassen.

Wir atmeten auf, als der unglückselige Usurpator Magnentius ein Toleranzedikt erließ, so dass die Riten wieder zelebriert werden konnten. Aber vor zwei Jahren verlor er Krieg und Leben im Bürgerkrieg und keiner weiß, was kommen wird. Als ob es nicht schwer genug wäre, sind die Franken wieder da und töten und brennen, was ihnen in den Weg kommt.

Was haben wir getan, dass die Götter so zürnen?" Erschöpft von seinen Ausführungen hielt der Greis inne und tat mehrere tiefe Atemzüge, ehe er fortfuhr.

„Aber es gibt Anzeichen, dass sich die Dinge ändern und die Hoffnung hat einen Namen: Flavius Claudius Julianus.

Obwohl als Christ getauft, steht er dem alten Glauben und den Mysterien nahe. Constantius weiß das, aber in der Not blieb ihm keine andere Wahl, als seinen Vetter zum Caesar des Westens zu ernennen.

Ich hoffe, die Rückkehr zu den alten Göttern noch erleben zu können, aber es darf nicht mehr lange währen, denn in der Nacht höre ich schon Charon, den Fährmann, nach mir rufen."

Lange blickten wir still vor uns nieder, während uns Honigbienen umsummten und in der Ferne ein Hund anschlug.

„Mein Sohn", brach der Alte das Schweigen, „ihr Jungen müsst alle Kräfte anspannen, das Schicksal zu wenden. Geh nach Treveris und schließe dich Caesar Julianus an, denn er ist ausersehen, die Provinzen des Westens zu retten. Hilf ihm, die Herrschaft des Imperiums wieder herzustellen und den Göttern ihren angestammten Platz zurückzugeben."

Plötzlich griff der Priester nach meinen Arm und betrachtete meinen Armreif.

„Was für eine wunderbare Arbeit", drang der Blick des Alten tief auf den Grund meiner Seele hinab.

„Die Schlange ist für die Germanen ein Symbol des Lebens und des Todes, denn wie es ihr gefällt, kann sie dich beschützen oder verderben. Grausam und unberechenbar sind die Götter unserer Feinde, und ich will nicht wissen, wie das Fabeltier in deinen Besitz gelangt ist. Ich rate dir, dich von dem Schmuckstück zu trennen, wenn die Zeit gekommen ist. Du wirst wissen, wann es soweit ist und bis dahin wird die Schlange dir beistehen."

Der Schreck war mir in die Glieder gefahren, und ich holte tief Luft, als der Alte meinen Arm freigab.

„Du sagst, das Amulett wird mich schützen?" blickte ich ihm bittend in die wasserblauen Augen.

„Ich wollte dich nicht erschrecken", antwortete der Greis.

„Du wirst deine Botschaft überbringen und dein Vaterhaus wiedersehen."

Fragend blickte ich auf.

„Halte dich der Sonne entgegen nach Süden, bis du den

Rand der Waldberge erreicht hast. Dann wende deine Schritte gen Osten bis nach Tolbiacum, wobei du die einsame Straße am Berghang meiden sollst, denn es ist viel Gesindel unterwegs. Hast du den Ort hinter dir gelassen, gehe wieder Richtung Süden, bis du auf die Wasserleitung triffst, die einst die Colonia mit den Wassern der Berge versorgte. Folge ihrem Verlauf bergan bis zu einem Aquädukt, der in weitem Bogen ein enges Tal überspannt. Errichte dort unter einem der Steinbogen einen Stecken mit einem Tuch, das verabredete Zeichen für einen Mann, der alle geheimen Wege durch die dunklen Wälder der Silva Arduenna kennt. Erzähle ihm, dass ich dich geschickt habe, und er wird dich gegen Bezahlung bis an die Mosella bringen."

Wieder ergriff der Alte meinen Arm und schaute mir beschwörend in die Augen.

„Dieser Mann, Centurio, genießt mein Vertrauen, und er hält sich in der Nähe des Treffpunktes auf, denn erst vorgestern war er hier und hat mich gebeten, jeden Reisenden zu ihm zu schicken, der den gefahrvollen Weg auf sich nehmen will."

Wir erhoben uns und stehend segnete der Priester mich und mein Vorhaben.

Bevor er mir die Hand zum Abschied reichte, wies er auf Bissula, die, ihr Gesicht mit einer Hand gegen die Sonne schützend, von der Straße zu uns heraufblickte.

„Ich habe gesehen, wie ihr zusammen angekommen seid. Ist die Germanin deine Frau?"

„Nein", antwortete ich dem Alten, „wir gehen bis Tolbiacum ein Stück des Weges gemeinsam."

„Eine schöne Frau", sinnierte der Priester und schloss die Augen.

„Ihr werdet euch verlieren und wiederfinden."

Verblüfft schaute ich auf Bissula und wollte mich wieder dem Priester zuwenden, um die Bedeutung seiner Worte zu hinterfragen, als mir auffiel, dass sich der Greis, leise wie er gekommen, in das Innere des Heiligtums zurückgezogen hatte.

Dankbar hinterlegte ich einige Münzen auf der Treppenstufe und kehrte zu meiner Begleiterin zurück.

„Mögen die Götter mit dir sein und dir noch viele Jahre schenken, ehrwürdiger Mann“, dachte ich bei mir, als wir beschwingt in die Richtung ausschritten, die der Alte mir angegeben hatte.

Bissula stellte keine Fragen, als ich zu ihr zurückkehrte, sondern schulterte ohne Worte ihre Tasche und folgte mir, der Sonne und dem dunklen Saum der Waldberge entgegen.

Gegen Mittag wurde es heiß und auf der geröteten Haut spürte ich die Kraft des Himmelsgestirns. Nur selten hatte ich mich in Aquis dem Licht der Sonne ausgesetzt, weshalb meine Haut weiß und empfindlich wie die eines Neugeborenen war.

Der Schweiß rann mir über Stirn und Nacken, und ich war froh, als wir auf einen Bach stießen, in dessen Wasser ich meine Füße kühlen konnte.

Erfrischt setzten wir die Wanderung fort, wobei die Kiesdecke der Landstraße unter jedem Schritt aufstaubte. Wir kamen schnell voran, obwohl sich der Zustand der Straße stetig verschlechterte, je weiter wir uns von Aquis und Varnenum entfernten. Der Winter hatte mit Regen und Frost seine Spuren auf der Straßendecke hinterlassen.

„Schau“, rief Bissula und wies mit der Hand zum Himmel, aus dessen Bläue ein heiserer Schrei zu uns herabgellte.

Aufblickend bemerkte ich einen Habicht in der Luft rütteln, der, einen zweiten Kampfschrei ausstoßend, wie ein Stein dem Boden entgegenstürzte und jenseits unserer Blicke niederging. Wehe der Kreatur, die in das Blickfeld des Raubvogels geraten war.

„Was hatte das zu bedeuten?“, fragte ich meine Begleiterin, die einen beunruhigten Eindruck machte.

„Ich weiß es nicht, Marcus“, antwortete Bissula, mit den Augen aufmerksam die Umgebung nach allen Seiten absuchend.

„Vielleicht eine Warnung, uns nicht den Blicken anderer Menschen auszusetzen. Wenn wir den Wald erreichen, sollten wir den Weg verlassen und uns im Schutz der Bäume bewegen.“

„Das gleiche hat mir der alte Priester in Varnenum auch geraten“, teilte ich meiner gespannt lauschenden Begleiterin mit.

„Ein kluger Mann", blickte mir Bissula in die Augen, wobei ein Lächeln um ihre Lippen spielte, das mir durch und durch ging.

Zu lange blickte ich in ihre Augen, bis ich mich endlich losriss, und wir unseren Weg fortsetzten.

Sommerblumen blühten am Wegesrand und die Felder versprachen üppige Ernte.

„Germanien ist schön", sog ich den Duft des Sommers in mich hinein. „Frühjahr und Sommer sind angenehm warm, im Herbst reift der Wein und nur der Winter regiert mit Kälte und Nässe. Grün ist die Farbe des Landes, nicht gelb und braun wie die in der Glut der Sonne brennenden Länder des Südens. Viel Unsinn wird an den Gestaden des Mittelmeeres über unser Klima berichtet, und ich habe noch keinen Legionär oder Händler getroffen, der sich nach der Hitze Afrikas oder Asiens zurücksehnte."

„Marcus, an dir ist ein Dichter verlorengegangen", spottete Bissula und brach in ein helles Lachen aus, das meiner Seele schmeichelte.

Am Fuß der Berge verließen wir die offene Straße und tauchten in den Schatten des Waldes ein. Kein Mensch kreuzte unseren Weg und endlos zogen sich Eichen- und Buchenwälder über Hügel und Täler. Hin und wieder zeigten Lichtspiele am Boden, dass die Sonne einen Weg durch das Dach der Kronen gefunden hatte, und ich atmete auf, wenn die Bäume zurücktraten und den Blick auf eine vom Tagesgestirn beschienene Lichtung oder einen kreuzenden Bachlauf freigaben. An diesen Orten zeigte der Urwald Germaniens sein freundliches Gesicht.

Als die Sonne sank, fanden wir am Berghang unter einer Buche einen Lagerplatz, der einen weiten Blick in die Ebene zuließ.

Welch eine Wohltat, die Schuhe abzulegen und die Füße zu massieren, die das Marschieren nicht mehr gewohnt waren. Ich war froh, als mir Bissula eine lindernde Salbe aus Fett und Heilkräutern gegen meine Druckstellen reichte. Sie schien an alles gedacht zu haben.

Das Abendbrot bestand aus dem, was unsere Proviantbeutel hergaben, wie Brot, Käse, Räucherwurst und Wasser aus einem

Bachlauf, der wenige Schritte abseits unseres Lagerplatzes den Berg hinabrann. Das Mahl des Wanderers schmeckte auch kalt, da wir aus Angst vor Entdeckung auf ein Feuer verzichteten.

Aus den Bergen tönte das Heulen eines Wolfes und mit Schaudern musste ich daran denken, dass diese Tiere in Kriegszeiten fett werden. Ein zweiter Wolf antwortete und weiter entfernt ein Dritter, bis das Geheul plötzlich abbrach und in ein wütendes Kläffen überging. Die Beute war gestellt und nicht weit von uns ereignete sich das tägliche Drama von Fressen und Gefressenwerden.

Der Mond spendete genug Licht, um von unserem Lagerplatz aus weit in die wie ein Bilderteppich ausgebreitete Ebene hinauszuschauen.

„Was ist das?“, zeigte Bissula, die sich neben mir niedergelassen hatte, auf einen aufglühenden Punkt in der Ferne, der zusehends größer wurde.

„Viel zu groß für ein normales Feuer“, murmelte ich.

„Ich fürchte, dort sind menschliche Wölfe am Werk und brennen ein einsames Gehöft nieder.“

Ich vergrub den Kopf in beide Hände und rieb mir über die Augen, als Bissula eine Hand auf meinen Nacken legte und ihn leicht massierte, was einen wohligen Schauer über meinen Rücken laufen ließ.

„Ich kenne die Bilder und weiß, was sich dort unten abspielt“, fuhr ich in meiner Beurteilung fort. „Da hinten werden jetzt um Schonung bittende Menschen niedergemacht und die am Leben Gelassenen durch Drohungen und Folter so weit gequält und eingeschüchtert, dass sie ihren Peinigern die Verstecke ihrer Notgroschen preisgeben. Das Vieh stechen sie ab, und was nicht auf den Bratspieß kommt, verrottet später im Dreck und mästet Fuchs und Wolf.

Schau doch“, wies ich auf einen zweiten Feuerschein, der sich schnell ausbreitete, „jetzt haben sie die Scheuern und das Getreide auf dem Halm in Brand gesetzt. Wer von den Unglücklichen davonkommt und nicht in die Gefangenschaft wankt, hat die Arbeit eines ganzen Lebens verloren.“

„Ich hasse den Krieg und alles, was damit zu tun hat, Marcus", schmiegte sich Bissula Schutz suchend an meine Schulter.

„Vielleicht hat der Brandschein eine andere Ursache und ein Bauer rodet ein Stück Ödland, um einen neuen Acker anzulegen", versuchte ich meine Begleiterin zu trösten, ohne an das Gesagte zu glauben.

„Gib dir keine Mühe Marcus, ich habe genug erlebt und kann die Wahrheit vertragen", rückte Bissula von mir weg und wickelte sich ihre Decke um die Schultern.

Auch ich hatte zu frösteln begonnen und kramte aus dem Gepäcksack meinen Mantel hervor.

„Bissula", nahm ich nach einiger Zeit das Gespräch wieder auf und löste meinen Blick von dem kleiner werdenden Feuerschein.

„Wie bist du nach Aquis gekommen?"

Seit heute morgen hatte mir diese Frage auf der Zunge gelegen, und jetzt hielt ich den Moment für gekommen, mehr über meine Begleiterin zu erfahren.

Ich schaute zur Seite und bewunderte ihr vom Mondlicht beschienenes Profil.

„Was für eine schöne Frau", sehnte sich mein Innerstes beim Anblick ihrer wohlgeformten Lippen, der sachten Rundung des Kinns, der ebenmäßigen, geraden Nase und der leicht gewölbten Stirn.

Als spürte sie meinen Blick, drehte sie mir ihr Gesicht zu, und ich sah in das Antlitz eines verstörten Mädchens, aus dem Selbstsicherheit und Beherrschung gewichen waren.

„Ich bin in einem Dorf hinter den Höhen des Taunus geboren", fing sich Bissula, deren Gesichtszüge rasch ihr gewohntes Aussehen wiedergewannen, „und wuchs mehrere Jahre im Haus einer befreundeten römischen Familie im nahen Aquae Mattiacum auf, weil meine Mutter viel zu früh während einer Fieberepidemie starb."

„Deshalb deine perfekte Aussprache des Romanischen", unterbrach ich ihre Lebensgeschichte.

„Ja, ich habe die gleiche Ausbildung genossen wie die Kinder meines Ziehvaters. Als dann ein Krieg mit alemannischen

Stämmen drohte, die es auf die römischen Siedlungen im Vorfeld von Mogontiacum abgesehen hatten, holte mein Vater mich in unser Dorf zurück, wo ich meine Jugend verbrachte. Die Gefahr ging vorüber, und so oft es möglich war, kehrte ich nach Aquae Mattiacum und seinen Bädern zurück, dieser schönen Kleinstadt im Niemandsland zwischen freiem und römischem Germanien."

„Ich habe von dieser Stadt gehört", fügte ich hinzu, „die als Handelsplatz und Kurbad eine Sonderstellung seit dem ersten Alemanneneinfall vor 80 Jahren einnimmt."

„Dort verliebte ich mich als junges Mädchen in einen schneidigen Offizier", fuhr Bissula fort, „heiratete im Überschwang der Gefühle den wesentlich älteren Mann und folgte ihm nach der Colonia, wohin er versetzt wurde."

Bissula legte sinnierend die Stirn in Falten und schaute in die Ebene hinaus, als würde sie etwas suchen.

„Unsere Ehe blieb kinderlos, und ich war nicht glücklich, obwohl mir der Offizier ein guter Mann war, dem ich niemals die Treue gebrochen habe. Wir lebten unser Leben, bis die Franken die Colonia eroberten, wobei mein Mann eine schwere Verwundung davontrug. Es gelang mir, ihn im Winter nach Aquis zu schaffen, wo er im Lazarett unter furchtbaren Schmerzen dem Wundbrand erlegen ist."

„Das tut mir leid", murmelte ich und griff nach ihrer Hand, die sie mir scheu entzog.

„Ich habe ihn nicht geliebt, Marcus", erklärte sie, „der Altersunterschied war zu groß.

Seitdem will ich zurück nach Hause und habe lange nach einer Möglichkeit gesucht, aus Aquis wegzukommen. In Tolbiacum lebt ein Vetter, der in der dortigen Garnison als Centenarius bei den Reitern dient, und ich kann bei ihm und seiner Frau unterkommen, bis ein Transport in das Kastell Rigomagus abgeht. Ab dort hat es keine fränkischen Überfälle gegeben, und ich brauche nur noch zwei Tagereisen nach Süden zu gehen, um auf dem anderen Ufer des Rhenus alemannisches Gebiet zu erreichen.

Am gefährlichsten ist der Weg bis Tolbiacum, den ich mit deiner und der Hilfe der Götter morgen geschafft haben werde."

Bissulas Geschichte hatte mich gerührt, und ich widerstand dem Drang, die tapfere Frau in den Arm zu nehmen. Der Respekt vor ihrem Schicksal gebot es, alles zu unterlassen, was sie als einen ungeschickten und plumpen Annäherungsversuch aufnehmen könnte.

„Warum bist du ausgerechnet auf mich gekommen?“, fragte ich stattdessen.

„Weil du ein guter Mensch bist, Marcus, und ich sofort das Gefühl hatte, dir vertrauen zu können“, honorierte sie meine Zurückhaltung.

Nach einer Weile, in der wir unseren Gedanken nachhingen, zog ich meinen Schlangenreif vom Arm und betrachtete das Schmuckstück im Mondlicht.

Plötzlich blitzten die Smaragdaugen des Reptils tückisch auf, und als hätte das Fabeltier sich bewegt, glitt mir der Reif aus der Hand und fiel zu Boden, wo er Bissula vor die Füße rollte.

„Jetzt möchte ich deine Geschichte hören, Marcus“, reichte sie mir den Armreif, „und was es mit deinem Talisman auf sich hat.“

Lautlos schwang ein Tor in die Vergangenheit auf und meine Gedanken wanderten mehr als zwanzig Jahre zurück, als ich dem Verlangen meiner Begleiterin nachkam.

„Ich wurde auf einem Weingut in der Nähe der Treveris geboren, wo ich eine glückliche und unbeschwerte Kindheit verlebte.“

„Dein Zuhause hast du mir schon gestern beschrieben“, drängte Bissula auf den weiteren Fortgang meiner Geschichte.

„Als ich die Schulzeit und meine Ausbildungsjahre auf dem Gut hinter mich gebracht hatte, packten mich zum Leidwesen meines Vaters Fernweh und Abenteuerlust. Ich ging nach Italien, bereiste Etrurien, die Heimat meiner Vorfahren und gelangte bis nach Roma. Nach Ablauf eines Jahres kehrte ich zurück und trat in die Legion ein, um nach der infanteristischen Grundausbildung eine Laufbahn als Mannschaftsoffizier der Grenztruppen anzutreten. Alle Bitten und Argumente meiner Eltern blieben nutzlos, und ich nahm meinen Dienst in der Festung Tricensima im Norden der Germania Secunda auf.

Als Rekrut durchlief ich schnell die unteren Dienstränge, zeichnete mich mehrfach im Grenzkrieg aus und wurde schließlich zum Centurio befördert. Um weiter zu kommen, verließ ich auf Grund einer Empfehlung meines Tribunen die Grenztruppe und ließ mich zu den Comitatenses des Bewegungsheeres versetzen."

„Dann kam der Frankenkrieg", unterbrach mich Bissula, „und du bist in Gelduba verwundet worden.

Erzählst du mir, was es mit deinem Schlangenreif auf sich hat, den du wie deinen Augapfel hütest?"

Ich nahm meine Wasserflasche und tat einen tiefen Zug.

„Es geschah im letzten Jahr meiner Dienstzeit in Tricensima.

Immer wieder überquerten fränkische Banden den Rhenus und suchten das Hinterland heim. Es gelang uns nicht, die Plünderer zu stellen und auszuschalten, weil sie in der Nacht über den Strom kamen und sich am Tage in den Wäldern verbargen. Nach Sonnenuntergang verließen sie ihre Verstecke, die wir einige Tage später leer auffanden, und überfielen einzelne Gehöfte und Kleinsiedlungen. Immer in der Überzahl, nahmen sie mit, was für sie von Wert war und ließen schwelende Trümmer, viele Tote und wenige verzweifelte Überlebende zurück. Ehe die Garnisonen alarmiert waren und helfen konnten, hatten die Räuber sich längst mit Diebesgut und Gefangenen über den Rhenus in Sicherheit gebracht. Wie ein Albdruck lag die ständige Bedrohung von Besitz und Leben auf den Fluren des Niederrheins, das Land wurde nicht mehr bestellt, und der Handel kam zum erliegen. Jeder weitere Überfall verschlechterte die Stimmung in der Bevölkerung, und es drohte eine Auswanderungswelle in die Sicherheit des Hinterlandes.

Der Präfekt in Treveris mahnte wiederholt den Schutz des Grenzlandes an und schickte endlich Verstärkungen, so dass die Militärs in Tricensima sich zum Handeln entschlossen und 5000 Legionäre aus Grenztruppen, Eliteeinheiten und Hilfstruppen auf ihren Einsatz brannten.

Man stellte aus den besten Einheiten eine Kampfgruppe in Kohortenstärke zusammen, zu der auch mein Zug zählte.

Mittlerweile hatten Späher die Lage erkundet, und wir setzten unter dem Kommando eines im Grenzkrieg erfahrenen Tribunen bei Neumond über den Strom und rückten ins Barbaricum vor.

Vor der Dämmerung erreichten wir eine Siedlung, die von den Kundschaftern als Ausgangspunkt der Überfälle ausgemacht worden war, und umstellten in der Dunkelheit ungesehen den Feind, der sich in Sicherheit wähnte und keine Wachen aufgestellt hatte.

Truppweise lagen wir als tödlicher Ring aus Eisen und Stahl im feuchten Gras und erwarteten die Dämmerung. Als der Mond untergegangen war und Nebelschwaden aus den Wiesen stiegen, kündete ein fahles Licht im Osten den Morgen an.

‚Na, Kamerad. Angst?', klang es neben mir in der harten Aussprache der friesischen Auxiliaren. 'Ein guter Tag, an dem es fette Beute geben wird', freute sich der Mann mit einem ordinären Lachen.

Ich schaute zur Seite und musterte befremdet das Narben entstellte Gesicht meines Kampfgefährten, dessen hingehaltene Weinflasche ich mit einer Handbewegung ablehnte.

‚Danke, Kamerad', flüsterte ich, aber ich möchte einen klaren Kopf behalten.'

Der Mann zuckte mit den Schultern, nahm einen tiefen Schluck und wandte sich seinen Waffen zu.

Keine gute Gesellschaft, ging es mir durch den Kopf, aber man konnte sich seine Waffengefährten nicht aussuchen. Ich habe niemals etwas für Männer übrig gehabt, die sich nur wegen der Aussicht auf Plünderung und Beute den Spezialkommandos anschlossen.

Mit klammen Fingern machte ich mich zum Kampf bereit, indem ich die Spatha zog, den Sitz des Kettenhemdes überprüfte, den Helmriemen festzurrte und mit der Linken die Halterung des Rundschildes umklammerte.

Die ersten Vogelstimmen begrüßten den Morgen und ein blutroter Streifen stand am Horizont, als das Gellen der Signalhörner die Stille zerriss und die Anspannung der lauernden Männer löste.

Von allen Seiten stürmten brüllende Legionäre gegen den Feind, während die ersten Dorfbewohner schlaftrunken aus ihren Hütten und Häusern taumelten und verzweifelt nach Waffen und Pferden schrien.

Endlich war der Feind gestellt, und die Grausamkeiten, die an diesem Morgen begangen wurden, waren die Vergeltung für Plünderung und Mord an unserer Zivilbevölkerung."

„Das ist furchtbar, Marcus", griff Bissula nach meinem Arm.

„Die Franken sind nicht meine Freunde und Krieg ist Krieg, aber im Süden haben auch die Dörfer der Alemannen gebrannt.

Haben dir die Menschen nicht leid getan?"

„Tun dir die Menschen da unten leid?" wies ich auf die Ebene herab, wo der Feuerschein erloschen war.

„Natürlich", flüsterte Bissula und schaute mich an.

„Manchmal weiß ich nicht, wo mein Platz ist, Marcus. Ich habe mehr Zeit bei euch als bei meinem Volk verbracht und kenne beide Seiten. Glaub mir, wir könnten so viel voneinanderlernen, wenn wir es nur wollten, aber dieser Kreislauf von Gewalt und Gegengewalt zerstört und vergiftet alles."

Nachdenklich schaute ich auf meine Füße, mit denen ich unwillkürlich das Laub zur Seite scharrte, bis der blanke Waldboden zum Vorschein kam.

„Erzähl bitte weiter", stieß mich Bissula leicht in die Seite und lächelte mir aufmunternd zu, „wir werden die Probleme dieser Welt heute nicht lösen können."

„Den Bewohnern des Dorfes blieb keine Möglichkeit zur Gegenwehr", fuhr ich um einiges zurückhaltender als am Anfang mit meiner Schilderung fort, „und dort, wo sich Widerstand bildete, wurde er hinweggefegt. Die ersten Brände flackerten auf, und die Legionäre unterschieden in ihrem Blutrausch nicht nach alt oder jung, Mann oder Frau. Jeder, der eine Waffe in der Hand trug, wurde niedergemacht, und als die Sonne über die Baumwipfel gestiegen war, beschien sie ein Bild der Zerstörung.

Wohnhäuser, Scheunen und Stallungen standen in Flammen, und die Feldfrüchte lagen zertrampelt auf dem Boden. Wer von den Dorfbewohnern sich nicht durchgeschlagen und in den Wald gerettet hatte, war tot oder wurde gebunden zum Dorfplatz getrieben, wo die Gruppe der Gefangenen immer größer wurde.

Mit der Spatha in der Faust nahmen wir uns als Sieger das Recht auf Beute und begannen, ungehindert von den Offizieren hemmungslos zu plündern.

Auch ich strich ohne quälendes Gewissen durch die Trümmer des Dorfes, denn ich war jung, wir hatten die Ordnung wiederhergestellt und dafür unser Leben riskiert.

Es fehlte nicht an Beweisen für die Rechtmäßigkeit unserer Strafaktion, denn von überall her wurde Diebesgut wie Keramik und Stoffe, Silbergeschirr und Weihegeschenke sowie Geld und Schmuck auf einem großen Haufen zusammengetragen.

Dazu waren uns Dutzende römischer Gefangene in die Hände gefallen, die uns unter Tränen umarmten und den Göttern inbrünstig für ihre Rettung dankten. Manche Familie war nach diesem Tag wieder vereint.

Auf meiner Suche hatte ich den Rand des Dorfes erreicht, als ich hinter einer Hütte das Klirren aufeinanderschlagender Waffen und das schwere Keuchen von Kämpfenden hörte. Ich bog um die Ecke und erblickte einen Legionär, der gegen einen ihn schwer bedrängenden Hünen um sein Leben rang, während sein Kamerad schon tot am Boden lag.

Ich schaffte es nicht mehr, unserem Mann zu helfen und musste mitansehen, wie der Franke ihm sein Schwert durch den Leib stieß, die Klinge herausriss, den zusammensackenden Mann in die Haare fasste, hoch riss und mit dem Messer die Kehle durchtrennte, dass das Blut in alle Richtungen spritzte.

Es wäre klüger gewesen, den Franken entkommen zu lassen, da der Kampf um das Dorf längst entschieden war. Stattdessen brüllte ich auf und stürzte mich, von unverständlicher Kampfeswut getrieben, auf den körperlich weit überlegenen Feind, der sich das Blut des Legionärs aus der Stirn wischte und sofort Front gegen mich machte.

Gegen jede Ausbildungsregel rannte ich blindwütig schlagend gegen ihn an und wurde sofort von der Wucht seiner Gegenwehr in die Defensive gezwungen. Zurückweichend stolperte ich über eine Wurzel, stach mit meiner Waffe ins Leere und konnte gerade noch den Schild hochreißen, den mir der Franke mit einem Schlag in Stücke haute. Er ließ sein Schwert fahren, das sich in den Trümmern des Schildes verkeilt hatte, und trat mir gegen das Knie, dass ich mit einem Schmerzensschrei rücklings zu Boden stürzte. Sofort setzte der Hüne nach, stemmte ein Knie auf meine Brust und umklammerte mit der Linken meine Kehle, während er mit der anderen Hand sein Schlachtbeil aus dem Gürtel riss.

Hell blitzte im Sonnenlicht ein Schlangenreif am hochgereckten Arm, und ich war mir bewusst, dass es das letzte war, was ich in diesem Leben noch sehen würde. Unauslöschlich brannte sich das Bild des Schmuckstücks in mein Bewusstsein ein und selbst wenn ich es nach dem Kampf nie mehr zu Gesicht bekommen hätte, hätte ich keine Einzelheit des schuppigen Leibes vergessen können.

Für den Bruchteil eines Augenblicks schaute mir der Franke in die Augen, aus denen plötzlich die Entschlossenheit wich. Das rettete mir das Leben, denn er zögerte, die tödliche Franziska auf mich herabsausen zu lassen und wurde im gleichen Moment von hinten durch ein aus kurzer Entfernung geschleudertes Spiculum durchbohrt.

Ich hörte den hässlichen Aufprall, mit dem die Dreiecksspitze Kettenpanzer und Körper durchschlug und eine Handbreit aus der Brust herausragte. Einen kurzen Moment noch hielt der Franke sich gerade, dann entglitt die Franziska seiner kraftlosen Hand und er sank mit brechenden Augen neben mir ins Gras, den Blick auf meinen Retter freigebend.

Es war der Legionär, der vor dem Angriff neben mir im Gras gelegen hatte und dessen Gegenwart mich angewidert hatte.

‚Da haben wir aber Glück gehabt, kleiner Legionär', grinste er mich selbstgefällig an und begann, die Wertsachen des Toten an sich zu nehmen.

Obwohl ich dem Mann mein Leben verdankte, ekelte es mich an, wie er dem Franken mit fahrigen, vor Gier zitternden Händen Waffen und Schmuck nahm und zuletzt den Schlangenreif vom Handgelenk bog.

Mittlerweile gehorchten meine vor Angst starren Glieder wieder und ich hatte mich mühsam aufgesetzt. Unterdessen betrachtete mein Retter den Schlangenreif sorgfältig von allen Seiten, wobei seine Miene einen eingeschüchterten und abweisenden Ausdruck annahm.

‚Fang auf, Legionär', schien er schließlich eine Entscheidung gefällt zu haben und warf mir den Reif zu, den ich mit einer Hand auffing. ‚Er soll dich immer daran erinnern, ohne Not keinen Kampf zu beginnen, den du verlieren kannst. Pass auf dich auf, Kamerad', zwinkerte er mir gönnerhaft zu und kehrte dem Kampfplatz den Rücken.

Bei dem Bemühen, das Chaos meiner Gedanken zu ordnen, blieb ich, den Reif in der Hand, auf dem Boden sitzen.

In diesem Moment knallte etwas metallisch gegen meinen Helm und eine Gestalt sprang mich von hinten an. Ich spürte, wie die Klinge eines Messers am Kettenpanzer abglitt und die Haut meines unbedeckten Oberarms leicht ritzte.

Ich schnellte hoch, wirbelte herum und schüttelte mit dieser Bewegung den Angreifer ab. Auf dem Boden lag ein vielleicht zehnjähriger Junge, der sich sofort aufraffte und sich über den gefallenen Franken warf.

Dunkle Locken fielen ihm in die Stirn, und ich ertappte mich bei dem Gedanken, dass seine Mutter von unserer Seite der Grenze stammen musste, was nichts Außergewöhnliches war. Von dem Gesicht des Kindes konnte ich nur wenig erkennen, da sich eine stark blutende Schnittwunde über Stirn und Wangen zog.

‚Vater!', schrie er seinen ganzen Schmerz aus sich heraus und schlug und zerrte an dem Toten in dem verzweifelten Bemühen, ihn ins Leben zurückzuholen. Laut schluchzte das Kind auf, als es die Zwecklosigkeit seiner Bemühungen einsah und ließ sich, nun mit tränenlosen Augen ins Nichts starrend, an der Seite des Vaters nieder.

Dann, es kam mir wie eine Ewigkeit vor, fixierte der Junge den Armreif, den ich immer noch in der Hand hielt und sein Gesicht wandelte sich zu einer wut- und hassverzerrten Fratze.

‚Sei verflucht', brach es aus ihm heraus, ‚das wirst du mit deinem Blut bezahlen, wenn wir uns wiedersehen.'

Konsterniert wollte ich das Schmuckstück zurücklegen und zu einer Rechtfertigung ansetzen, ihm sagen, dass nicht ich es war, der seinen Vater getötet und den Reif genommen hatte, als mich eine Bewegung ablenkte.

Zwei Legionäre packten den Jungen bei den Armen, rissen ihn hoch und bogen seine Hände nach hinten, um ihm Fesseln anzulegen.

Mit einer Handbewegung gebot ich ihnen Einhalt und deutete dem Jungen an, zu verschwinden, worauf er, mir einen Blick voller Hass und Verachtung zuwerfend, im Unterholz des nahen Waldes verschwand.

Ich verstaute den Schlangenreif in dem Beutel, der meine Habseligkeiten barg, und holte ihn erst einige Tage später hervor, nachdem ich nach Tricensima zurückgekehrt war.

Zum ersten Mal verspürte ich den Zauber, der von dem Fabeltier auf mich überging, denn kalt und schwer ruhte das Reptil in meiner Hand und mir war, als würde es mich mit seinen grünen Smaragdaugen fixieren. Ich musste an den Legionär denken, wie er vor dem Besitz des Reifes zurückgeschreckt war und fragte mich immer wieder, warum er ihn mir zugeworfen hatte. Ich beschloss, ihn bei der nächsten Gelegenheit darauf anzusprechen, konnte mein Vorhaben aber nicht durchführen, da der Mann wenige Tage später in einem unbedeutenden Scharmützel fiel.

In jener Nacht träumte ich von einem gewaltigen Krieger, der, den Schlangenreif am Arm, einen reißenden Fluss durchschwamm, während hinter ihm die Feuerpfeile der Verfolger im schwarzen Wasser verzischten.

In Schweiß gebadet wachte ich auf und wagte es vorerst nicht mehr, den Schlangenreif in die Hand zu nehmen. Der Traum kehrte aber nicht wieder, und nach Monaten überwand ich meine

Scheu und legte das Schmuckstück zum ersten Mal an. Seitdem trage ich es und ich glaube, dass mir der Schlangenreif Glück bringt und mich vor Gefahren beschützt."

Lange war nur das Zirpen einer Grille im Gras zu vernehmen, als ich eine Bewegung an meiner Seite wahrnahm und Bissula ihren Arm um mich legte.

Ich wandte den Kopf, blickte in ihre Augen und fühlte den sanften Druck ihrer Brust an meinem Oberarm. Mein Atem stockte, und das Herz pochte im Hals, als sie mir ihren Zeigefinger auf die Lippen legte und einen zarten Kuss auf die Wange hauchte.

„Marcus, ich glaube, du hast deine Flucht aus Gelduba geträumt", schaute Bissula mich mit besorgtem Blick an. „Und pass auf dich auf, denn ich habe dich gern. Ein Fluch ist eine böse Sache, und du wirst wissen, wann dir die Schlange kein Glück mehr bringt und du dich von ihr trennen musst. Lass uns schlafen", erhob sie sich, wickelte sich in ihre Decke und legte sich einige Meter neben mir nieder.

„Wir haben morgen einen langen Tag vor uns, wenn wir es bis Tolbiacum schaffen wollen. Ich wünsche dir eine gute Nacht und angenehme Träume", waren ihre letzten Worte, bevor mir ihre regelmäßigen Atemzüge sagten, dass sie eingeschlafen war.

Es dauerte, bis meine aufgewühlte Seele sich beruhigte und ich mich ebenfalls auf dem weichen Waldboden ausstreckte.

„Du wirst dich nicht in diese Frau verlieben", schoss es mir durch den Kopf, und ich ahnte, dass es zu spät war.

Hatte der Priester nicht gesagt, dass wir uns verlieren und wiederfinden würden?

„Man sieht sich im Leben immer zweimal", klang es in mir, „und diese Frau ist nach dem, was sie durchgemacht hat, für eine Liebe noch nicht bereit.

Aber sie mag dich, hat sie gesagt, und dann hat sie fast die gleichen Worte wie der Alte in Varnenum benutzt, als sie dich vor dem Armreif warnte."

Ich fühlte, wie mir die Konzentration entglitt und die Gedanken sich verwirrten, als ich unmerklich in den Schlaf glitt.

„Morgen wird jeder seinen eigenen Weg einschlagen, aber du wirst sie wieder sehen, wenn deine Aufgabe erfüllt ist.“

Entkommen

Ohne Träume verlief der Schlaf jener Nacht, aus dem mich die Strahlen der mir direkt ins Gesicht scheinenden Morgensonne aufweckten. Ich musste mich zuerst orientieren, wo ich war, denn als ich vor der Helle den Kopf wandte und die Augen öffnete, blickte ich auf die Halme eines Grasbüschels, an denen ein schwarzer Käfer nach oben kletterte.

Es dauerte, bis ich begriff, dass ich unter einer Buche an den Vorbergen der Silva Arduenna die Nacht verbracht hatte und nicht in meiner Kammer in Aquis. Erst jetzt traten die gestrigen Ereignisse in mein Bewusstsein, und ich richtete mich auf, um nach meiner Begleiterin zu sehen.

Dort, wo sie geruht hatte, fand sich nur eine zerknüllte Decke, und wohin ich auch blickte, konnte ich Bissula nirgends entdecken. Mein erster Gedanke war, dass sie mich zurückgelassen hatte, aber ich beruhigte mich sogleich, da die Tasche mit ihrem Reisegepäck neben der Decke lag.

Ich erhob mich, tat einige tapsige Schritte und ging in Richtung des Bachlaufs, als ich durch die Zweige eines Haselbusches eine Bewegung wahrnahm.

Vorsichtig schob ich einen Zweig beiseite und sah wenige Schritte entfernt Bissula mit dem Rücken zu mir vor dem Bachlauf knien. Sie hatte die Tunika bis auf die Hüften abgestreift und das durch die Baumkronen einfallende Sonnenlicht zauberte tanzende Schattenspiele auf ihre makellose Haut. In der Absicht, sich das Gesicht zu waschen, hob sie ihre mit Wasser gefüllten Handflächen und entblößte damit die sanften Rundungen ihrer festen Brüste.

Ich kann mich nicht erinnern, jemals einem so starken Sehnen und Begehren widerstanden zu haben, als ich mit zitternden Händen den Zweig in seine alte Stellung gleiten ließ und mich mit vorsichtigen Schritten lautlos entfernte. Ich bewegte mich ein ganzes Stück in die entgegengesetzte Richtung und kehrte im Bogen zum Lagerplatz zurück. Dort ließ ich mich auf dem

Waldboden nieder und wartete, mit dem Rücken an die Buche gelehnt, bis Bissula mit feuchten Haarspitzen und vom kühlen Bergwasser gerötetem Gesicht zurückkehrte.

Als sie mich sah, überzog ein warmes Lächeln ihr Gesicht, und sie schenkte mir einen tiefen Blick aus ihren im Morgenlicht grün aufschimmernden Augen.

„Ist dir gerade eine wildes Tier oder ein Franke begegnet, Marcus, oder warum stierst du mich so an?“

„Nein, nein“, lächelte ich gequält zurück, denn ich schämte mich, sie wie ein lüsterner Thermensklave in ihrer Blöße betrachtet zu haben.

„Lass uns frühstücken und schnell aufbrechen“, entgegnete sie mit Schwung. „Der Wald ist mir nicht geheuer, denn beim Waschen war mir, als würde mich jemand von hinten beobachten, aber als ich mich umschaute, konnte ich nichts Verdächtiges entdecken.“

Ich hütete mich, darauf einzugehen, und breitete den Reiseproviant auf meinem Mantel aus.

Das Morgenmahl bestand für jeden aus einem Stück Brot, Bergwasser aus dem Bach, etwas Hartwurst mit Käse und einer Hand voll Waldbeeren, die Bissula von ihrem Waschgang beisteuerte.

Obwohl wir noch keine zwei Tage unterwegs waren, hatte sich zwischen uns eine Vertrautheit entwickelt, als würden wir uns schon seit Jahren kennen, und mit Schmerz drängte sich der Gedanke in mein Bewusstsein, dass wir uns bald trennen mussten.

War ich gestern beschwingt und voller Vorfreude ausgeschritten, so empfand ich jetzt das Wandern als Mühsal und Plage, weil es dem Ende unserer gemeinsamen Zeit entgegenging und ich auch das Marschieren nicht mehr gewohnt war. An den Füßen bildeten sich wie gestern Druckstellen, die im Laufe des Vormittags zu Blasen wurden und, einmal aufgeplatzt, das rohe Fleisch zum Vorschein kommen ließen. Bissula dagegen schritt mit einer Leichtigkeit aus, dass ich Mühe hatte, ihr in meinen Nagelstiefeln zu folgen.

Um mich abzulenken, begann ich meine Schritte zu zählen, wie ich es in meiner Ausbildung zum Legionär gelernt hatte. War ich fünf Mal bis tausend gekommen, legten wir eine kurze Rast ein, und es war eine Wohltat, meine brennenden Füße zu kühlen, wenn wir auf einen Bachlauf stießen.

Sollte ich Bissula vorschlagen, sie bis nach Rigomagus zu begleiten, suchte mein Verstand nach einer Möglichkeit, unsere unvermeidliche Trennung zu umgehen. Kaum erdacht, verwarf ich den Gedanken wieder, wohlwissend, dass ich damit gegen alle Absprachen, den Rat des Priesters und gegen meine eigenen Pläne handeln würde.

Ärgerlich brummte ich vor mich hin, denn ich hatte mich verzählt und war aus dem Tritt geraten. Es dauerte eine Weile, bis ich meinen Rhythmus wiederfand und der Schmerz in den gemarterten Füßen erträglich wurde.

Am Mittag ging es nicht mehr weiter, und ich humpelte unter den Schatten einer Eiche, wo wir den Rest des Proviants zu uns nahmen und eine Stunde lagerten. Ich zog meine Stiefel aus und Bissula stieß einen mitleidigen Seufzer aus, als sie meine wunden Füße sah.

„Du musst etwas dagegen tun, Marcus, oder wir müssen heute eine zweite Nacht unter freiem Himmel verbringen." Sie suchte den westlichen Horizont mit den Augen ab und setzte eine bedenkliche Miene auf.

„Siehst du die Wolkenbank?", wies sie mit dem Arm auf einen dunklen Streifen, der, nichts Gutes verheißend, am Horizont stand. „Wenn es heute Abend ein Gewitter gibt, möchte ich ein Dach über dem Kopf haben."

Behutsam zerstach ich mit dem Messer die Blasen an meinen Füßen, damit das Wundwasser herausrinnen konnte, und legte Bissulas Heilsalbe auf, die mir schon am Vorabend Linderung verschafft hatte.

Jetzt ging es besser voran, und früher als erwartet erschien auf einer Anhöhe die von der tiefstehenden Sonne beschienene Silhouette des befestigten Vicus Tolbiacum.

Mit der Einsamkeit war es nun vorbei, denn je näher der Ort

rückte, desto mehr belebte sich die Straße. Gleich uns strebten Menschen mit Vieh und schwerfälligen Ochsenkarren, auf denen sich der Hausrat ganzer Familien türmte, dem Schutz der Mauern zu.

Ein Bauer erzählte, dass der Feuerschein, den wir in der Nacht gesehen hatten, von einer fränkischen Streifschar herrührte, die eine Landvilla geplündert und niedergebrannt hatte. Es gab keine Überlebenden und der Germanenschreck lag auf dem Land.

Am Tor reihten wir uns in die wartende Menge ein und warteten geduldig, bis die Wache uns kontrollierte und passieren ließ.

Im Ort wimmelte es von Menschen, die auf der Suche nach etwas Essbarem und einem Platz für die Nacht waren. Während die Vermögenden Unterkunft in einer Herberge gefunden hatten und wenige Glückliche bei Freunden oder Verwandten untergekommen waren, mussten die meisten auf den Freiflächen innerhalb des Mauerrings kampieren. Mehr als doppelt so viele Menschen wie Einwohner drängten sich hinter den Wällen des Vicus zusammen, und mühsam versuchten die Soldaten vor Ort, Ruhe in das Chaos zu bringen.

Wir hatten das Ziel, aber auch das Ende unseres gemeinsamen Weges erreicht, und kaum verdrängte dieser Gedanke die Genugtuung, es bis hierher geschafft zu haben, spürte ich einen Kloß im Hals und die Brust zog sich im beginnenden Abschiedsschmerz zusammen.

Als hätte Bissula meine Gedanken erraten, griff sie stumm nach meiner Hand und wir blickten uns lange in die Augen, während das Gewirr der Menschen an uns vorbeiflutete.

„Ich möchte mich nicht so von dir verabschieden, Marcus“, flüsterte Bissula, und ich sah, wie ihre Augen einen feuchten Schimmer annahmen.

„Ich auch nicht“, war alles, was ich herausbrachte.

„Such dir einen Schlafplatz in einer Herberge oder in der Garnison, Marcus, und lass uns morgen Abschied nehmen“, beendete sie das wieder eingetretene Schweigen.

„Ich gehe jetzt zur Familie meines Vetters, wohin ich dich nicht mitnehmen kann, weil er mit meinem Mann eng befreundet war und es nicht verstehen würde, wenn ich mit einem Fremden vor seiner Tür stehen würde. Er weiß noch nichts vom Tod seines besten Freundes."

Ich nickte verstehend, während sie verlegen an den Fransen ihres Umhangtuchs nestelte.

„Ich werde bei Sonnenaufgang am Südtor sein und auf dich warten", drückte sie mir plötzlich beide Hände und wischte sich über die Augen, als sie in die Richtung verschwand, wo sich das Haus ihres Vetters befinden musste.

Wie gelähmt blieb ich zurück und starrte mit leerem Blick auf die Straße zu meinen Füßen. Mein Kinn begann zu zittern und schluckend drängte ich die Tränen zurück, die mir in die Augen gestiegen waren.

„Reiß dich zusammen, es hilft nichts", schalt ich mit mir, „und sieh zu, dass du vor dem Regen ein Dach über den Kopf bekommst. Du kannst ihr morgen alles sagen, was dir auf dem Herzen liegt."

Mit Glück und Bestechung erwarb ich eine Bettstatt in einem überbelegten Raum einer Herberge, wohlwissend, dass ich für den Wucherpreis, den ich im voraus entrichten musste, eine ganze Woche in Aquis gelebt hatte. Der Mensch wandelt sich in Notzeiten zum Raubtier, wenn er aus der Zwangslage seiner Leidensgenossen einen Vorteil ziehen kann.

Bei einem Straßenhändler, der seinen Stand am Straßenrand aufgeschlagen hatte, füllte ich meinen Proviant auf. Der geschäftstüchtige Mann, ein buckliger Syrer, schien aus meinen Einkäufen auf den Zweck meiner Reise zu schließen, denn er pries mir wortreich die Vorzüge einer Landkarte Niedergermaniens und der Gallia Belgica an, die er aus einem speckigen Beutel hervorholte. Ein Blick auf das rissige Pergament genügte mir, um zu sehen, dass das Machwerk keinen Follis wert war, und ich lehnte dankend ab.

Auf dem Rückweg zur Herberge wehten mir Gesangsfetzen entgegen, und als ich um die nächste Straßenecke bog, erblickte ich einen Umgangstempel, vor dem sich eine Menschentraube ballte. Ich blieb stehen und lauschte dem monotonen Bittgesang der Menge, die in ihrer Not und Verzweiflung die Türe zur Welt der Götter aufgestoßen hatte.

Ein Blick zum Himmel zeigte mir, dass die am Mittag so harmlos aussehende Wolkenbank im Westen zu einem schwarzen Ungetüm gewachsen war, das den halben Himmel ausfüllte und drohend über dem Vicus stand. Ich schaffte es bis zur Therme, als das Sommergewitter mit Blitz, Donner und Hagel auf die Häuser und Mauern des Ortes herabprasselte.

Entspannt im Tepidarium ruhend, bedauerte ich die mittellosen Flüchtlinge, die an Stelle eines festen Daches höchstens eine Zeltplane über dem Kopf hatten.

Zurück in der Herberge fand ich lange keinen Schlaf, weil die grobe Strohschüttung der Bettstatt durch die Wolldecke stach und das Schnarchen der Kammergenossen unerträglich wurde. Wäre nicht der auf das Gewitter folgende Regen gewesen, ich hätte meine Sachen gepackt und die Nacht unter freiem Himmel verbracht.

Als ich im ersten Licht der Dämmerung erwachte, lagen dichte Nebelschleier über dem Ort, und es konnte Stunden dauern, bis die Sonne sie aufgelöst hatte. Ich verzichtete auf das Herbergsfrühstück, wusch Gesicht und Hände in einem Holztrog und machte mich mit meinem Reisegepäck auf den Weg ans Tor, wo Bissula auf mich warten wollte.

Und richtig, schon von weitem sah ich ihre vertraute Gestalt, die in einen Regenmantel gehüllt auf mich wartete. Als ich mit dem Fuß gegen einen Stein stieß, schaute sie in Richtung des Geräusches und plötzliche Freude überzog ihr Gesicht, als sie mich erkannte.

„Hast du gut geschlafen?“, lächelte sie mich an und griff nach meiner Hand. „Komm mit und lass uns nach draußen vor das Tor gehen.“

Die Wache winkte uns wortlos durch, und wir ließen uns einige Schritte abseits auf einem Findlingsblock nieder, den Bissula schnell mit ihrem Umhangtuch trockengerieben hatte.

„Bist du gut aufgenommen worden?“, waren die ersten Worte, die ich herausbrachte.

„Ja, Marcus“, antwortete sie, „aber du kannst dir vorstellen, dass unsere Wiedersehensfreude getrübt war. Mein Vetter, er nennt sich hier Germanus, wird in zehn Tagen einen Trupp nach Rigomagus führen und mich mitnehmen.“

„Was meinst du, Bissula“, unternahm ich einen schwachen Versuch, unseren Abschied hinauszuzögern, „soll ich nicht bis Rigomagus mitkommen und von dort aus nach Confluentes und die Mosella hinauf nach Hause gehen?“

„Das wäre schön“, sinnierte sie, „aber du wärst viel länger unterwegs und würdest deine Pläne gefährden.“

Ich nickte, und wir saßen, uns bei den Händen haltend, wortlos nebeneinander, bis Bissula sich plötzlich an mich schmiegte.

„Marcus“, hob sie ihren Kopf und schaute mir in die Augen, wobei ich ihren Atem auf meinem Gesicht spürte. „Wenn der Krieg vorbei ist, werde ich nach Treveris gehen und dich suchen.“ Sie nahm meinen Kopf in beide Hände und streichelte sanft mit ihren Fingern über Wangen und Lippen meines Gesichtes.

„Es ist jetzt keine Zeit für die Liebe, Marcus, aber ich werde die Götter jeden Tag darum bitten, dass sie uns wieder zusammenführen. Pass auf dich auf, Centurio, und gelange glücklich in deine Heimat, denn ich habe dich lieb und will dich wiedersehen.“

Ich schluckte, und ein Glücksgefühl durchströmte meinen Körper, als ich den Druck ihrer Lippen auf meinem Mund spürte. Eine kleine Ewigkeit hielten wir uns umschlungen und noch nie hatte ich einen solchen Kuss voller Verlangen und Versprechungen empfangen.

„Es wird Zeit, Marcus“, löste sich Bissula von mir. „Am Tor sammelt sich eine Wagenkolonne, die mein Vetter mit seinen Reitern nach Belgica eskortiert. Er hat mir versprochen, dich mitzunehmen.“

Sie stand auf und zog mich sachte hoch.

„Der Alte in Varnenum hat mir geweissagt, dass wir uns trennen, aber auch wiederfinden werden, Bissula“, brach es aus mir heraus.

„Ich habe es dir schon einmal gesagt, Marcus, ein kluger

Mann“, besänftigte sie meine aufkeimende Verzweiflung.

Hand in Hand gingen wir zurück und umarmten und küssten uns ein letztes Mal, bevor wir durch das Tor schritten und Bissula, mir ein letztes Mal zuwinkend, die Straße in den Ort hineineilte. Ich blieb stehen und schaute ihr nach, bis ich sie nicht mehr sehen konnte, während der Schmerz der Trennung in mir fraß.

Erst jetzt sah ich, dass sich während unserer Abwesenheit auf der Freifläche vor dem Tor eine Wagenkolonne zum Aufbruch geordnet hatte. Etwa zwanzig abgesessene Kavalleristen, die Pferde am Zügel führend, bildeten unter dem Befehl eines hochgewachsenen, blonden Centenarius den Geleitschutz. Das Truppenabzeichen auf den Rundschilden, ein Widderkopf auf rotem Grund, kannte ich nicht.

Verstohlen musterte ich den Offizier im Kettenpanzer und mit abgenommenem Bügelhelm von der Seite, dem die gerade Nase und die gewölbte Stirn eine gewisse Ähnlichkeit mit Bissula verliehen.

Erregt diskutierten Händler, Fuhrleute und Soldaten die Lage, und ich hörte heraus, dass die Barbaren sich in die nahen Vorberge zurückgezogen hatten. Schlimmer konnte es nicht kommen, als ein Trupp zu allem bereiter Mordbrenner zwischen mir und meinem Reiseziel.

„Nehmt ihr mich mit?“, fragte ich den Truppführer des Begleitschutzes, der mich kritisch musterte, bis ein Erkennen seine Züge aufhellte.

„Ich bin Germanus, und du musst der Centurio sein, der meine Base begleitet hat“, lächelte er mich offen an und reichte mir die Hand zur Begrüßung, die ich herzlich drückte. „Es kann gefährlich werden, Centurio.“

An Stelle einer Antwort zog ich die Spatha ein Stück aus der Scheide und stieß das Eisen wieder zurück.

„Ich bin gerüstet, Centenarius, du sprichst mit einem Frontoffizier.“

Anerkennung für meine beherzte Geste stand in den Gesichtern der Föderaten, die neugierig herangekommen waren und uns im Kreis umstanden.

„Fahrt mit mir, Herr“, rief eine Stimme von hinten und als ich mich umwandte, sah ich einen Fuhrmann, der mit der Linken winkte und mit der Rechten auf den leeren Platz an seiner Seite wies. Ich nickte den Soldaten freundlich zu und ging zu dem Wagen, wo ich mein Gepäck auf die Abdeckplane der Ladefläche warf und mich mit einem kräftigen Schwung auf den freien Platz neben den Kutscher hinaufschwang.

Mit seinen strähnigen, fast schwarzen Haaren und den ungepflegten Bartstoppeln im listigen Gesicht entsprach der klein gewachsene Mann nicht dem Idealbild eines gallogermanischen Provinzialen, sondern eher dem eines mit allen Wassern gewaschenen Straßenhändlers aus Massilia oder Lugdunum.

„Sei willkommen, Centurio“, grüßte mich der Mann, „mit einem Offizier an meiner Seite fühle ich mich gleich viel sicherer.“

Um nicht nach hinten zu fallen, hielt ich mich am Sitz fest, als der Wagen sich mit einem Ruck in Bewegung setzte. Die Eisen bereiften Wagenräder mahlten auf dem Straßenkies, während die Männer mit rauen Rufen und Peitschenknallen die Ochsen antrieben und mir die Ausdünstungen der Zugtiere in die Nase stiegen. Es roch nach Abenteuer.

Unter Schweigen legten wir ein Stück des Weges zurück.

Mir war nicht nach einem Gespräch, da meine Gedanken bei Bissula weilten und ich schaute noch einmal in der Hoffnung zurück, ob sie nicht doch zum Tor zurückgeeilt war, um mir ein letztes Mal zuzuwinken. Meine Hoffnung erfüllte sich nicht, aber wenn ich geahnt hätte, dass ich sie in wenigen Monaten wiedersehen sollte, wäre mir die Trennung viel leichter gefallen.

Während ich traurig meinen Gedanken nachhing, schweiften die Blicke der Männer nach Anzeichen einer drohenden Gefahr in die Umgebung. Jedes Mal, wenn die Straße das offene Gelände verließ und in ein Waldstück eintauchte, packten die Reiter des Geleitschutzes ihre Waffen und duckten sich in den Sätteln hinter ihre Rundschilde. Es sausten aus dem Dunkel des Waldes aber keine Pfeile gegen unsere Kolonne, und von der Streifschar, die gestern noch die Gegend in Angst und Schrecken versetzt hatte, war nichts zu hören und zu sehen. Langsam wich die Anspannung aus den Gesichtern der Männer.

Ich sah mich um und zählte sechs Wagen, jeder mit wenigstens zwei Mann besetzt, zwischen denen sich die Föderaten auf ihren Pferden verteilten, während jeweils eine Vor- und eine Nachhut den Kopf und das Ende der Kolonne sicherte.

„Centurio“, begleitete ein Räuspern die Anrede des Centenarius, der an meine Seite des Wagens herangeritten war.

„Wir sind zu stark für sie. An so viele Bewaffnete trauen die sich nicht ran.“

„Und warum wird die Garnison damit nicht fertig?“, erwiderte ich dem Offizier mit leicht provozierendem Unterton.

„Das alte Lied, Centurio“, blickte mir Bissulas Vetter unbeeindruckt in die Augen. „In Tolbiacum liegen ohne die Offiziere etwa 200 Soldaten, von denen die Hälfte aus neu geworbenen sächsischen und langobardischen Föderaten besteht. Unzuverlässige Kerle, die schnell überlaufen oder sich bei Gefahr davon machen. Die fränkischen Söldner sind schon vor Monaten nach dem Fall der Colonia weggelaufen, weil sie ihren Stammesbrüdern nicht in die Hände fallen wollten.“

Ich unterbrach das Gespräch, weil ich mich unwillkürlich umwandte und unseren Begleitschutz am Ende der Kolonne musterte.

Keine Sorge“, beschwichtigte mich Germanus, „in meiner Einheit dienen Goten, deren Ehrgefühl es nicht zulässt, einen einmal geschlossenen Vertrag zu brechen.“

„Woran liegt es, Centenarius“, forderte ich meinen Gesprächpartner erneut heraus, „dass ihr Germanen, wenn ihr lange genug mit uns zu tun gehabt hattet, euren Ehrenkodex vergesst?“

„Es betrifft nicht alle“, lächelte Germanus mich an, „vielleicht liegt es ja an euch Römern.“

Wir mussten herzhaft über unser kleines Wortgefecht lachen, und ich fand Gefallen an dem Mann.

„Eine Patrouille ist leider seit gestern überfällig“, fuhr der Centenarius ernster werdend fort, „und ich befürchte, dass sie von den Franken niedergemacht wurde. Zusammen reichen alle verfügbaren Männer gerade aus, den Vicus zu schützen und einzelne Wagenkolonnen sicher ans Ziel zu bringen. Für eine groß angelegte Verfolgungsjagd oder eine flächendeckende Sicherung des Landes fehlen einfach die Leute, denn es gibt hunderte Landvillen und Hofstellen rund um Tolbiacum."

In diesem Moment erscholl ein Ruf vom Anfang des Wagenzuges und Germanus presste seinem Reittier die Fersen in die Seiten, um nach dem Rechten zu sehen.

„Wir haben die Goten nur als Begleitschutz bekommen, weil der Kommandant an dem Geschäft beteiligt ist", flüsterte mir der Fuhrmann von der Seite zu.

„Geschäft? Was für ein Geschäft?" Mein Interesse war geweckt und fragend blickte ich auf die Plane, welche die Ladefläche des Wagens bedeckte.

„Nichts Verbotenes, Centurio", wiegelte der Fuhrmann ab. „Baumaterial, Werkzeug und Waffen zum Selbstschutz, weil die in Belgica zum Schutz des Vicus einen Burgus errichten wollen.

Du kennst das doch", blickte er mich fragend an, „ein festes Steinhaus oder einen Turm, wohin die Anwohner sich bei Gefahr flüchten können."

„Ja, ja", knurrte ich ärgerlich, einen Burgus musste der Fuhrmann mir nicht erklären.

„Jetzt aufgepasst", richtete der Mann sich auf und schnalzte mit der Zunge. „Die in Belgica haben Lebensmittel wie Getreide, Gemüse und Fleisch, während Tolbiacum voller Flüchtlinge ist, die eine Woche oder mehr bleiben werden. Die Vorräte reichen noch drei Tage und danach wird verdient, weil dem Kommandanten für die Bereitstellung des Geleitschutzes ein Teil des Gewinnes aus dem Verkauf der Lebensmittel zusteht."

Was für ein Wichtigtuer, schoss es mir durch den Kopf. Ein Kriegsgewinnler, der Leben und Gesundheit für ein Geschäft riskierte.

Als hätte er meine Gedanken erraten, überzog mich der Fuhrmann mit seiner Rechtfertigung.

„Verurteile mich nicht, Centurio", bat er in einem Tonfall, aus dem Anmaßung und Belehrung verschwunden waren.

„Mein schönes Haus, eine richtige Landvilla mit Portikus und Eckrisaliten, die mein Vater um ein beheiztes Bad erweitert hatte, ist als eines der ersten niedergebrannt worden. Tausend Schritte in jede Richtung erstreckten sich Felder und Wiesen, auf denen das Vieh weidete und das Getreide wogte. Im Garten scharrte das Federvieh und im Herbst bogen sich Obst- und Nussbäume unter der Last der Früchte. Über Generationen belieferte meine Familie das Militär und die umliegenden Orte mit Fleisch und Brot, und wir hatten uns unter Fleiß und Mühen ein Leben in Wohlstand und Zufriedenheit geschaffen.

Zwei Jahre ist das her, Centurio, und jetzt hause ich mit Frau und Kindern in einer Behelfshütte an der Festungsmauer. Im Winter ist es kalt, weil es nur eine zugige Feuerstelle gibt, und durch das Dach tropft der Regen. Von unserem letzten Geld kaufte ich den Wagen und versuche, uns damit durchzubringen. Ein paar Fahrten noch und ich kann den Hof in Teilen wieder aufbauen. Was willst du, bin ich ein schlechter Mensch?“

„Schon gut, du hast ja recht“, hob ich betroffen beide Hände.

„Ihr seid richtig, Offizier“, strahlte der Mann über das ganze Gesicht und nahm mich beim Arm.

Was folgte, war die Lebensgeschichte eines Mannes und seiner Vorfahren, die sich vor zwölf Generationen in Niedergermanien niedergelassen hatten. Die Zeit verging wie im Fluge, und am Mittag rumpelte unser Wagenzug in den Vicus Belgica hinein.

Der Krieg hatte den Vicus nicht verschont, denn ich sah Spuren von Vernachlässigung und Zerstörung an den Häusern des Ortsrandes, deren Türöffnungen und Fensterhöhlen mit Brettern vernagelt waren. Im Morast der vernachlässigten Dorfstraße hatte der Regen der Nacht Pfützen hinterlassen; kaum zu glauben, dass ich mich auf der Reichstrasse von der Colonia nach Treveris befand, und ich verstand den Wunsch der Bewohner nach einem schützenden Rückzugsort.

Verstohlen musterten uns unruhige Augenpaare hinter halb geschlossenen Fensterläden, und die Bewohner kamen erst dann heraus, als sie sahen, dass ihnen von uns keine Gefahr drohte.

Schwatzend und gaffend umstanden Männer, Frauen und Kinder die Wagen und versuchten, einen Blick auf die Ladung zu werfen.

Ich hatte nicht vor, mich aufzuhalten, und trennte mich mit einem kurzen Abschiedsgruß von meinem Fuhrmann.

„Centurio“, erklang hinter mir die Stimme des Germanus und es klatschte, als der Mann vom Rücken seines Pferdes in den Morast der Straße sprang.

„Wolltest du dich ohne Gruß davonmachen?“

„Nein, nein“, antwortete ich verlegen, denn ich war in Gedanken schon ein Stück Richtung Ortsausgang gegangen.

„Willst du wirklich alleine gehen?“, legte mir Germanus seine Rechte auf die Schulter. „Keiner weiß, wo die Frankenbande geblieben ist, aber sie kann nicht weit sein. Willst du es riskieren, erwischt zu werden? Bleib ein oder zwei Nächte hier, bis es wieder sicherer geworden ist“, versuchte der Mann mich mit besorgter Miene von meinem Vorhaben abzubringen.

„Mach dir keine Sorgen, Centenarius“, versuchte ich Bissulas Vetter zu beruhigen. „Ich weiß, worauf ich mich einlasse und werde offenes Gelände meiden. Ich danke dir für deine Sorge und Anteilnahme, aber ich muss weiter, weil ich einen Mann treffen möchte, der mich sicher durch die Silva Arduenna bringt.“

Ich hatte Germanus die Wahrheit gesagt, denn ich machte mir mehr Sorgen, den Vertrauensmann des Priesters zu verpassen als auf die Plünderer zu stoßen, und ich hatte mich nicht von Bissula getrennt, um in diesem öden Nest meine Zeit zu vergeuden.

„Dann wünsche ich dir viel Glück, Centurio“, gab sich Germanus geschlagen und drückte mir beide Hände. „Triff deinen Mann und komme gesund an dein Ziel. Und denke daran, dass Bissula sehr traurig wäre, wenn dir etwas zustoßen würde. Wir haben gestern lange gesprochen, und ich weiß, dass sie an dir hängt.“

Er bestieg sein Pferd und drehte sich noch einmal zu mir um, bevor er zum Wagenzug zurückritt.

„Ich soll dich von Bissula grüßen und dir ausrichten, dass sie jeden Tag für dein Wohl zu den Göttern betet und sie dich wiedersehen will.“

Ich freute mich sehr über den Gruß und strebte mit schwerem Herzen meinem Ziel entgegen, dass mir der Priester aus Varnenum beschrieben hatte.

Richtung Süden, der hochstehenden Sonne entgegen, die mittlerweile die Nebelschleier vertrieben hatte, drang ich in die bewaldeten Vorberge ein, die anfangs flach und dann immer höher zu beiden Seiten emporstiegen.

Ohne Mühe erkannte ich dann am rechten Talhang die Trasse der Wasserleitung, die ein Arbeitsweg begleitete, der sich wie eine Riesenschlange durch das Gelände schlängelte, während der eigentliche Kanal, sicher vor Regen und Frost geschützt, unsichtbar im Erdreich verlief.

Ich hätte dem Pfad nur bergan folgen müssen und wäre zum Treffpunkt am Viadukt gelangt, weil die Wegbeschreibung des Priesters exakt den Begebenheiten entsprach.

Trotzdem kam ich vom Weg ab, weil mich ein Waldstück mit dichtem Unterholz aufhielt, und ich, den Rat des Alten ignorierend, wegen der lästigen Dornen und Ranken ins Tal abstieg, wo die Landstraße lockte. Ich war überzeugt, klug gehandelt zu haben, musste mir aber bei Einbruch der Abenddämmerung eingestehen, einen Fehler gemacht zu haben. Nirgends war mehr ein Hinweis auf den Kanal zu entdecken, und ich hatte mich verlaufen.

Es machte keinen Sinn, weiterzusuchen, und mein Ungeschick verfluchend, hielt ich nach einem Lagerplatz für die Nacht Ausschau.

Ich stutzte. Waren das nicht die Konturen mehrerer Gebäude, die sich am Waldrand oberhalb der Straße im diffusen Licht der Dämmerung abzeichneten?

Ich verließ den Weg und hielt auf die Gebäudegruppe zu, als ich ein leichtes Brennen am Handgelenk verspürte, wo mein Armreif saß. Unwillkürlich drehte ich den Schlangenreif mit der Rechten, worauf das Brennen nachließ.

Näherkommend sah ich, dass es sich bei der Gebäudegruppe um die Ruinen eines größeren Komplexes handeln musste und zog zur Vorsicht die Spatha, als ich durch die schief in den Angeln hängende Hoftüre eintrat. Bei diesen verlassenen Gebäuden kann man nie wissen, welches lichtscheue Gesindel oder hinterhältige Getier aufgestört wird.

Das nach den Seiten offene Pultdach war in großen Teilen eingestürzt, und durch die Öffnungen schien das Abendrot. Es dauerte, bis meine Augen sich an das Halbdunkel gewöhnt hatten und ich im Hintergrund eine massive Mauer erkannte, aus der wie tote Augen die Feuerungsöffnungen von sechs Brennöfen starrten.

Schritt für Schritt tastete ich mich über die am Boden liegenden Mauerteile und Dachziegel voran, konnte aber keine Anzeichen von Menschen entdecken. Die Anlage musste seit Jahrzehnten verlassen sein.

Meine Neugierde wurde geweckt, als ich im Bauschutt auf einen Tonziegel stieß, der mit einem Stempel versehen war. „XXX Leg“ ertasten meine Fingerspitzen, die Initialen meiner Stammlegion, die einst den Ehrennamen „Ulpia Victrix“ trug und deren Angehörige sich heute „Tricensimani“ nennen.

Wie oft hatten meine Hände diese Initialen gefühlt, als wir als Rekruten aus den Trümmern der CUT, der Colonia Ulpia Traiana, die Festung Tricensima erbauten. Mit bloßen Händen säuberten wir Ziegel und Bausteine vom anhaftenden Mörtel und verfluchten die Schinderei, die den Rücken krümmte und die Hände rissig machte. Ganze Wohnviertel mit Tempeln, Verwaltungsgebäuden und Thermen sowie das Amphitheater fielen dem Abbruch zum Opfer, und am Ende meiner Ausbildungszeit war von der ursprünglichen Stadt nichts mehr geblieben, bis auf die neu errichtete Grenzfeste, die sich in ihrer Mitte erhob.

Drei Jahre war es jetzt her, dass der für uneinnehmbar gehaltene Stolz der Germania Secunda im Frankensturm untergegangen war.

Aber bei den Göttern der Unterwelt, wie kam der Ziegel an diesen Ort? Und als wollte ich die Lösung des Rätsels erzwingen, presste ich den Scherben mit beiden Händen.

„Kalkfresser“, drang es plötzlich in mein Bewusstsein und

setzte einen Strom von Erinnerungen an meine Rekrutenzeit frei.

Das war die Lösung, denn „Kalkfresser“ wurden in der Tricensima die Soldaten genannt, denen wegen Vergehen gegen die Lagerdisziplin oder Befehlsverweigerung ein Strafverfahren drohte. Mit Kalkfressern durfte kein Umgang gepflegt werden, denn sie standen außerhalb der Gemeinschaft. Vor meiner Zeit mussten diese Unglücklichen ihre Schuld mit einer Verbannung in eine Kalkbrennerei büßen, und der Zufall hatte mich an einen der Orte geführt, der Rekruten und Legionäre das Fürchten gelehrt hatte. Ein ganzes Jahr mussten die Unglücklichen ihre Verfehlung dadurch büßen, dass sie in der Abgeschiedenheit den anstehenden Kalkstein in handliche Brocken brachen und in der Höllenglut der Brennöfen zu Baukalk brannten. Es gab praktisch kein Bauvorhaben in den germanischen Provinzen, bei dem der Zement der Silva Arduenna nicht verwandt wurde. Die Arbeitsbedingungen waren entsetzlich, denn Hitze und Staub brachten die Männer um Jugend und Gesundheit, und nur die Zähen und Starken überstanden diese Tortur. Den Göttern sei Dank gab es diese Strafe nicht mehr, weil die Brennereien der Silva Arduenna im ersten Frankensturm vor mehr als achtzig Jahren untergegangen waren, aber das geflügelte Wort von den „Kalkfressern“ hatte sich gehalten.

Ein stechender Schmerz im Gelenk unter dem Schlangenreif ließ den Ziegel aus meinen Händen zu Boden gleiten, als gleichzeitig Stimmen an mein Ohr drangen, die mich mit einem Schlag in die Gegenwart zurückrissen.

Auf dem Talweg waren Menschen unterwegs, und der Schreck fuhr mir in die Glieder, als ich deutlich fränkische Wörter und Sprachfetzen aus dem Stimmengewirr heraushörte.

Jetzt verließen sie die Straße und kamen zur Ruine herauf.

„Die Streifschar“, fuhr es mir durch den Kopf und kalter Schweiß brach aus allen Poren.

Mühsam rang ich die aufkommende Panik nieder, raffte meine Sachen zusammen und überkletterte auf der Suche nach einem Versteck oder Fluchtweg die zwischen zwei Feuerungsöffnungen eingebrochene Rückwand. Zum Glück waren die Mauertrümmer in den dahinterliegenden Kalkofen gestürzt, so dass ich ohne Mühe die Mauerkrone des nach oben offenen Brennraums ersteigen konnte, hinter dem sich im Halbdunkel Buschwerk und Bäume den Berghang hinaufzogen. Über Steinbrocken und Ranken strauchelnd, stürzte ich in das dichte Unterholz und arbeitete mich den Steilhang hinauf, den die Hände unzähliger Verbannter auf der Suche nach verwendbarem Kalkstein aus dem Berghang geschlagen hatten.

„Mach nicht so viel Lärm und verlier nichts“, hämmerte es in meinem Kopf, als ich bergan raste, immer wieder stolperte, mich fing und weiter hastete. Ich achtete nicht der Äste und Ranken, die mein Gesicht peitschten und an den Kleidern zerrten.

„Weiter“, trommelte mein Unterbewusstsein, „immer nur weiter und weg vom Feind.“

Der Lebenswille trieb mich den Hang hinauf, und obschon mein Blut die Ärmel der Tunika färbte, als ich mir den Schweiß aus dem Gesicht wischte, fühlte ich keinen Schmerz. Ich achtete nicht darauf und hastete weiter, bis mir mein Gefühl sagte, dass ich aus der direkten Gefahrenzone heraus war. Ich erreichte die Höhe, warf mich zu Boden und kroch unter die Zweige einer weit ausladenden Tanne, wo ich mich in meinen Mantel wickelte.

Das Herz hämmerte im Hals und mühsam rang ich nach Luft, bis der Körper begann, sich langsam zu erholen und das Zittern in Armen und Beinen nachließ. Erst jetzt spürte ich die Abschürfungen im Gesicht und an den Händen, die sich brennend und schmerzend in mein Bewusstsein drängten.

Die Nacht war dunkel hereingebrochen und leichter Nieselregen setzte ein.

Vorsichtig wagte ich einen Blick hinab, wo in beruhigender Entfernung ein durch die Lücken des Daches dringender Feuerschein die Kalkbrennerei beleuchtete. Es war das einzige Licht im Dunkel der Nacht, die weder Mond noch Sterne erhellten, weil sich der Himmel mit einer Wolkendecke bezogen hatte.

Meine Anwesenheit in der Ruine war vom Feind offensichtlich nicht bemerkt worden, denn so angestrengt ich auch in die

Dunkelheit lauschte, war von einem Verfolger nichts zu hören.

Was sollte ich jetzt tun? Ich wusste nicht, wo ich war, und es wäre unklug gewesen, weiter durch die Nacht zu irren und mir womöglich bei einem Sturz Arme und Beine zu brechen. Den Göttern sei Dank stellte ich bei der Untersuchung meines Reisegepäcks fest, dass ich alles bei mir hatte und damit nichts auf die Anwesenheit eines Fremden in der Ruine hindeuten konnte. Also beschloss ich, liegen zu bleiben und das erste Tageslicht abzuwarten.

Die Nacht war kühl und feucht und mich fröstelte trotz des Mantels, während aus dem Tal Singen und Grölen zu mir heraufdrang. Offensichtlich vertranken die Mordbrenner einen Teil ihres Raubes, den sie wahrscheinlich in einem Weinkeller einer Landvilla erbeutet hatten. Germanen und vor allem Franken lassen keine Gelegenheit aus, sich bis zur Bewusstlosigkeit zu betrinken, was ich ihnen von Herzen gönnte, denn im Rausch würde mit Sicherheit keiner auf die Idee kommen, nach einem verborgenen Opfer ihrer Mordgier zu suchen.

Erst jetzt wurde mir bewusst, was für ein Glück ich gehabt hatte, über die eingestürzte Rückwand entkommen zu sein und einen Fluchtweg in die Freiheit gefunden zu haben. Was wäre gewesen, wenn Mauer und Öfen intakt gewesen wären und ich wie eine Maus in der Falle gesessen hätte?

Ich tastete nach dem Schlangenreif, der metallisch kühl die Haut des Handgelenks umspannte, aus dem der Schmerz gewichen war. Wie der Priester mir geweissagt hatte, stand ich noch unter dem Schutz des Fabeltieres, das mich gewarnt und offensichtlich gerettet hatte.

Mit zehn Legionären hätte ich die betrunkene Meute ohne Probleme zu Pluto schicken können, dachte ich noch grimmig, als mein Kopf auf das feuchte Moos des Waldbodens sank.

Plötzlich schreckte ich auf, denn ich musste eingenickt sein. Lautes Schreien, wie bei einem Streit unter Trunkenen, drang aus der Ruine, bis es schrill und spitz durch die Nacht gellte und auf dem höchsten Ton abbrach. Wut, Verzweiflung, Angst und Schmerz hatten in dem Schrei gelegen, der die Tiere des Waldes verstummen und mir das Blut in den Adern gefrieren ließ. Der Todesschrei eines Menschen.

Die eingetretene Stille war nur von kurzer Dauer, denn es brach wieder los. Rufe, Schreie und Verwünschungen brandeten durch die Nacht, aus denen ich deutlich das Hufgetrappel eines Pferdes heraushörte, das von der Ruine weg über die Straße in die Nacht galoppierte.

Mir graute, denn ein Mensch war durch Gewalt aus dem Leben geschieden, und ich war Ohrenzeuge der Bluttat geworden.

Den Rest der Nacht wachte ich in gespannter Ruhe und hörte, wie die Feinde sich bei den ersten Anzeichen der Dämmerung zum Aufbruch rüsteten. Ein letztes Mal griffen Angst und Anspannung nach mir, und ich machte mich bereit, bei dem kleinsten Anzeichen von Gefahr um mein Leben zu rennen. Endlich verließen die Mordbrenner die Ruine, und ich zählte dreißig Köpfe, die auf dem Talweg in Richtung Belgica abzogen. Zu wenig, den Vicus zu gefährden. Aber wehe der Landvilla, die auf ihrem Weg lag.

Unter Freunden

Nachdem ich mein Versteck verlassen und mich in der Morgensonne aufgewärmt hatte, überfiel mich ein solcher Heißhunger, dass ich den Inhalt meines Proviantbeutels wie ein hungriger Wolf hinunterschlang. In der Aufregung hatte ich völlig vergessen, am Abend und in der Nacht etwas zu essen, so dass ich seit gestern Morgen nichts mehr zu mir genommen hatte.

Gesättigt und aufgewärmt streckte ich mich aus und wollte nur einige Minuten ruhen, als mir die Augen zufielen und ich erst wieder erwachte, als die Sonne hoch am Himmel stand.

Mein erster Gedanke galt Bissula, und es schmerzte, dass mehr als ein Tag seit unserer Trennung vergangen war.

Noch halb betäubt vom traumlosen Erschöpfungsschlaf, setzte ich mich auf und betrachtete mein Äußeres. Gesicht und Arme waren von Striemen und Kratzern überzogen, die Krusten gebildet hatten. Vorsichtig entfernte ich Dornen, die sich in die Haut gebohrt hatten und wusch die Wunden sorgfältig mit Wasser aus, bevor ich Bissulas Heilsalbe auflegte. Eine Entzündung hätte mit Fieber und Schmerzen das vorläufige Ende meiner Reise bedeuten können. Hose und Tunika waren an vielen Stellen eingerissen, und ich mühte mich redlich ab, die übelsten Risse und Löcher mit Nadel und Faden zu schließen, die ich zuunterst im Reisegepäck gefunden hatte.

Die Arbeit lenkte mich ab, und wie nach einem glücklich überstandenen Gefecht überlagerte Hochstimmung die Erinnerung an die Schrecken der Nacht. Ich hatte der Gefahr getrotzt und nichts und niemand konnte mir etwas anhaben.

Am Mittag bestimmte ich anhand des Sonnenstandes die Himmelsrichtung und schlug die Richtung ein, in der ich die Wasserleitung vermutete. Ich kämpfte mich durch das dichte Unterholz und querte Täler und Berge, bis ich endlich auf die Kanaltrasse stieß.

Stunden folgte ich dem Verlauf des Arbeitsweges nach Westen und wagte es nicht mehr, die vorgegebene Richtung zu verlassen.

Als der Tag sich seinem Ende zuneigte und die Sonne hinter einer Anhöhe versank, sah ich den Aquädukt in der Abgeschiedenheit der Waldberge vor mir liegen.

Über dreißig Fuß ragte das Meisterwerk aus Grauwacke und Ziegeln als dunkle Masse in den Abendhimmel, und ich zählte dreizehn Pfeiler und Bögen, die über hundert Schritte die Talsenke überspannten.

Mehr rutschend als kletternd gelangte ich zur Talsohle und richtete, wie mir der Alte aus Varnenum geraten, unter dem mittleren Bogen des Aquäduktes einen Stecken mit meinem Halstuch auf.

Bald beschien ein Feuer aus Laub und Ästen das Erkennungsmal. Sorglos hatte ich es, keine Gefahr fürchtend, entzündet, war der Feind doch am Morgen in die entgegengesetzte Richtung abgezogen.

Nun hieß es abwarten und hoffen, dass sich der Vertrauensmann des Priesters in der Nähe aufhielt und das verabredete Zeichen bemerkte.

Aus dem Wald klangen die Geräusche der kleinen Nachtjäger, die ihrer Beute nachstellten und silbern hoben sich im Licht des aufgehenden Mondes die Konturen des Aquäduktes vor den schwarzen Berghängen ab.

Jeden Bissen bedächtig kauend, verzehrte ich ein Stück Brot, das ich aus dem Innenfach meines Proviantbeutels hervorholte, wo es meinem morgendlichen Gelage entgangen war.

Der Schreck ließ mich zusammenzucken, als in der Nähe ein Ast krachte und sausend und prasselnd eine Rotte Rebhühner aus dem Gehölz in den Nachthimmel stieg.

War das nicht ein Schatten, der sich aus dem Dunkel der Bäume löste und sich auf mich zubewegte? Die Rechte zuckte zum Griff der Spatha, die ich lautlos aus der Scheide zog. Ich zog die Beine an, bereit aufzuspringen und um mein Leben zu kämpfen.

„Mach das Feuer aus, wenn du am Leben hängst, Römer“, herrschte eine Stimme mich an. „Was hast du hier zu suchen?“

Ein Kurzschwert an der Seite und einen Spieß in der Hand

trat ein Mann in den Lichtschein des Feuers. Rotblond schimmerte sein Haar und blaue Augen blitzten mich an, in denen sich das Flackern des Feuers spiegelte. Kräftig und untersetzt trug er die Tunika und den Wollmantel der Legion, während die Füße in unbeschlagenen Stiefeln aus Weichleder steckten, die beim Gehen kein Geräusch erzeugten. Wäre dieses Ebenbild eines gallischen Provinzialen nicht auf den Ast getreten, hätte ich keine Chance gehabt, ihn zu entdecken.

„Das muss der Mann des Priesters sein", dachte ich erleichtert und stieß die Spatha in die Scheide zurück.

„Du schaust abgerissen aus, Fremder", musterte mein Gegenüber mich vom Kopf bis zu den Füssen und ließ langsam den Spieß sinken. „Siehst aus wie einer, der in Schwierigkeiten steckt."

Ein Lächeln huschte über sein Gesicht, als er das Feuer austrat, dass die Funken aufstoben.

„Ich komme aus…", versuchte ich mich zu erklären.

„Ich sehe, woher du kommst", wurde ich unterbrochen. „Du kennst das Zeichen, weil der Alte aus Varnenum dich geschickt hat." Er reichte mir die Hand, deren Druck ich anmerkte, dass sie es gewohnt war, fest zuzupacken.

„Folge mir", wandte sich der Waldläufer zum Gehen, „und mach so wenig Lärm wie möglich. Ich bin eben absichtlich auf den Ast getreten, um dich zu warnen", hörte ich einen verhaltenen Spott in seiner Stimme. „Ich hatte Angst, dass dich sonst bei meinem Erscheinen der Schlag getroffen hätte."

Ich hatte Mühe, dem Waldläufer zu folgen, der öfters stehenbleiben und warten musste, bis ich aufgeschlossen hatte. Nur gut, dass die Nacht vom Mondlicht erhellt wurde. Es mochte eine halbe Stunde vergangen sein, als wir vor der Türe einer Holzhütte standen. Verborgen hinter Tannen und Buschwerk wäre die Behausung selbst bei Tageslicht kaum zu erkennen gewesen.

Ich atmete tief durch und dankte insgeheim dem unbesiegbaren Jupiter, in dieser Nacht ein Dach über dem Kopf zu haben.

„Galerius" – „Marcus", war unsere Vorstellung sehr kurz ausgefallen, als wir das Innere der Hütte betreten und ich meine Sachen abgelegt hatte.

Wortlos teilte Galerius sein karges Nachtmahl mit mir, bevor wir uns mit einem Krug Wein am Herdfeuer niederließen. Im hellen Schein der Flammen hatte ich jetzt zum ersten Mal die Gelegenheit, die Gesichtszüge meines Gastgebers genauer zu betrachten.

Im Gegensatz zu seinen galloromanischen Landsleuten war er glatt rasiert und trug auch keinen Schnauzbart, was die hohen Wangenknochen angenehm betonte. Während aus seinen hellblauen Augen Güte und Freundlichkeit sprachen, verlieh ihm die energische Partie um Mund und vorstehendem Kinn einen Zug von Willensstärke und Verlässlichkeit. Ein Mann mit Prinzipien und Charakter, der von einem einmal gefassten Beschluss nicht leicht abzubringen war und dem man getrost Geld und Gut anvertrauen konnte. Die leicht höckerige Nase und schmalen Augen rundeten den angenehmen Eindruck harmonisch ab. Kein Gesicht, mit dem man in den frivolen Kreisen der Kaiserstadt die Schönheiten beeindrucken konnte, aber ein Antlitz, das Ruhe und Geborgenheit ausstrahlte und dessen Träger man gerne zum Freund gehabt hätte.

„So, Centurio", brach mein Gastgeber das Schweigen, „jetzt erzähl mal, was dich zu mir führt."

Mit knappen Worten setzte ich ihn über meine Person ins Bild und schilderte dann ausführlich meine Erlebnisse der letzten Tage.

Mit Spannung folgte Galerius meinem Abenteuer in der Kalkbrennerei, ohne es zu kommentieren. Er schien Gefallen an mir gefunden zu haben, denn wohlwollend betrachtete er mich von der Seite, als ich geendet hatte.

„Du scheinst ein ganzer Kerl zu sein, Centurio", füllte er unsere irdenen Becher nach, bevor er sich zurücklehnte und mir anfangs stockend und später gelöster von seinem Leben in den Wäldern berichtete.

„Zwanzig Jahre sind es her, Centurio, dass ich mit einem Arbeitstrupp in die Abgeschiedenheit der Wälder der Silva Arduenna gekommen bin. Noch regierte der Große Konstantin und wir machten uns daran, die im Germanensturm zerstörten

Teilstücke des Trinkwasserkanals in die Colonia auszubessern. Das Leben in den Provinzen am Rhenus war wieder sicherer geworden und die Bewohner der Metropole waren es leid, das trübe Wasser der Brunnen zu trinken.

Ich wurde zum Aufseher berufen und fand Gefallen an der Aufgabe und dem Leben in der Einsamkeit der Wälder, weshalb ich Frau und Kinder aus der Colonia nachkommen ließ und ein festes Haus aus Stein erbaute."

An diesem Punkt seiner Erzählung stockte Galerius und rieb sich mit der Hand das Kinn, als wollte er die Bilder einer längst vergangene Zeit zurückholen.

„Mein Weib Epona, benannt nach der Pferdegöttin der Kelten, hatte ich Jahre zuvor in Aquis kennen gelernt. Ihrem Vater, dem Priester aus Varnenum, hast du es zu verdanken, dass du jetzt an diesem Ort bist", unterbrach Galerius seine Lebensgeschichte.

„Im Einklang mit den Göttern und der Natur", fuhr er fort, „lebten wir ein gutes Leben, bis meine Söhne herangewachsen waren und zum Kummer Eponas das Haus verließen, um sich bei der Legion in Britannien zu verdingen. Lange habe ich nichts mehr von ihnen gehört, und ich bete jeden Tag zu den Matronen, dass es ihnen gut geht."

Wieder legte Galerius eine kurze Pause ein und schaute versonnen in die Flammen des Feuers.

„Die letzten Jahre zerstörten alles, was ich aufgebaut hatte. Mein Lebenswerk, den beinahe wieder hergerichteten Kanal, verwüsteten die Franken, die, als würde das Böse sie antreiben, in ihrer Wut alles zerschlagen, was sie nicht verstehen oder mitnehmen können. Sie brannten mein Haus nieder und trieben Epona und mich von Versteck zu Versteck, bis die zarte Priestertochter aus dem heiteren Varnenum den Strapazen nicht mehr gewachsen war. Entkräftet und ohne Hoffnung ist sie vor einem Jahr zu den Göttern gegangen, und ich begrub sie an einem Platz, der uns beiden heilig war. Ich blieb und wurde zum Waldläufer, der Reisende auf Schleichpfaden durch die Waldberge führt."

Ich sah Tränen in den Augen des Mannes aufblitzen, als er mich stumm anblickte und mir damit das Ende seiner Erzählung andeutete. Sie hatte mich stark bewegt, die Lebensgeschichte dieses Mannes, den das Schicksal hart angefasst und gestählt hatte.

Lange blickten wir in die Flammen des herabbrennenden Herdfeuers, bis mein Gastgeber die Glut mit einem Schürhaken anfachte, dass die Funken aufstoben und die Hütte bis in den letzten Winkel ausleuchteten.

„Marcus“, ergriff Galerius endlich das Wort, und ich hörte eine feste Entschlossenheit in seiner Stimme mitschwingen. „Mein Weib ist bei den Göttern und die Kinder in einem fremden Land, aber ich will nicht warten, bis mich die Franken erwischen. Ich bringe dich nach Hause und kehre nicht an diesen Ort zurück. Ich will meinem Leben wieder Sinn und Richtung geben, denn hier gibt es nichts mehr zu tun, und ich möchte wieder in Sicherheit und unter Menschen leben. Wenn ich mir ein neues Heim geschaffen habe, schreibe ich den Kindern, wo sie mich finden können. Und jetzt ab auf die Schlafstatt, Centurio.“ Der Schürhaken klirrte auf den Lehmboden vor der Feuerstelle, als Galerius sich erhob.

„Wenn die Sonne aufgeht, brechen wir auf, und es liegen harte Tage vor uns.“

In der Nacht schreckte mich ein scharrendes Geräusch aus dem Schlaf, und ich sah aus halbgeöffneten Lidern, wie der Waldläufer seine Hütte verließ.

Als er nach einer Stunde zurückkehrte, widerstand ich der Versuchung, ihn nach dem Ziel seines Ausfluges zu befragen, und stellte mich schlafend. Ich ahnte, dass er Eponas Grab aufgesucht und von ihr und ihrem gemeinsamen Leben Abschied genommen hatte.

Im frühen Morgenlicht schloss Galerius sorgfältig die Hüttentür hinter sich zu, nachdem er mit einem langen Blick Abschied genommen hatte.

„Lebe wohl, mein einsames Heim in den Wäldern“, schlug er mit der rechten Hand gegen den Pfosten der Türleibung, „und diene manchem Wanderer als sicherer Unterschlupf gegen Unwetter und marodierende Franken.“ Dann wandte er sich um und blickte nicht mehr zurück, zwanzig Jahre seines Lebens hinter sich lassend.

Jeder seinen Gedanken nachhängend, folgten wir dem Lauf der Wasserleitung, und der Morgentau nässte meine Füße, wenn wir eine grasige Lichtung querten.

Fast wäre ich in den Gefährten hineingelaufen, als dieser unvermittelt stehen blieb und mit prüfendem Blick die Umgebung absuchte.

„Pass doch auf, Centurio", raunzte Galerius mich an, „und renn mich nicht über den Haufen, wenn ich dir etwas zeigen möchte."

Mich bei der Hand packend, zog er mich vom Weg herunter in den Wald hinein, wo er nach einigen Schritten stehen blieb und mit den Augen den Boden absuchte.

Bei einer kleinen Erhebung, die unter dem Laub kaum sichtbar war, überzog ein zufriedenes Lächeln sein Gesicht und er begann mit den Füßen, die welken Blätter zur Seite zu schieben. Es kam eine Steinplatte mit einem in der Mitte eingelassenen Eisenring zum Vorschein, die er mit Mühe zur Seite schob. Darunter tat sich ein Schacht auf, aus dem es uns feucht und modrig anwehte.

„Steig hinab, Marcus", wies Galerius auf die Öffnung zu meinen Füßen. „Das ist ein Wartungsschacht, durch den man in den Kanal gelangt. An den Wänden gibt es Aussparungen, in denen du mit Händen und Füßen Halt findest."

Voller Neugier zwängte ich mich in den Einstieg und fand die Aussparungen, von denen Galerius gesprochen hatte. Vorsichtig hinabkletternd erreichte ich schnell die Kanalsohle und ging in die Hocke, um einen Blick in das Innere des Kanals zu werfen, der kein Wasser führte und sich zu beiden Seiten im Nichts der Dunkelheit verlor. Die schulterhohen Seitenwände aus gemauerter Grauwacke und wasserdichtem Zement waren bis zum Gewölbeansatz mit mächtigen Kalkablagerungen bedeckt, die, sich nach unten verdickend, nur einen kleinen Spalt auf der Kanalsohle frei ließen. Obwohl ein Mann meiner Größe wegen der Sinterschicht unmöglich hineinkriechen konnte, berauschte ich mich an der Vorstellung, ohne dieses Hindernis ungesehen die Colonia zu erreichen.

Plötzlich verschwanden Mauern und Gewölbe im Dunkel, als Galerius sich über den Schacht beugte und damit die einzige Lichtquelle versperrte.

„Marcus“, rief er zu mir herab, „schau bitte im untersten Steigloch nach, ob sich dort ein Lederbeutel befindet und bring ihn herauf, wenn du ihn gefunden hast.“

Ich fasste an der angegebenen Stelle in das Steigloch und tatsächlich ertasteten meine Fingerspitzen am hinteren Ende einen ledernen Gegenstand, den ich vorsichtig herauszog. Prüfend wog ich den Beutel in der Hand, der seinem Gewicht nach mit Münzen gefüllt sein musste. Viel war es nicht, und als ich die Börse leicht schüttelte, klang es nach Bronze und ein wenig Silber. Damit der Beutel mich beim Aufstieg nicht behinderte, nahm ich ihn zwischen die Zähne und trug die Ersparnisse eines kargen Lebens voller Arbeit und Mühsal an das Licht des Tages.

Oben angekommen händigte ich Galerius den Beutel aus, der einen Blick auf die Barschaft warf und den Beutel in die Innentasche seiner Tunika steckte.

„Ein Kanalaufseher, der über Jahre keinen Lohn erhalten hat, häuft keine Reichtümer an“, rechtfertigte sich Galerius, als hätte er meine Gedanken erraten. „Für den Neubeginn muss es reichen.“

Je weiter wir im Laufe des Vormittags vorankamen, umso forscher schritt der Gefährte aus, und es schien, als würde der Abstand zu Wohnstatt und Vergangenheit eine Last auf seinen Schultern verringern.

Es imponierte mir, wie der Mann ohne zu zögern immer den richtigen Weg fand, der sich in Teilen kaum sichtbar durch das Gehölz zog. Unsere Kommunikation beschränkte sich auf das Notwendigste und alles, was er von sich gab, hatte Sinn und Verstand. Auch wenn er nicht bei der Legion gedient hatte, war dieser Mann eine Führernatur, die Vertrauen und Sicherheit ausstrahlte. Angefangen von der Länge des Tagesmarsches, über die Abhaltung von Erholungspausen und der Wahl des Nachtlagers bestimmte er, was getan wurde. Der Mann hatte keine Bücher gelesen, aber die Philosophie des Lebens verinnerlicht, und ich konnte mir vorstellen, ihn auf unserem gemeinsamen Weg zum Freund zu gewinnen.

Hin und wieder brach Galerius sein Schweigen, ließ mich aufschließen und wies mich auf interessante Details der unterirdischen Wasserstraße hin.

Am Mittag erreichten wir eine der Brunnenstuben des Kanals, die am Hang einer Wiesenniederung gelegen war, durch die sich ein Bachlauf schlängelte.

Tief im Boden gründete das von einer mit Sandsteinplatten gedeckten Einfassungsmauer umgebene Bassin, in dem sich Quell- und Sickerwasser sammelten.

Über eine Holzleiter, die Galerius auf seinen Inspektionsgängen benutzt und in einem Gebüsch sicher verwahrt hatte, stieg ich zum Boden des Sammelbeckens hinab, in dem das Wasser kniehoch stand. Jetzt, im Sommer, waren die Kieselsteine der Bodendeckung gut sichtbar, während die Ablagerungen an den Seitenwänden den Wasserstand regenreicherer Zeiten anzeigten. Deutlich sah ich unter der Wasserlinie mehrere Öffnungen in der hangseitigen Wand, durch die das Quellwasser einsickern konnte. Der Abflusskanal war viel kleiner als der Hauptkanal, in den ich vor einigen Stunden herabgestiegen war. Meine Vermutung, dass neben diesem Quelltopf weitere Zuläufe den Hauptkanal speisten, bestätigte Galerius mit einem kurzen Nicken seines Kopfes.

„Ich stehe genau auf der Stelle“, deutete mein Gefährte zu seinen Füßen, „wo sich der Abflusskanal in eine größere Zuleitung ergießt, die aus dem Tal der Urafa kommt und nicht weit von hier gibt es einen großen Verteiler, der alle Zuflüsse sammelt und im Zentralkanal zusammenführt.“

Ich stieg die letzten Sprossen herab und beugte mich über die Wasseroberfläche, wo ich unsere Feldflaschen mit dem glasklaren Nass füllte.

„Das ist der Unterschied, Galerius“, rief ich zurückkehrend voller Stolz aus, „der uns über die Barbaren erhebt. Germanen, Skythen und Afrikaner schöpfen ihr Trinkwasser dort, wo sie es brauchen. Sie trinken aus stickigen Holzbrunnen und morastigen Wasserläufen, während wir die Quellwasser der Berge über Hügel und Täler in die Mauern unserer Metropolen und Ansiedlungen leiten. Selbst der kleinste Vicus oder die einsamste Landvilla verfügt über ein funktionierendes Leitungssystem."

„Mögen die Götter uns endlich einen langen Frieden schenken", sinnierte Galerius, „damit wir das wieder aufbauen, was die Franken in Trümmer gelegt haben. Es sind der Frieden, Marcus, und die Ordnung, die den Fortschritt bringen, und nicht unsere besseren Geistesgaben", dämpfte Galerius meine Überheblichkeit.

„Lebe ich in Hunger und Not", fuhr er fort, „ist es nicht von Wert, ob ich das abgestandene Wasser eines Brunnens oder das wohlschmeckende Wasser aus den Kalkbergen der Silva Arduenna trinke. Zuerst möchte ich meinen Durst stillen und danach mache ich mir Gedanken, ob das Wasser geschmeckt hat.

Du siehst es ja", wies er auf die Brunnenstube, „seit Verwaltung und staatliche Ordnung am Boden liegen, ist der Kanal versiegt, und anstatt Wasserleitungen und Straßen in Stand zu setzen, werden aus der Not heraus mit den schwindenden Steuereinnahmen Truppen angeworben und Festungen errichtet. Wenn das Imperium besiegt wird oder gezwungen ist, sich aus den Grenzprovinzen zurückzuziehen, wird es hier auf lange Zeit keine Straßen, Wasserleitungen oder andere Annehmlichkeiten der Zivilisation mehr geben."

Während unseres Gespräches, das Galerius sehr engagiert geführt hatte, hatten wir uns niedergelassen und etwas Proviant vor uns ausgebreitet. Ein scharfer Käse, Rauchfleisch und altbackenes Brot mussten für die Mittagsrast genügen.

„Ich möchte heute Abend die ehemalige Benefiziarierstation unter dem Matronenheiligtum erreichen", nahm Galerius meine Frage nach dem Ziel unseres heutigen Tages vorweg. „Ich habe dort einen Freund, der uns aufnehmen und mit neuem Proviant versehen wird."

Mit den Rücken an die Außenmauer der Quellfassung gelehnt, ließen wir uns noch eine Weile die Sonne ins Gesicht scheinen, bis Galerius zum Aufbruch mahnte.

Am Nachmittag querten wir die Fernstraße von der Colonia

nach Treveris und stiegen durch enge Kehren zum Tal der Urafa hinab. Mechanisch und in Gedanken setzte ich Schritt vor Schritt, die Augen auf den Boden gerichtet, um auf dem abschüssigen Weg nicht ins Straucheln zu geraten. So konnte es geschehen, dass ich unversehens mit einer Situation konfrontiert wurde, auf die ich nicht eingestellt war.

Ich schaffte es gerade noch, zur Abwehr beide Hände vor das Gesicht zu reißen und mich geistesgegenwärtig abzuwenden. Hinter den Zweigen eines Haselstrauches war mein Blick auf wimmelnde Vipern gefallen, die züngelnd eine schreckliche Fratze umwanden, deren Augen den Tod im Blick trugen. Ich hatte dem Verderben bringenden Haupt einer Gorgone direkt ins Antlitz geschaut.

„Hat der tapfere Soldat einen Schrecken bekommen?“, spottete mein Gefährte, der sich mit Mühe das Lachen verbiss. „Die Gorgone soll Unheil abwehren, aber auf harmlose Wanderer hat sie es nicht abgesehen.

Du stehst am Anfang des Wasserkanals“, schob Galerius die Zweige zur Seite und wies mit dem Kopf auf eine gemauerte Quellfassung.

Ich ließ die Hände sinken und betrachtete mit einem Schmunzeln, was mich so erschreckt hatte. In die Ecksteine der Brüstung hatte ein kundiger Steinmetz die Köpfe der Unheilsgöttinen geschnitten, deren Blicke einen Menschen zu Stein verwandeln können.

„Hier, am südlichsten Punkt der Wasserleitung“, klärte Galerius mich auf, „endete mein Zuständigkeitsbereich, und immer, wenn ich diese Quelle erreicht hatte, freute ich mich auf einen Umtrunk und einen Plausch mit meinem Freund Marcus Sidonius Rufus, den du bald kennen lernen wirst.“

Auf meinen fragenden Blick hin klärte Galerius mich über Herkunft und Werdegang seines Freundes auf.

„Rufus, ein alter Germanenkämpfer und Centurio wie du, hatte es sich mit einem vorgesetzten Tribunen verdorben, als er sich an dessen Frau heranmachte. Er wurde degradiert und verließ nach Ablauf seiner Mindestdienstzeit die Legion. Mit sechs Veteranen siedelte er sich in einem abgelegenen Tal der Silva Arduenna an, wo er ein Jahr als Benefiziarier Dienst getan hatte. Hier, am Ende der Welt, sorgte er fortan auf eigene Faust für den Schutz der Bauern und Steinmetze des Tales, die man seit den Wirren der Magnentiusempörung bei der Militärverwaltung vergessen hatte. Er machte das Beste aus der Situation und herrscht seitdem wie ein Kleinkönig über das Tal, das unter seiner Führung wuchs und gedieh und bis heute von Überfällen und Brandschatzungen der Franken verschont geblieben ist."

„Ich bin auf deinen Freund gespannt", erwiderte ich meinem Gefährten, „und hoffe, dass er einen guten Tropfen für uns bereithält."

„Worauf du dich verlassen kannst", nickte Galerius zur Bekräftigung und griff gleichzeitig nach meinem Arm, worauf wir stehen blieben, und er mich mit einem ernsten Zug um Augen und Mund anblickte. „Marcus, du solltest Rufus nehmen wie er ist, denn er platzt vor Selbstzufriedenheit und Eigenlob. Im Innern ist er aber ein ganzer Kerl und treuer Freund, der hilft, wenn er gebraucht wird."

Wir folgten dem Lauf der Urafa im Schatten der Erlen und Eichen des Uferweges. Hier unten, in der Nähe des Wassers, war es viel kühler als in der schwülen Enge des sommerlichen Hochwaldes auf den Anhöhen.

Gerade als die Sonne den westlichen Hügelkamm berührte, weitete sich das Tal zu einer Flussaue, in der verstreut die Gehöfte und Behausungen der Anwohner lagen.

Galerius hielt auf einen prächtigen Steinbau zu, der mit Eckrisaliten, Portikus und Freitreppe einige Meter über dem Talgrund in den sachte ansteigenden Hang hineingebaut war. Männer und Frauen, die auf den Feldern ihrem Tagwerk nachgingen und mit einem Erntewagen das Getreide vom Feld holten, hoben die Köpfe und grüßten uns freundlich.

Ich blieb stehen und beobachtete interessiert, wie die Feldarbeiter den vorne offenen Karren absenkten und mit den Eisen beschlagenen Zinken voran in das kniehoch stehende Getreide schoben. Hatten sich genug Ähren verfangen, richteten sie das

Gefährt auf und rissen damit das Korn vom Halm, das sogleich mit hölzernen Erntegabeln in den hinteren Teil des Wagens geschoben wurde.

„Das hättest du nicht gedacht, dass hier mit den modernsten Methoden gearbeitet wird“, kommentierte Galerius, neben mich tretend, das Geschehen auf dem Feld. „Rufus hat den Erntewagen vor zwei Jahren angeschafft und damit den Ertrag auf das dreifache gesteigert.“

„Ich bin beeindruckt“, gab ich bewundernd zurück und blickte zur Portikus des Steinhauses hinüber, aus deren Schatten sich eine dunkle Gestalt löste und die Stufen herabschritt.

„Das ist Rufus“, raunte Galerius mir zu, während sein Freund mit einer Hand sein Gesicht gegen die tiefstehende Abendsonne verschattete und zu uns herübersah.

Trotz der Entfernung glaubte ich, ein Erkennen über sein Gesicht huschen zu sehen, als er auch schon die Arme ausbreitete und auf uns zueilte.

„Galerius, welche Freude, dich zu sehen.“ war er herangekommen und nahm meinen Begleiter stürmisch in die Arme. „Wen hast du heute mitgebracht!“, fiel der Blick des Rufus auf mich, nachdem die beiden Männer sich herzlich begrüßt hatten.

Galerius stellte mich vor und Rufus schüttelte mir fest beide Hände.

Welch ein Hüne war dieser Rufus, der seinen Namen, der Rote, völlig zu Recht trug, denn nur von einem Lederriemen gebändigt wallte die feurige Lockenpracht bis auf die Schultern herab. Dieses Bild von einem Kelten schien über unermessliche Körperkräfte zu verfügen und überragte mich um Kopfes Höhe. Narben, die von Schwerthieben herrühren mussten, zerfurchten das Antlitz, aus dem strahlend blaue Augen in die Welt blitzten. In jungen Jahren ein großer Frauenheld, war Rufus heute mit einer wollenen Tunika und derbem Schuhwerk angetan, weil er den ganzen Tag mit der Feldarbeit zugebracht hatte.

Der Riese packte und drehte mich bei den Schultern, als wäre ich ein halbwüchsiger Junge und wies in die Runde.

„Schau, Centurio, dieses Haus mit Bad und Heizung habe ich erbauen lassen, und es steht so lange zu eurer Verfügung, wie ihr hier seid. Schau die Narben in meinem Gesicht, ich habe mir alles durch Mut und Tapferkeit erkämpft und verdient. Sei willkommen und lass es dir gut gehen."

Ich setzte eine freundliche Miene auf und zwinkerte Rufus anerkennend zu, obwohl ich als Soldat wusste, welche Art von Mut und Tapferkeit er meinte. Sicherlich hatte er keine Skrupel gehabt, sich bei Plünderungen und Brandschatzungen hervorzutun, um möglichst viel Kriegsbeute zusammenzuraffen. Dazu vermutete ich, dass er sich für den Schutz, den er und seine Männer den Bewohnern des Tales boten, in Gold und Silber bezahlen ließ. Wie sonst hätte er zu solch einem Reichtum kommen können?

Ein Sklave erschien und reichte jedem von uns als Willkommenstrunk einen mit Mulsum gefüllten Tonbecher, das kühl und anregend durch meine Kehle rann.

Das Gepäck in der Schlafkammer zurücklassend, geleitete uns der Sklave zum Badetrakt , vor dessen Türe uns eine alte Dienerin mit Tüchern, Schabern und Duftöl erwartete.

„Centurio", sprach sie mich unterwürfig an, „hast du mit einem Bären gekämpft? Deine Kleidung schaut übel aus. Gib sie mir, und ich schaue, was ich tun kann. Zieh solange das über", wies sie auf ein Stoffpaket zu ihren Füßen.

Ich dankte der Alten, betrat mit Galerius das Bad, und gemeinsam genossen wir die Wohltat, den Schmutz und die Mühen des Tages im Wasser des Warmbades vergessen zu machen.

Später saßen wir mit unserem Gastgeber im Garten, vor uns dampfte auf dem Tisch ein Rehbraten, und Wein von der Mosella funkelte in edlen Glaspokalen.

„Beim trinkfesten Bacchus, Rufus", rief Galerius aus, „du hast es wirklich zu etwas gebracht." Andächtig hielt er sein Trinkgefäß in das Licht einer flackernden Öllampe und bestaunte wie ein Kind die sich brechenden Lichtreflexe auf der geschliffenen Oberfläche. „Glas aus der Colonia, welch ein Luxus!"

Für mich war der Wein ein stiller Gruß aus der Heimat, die

in Gestalt von Rebenhängen und Erinnerungen an Kindheit und Jugend vor mein inneres Auge trat. Wie sah es dort aus? Lebten Eltern und Freunde noch?

Die Dienerin störte mich in meinen Gedanken auf, als sie gegen die Kühle des Abends ein Kohlebecken hinausbrachte. Über ihrer Schulter trug sie meine Kleidung, die sie mir reichte, nachdem sie das Kohlebecken abgesetzt hatte.

„Hier, mein Herr, so könnt ihr euch wieder sehen lassen."

Unter Dank nahm ich die Kleidungsstücke entgegen, an denen sie ein Wunder vollbracht hatte. Damit glich ich nicht mehr einem abgerissenen Landstreicher, denn die Nähte und Flicken, die die Folgen meines Abenteuers in der Kalkbrennerei verdeckten, waren nur aus allernächster Nähe zu sehen.

„Tausend Dank, liebe Frau", reichte ich der Alten, die mich anrührte, eine Bronzemünze „und kauf dir etwas Schönes davon, denn ich stehe tief in deiner Schuld."

„Siehst du, Marcus Junius, was für Leute ich habe?", umspielte ein Lächeln die Lippen des Rufus, als er sie mit einer Handbewegung entließ. „Sie lieben mich und bringen mir den Respekt entgegen, der mir zusteht."

Das war selbstgerecht, und ich warf einen Blick zu Galerius, der die Augen zum Himmel richtete und heimlich mit der Linken eine abwiegelnde Handbewegung unter dem Tisch ausführte. Ich verstand und verzichtete auf eine Entgegnung, denn schließlich war Rufus ein Freund meines Begleiters und hatte uns mit Großzügigkeit aufgenommen. So sollte es bleiben.

Aber Rufus ließ nicht locker, nahm einen tiefen Schluck Wein und wandte sich mir erneut zu.

„Na, Centurio, wie gefällt es dir bei uns?", wollte er ein Lob aus meinem Mund erzwingen.

„Ich bin beeindruckt, Marcus Sidonius", tat ich ihm den Gefallen, aber setzte vom Wein angefeuert noch eine Bemerkung hinzu. „Auf meinem Weg habe ich Menschen in Not und Angst gesehen, während hier Zufriedenheit und Wohlstand herrschen. Mögen die Götter dich beschützen", fixierte ich ihn mit den Augen, „und vor einem Angriff der Franken bewahren."

Das war Lob und Dämpfer zugleich und ich bereute sofort, mich nicht zurückgehalten zu haben.

„Centurio“, Selbstzufriedenheit und Freundlichkeit waren aus der Stimme des Rufus gewichen, als er mich aus schmalen Augenschlitzen anstarrte. „Hältst du mich für naiv, Mann? Was glaubst du, warum es hier so aussieht?“

Mir war zumute, als wäre ich an einer Holzwand festgenagelt, und die Augen aller Anwesenden richteten sich auf mich. Ich hatte unseren Gastgeber der Gnade der Götter empfohlen und damit seine Führungsqualitäten und Weitsicht in Frage gestellt.

„Wenn du auf meine Frage keine Antwort weißt“, schnitt die Stimme des Rufus durch die weinselige Stimmung, „dann werde ich sie dir geben. Ich habe hier sechs Veteranen, alles erfahrene Germanenkämpfer, und zählt man die Bauern des Tales und die Männer des nahen Vicus Marcomagus hinzu, sind das hundert Kerle unter Waffen, die sich zu wehren wissen. Ich brauche bloß ein Zeichen zu geben und in weniger als zwei Stunden wimmelt es hier von bis an die Zähne bewaffneten Männern.“

Mit Klarheit und Präzision hatte Rufus seine Sätze formuliert, und ich fühlte, dass ich den eisenharten Kern unseres Gastgebers freigelegt hatte.

„Dort oben“, fuhr er fort, und sein Arm wies auf den im Mondlicht glänzenden Berghang, „beim Heiligtum der Aufanischen Matronen, habe ich einen Burgus mit Graben und Holzpalisaden als Rückzugsort errichtet. Wer mich angreift, wird es mit seinem Blut bezahlen, und glaube nicht, dass jemand ungesehen das Tal betreten kann. Mehrere Männer halten Tag und Nacht Wache, und auch euer Kommen ist mir lange vor eurer Ankunft gemeldet worden.

Du empfiehlst mich der Gnade der Götter?“, beugte er sich zu mir herüber und schaute mir kampfeslustig in die Augen. „Das ich nicht lache!“

Damit war der Zorn des Rufus verraucht und um vieles nachsichtiger fuhr er in seinem Monolog fort.

„Centurio, wir sind hier auf uns alleine gestellt, weil das Imperium uns nicht mehr schützen kann. Und glaube mir“, fuhr sein Zeigefinger beschwörend in die Höhe, „die Franken werden sich zurückziehen, denn sie sind noch nicht soweit, Eroberungen zu halten und Strukturen zu schaffen. Sie kommen, zerstören und kehren mit Beute bepackt in ihre Heimatdörfer zurück. Aber sie werden dazulernen und beim nächsten Mal mit Hausrat und Familien zurückkehren, um sich auf den fruchtbaren Ländereien der germanischen und gallischen Provinzen niederzulassen."

„Wir haben Sie bisher jedes Mal zurückgeschlagen", nutzte ich die Gelegenheit zu einem erneuten Widerspruch, als Rufus einen tiefen Zug aus seinem Glas nahm und es erneut bis an den Rand füllte.

„Wer ist denn wir?", ereiferte sich Rufus und schlug mit der Hand auf die hölzerne Tischplatte, dass die Pokale hüpften und Galerius hochfuhr und mit beiden Händen das Schlimmste verhinderte. „Wir, das heißt schwache Herrscher, ein durch Vetternwirtschaft und Korruption gelähmter Verwaltungsapparat und eine staatsverdrossene Bevölkerung. Auch ein Julian wird nichts daran ändern, dass die Zeit der Cäsaren abgelaufen ist und etwas Neues vor der Tür steht.

Schau doch", griff Rufus nach einer mit Nüssen gefüllten Reliefschüssel auf dem Tisch und hielt sie in den Lichtschein der Öllampe, dass der rote Überzug aus Glanzton warm aufleuchtete. Zart wie ein Kind fuhr er mit seinem Zeigefinger über das Relief des breiten Bilderfrieses, den in lockerer Reihenfolge Tierdarstellungen aus allen Teilen des Imperiums und Gladiatorenkämpfer in der Arena schmückten.

„Das ist Ware aus Treveris, wie sie vor hundert Jahren hergestellt wurde", flüsterte er leise, so dass wir uns vorbeugen mussten, um ihn zu verstehen. Behutsam setzte er die Schüssel ab und griff nach einem Napf, den er uns mit einem Ausdruck von Verachtung vorhielt.

„Und hier seht ihr", steigerte er die Lautstärke seiner Stimme, „wie sich Kultur und Zivilisation überlebt haben. Das ist Schund aus den Manufakturen der Argonnen, wie er heute produziert wird. Der Überzug ist stumpf, das Rot wie Wasser und das

Schmuckband besteht aus ungelenken Mustern, die mit einem Rollstempel aufgetragen werden.“

Viel hätte nicht gefehlt und Rufus hätte den Napf voller Abscheu gegen die Hauswand geschleudert. Stattdessen setzte er das Gefäß ab und ließ seine Hand vorschnellen, die sich wie eine Eisenschelle um mein Gelenk mit dem Schlangenreif schloss.

Ich machte einen schwachen Versuch, mich zu befreien, ließ es dann aber geschehen, dass er meinen Arm hob und mir das Schmuckstück direkt vor die Augen hielt.

„Fühlst du es?“, schlug mir sein nach Wein riechender Atem ins Gesicht, „spürst du diese unverbrauchte Kraft und jugendliche Stärke, die du in Gold getrieben am Arm trägst? Das ist die Zukunft, Centurio, ungelenk und wuchtig, aber voller primitiver Schönheit und Faszination.“

Schweigen lag über der Runde, als Rufus meinen Arm freigab, auf dem sich rot der Abdruck seiner Hand abzeichnete.

„Wenn das Imperium noch einmal gewinnt“, polterte unser Gastgeber von neuem los, „werden wir teuer dafür bezahlen. Steuereintreiber werden in Massen ausschwärmen um das zurückzuholen, was sie verloren haben. Die Togaträger haben es immer verstanden, ihre Beutel auf Kosten der Städter und Landbevölkerung zu füllen, und was sie übriglassen, wird das Militär mit Gewalt herauspressen. Aber wenn Franken und Alemannen siegen, wird es keinen Staat mehr geben, der alles regelt und bis in das Kleinste hineinredet. Dann schlägt die Stunde, in der Männer mit Mut und Ehrgeiz ihr Glück machen können. Schaut auf das Tal und den Burgus, der den Leuten Schutz und Sicherheit bietet. Sie zahlen dafür mit Diensten und einem Teil ihrer Ernte, womit jedem geholfen ist. So kann es bleiben.“

Ich vermied, den Abend in einem Disput enden zu lassen, und schwieg. Andererseits lag auch viel Wahres in dem, was Rufus in seiner Art, die Welt zu sehen, hinausposaunt hatte.

Die Dienerin schlurfte herbei und füllte die Gläser auf, worauf Rufus seinen Pokal an die Lippen führte und den Inhalt in einem Zug hinunterstürzte. Aus seinen Mundwinkeln rann Wein, der dunkle Flecken auf seiner Tunika hinterließ.

„Bei allen Göttern“ stierte uns Rufus, an der Schwelle zur Trunkenheit aus glasigen Augen an. „Es wird uns nicht so ergehen, wie denen von der Villa Sarabodis“, knallte er das Glas auf die Tischplatte. „Der Patron war ein Dummkopf, der sich eine Bande von Alemannen zum Schutz mietete und glaubte, damit genug getan zu haben. Was für ein Fehler, dass die Herren sich zu schade waren, selber nach den Waffen zu greifen“, machte sein Daumen die Geste des Halsdurchschneidens.

„Kein Bewohner hat den Tag überlebt, weil die Franken alle Bewohner, jung und alt, abgeschlachtet haben. Ein Händler, der vor einigen Tagen bei mir war, hat berichtet, dass die Toten in der Nacht durch die Ruinen der Villa geistern. Der Mann schwor, aus der Ferne weiße Gestalten gesehen zu haben, die unter Wehklagen über das Gelände irrten und in den Händen ihre abgeschlagenen Körperteile trugen.“

Mich fröstelte, und als sollte das Gesagte unterstrichen werden, erklang schaurig vom Bergrücken der Ruf eines Käuzchens.

„Ich glaube nicht an Gespenstergeschichten“, fuhr Rufus fort, „aber sicher ist, dass die Alemannen ihren Herrn nicht verteidigt haben, sondern rechtzeitig geflüchtet oder übergelaufen sind.“

Lange wälzte ich mich auf dem Nachtlager, während das grausame Ende der Villa Sarabodis durch meine Gedanken spukte und Morpheus, den Gott des Schlafes, daran hinderte, seiner Arbeit nachzugehen.

Der Wolf der Wälder

Bohrender Schmerz in den Schläfen und ein schaler Geschmack im Mund erinnerten mich beim Erwachen an das Trinkgelage mit unserem Gastgeber, das bis weit in die Nacht angedauert hatte. Dagegen half ein Krug mit kaltem Quellwasser, den ich mir von der alten Dienerin in der Küche erbat und in einem Zug hinunterstürzte. Danach entleerte ich meine zum Bersten gefüllte Blase auf der Hauslatrine und begab mich auf die Suche nach Galerius und Rufus, die ich in der Portikus antraf, wo sie mit dem Frühstück auf mich gewartet hatten.

„Bleibt noch einen Tag, Freunde“, drängte unser Gastgeber, nachdem wir gegessen hatten, „es ist bald Mittag, und ihr werdet heute nicht weit kommen. Ruht euch noch einen Tag aus und lasst euch von mir das Tal zeigen, bevor wir am Abend trinken und reden werden. Wenn mir hier etwas fehlt“, legte Rufus seine Handflächen bittend aufeinander, „ist es anregende Gesellschaft, und wer weiß, wann wieder jemand vorbeischaut.“

Es fiel mir nicht leicht, die Einladung unseres Gastgebers abzulehnen, denn ich fühlte mich noch geschwächt von den Ausschweifungen des Vorabends, und außerdem hatte sich Rufus heute Vormittag von seiner netten und charmanten Seite gezeigt. Hätte ich geahnt, dass uns ein verlängerter Aufenthalt viel Ärger und Not erspart hätte, wäre ich dem Angebot ohne zu zögern gefolgt.

„Ich werde immer an deine Gastfreundschaft denken“, dankte ich stattdessen und erhob mich.

„Es geht nicht, Rufus, weil ich so schnell wie möglich nach Treveris muss und nicht weiß, was mich unterwegs noch erwartet.“

Die Segenswünsche des Rufus, der uns zum Abschied reichlich mit Proviant versehen hatte, begleiteten unseren Aufbruch.

Wir stiegen den Berghang zum Matronenheiligtum hoch, wo ich für das Gelingen meiner Heimkehr einige Feldfrüchte als Opfergabe auf einem Weihestein zurückließ, den vor langer Zeit ein Benefiziarier namens Patrocclus zu Ehren der Aufanischen Matronen gesetzt hatte.

Wir saßen einige Zeit in der Sonne und genossen die Aussicht auf das Waldmeer der Silva Arduenna, das nach allen Himmelsrichtungen bis zum Horizont reichend, den Anblick eines in der Bewegung erstarrten Ozeans erweckte.

Je weiter wir am Nachmittag in Richtung Süden vorankamen, desto beschwingter schritt ich aus. Es war der sechste Tag meiner Heimreise, und als ich die bisher zurückgelegte Strecke im Kopf überschlug, kam ich zu dem Ergebnis, dass ungefähr die Hälfte des Weges hinter mir lag und wir in fünf Tagen unser Ziel erreichen konnten, wenn keine Hindernisse oder Verzögerungen auftraten. Die unmittelbare Gefahrenzone der Vorberge lag hinter uns und vom Feind war keine Spur zu sehen. Wie sollte er uns auch in der Einsamkeit der Bergwälder aufspüren?

Den Vicus Marcomagus und das Kastell von Icorigium, letzte Posten der Zivilisation, umgingen wir in weitem Bogen und schlugen am Abend in einem schützenden Gebüsch unser Nachtlager auf.

Nach einer erholsamen Nacht, die die letzten Spuren unseres Trinkgelages beseitigte, setzten wir in aller Frühe unseren Marsch fort.

Mehrmals querten wir am Tag die Fernstraße von der Colonia nach Treveris, auf der Frost und Regen des Winters ihre Spuren hinterlassen hatten. Den Stellen, wo unter dem Kiesbelag das Sandgemisch des Unterbaus hervortrat, war deutlich anzusehen, dass die Verkehrsader seit Jahren nicht mehr gewartet worden war.

Wir hielten uns bewusst abseits der Straße, denn wenn uns Gefahr drohte, dann hier, im Umfeld des Fernweges.

Der Tag verlief ohne Vorkommnisse, bis wir am Abend die Reste eines ehemals herrschaftlichen Landsitzes erreichten. Aus der Ferne bot das Anwesen mit seiner mehr als hundert Schritte in die Breite messenden Fassade, dem Säulenwald der gewaltigen Portikus und den hoch aufragenden Eckrisaliten einen großartigen Anblick. Der Herrschaftssitz eines Mannes von Einfluss und Geld.

Beim Näherkommen wandelte sich die Pracht in ein Bild der Vernachlässigung und Vergänglichkeit. Ohne Pflege überwucherten Hecken und Büsche die einstmals gepflegten Anlagen und Wege. Schilfdolden und Weidengestrüpp wucherten im verlandeten und verschütteten Zierteich, jetzt ein Hort für Mücken und allerlei Geschmeiß. Fenster und Türen des Hauptgebäudes waren mit Brettern vernagelt, von denen einige aus der Verankerung gerissen waren, um Eindringlingen Zugang zu verschaffen. Vor der Außenfront türmten sich abgeplatzte Putzbrocken und vom Wind herabgerissene Dachziegel, während das Unkraut in Nischen und Mauerrissen wucherte.

„Kein gemütlicher Ort für ein Nachtlager“, wies Galerius auf die verkommene Pracht, „lass uns in den Nebengebäuden nachschauen, ob sich dort ein trockener Raum findet.“

„Nein“, schüttelte ich energisch den Kopf, „der Ort ist mir nicht geheuer, Galerius. Seit dem Erlebnis in der Kalkbrennerei habe ich ein Problem damit, in leerstehenden Gebäuden mein Nachtlager aufzuschlagen.“

Ohne seine Antwort abzuwarten kehrte ich der Ruine den Rücken und verließ die Anlage über einen breiten Weg, der in besseren Zeiten eine Prachtstraße gewesen sein musste.

„Hast du eine Ahnung, warum die Bewohner diese Straße angelegt haben?“, fragte ich meinen Gefährten, der mir gefolgt war und aufgeschlossen hatte.

„Sie führte zum Begräbnisplatz des Anwesens“, wies Galerius auf einige Steintrümmer, die, wie hingeworfen, im Gelände lagen. „Als ich vor zwanzig Jahren das erste Mal hier war, standen die meisten Grabmäler noch aufrecht, die einen Vergleich mit den Grabmonumenten an den Ausfallstraßen der Colonia nicht zu scheuen brauchten.“

Einer der Steinblöcke erweckte wegen seiner Rundungen mein besonderes Interesse, und als ich näher trat, blickte ich einem Greifenkopf mit mächtigem Schnabel ins Auge.

„Ein Wächter des Todes“, murmelte ich und trat einen Schritt zurück.

Etwas weiter stieß ich auf das abgeschlagene Haupt eines

gewaltigen Löwen, dessen Beute nicht weit von ihm im Gras ruhte. Den Bruchstellen beider Relikte war anzusehen, dass sie einer Skulpturengruppe mit einem beliebten Thema angehört hatten, dem Eber schlagenden Löwen.

„Siehst du dort den Steinbau?“, lenkte Galerius mein Interesse auf ein kleines Gebäude, in dessen Mauern viele Blöcke der Grabanlage verbaut waren. „Als man Steine für den Ausbau des Kastells von Icorigium brauchte, haben die Steinmetze dieses Haus als Schutzraum erbaut. Sie haben zwei Jahre gebraucht, bis das brauchbare Steinmaterial abgetragen und fortgeschafft war.“

„Ein Frevel“, sinnierte ich, „der in allen bedrohten Provinzen begangen wurde, und ich hoffe, dass die Toten es uns nachsehen werden.“

„Damals wie heute stand uns das Wasser bis zum Hals“, widersprach Galerius. „Wenn der Feind vor dem Tor steht, fragt niemand mehr nach Pietät, und sind es nicht die Festungen im Hinterland, die jetzt den Franken ihre Grenzen aufzeigen?“

Wir verließen den Ort und verbrachten die milde Nacht wie die vorangegangene im Schutz eines Gebüsches.

Der siebte Tag, an dem wir eine Route wählten, die über die Villa Sarabodis in das Tal der Gila führen sollte, verlief bis zum Mittag ohne besondere Vorkommnisse.

Der Frühsommer hatte eine Pause genommen und die Natur ihr Trauerkleid angelegt. Gestern noch von der Sonne verwöhnt, blieben die Blüten der Feldblumen geschlossen, und das frische Grün von Wald und Flur war einem tristen Grau gewichen. Von den Höhen drohten im Nieselregen die dunklen Schatten der Wälder, und aus den Tälern stiegen feuchte Nebelschwaden empor. Die Bewohner des Waldes und der Lüfte waren verstummt, weil jedes vernünftige Lebewesen sich an einen trockenen Platz zurückgezogen hatte.

Wortlos stapften auch wir durch den Matsch der Waldwege und das Nass der Wiesen, immer auf der Hut, nicht auszugleiten oder knöcheltief in eine Wasserlache einzusinken. Die Mittagsrast, freudlos unter dem Blätterdach einer Kastanie eingenommen, lag hinter uns, als wir uns den Ruinen der Villa Sarabodis näherten.

Rauchgeschwärzt ragten die Mauern in das Grau des Himmels und starrten uns feindselig aus leeren Fensterhöhlen entgegen. Kein Dach schützte mehr Räume und Flure, und überall sahen wir die Spuren von Plünderung und Zerstörung. Die Mordbrenner mussten sich wie tollwütige Hunde aufgeführt haben, denn die auf den Putz gemalten Zierfelder und Fresken waren mit obszönen Schmierereien verunstaltet oder herabgeschlagen worden. Die kostbaren Bodenmosaiken hatten die Angreifer auf der Suche nach Geldverstecken mit Hämmern und Eisenstangen zerschlagen und in Teilen ausgebrochen.

Der Regen hatte die Brandasche aufgeweicht und in eine schwarze, schmierige Masse verwandelt, die bei jedem Schritt an den Stiefeln haften blieb und einen strengen Geruch nach Verfall und Tod verströmte.

Wir wussten, dass mehrere Wochen seit dem Überfall vergangen sein mussten und stöberten dennoch in den Ruinen nach versteckten Anzeichen menschlicher Anwesenheit.

Wir hätten es unterlassen sollen, denn das, worauf wir stießen, lässt mir noch heute das Blut in den Adern gefrieren. Süßlicher Verwesungsgeruch, der aus dem hinteren Teil der Anlage herüberwehte, lockte mich quer durch die Ruine in den dahinterliegenden Garten, wo in der Nähe der Einfriedungsmauer ein in Stein gefasster Zierteich meine Aufmerksamkeit und Neugier erregte. Je näher ich kam, desto unerträglicher wurden die Ausdünstungen, und das Halstuch über Mund und Nase gepresst, beugte ich mich über die Einfassung und blickte für einen kurzen Moment in den dunkelsten und schrecklichsten Winkel der Unterwelt. Ich prallte entsetzt zurück. Zwischen der Pracht aus üppigen Seerosen und zarten Wasserlilien dümpelte in der Jauche ein Gewirr von Kleidungsfetzen, Knochen und halbverwesten Körpern, auf deren aus dem Wasser ragenden Teilen tausende fetter Maden wimmelten. Faulgase zerplatzten an der Oberfläche und aufgeschreckt durch mein Erscheinen stiegen Wolken von Schmeißfliegen auf.

Ich hatte das Gefühl zu ersticken, als Ekel und panischer Schrecken mein Herz mit eiserner Faust umklammerten.

Wankend stürzte ich davon, stolperte durch die Ruine zum Eingang, wo ich vor einer Mauer auf die Knie fiel und mich erbrach. Als wollte mein Körper das aufgenommene Bild mit Gewalt hinaustreiben, pumpte mein Magen unter nicht endenden wollenden Krämpfen alles heraus, was ich an fester oder flüssiger Nahrung zu mir genommen hatte.

Es zerrte unbarmherzig an meinen Schultern, so als wären mir die Toten gefolgt und versuchten, mich mit aller Kraft in ihren stinkenden Pfuhl zu ziehen. Eisige Schauer liefen meinen Rücken herunter, und voller Panik schlug ich wild mit der Rechten nach hinten, was einen wütenden Schmerzenslaut zur Folge hatte.

Ich warf mich herum, wischte mit dem Ärmel der Tunika über meine blutunterlaufenden und tränengefüllten Augen, bis der Blick freier wurde und ich schemenhaft meinen Gefährten wahrnahm, der sich mit schmerzverzerrtem Gesicht die Seite hielt.

„Bist du verrückt geworden“, schrie Galerius mich an, „warum schlägst du nach mir und wie siehst du aus?“

„Hilf mir doch hoch“, keuchte ich außer Atem und streckte Galerius meine Hand entgegen.

Als ich auf den Beinen war, kehrten die Schreckensbilder zurück, und ich lehnte mich gegen die Mauer, mit allen Kräften den erneuten Würgereiz unterdrückend, der mir wieder den Magen umzudrehen drohte.

„Ich ersticke“, keuchte ich und versuchte mit zittrigen Beinen, die mir nur widerwillig gehorchten, die Ruine zu verlassen. Nach wenigen Schritten stolperte ich, fing mich wieder und begann mit staksigen Schritten zu laufen, bis die Mauern der Villa Sarabodis hinter mir lagen.

Hier draußen verdrängte der frische Duft von feuchtem Wiesengras den Gestank des Todes, und wie ein Ertrinkender sog ich die reine Luft in meine Lungen. Als ich mich umwandte, war von der Villa nichts mehr zu sehen und ich ließ mich erschöpft in das nasse Grün zu meinen Füßen sinken, Galerius erwartend, der mir mit einigem Abstand gefolgt war.

„Leichen, Galerius, verstümmelte, verwesende Körper“, stammelte ich, als Galerius heran war, „das ganze Becken war bis an den Rand damit gefüllt. Und dieser Pesthauch, ich habe in den Abgrund der Totenwelt geschaut. Sag mir doch, was haben wir ihnen bloß getan?“, krallte ich meine Finger um die Schultern des Gefährten, der sich neben mir niedergelassen hatte.

„Warum tun sie das?“, schlug ich mit beiden Fäusten gegen seine Brust. „Barbaren sind das, grausame Ungeheuer, die nur eines wollen, töten. Nein, nicht töten“, steigerte ich mich in ein selten gelebtes Gefühl des Hasses hinein. „Sie schlachten ihre Opfer wie Bestien, deren Bestimmung es ist, sich an der Qual der Kreatur zu weiden. Das sind keine Menschen, Galerius“, beendete ich meinen Ausbruch, „sondern Tiere, wilde, grausame Tiere.“

Ich riss mir den Armreif vom Handgelenk und hielt Galerius das Kleinod vor die Augen.

„Siehst du das, ist es nicht wunderschön? Wie kann man so etwas schaffen und dann hingehen und Frauen und Kinder in Stücke hauen?“

Stumm senkte Galerius den Kopf und starrte auf das Gras zu seinen Füßen.

„Hier ist ein furchtbares Verbrechen geschehen, Marcus, aber… “

„Was heißt hier aber?“, begehrte ich auf, „Hast du etwas zur Rechtfertigung dieser Untat vorzubringen?“

Ich spürte, dass Galerius in diesem Fall eine Position vertrat, die meiner Überzeugung widersprach. Gegen meine Absicht stieg eine Abneigung gegen den Mann in mir hoch, den ich vor kurzem noch zum Freund gewinnen wollte.

„Marcus, bist du sicher, dass wir ohne Schuld sind?“, hob Galerius den Kopf und sah mir fest in die Augen. „Gab es keine Vergeltungsschläge, bei denen Dörfer und Felder verbrannt wurden und die Legionäre in Blut wateten? Haben wir nicht tausendfach getötet und Unschuldige in die Gefangenschaft verschleppt? Es ist eine Spirale der Gewalt, die niemals endet.

Marcus“, nahm seine Stimme einen eindringlichen Tonfall an, „wir müssen begreifen, uns als Menschen zu sehen.“

Mir war, als zerplatzte eine rote Blase vor meinen Augen, als Zorn und Wut in mir aufloderten.

„Was für einen Unsinn redest du da?“, fuhr ich Galerius feindselig an. „Wie kannst du eine berechtigte Militäraktion, die der Sicherheit der Bevölkerung dient, mit diesem Massaker gleichsetzen?“

„Habe ich dein Selbstverständnis und deine Ehre als römischer Offizier verletzt?“, spottete mein Gefährte mit einem ironischen Unterton.

„Nimm das zurück“, schrie ich ihn voller Wut an, kurz davor, mich auf ihn zu stürzen.

„Du siehst es anders“, entgegnete Galerius kalt, „aber ich lasse mir nicht meine Meinung verbieten. Es lohnt nicht und wir müssen weiter“, beendete er das Gespräch und ließ mich stehen.

„Darüber reden wir noch“, fauchte ich ihm nach und folgte ihm in gebührendem Abstand.

Wortlos trotteten wir die Gila entlang gen Süden, wobei ich kein Auge für die Schönheit der mich umgebenden Natur hatte. In sanften Bögen wand sich der kleine Fluss mitsamt dem ihn begleitenden Saumpfad durch eine schmale Aue, die an den Seiten von bewaldeten Hängen begrenzt wurde.

Je länger ich auf den Rücken des vor mir gehenden Gefährten starrte, um so mehr verrauchte mein Zorn und eine erschöpfte Leere trat an seine Stelle.

Warum hatten wir uns so gestritten? Ich ging den Streit in allen Einzelheiten im Gedächtnis durch. Galerius dachte nicht wie ein Soldat, was ich nicht erst seit heute wusste, und je länger ich vor mich hin brütete, umso mehr schämte ich mich meiner überzogenen Reaktion.

Mich erschreckte die Vorstellung, dass mein Begleiter sich enttäuscht von mir trennen und mich alleine zurücklassen könnte. Zu meiner Beunruhigung wurde mir bewusst, dass er das längst getan hätte, wenn er ähnlich impulsiv wie ich reagiert hätte. Das passte nicht zu meinem Begleiter, der sicherlich wütend und enttäuscht war, einen Gefährten jedoch nie im Stich lassen würde. Ich suchte nach einer Entschuldigung für mein Verhalten und kam zu dem Ergebnis, dass die schreckliche Entdeckung in der Villa Sarabodis meine Entgleisung verursacht hatte. Der aufgestaute Druck brauchte einen Ausgleich, was aber von Galerius begünstigt wurde, der mich provoziert hatte. Trotzdem lag die Hauptschuld bei mir und meiner Unbeherrschtheit, für die ich mich entschuldigen musste, wenn ich die Sache wieder einrenken wollte. Aber die erlösenden Worte kamen nicht über meine Lippen, und ohne Aussprache ging es weiter den Fluss entlang.

Hinter einer Biegung reichte das Wasser bis an den Weg, und ich nutzte die Gelegenheit, niederzuknien und Gesicht und Hände in die Flut zu tauchen, als ob es möglich gewesen wäre, den Schrecken des Erlebten abzuwaschen.

Abends, wir hatten den Zeitverlust unseres Aufenthaltes in der Villa aufgeholt, trafen wir auf eine Sandbank, die einige Schritte in die Gila hineinragte und nur aus der Nähe zu erkennen war, da die Uferweiden ihre Zweige bis über das Wasser herabhängen ließen.

Immer noch schweigend, sammelten wir Äste und Treibholz, und ich entzündete damit ein Feuer, das ich wegen der Abendkühle gegen jede Vernunft hoch auflodern ließ.

„Marcus“, war das erste Wort, das Galerius seit Stunden an mich richtete. „Ich glaube nicht, dass wir in Gefahr sind, aber lass uns trotzdem nicht leichtsinnig werden. Wir beleuchten den Fluss bis ans andere Ufer und die Flammen sind meilenweit zu sehen.“

Er war im Recht, und ich nahm einige Scheite aus der Glut und warf sie ins Wasser, wo sie aufzischten und wegtrieben.

Ohne Appetit lagerten wir uns um die Flamme und schlangen lustlos das Abendessen hinunter, wobei jeder seinen Gedanken nachhing.

Unwillkürlich drehte ich mit der Rechten den Schlangenreif um das Handgelenk, das zu schmerzen begonnen und sich leicht gerötet hatte. Die Bewegung tat mir gut und das Brennen hörte auf, worauf ich dem Ereignis keine Bedeutung zumaß.

„Galerius“, brach ich endlich mein Schweigen, „unser Streit

tut mir leid und ich möchte mich für meine Worte entschuldigen."

Endlich war es heraus, und sofort fühlte ich eine große Erleichterung, als wäre eine schwere Last von meiner Seele gewälzt worden.

„Es war auch nicht klug von mir, dir in deiner Verfassung so zuzusetzen", lächelte Galerius mich an und hielt mir die Hand hin. „Lass uns den Streit vergessen und Freunde sein", ergriff ich seine Hand und drückte sie kräftig.

In diesem Augenblick brach mit Gewalt das Unheil über uns hinein.

Wie aus dem Nichts umstanden mehr als zwanzig Gestalten mit drohenden Gesichtern und Waffen in den Händen unseren Lagerplatz.

Ich sprang auf, während mir unzählige Gedanken durch den Kopf jagten. An den typischen Haarknoten und den Waffen hatte ich sofort erkannt, dass es Franken waren, die uns erwischt hatten.

Sollte ich den Kreis der uns umstehenden Krieger durchbrechen, mich in den Fluss werfen und ans andere Ufer schwimmen? Ein Blick auf die Wurfäxte und gespannten Bogen in den Händen der Feinde machte mir bewusst, dass ich nicht einmal das Wasser lebend erreichen würde. Mich wehren, die Spatha ziehen und um mich schlagen, wäre ebenfalls einem Selbstmord gleichgekommen.

Obwohl an Widerstand oder Flucht nicht zu denken war, zuckte meine Hand dennoch zur Waffe, worauf augenblicklich ein Dutzend Speer- und Pfeilspitzen nach mir zielten.

Aus, vorbei, gefangen. Mit aller Brutalität übermannte mich die niederschmetternde Wahrheit, während meine Hand herabsank und ich mich fern von diesem Ort wünschte.

„Ihr wart unvorsichtig, Römer", trat ein blonder Hüne, das furchtbare Schlachtbeil der Franken, die Franziska, in der Hand wiegend, vor mich hin. Hohn und Spott lagen in seinen Worten, die in akzentfreiem Latein ausgesprochen waren.

„Lasst die Waffen fallen", wies er mit seiner Streitaxt auf den Boden zu meinen Füßen, „euer Feuer war Meilen weit zu sehen und zu riechen."

Resigniert öffnete ich den Schulterriemen, und die Spatha klirrte neben das Messer und den Spieß meines Begleiters zu Boden, der sich ebenfalls ohne Widerstand seiner Waffen entledigt hatte.

„Ihr seid meine Gefangenen", brüllte der Hüne, offensichtlich der Anführer der Bande, uns an und wie ein Blitz leuchtete die Schneide seines Schlachtbeils auf, das er zur Unterstreichung seiner Worte durch die Luft sausen ließ.

Da fiel der Blick des Anführers auf meinen Armschmuck, unter dem sich das Handgelenk feuerrot verfärbt hatte. Das Unheil ahnend, versuchte ich zu verhindern, was geschehen musste und barg den Arm hinter dem Rücken.

Zu spät, denn seine Rechte schnellte vor, umkrallte mein Gelenk und riss das Kleinod herunter. Ehrfürchtig fuhren seine Finger über die Konturen der Schlange, als er das Schmuckstück eingehend musterte.

„Woher hast du das?", donnerte er mich an, „das ist ein Symbol unserer Götter. „Wem hast du es genommen?"

Wie Dolche durchbohrten mich seine Blicke, denen ich ansah, dass mein Leben an einem dünnen Faden hing. Hätte ich ihm jetzt die Wahrheit gesagt, wäre dieser Abend der letzte in meinem Leben gewesen.

„Ich habe es einem fränkischen Händler abgekauft", entgegnete ich mit fester Stimme."

„Lüg mich nicht an", schrie der Hüne, dessen Augen vor Hass funkelten, „von so etwas trennt sich kein Franke."

Fest blickte ich ihm ins Antlitz, mir bewusst, dass die nächsten Worte mein Schicksal entscheiden würden.

„Der Mann heißt Sunno und hat seine Wohnstatt im Quellgebiet der Lupia. Er hat mir das Schmuckstück überlassen, weil ich ihm, als er in römische Gefangenschaft geraten war, das Leben gerettet habe." Einen Kaufmann dieses Namens hatte es gegeben, aber der Rest war gelogen.

Ich zuckte mit keiner Mine und erwiderte ruhig den Blick des Anführers, als dieser mich eine Ewigkeit mit seinen Augen fixierte.

„Entweder bist du ein kaltblütiger Hund, oder du hast die Wahrheit gesprochen", wich er meinem Blick aus. Dann bog er meinen Armreif um sein Handgelenk und warf mir einen letzten Blick zu, bevor er sich zu einem seiner Männer umwandte, mit dem er zu tuscheln begann.

Jetzt, da die größte Gefahr überstanden schien, übermannten mich Verzweiflung und Wut über den gemeinen Raub. Meine Unterlippe begann zu zittern, und ich ballte die Fäuste, dass die Fingerknöchel weiß hervortraten.

„Mach bloß keine Dummheit", raunte Galerius mir zu und berührte mich leicht am Oberarm. „Noch ist nicht alles verloren, wir leben und wer weiß, was die Götter bestimmt haben."

„Halt das Maul", fuhr der Hüne herum, dem das Flüstern nicht entgangen war und versetzte meinem Freund einen Stoß, der ihn zu Boden warf.

Sofort fielen seine Spießgesellen über uns her und banden uns mit Lederriemen, die fest in das Fleisch schnitten. Wie Unrat wurden wir abseits des Lagerplatzes auf dem Waldboden abgelegt.

Hilflos mussten wir mit ansehen, wie die Barbaren unsere Habseligkeiten durchwühlten und unter sich aufteilten, wobei nichts ihren gierigen Händen entging. Selbst den Leibgurt, der meine Barschaft und das Schreiben des Vicarius barg, hatten sie bei der Fesselung unter der Tunika hervorgerissen. Zwei Schnauzbärte würfelten um ihn, nachdem der Anführer den Inhalt an sich genommen hatte, während ein dritter mit dem Daumen die Schärfe meiner Spatha prüfte und die Waffe sirrend durch die Luft schwang.

Ohnmächtig wand ich mich ab und schloss die Augen, um das ganze Elend nicht mehr mit ansehen zu müssen.

Wer waren sie? Etwa die Bande, der ich in der Kalkbrennerei entkommen konnte? Und was hatten sie mit uns vor? Wollten sie Lösegeld erpressen oder uns jenseits des Rhenus als Sklaven verkaufen? Für diese Möglichkeit sprach der Umstand, dass sie uns nicht sofort erschlagen hatten. Oder waren wir, durchfuhr mich ein schrecklicher Gedanke, als Opfer für einen ihrer blutrünstigen Götter vorgesehen? Dann würde man uns bestialisch foltern, wie Vieh abschlachten und unsere Köpfe an einen Baum nageln, den sie für heilig hielten. Mehrmals war ich bei Erkundungsmärschen auf ihre perversen Götterhaine und Ritualplätze gestoßen.

Den Göttern sei Dank befand sich keine Priesterin unter ihnen, ohne die ein solches Ritual nicht stattfinden konnte. Unheimliche, grauhaarige Frauen in weißen Gewändern, die mit langen Knochenfingern und flackernden Augen Runen werfen und die Zukunft vorhersagen.

In dieser Nacht fand ich keinen Schlaf, sondern wälzte einen Fluchtplan nach dem anderen, die ich alle wieder verwarf.

Bald begannen meine eingeschnürten Hand- und Fußgelenke derart zu schmerzen, dass ich meine Qual am liebsten laut herausgeschrien hätte. Ich riss mich zusammen und biss mir die Lippe blutig, da ich wusste, dass fränkische Krieger mit Schwächlingen kurzen Prozess machten.

Nach Stunden ließ der Schmerz nach, weil meine Glieder wegen der unzureichenden Blutzufuhr steif und gefühllos geworden waren.

Ich musste an den Priester aus Varnenum und seine mahnenden Worte denken. Hatte ich seine Warnung in den Wind geschlagen und es verpasst, mich rechtzeitig von dem Schlangenreif zu trennen, oder stand ich noch unter dem Schutz des Amuletts?

Dann wanderten meine Gedanken zu Bissula, die mich, falls kein Wunder geschah, vergeblich suchen würde. Aber hatte der Alte nicht geweissagt, dass wir uns wiederfinden würden? Ich klammerte mich an die Hoffnung, noch unter dem Schutzzauber der Schlange zu stehen und meine Geliebte eines Tages in die Arme zu schließen.

Zwei Tage schleppte die Horde uns mit sich. In der Frühe mit Fußtritten hochgetrieben, bestand unser Frühstück aus einem Becher mit Wasser und abgestandenen Essensresten vom Vortag. Diese schmale Kost musste bis zum Abend reichen, an dem es die nächste Mahlzeit gab. Es war entwürdigend, in der

Begleitung zweier Bewaffneter unsere Notdurft außerhalb des Lagerplatzes verrichten zu müssen. Noch Monate später hatte ich Probleme beim Urinieren, weil es mich daran erinnerte, dass man mir eine Lanzenspitze in den Rücken drückte und mich gleichzeitig verspottete, wenn mein Wasser nicht laufen wollte. Unsere Fesseln wurden tagsüber soweit gelockert, dass wir kleine Schritte machen und Lasten tragen konnten, wobei uns so viel aufgebürdet wurde, dass wir nur mit Mühe vorankamen. Beim ersten Straucheln über eine Baumwurzel oder wenn wir etwas fallen ließen, setzte es Hiebe und Fußtritte. Aus Bosheit wurde uns manchmal mit Absicht ein Bein gestellt, so dass wir mitsamt unserer Last stürzten und es wieder Schläge und Beschimpfungen setzte. Besonderen Spaß bereitete es den Franken, uns wie Vieh vor den einzigen Lastwagen der Bande zu spannen, auf dem sich die schweren Waffen und das Gepäck der Gruppe befanden. Jeder Versuch, ein Wort mit meinem Gefährten zu wechseln, wurde brutal unterbunden, so dass wir nur über Blicke miteinander kommunizierten, was gefährlich genug war. Auch die Franken sprachen nicht mit uns, sondern warfen uns lediglich bedrohliche Blicke und anzügliche Gesten zu. Wir waren Packvieh, das seinen Peinigern ohne Hoffnung auf Gnade ausgeliefert war und hatten aufgehört, als menschliche Wesen zu existieren. Wobei mir bewusst war, dass Widerstand oder ein Fluchtversuch unseren sofortigen Tod bedeutet hätte.

Am Abend des zweiten Tages lagen wir gebunden vor einem Gebüsch und wurden Zeuge, wie sich die Bande auf einen Überfall vorbereitete.

Während Kundschafter das Ziel ausspähten, machten die übrigen ihre Waffen bereit. Über dem Lager hing das schlurfende Kratzen der Schleifsteine, als sie ihre Schwerter, Messer und Wurfäxte schärften. Danach wanden sie ihr Haupthaar zu einem festen Knoten, den sie zur Seite herunterhängen ließen, und einige bemalten ihre Gesichter mit rituellen Mustern in blauer und roter Farbe.

Panzer und Helme sah ich nicht, denn ihr einziger Körperschutz war der bemalte Rundschild.

Als die Späher zurückkehrten, brach die Bande zu ihrem Raubzug auf, begleitet von den enttäuschten Blicken ihrer Kameraden, die zu unserer Bewachung abgestellt worden waren.

Es dauerte nicht lange, bis in der Ferne Kampfgeschrei und Waffenklirren aufbrandete, das aufhörte, als rötlicher Brandschein den Himmel erleuchtete. Sie machten keine Gefangenen mehr, sondern brachten jeden um, der in ihre Hand gefallen war. Schaurig gellten die schrillen Todesschreie der Unglücklichen durch die Finsternis und brachten die Natur zum Verstummen.

Wild ging es zu, als die Horde, beladen mit Wein und Bier, zurückkehrte und nach der Verteilung der Beute ein wüstes Trinkgelage begann. Einige besonders widerwärtige Gesellen schwenkten im Rausch ihre Blut triefenden Trophäen und weideten sich an unserem Entsetzen. Sie hatten den Getöteten die Ohren abgeschnitten und das Kopfhaar samt der Haut heruntergerissen.

Dumpfe Angst und Verlassenheit griffen nach mir, und ich schloss die Augen, um die Schrecken nicht weiter mit ansehen zu müssen. Mein Unterkiefer zitterte und Tränen traten mir in die Augen, die ich mit der aufkommenden Verzweiflung herunterschluckte, um dem Feind diesen Triumph nicht zu gönnen.

Bis tief in die Nacht saßen unsere Peiniger am Lagerfeuer, und je später es wurde, desto mehr tat der Alkohol seine Wirkung. Sie gerieten heftig in Streit, laut und angriffslustig schallten ihre Schreie und Gesten herüber, und mir schien es, als ob wir der Gegenstand ihrer Auseinandersetzung waren.

Mit schweren Beinen, fast wäre er gestrauchelt, richtete sich schließlich der Anführer auf und stakste, einen brennenden Kienspan in der Hand, mit tapsigen Schritten auf mich zu, wobei er Mühe hatte, sich gerade zu halten.

Mein Herz pochte im Hals und ich erschauerte in der Gewissheit, dass sich mein Schicksal jetzt erfüllen würde.

Bei mir angelangt, steckte er umständlich die Fackel in die Erde und ließ sich ächzend neben mir nieder.

„Das brauchst du nicht mehr“, holte der Anführer mein Pergament hervor und verbrannte es in der offenen Flamme des

Kienspans, bis nichts mehr übrig blieb als ein paar durch die Luft wirbelnde Aschefetzen.

Ich ließ mir nichts anmerken und nahm die Vernichtung meiner Botschaft widerspruchslos hin. Der Franke wusste, dass das Pergament für mich von Wert war, ihm aber kaum einen Nutzen bringen konnte. Der einzige Sinn seiner Tat musste darin bestehen, mich einzuschüchtern.

Den Göttern sei Dank konnte er nicht lesen, womit mein militärischer Rang unentdeckt blieb. Ein Umstand, der mir sonst hätte gefährlich werden können.

Als der Anführer sah, dass ich ruhig blieb, griff er zu einem schmerzhafteren Mittel, indem er mir heftig den Fuß in die Seite stieß und mich aus glasigen Augen anglotzte.

Allen Mut zusammenraffend, erwiderte ich trotzig seinen Blick und ertrug seinen nach Wein und Erbrochenem stinkenden Atem, der mir fast die Luft nahm.

Fettig und ungepflegt klebten dunkelblonde Strähnen auf seiner verschwitzten Stirn, unter der seine blauen Schweinsaugen tückisch blitzten. Aus der breiten Nase und dem schmallippigen, kleinen Mund rann Speichel über die Stoppeln des gewaltigen Kinns, das den brutalen und hemmungslosen Ausdruck seines Gesichtes noch hervorhob.

„Kennst du das noch, Römer?“, lallte der Anführer, der Mühe hatte, verständlich zu artikulieren, und hielt mir meinen Armreif hin, so dass ich der Schlange direkt in die Augen blickte.

Tückisch blitzten die Smaragdaugen des Reptils und mir fiel auf, dass sich das Handgelenk des Mannes dunkelrot verfärbt hatte. Er musste Schmerzen haben, denn während der ganzen Zeit unserer Unterredung griff er sich unentwegt an die entzündete Stelle.

„Ich glaube“, fuhr er fort, „du weißt nicht, was du so lange mit dir herumgetragen hast, und ich kann immer noch nicht glauben, dass dir ein Franke die Schlange überlassen hat. Sie hat eine besondere Bedeutung, und um den Besitz dieser Heil bringenden Schmuckstücke, von denen es nur wenige gibt, sind viele Männer getötet worden.“

Nach Antwort heischend glotzte er mich an, ohne eine Antwort zu bekommen, da ich es für klüger hielt, ihn reden zu lassen.

„Es ist die Weltenschlange“, trumpfte er auf, „die mit ihrem Leib alles umschlingt, was lebt. Wenn alles endet und die Götterdämmerung anbricht, wird sie den gewaltigen Thor mit ihrem Gift töten, so wie sie dich und deinen Gefährten verschlingen wird, wenn du nicht tust, was ich von dir will. Ginge es nach meinen Männern, wäret ihr längst tot, aber ich verspreche mir einiges von dir, da du im Gegensatz zu deinem Freund von vornehmer Abkunft bist. Du kommst aus Treveris oder einem der reichen Orte an der Mosella, wo Menschen leben, denen du etwas wert bist, oder?“

Ich beging den Fehler, mit dem Kopf zu schütteln, was bei dem Franken einen Wutausbruch zur Folge hatte.

„Lüg mich nicht an“, brüllte er auf, kniete nieder, griff in meinen Haarschopf und riss daran meinen Oberkörper brutal hoch, dass mir ein Schmerzenslaut entfuhr.

„Nicht so trotzig, hochgeborener Römer“, spottete der Anführer meiner Qual, „und denke gut über das nach, was ich dir jetzt sage. Ich schicke morgen einen Boten mit unserer Forderung zu deinen Leuten.“

Wütend schaute ich ihm ins Antlitz, worauf sich ein gemeines Grinsen auf seinem Gesicht ausbreitete und er mir mit der flachen Hand auf Mund und Nase schlug, dass ich hart auf dem Rücken landete.

„Unser Bote“, fuhr er, sich die Hände reibend, fort, „der wissen muss, an wen er sich wenden soll, braucht genaue Anweisungen. Ich komme morgen früh wieder, und wenn mir deine Antwort nicht gefällt, wird zuerst dein Freund langsam und qualvoll sterben, damit du noch etwas Zeit zum Nachdenken hast. Meine Männer werden viel Spaß haben“, erhob er sich und trat mir zum Abschied mit seinem Nagelstiefel zum zweiten Mal schmerzhaft in die Seite, ehe er zu seinen Spießgesellen zurückkehrte.

Jetzt wusste ich endlich, warum wir noch am leben waren und die Bande uns bis an diesen Ort mitgeschleppt hatte. Selbst die Quälereien, denen wir die ganze Zeit ausgesetzt waren, machten einen Sinn, zielten sie doch darauf ab, meinen Willen zu brechen und mich zu einem kooperationswilligen Werkzeug zu machen.

Fieberhaft spielte ich im Kopf alle Möglichkeiten durch, die mir die Forderung des Anführers eröffneten. Wenn ich den Ort meines Vaterhauses preisgab, konnte der Bote es in aller Ruhe auskundschaften und abschätzen, was bei uns zu holen war. Warum sollten die Franken sich dann mit einem Teil unseres Vermögens zufriedengeben, wenn sie bei einem Überfall alles erbeuten konnten? Mein Vaterhaus lag einsam und seine Bewohner waren einem Überraschungsangriff nicht gewachsen.

Wie ich mich auch entschied, war uns der Tod gewiss. Blieb ich schweigsam, erwartete uns ein grausamer Tod, der aber meine Eltern und unsere Leute retten würde.

Verzweifelt bäumte ich mich auf und zerrte an den Fesseln, bis die Lederriemen tief in mein Fleisch schnitten und das Blut die Handgelenke herabrann.

Das machte keinen Sinn und konnte nur dazu führen, meine Kräfte zu vergeuden. Ich sank keuchend zurück und wartete ab, bis die Panik sich gelegt und ich meine Selbstbeherrschung zurückgewonnen hatte.

Es blieben noch einige Stunden Zeit, einen Plan zu erdenken, wie ich den Feind täuschen und unsere Freiheit zurückerlangen konnte. Zumindest konnte ich bis zur Rückkehr des Boten zwei Tage gewinnen, wenn ich dem Anführer falsche Angaben machte. Und ein Unterpfand gab es noch, das dem Franken verlockend erscheinen musste. Ich konnte ihm die Bedeutung der verbrannten Botschaft mitteilen und, als Ersatz für Lösegeld, mein Wissen über den Ort der vergrabenen Garnisonsgelder anbieten. Das würde weitere Zeit bringen, die ich bei nachlassender Wachsamkeit der Franken zu einem Fluchtversuch nutzen konnte. Aber konnte ich das mit meinem, dem Vicarius von Gelduba gegebenen Versprechen vereinbaren, den geheimen Ort unter keinen Umständen Preis zu geben?

Wie vom Blitz getroffen zuckte ich zusammen, als mich eine Hand vorsichtig an der Schulter berührte.

„Beweg dich nicht“, flüsterte eine Stimme direkt neben

meinem Ohr, „ich schneide jetzt deine Fesseln durch, und wenn wir angreifen, bringst du dich sofort in Sicherheit. Die Wölfe des Charietto holen euch hier raus.“

Ein leichter Klaps auf den Rücken und ich spürte, wie die Einschnürung der Fesseln nachgab und das Blut schmerzhaft in Hände und Füße strömte.

„Du bist frei“, überflutete mich eine Woge des Glücks, und ich riskierte verstohlen einen Blick in Richtung des Freundes, konnte aber nicht erkennen, ob man auch ihn losgeschnitten hatte.

Vorsichtig bewegte ich Arme und Beine, aus denen quälend langsam die Taubheit wich, und spürte mit jedem Schlag meines Herzens, wie Kraft und Zuversicht zurückkehrten.

Wer hatte meine Fesseln durchtrennt? Jemand, der sein Geschäft verstand und der wollte, dass ich überlebte. Meine Befreier würden erst dann angreifen, wenn ich wieder fähig war, mich aus eigener Kraft in Sicherheit zu bringen. Hätte man versucht, mich sofort wegzuschleifen, hätte das den Feind alarmieren und den Angriffsplan gefährden können.

Der Mann hatte einen Namen genannt, „Charietto“, und augenblicklich gingen mir alle Erzählungen durch den Kopf, die sich um diesen legendären Mann rankten.

Charietto, der Wolf der Wälder und Held der Abwehrkämpfe im Umland der Treveris, war von Geburt ein Franke, der wegen einer vollzogenen Blutrache sein Volk verlassen musste und den es vor Jahren nach Treveris verschlagen hatte. Er richtete sich in einem verlassenen Haus ein und schlug sich mit dem durch, was ein waffengewaltiger Krieger gelernt hatte, denn es war Krieg und der Bedarf an Männern seines Schlages war groß. Bald fühlte sich Charietto in der schönen Römerstadt heimisch und entwickelte einen unbändigen Hass auf die Raubscharen, die unaufhörlich das Umland und die Vororte überfielen und nach Herzenslust plünderten. Eines Tages hatte er genug und fing an, einen Haufen Gesetzloser und Abenteurer um sich zu sammeln, mit denen er einen Kleinkrieg gegen die Eindringlinge begann. Von diesem Moment an waren die Mordbrenner in den Wäldern rings um Treveris ihres Lebens nicht mehr sicher, denn es war eine Jagd ohne Erbarmen, die Charietto mit seinen Wölfen veranstaltete. Dem Präfekten in der Kaiserstadt war es recht, dass jemand einen Privatkrieg gegen den Feind führte und ernannte den wilden Franken zum Centurio, wodurch seine Bande den Status einer regulären Einheit erhielt.

Vorsichtig versuchte ich, Arme und Beine zu bewegen, die mir, wenn auch anfangs nur widerwillig, zu gehorchen begannen.

Dann schaute ich zum Feuer hinüber und hoffte, dass keiner der Franken auf den Gedanken kam, meine Fesseln zu überprüfen. Aber das hatten sie nie getan, weil sie sicher sein konnten, dass sich die Riemen, mit denen sie uns jeden Abend brutal verschnürten, nicht lockern würden.

Schaurig erschall in diesem Augenblick das Heulen eines Wolfes aus der Tiefe des Waldes.

Ein sirrendes Pfeifen, das ein dumpfer Aufprall beendete, und der Mann, der gerade noch am Feuer gestanden hatte, brach mit einem Bolzen im Rücken zusammen und stürzte mit dem Kopf voran ins Lagerfeuer, dass die Funken aufstoben. Eine Arcoballista hatte ihre grausige Arbeit getan.

Während einige Männer aufsprangen, starrten andere auf die Stelle am Waldrand, woher der Schuss gekommen war. Es blieb ihnen keine Zeit, die Schilde aufzunehmen oder sich in Sicherheit zu bringen, denn wieder rauschte es heran und haute mit einem hässlichen Klatschen mitten in die Gruppe. Wer aufrecht stand, wurde umgemäht und verzweifelt gellte das Gebrüll der Überraschten, die nicht wussten, wo der Feind war. Laut prasselte das Unterholz, als Schattenwesen durch die Büsche brachen und den Lagerplatz stürmten, wobei in dem Durcheinander jeder Schlag ihrer Schwerter und Äxte sein Opfer fand. Außer dem Kreischen der Getroffenen und dem Prasseln der Waffen herrschte Stille, denn der Überfall wurde ohne Kriegsgeschrei vorgetragen, was die Verwirrung der Franken vollständig machte. Lautlos rissen die Wölfe ihre hilflosen Opfer.

Als der Angriff über den Lagerplatz fegte, sprang auch ich hoch und stürzte mich auf den Feind, den Rat meines Befreiers ignorierend, mich in Sicherheit zu bringen.

Wie eine rote Woge kam die Wut über mich und verwandelte mich in ein reißendes Tier. Müdigkeit und Schmerzen waren vergessen, denn endlich hatte ich den Feind in Augenhöhe vor mir und konnte ihm all die erlittenen Ängste und erniedrigenden Demütigungen heimzahlen.

Ich wand einem sterbenden Krieger die Keule aus den Händen, in dessen Stirn ein Bolzen steckte und der mich verzweifelt aus brechenden Augen anstarrte. Ich brüllte auf und fiel den Anführer an, der sich trotz des Überraschungsangriffs rasch gefasst hatte. Ich wich dem Hieb seines aufblitzenden Schwertes aus und traf ihn mit meiner Keule am Kopf, dass die Knochen hässlich krachten und Flüssigkeit meine Hände netzte. Tödlich getroffen brach der Mann zusammen und scharrte mit zuckenden Beinen und Füßen das Laub zur Seite, bis er in der Bewegung erstarrte. Ich warf mich über den Toten und entriss ihm den Armreif. Blitze sprühten aus den Smaragdaugen der Schlange, als ich das Kleinod anlegte und gleich wieder aufsprang.

Überall sah ich Männer miteinander ringen und auch Galerius, rasend vor Rachsucht, führte eine Spatha in der Faust, mit der er einen Feind niederhieb.

So plötzlich der ungleiche Kampf begonnen hatte, so schnell war alles zu Ende. Die wenigen Franken, die nicht tot oder verwundet auf dem Boden lagen, wurden gebunden weggeführt. Man sah ihnen an, dass sie immer noch nicht begriffen hatten, was in den letzten Minuten geschehen war.

Wer sich von den Verwundeten nicht erheben konnte, wurde auf der Stelle erschlagen oder abgestochen. Grausam und erbarmungslos sind die Kämpfe in den Wäldern Germaniens.

Langsam wich der Rausch des Todes, der den Soldaten im Gefecht tollkühn und schier unverwundbar macht. Schwer atmend kniete ich am Boden und schaute nach meinen Rettern.

Germanen, Gallier und wenige Römer, alles wilde Gestalten aus den Grenzprovinzen, die das Zeichen ihrer Einheit, den Wolfskopf, auf Schilden und Tuniken trugen.

„Legionär, wer ist euer Offizier?", sprach ich einen Rotschopf an, der neben mir die blutige Klinge seiner Spatha am Kittel eines gefallenen Franken abwischte.

„Ach, du bist es, Herr“, huschte ein Lächeln über sein Gesicht, „ich habe euch losgeschnitten und deshalb etwas gut bei euch. Wie wäre es bei Zeiten mit einem Krug Wein?“

Ich lachte auf und drückte dem Mann voller Dankbarkeit beide Hände.

„Wer hat nach mir verlangt?“, tönte hinter mir ein tiefer Bass und ein Riese trat heran, dem ich gerade bis zur Schulter reichte.

Der Hüne trug einen Kettenpanzer und hatte ein Wolfsfell über seinen Kopf gezogen. Unter buschigen Brauen blitzte ein Paar lebhafter, blauer Augen aus dem kühnen Gesicht, das wie ein frisch gepflügter Acker von Narben zerfurcht war. Dunkle Haarbüschel wuchsen aus Knollennase und Ohren und dunkle Bartstoppeln bedeckten das energische Kinn.

„Du hast dich gut geschlagen, Römer“, zog er das Wolfsfell vom Kopf und schüttelte seine dunkle Lockenmähne. „Bist bei der Legion, oder? Auch dein Freund war nicht übel“, fuhr er fort, ohne meine Antwort abzuwarten. „Geh und such deine Sachen zusammen, wir reden später, wenn ich nach meinen Männern gesehen habe.“

Dann lagen Galerius und ich uns in den Armen und beglückwünschten uns zu unserer Befreiung.

„Habe ich es nicht gesagt, Marcus“, überschlug sich die Stimme des Gefährten, „bloß nicht den Mut verlieren. Ich habe die ganze Zeit an unsere Rettung geglaubt.“

„Als der Franke meinen Schlangenreif nahm“, erwiderte ich Galerius, „dachte ich, dass der Schutzzauber erloschen wäre und ich den Zeitpunkt verpasst hätte, mich von dem Amulett zu trennen.“

„Womit du Unrecht hattest, abergläubiger Römer“, lachte mein Freund mich an. „Dein Glück hat sich noch nicht erschöpft, und wenn es immer so gut ausgeht, solltest du den Reif noch eine Zeitlang tragen. Wenigstens so lange, wie wir zusammen unterwegs sind.“

Wir lachten ausgelassen, bis Galerius mich am Oberarm griff und mit einer Kopfbewegung auf den zerwühlten Kampfplatz wies.

„Lass uns nachschauen, ob wir unser Eigentum zurückbekommen, bevor die Wölfe die Beute unter sich aufgeteilt haben."

Wir gingen zum Kampfplatz, wo die Männer des Charietto die Gefallenen nebeneinander aufgereiht hatten. Selbst im Tode und mit eingeschlagenem Schädel noch an der Spitze seiner Männer, hatte man den Anführer der Bande am Kopf der makaberen Totenschau abgelegt.

Die Durchsuchung der Leichen war beendet und die aufgefundenen Wertsachen lagerten zur Begutachtung in der Nähe des Lagerfeuers. Gemeinsam suchte ich mit Galerius nach unserem Eigentum, von dem nichts fehlte.

Als wir unsere Wertsachen an uns genommen hatten, begannen unsere Befreier mit der Verteilung der Beute. Keiner schien einen Gedanken daran zu verschwenden, die wahren Besitzer oder Erben ausfindig machen zu wollen. Ein Haufen Münzen und Schmuck wurde als Anteil des Charietto in ein Tuch eingeschlagen und beiseite gelegt.

Mit finsteren Blicken verfolgten die Gefangenen die Prozedur. Ihren Mienen war anzusehen, dass sie sich über ihr weiteres Schicksal keine Illusionen machten, denn auf sie wartete der Tod in der Arena oder zwanzig Jahre Kriegsdienst bei der Legion.

„Schau dir das an, Marcus", zeigte Galerius mir ein Halskettchen, an dem ein Fisch aus Bronze hing. „Das hat mir einer der Männer gegeben, weil es keiner haben wollte."

„Der Anhänger hat einem Christen gehört", betrachtete ich eingehend das Amulett, „dem sein Gott nicht geholfen hat. Es ist nicht viel wert, aber es wird dich an den heutigen Tag erinnern."

Wir kehrten dem Kampfplatz den Rücken und ließen uns neben dem Stamm einer umgestürzten Buche nieder.

Anspannung und Erregung des Kampfes ließen nach, und ich verspürte in allen Gliedern die Folgen der Gefangenschaft. Gerade wollte ich wohlig meine Beine ausstrecken, als sich der Rotkopf, der mich losgeschnitten hatte, mit einer Trinkflasche zu uns gesellte.

„Trink mit mir auf unseren Sieg und eure Befreiung, Herr. Ein guter Tag, denn wir haben nur zwei Leichtverwundete und keiner ist gefallen.“

Dankbar nahm ich die mit Hanfschnüren umwickelte Glasflasche entgegen und tat einen tiefen Schluck. Wie Nektar rann der Wein meine Kehle hinunter und wohlig durchrieselte es meinen Körper, als ein Schatten das Licht des Lagerfeuers verdunkelte und ich aufblickend Charietto gewahrte, der, einen Weinkrug in der Hand, auf uns zukam.

„Na, ihr Helden, erholt und bereit für einen Schluck?“, nahm er unaufgefordert neben mir Platz, worauf der Rotschopf respektvoll seinen Platz räumte und sich zu seinen Kameraden gesellte.

„Die Götter mögen diese feuchten Nächte verfluchen, denn sie sind nicht gut für meine Knochen. Es wird Zeit, dass ich in meinem Alter damit aufhöre, durch die Gegend zu kriechen, um Römer zu befreien.“

Er schlug mir seine Pranke auf die Schulter und während sein Lachen durch den Wald dröhnte, begann er umständlich, den Wachsverschluss des irdenen Kruges zu entfernen.

„Spart nicht mit eurem Dank, Freunde“, hatte er endlich den Weinkrug geöffnet und nahm einen tiefen Schluck, ehe er ihn an mich weiterreichte. „Und hört nicht auf das Gejammer eines alten Mannes“, fuhr er fort, „es ist mein Beruf, und ich lebe nicht schlecht davon.“

Zur Bestätigung schlug er gegen seinen prall gefüllten Lederbeutel, der am Militärgürtel befestigt war. Deutlich vernahm ich den Klang von Münzen und Edelmetall, sein Beuteanteil in dieser Nacht.

„So...“, wandte er sich mir zu, „dann beginn mal zu erzählen, wer du bist und was du hier zu suchen hast?“

Meinen Bericht verfolgte Charietto voller Neugier, die sich in Wohlwollen wandelte, als ich ihm meinen militärischen Rang mitteilte. Meinen Auftrag und den Verlust der Botschaft quittierte er mit einem bedauernden Achselzucken. Immer wieder unterbrach er mich, um Einzelheiten zu hinterfragen und es entwickelte sich ein angeregtes Gespräch unter Standesgenossen.

Wir fanden Gefallen aneinander, ich, der Provinzialrömer aus italischem Geschlecht, und er, der Wahlrömer aus den Wäldern Germaniens.

Bei meinem Erlebnis in der Kalkbrennerei stutzte er, murmelte etwas Unverständliches, ging aber nicht näher darauf ein. Anerkennend schnalzte der Hüne mit der Zunge, als ich ihm meine Absicht mitteilte, in Treveris nach einem neuen Kommando nachzusuchen.

„Schade, dass es nicht viele von deiner Art gibt", legte er mir seine Hand auf die Schulter. „Ich kenne nur Römer, die ihre Ersparnisse vergraben und darauf hoffen, dass die Legion ihre Villen und Städte rettet. Diese Togaträger fassen kein Schwert an und verstecken sich hinter angeworbenen Germanen und gallischen Provinzialen. Weißt du, dass sich viele freikaufen oder verstümmeln, um dem Kriegsdienst zu entgehen? Ich sage dir, Centurio, nach diesem Krieg wird nichts mehr so sein, wie es einmal war."

Er griff nach meinem Arm und schaute mir fest in die Augen.

„Was deine Befreiung betrifft, weißt du eigentlich, was für ein Glück ihr gehabt habt? Die Launen der Götter sind unergründlich und sie verknüpfen Dinge, die nicht zusammengehören."

Fragend blickte ich ihn aus großen Augen an.

„Dein Erlebnis in der Kalkbrennerei hat mir die Augen geöffnet", gab er sich weiter geheimnisvoll, „und jetzt hör genau zu, was ich dir zu sagen habe.

Es ist zwei Tage her, dass ein Franke namens Ulf zu mir in die Festung Beda geführt wurde, der zu mir wollte und eine wirre Geschichte zum Besten gab. Er ersuchte mich darum, den Wölfen beizutreten und bot mir sozusagen als Antrittsgeschenk den Aufenthaltsort einer fränkischen Bande an, die in der Silva Arduenna reiche Beute gemacht hatte. Ich bohrte nach und er gestand, selber ein Mitglied dieser Bande gewesen zu sein, bis ihn ein Vorfall in den Ruinen einer Kalkbrennerei am Nordrand der Silva Arduenna zur Flucht zwang. Er fühlte sich um seinen Anteil an einem Raubzug betrogen, erschlug im Streit einen Kameraden, griff sich nach der Tat das einzige Reittier der Gruppe und floh. Es gab für ihn kein Zurück mehr, also erkaufte er sich ein neues Leben mit dem Verrat an seinen Gefährten, die ich am angegebenen Ort fand. Den Rest des Dramas hast du selber miterlebt. Ulf ist in Beda geblieben, weil er den Untergang seiner ehemaligen Gefährten nicht mit ansehen wollte, und wenn ich bis heute noch Zweifel an seiner Geschichte hegte, sind sie jetzt ausgeräumt. Du hast mir ihren Wahrheitsgehalt bestätigt."

Schmerzhaft zog meine Brust sich zusammen, als ich realisierte, dass der brutale Mord in jener schrecklichen Nacht die Ursache unserer Rettung war. Charietto hatte Recht, dass für uns Sterbliche der Ratschluss der Götter unergründbar und rätselhaft ist.

Der Wolf der Wälder nahm einen letzten Schluck aus dem Krug und warf das leere Gefäß hinter sich in den Wald, wo es an einem Baum zerschellte.

„Ein letztes Wort, Centurio", erhob er sich und wies auf meinen Schlangenreif, der wieder an meinem Arm prangte.

„Von Geburt bin auch ich ein Franke, und obwohl ich nicht viel von Zauberei halte, weiß ich um die Kraft dieser heilbringenden Symbole, die ihren Träger vor Not und Gefahren schützen können. Ein mächtiger Schutzzauber schützt den Träger und du hast seine Kraft erfahren. Hüte es gut und achte darauf, dass es sich nicht gegen dich wendet. Ich habe gesehen, wie du das Amulett dem Anführer der Bande entrissen hast, dem es kein Glück gebracht hat."

„Er hat es mir geraubt", begehrte ich auf.

„Wechselt ein solches Amulett unrechtmäßig den Besitzer", fuhr Charietto unbeeindruckt fort, „kann ein Fluch auf ihm lasten."

Er reichte mir die Hand, murmelte ein „bis später" und begab sich zu seinem Schlafplatz inmitten seiner Männer.

Es dauerte nicht lange, bis sich ein Schatten vom Lagerfeuer erhob und auf mich zukam.

„Ich soll dir das von Charietto geben", überreichte mir der Soldat einen metallenen Stilus und eine zusammengeklappte Tabula, deren Innenseiten mit sauberem Wachs überzogen waren.

„Er bittet dich, den Inhalt der verbrannten Botschaft noch vor dem Schlafengehen in knappen Worten niederzuschreiben, damit nichts verloren geht.“

Grummelnd fügte ich mich der Anordnung des höhergestellten Offiziers und ritzte aus dem Gedächtnis den Inhalt des Briefes in die beiden Schreibflächen ein. Ich war müde und unkonzentriert und musste den Stilus öfters umdrehen, um mit dem abgeflachten Ende Fehler auszumerzen und den Wachs zu glätten, bevor ich weiterschrieb. Als ich fertig war, steckte ich Stilus und Tabula weg, bedeckte mich mit meinem Mantel und streckte wohlig die Glieder aus.

Eine Zeit lag ich noch wach und grübelte über die Worte Chariettos nach.

Hatte ich damals das Amulett „unrechtmäßig“ erworben, als ich es von meinem Retter angenommen hatte? Ich hatte mit dem Träger des Schlangenreifs gekämpft, ihn aber nicht erschlagen, und ich hätte es zurückgelegt und dem Jungen überlassen, wenn das Schicksal nicht anders entschieden hätte.

Weiter kam ich nicht in meinen Betrachtungen, denn die Augenlider sanken bleischwer herab, und ich versank in Morpheus` Armen, um in seinem Traumreich meine Heimat am Ufer der Mosella zu sehen.

Heimkehr

Als ich wach wurde, waren die Vorbereitungen zum Abmarsch abgeschlossen. Die Gefangenen hatten ihre Kameraden verscharren müssen und warteten, in ihr Schicksal ergeben, auf den Befehl zum Aufbruch.

Erst jetzt fiel mir auf, dass die Einheit des Charietto beritten war. Die Pferde, die in der Nähe zurückgelassen worden waren, um den Überraschungsangriff nicht zu gefährden, tänzelten und wieherten aufgeregt, als man sie aufzäumte. Packesel trugen die Ausrüstung der Gruppe. Wie gestern wir wurden heute die Gefangenen vor den Wagen gespannt, der das sperrige Beutegut trug.

Für uns wurden zwei Ersatzpferde bereitgestellt.

Charietto parierte seinen Rappen vor uns zum Halten durch. In der Sonne blitzte sein Silberhelm mit hochgestelltem Kamm und am Mantel prangte eine massige Goldfibel, die Rangabzeichen eines Tribunen.

„Ich wünsche euch einen guten Morgen."

Er reichte uns Fladenbrot und einen Krug mit Wasser herab.

„Beeilt euch, hier ist ein kleines Frühstück. Ich nehme euch mit bis zur Großvilla vor Beda, deren Patron ich kenne. Dort warten ein Bad und ein Bett auf euch. Er wird euch aufnehmen."

„Was geschieht mit den Gefangenen?", wollte Galerius wissen.

„Sie werden nach Beda gebracht. Dort haben sie die Wahl zwischen dem Eintritt in die Legion oder einem einmaligen Auftritt in der Arena." Er riss den Rappen herum, brüllte Befehle und die Truppe setzte sich in Bewegung.

Es war lange her, dass ich ein Pferd geritten hatte. Anfangs genoss ich den wiegenden Schritt des Tieres, war aber am Mittag froh, absteigen zu können.

Absteigen? Meiner Glieder nicht mehr Herr, rutschte ich herab und krachte auf den Boden, dass Beine, Rücken und Gesäß ein stechender Schmerz durchfuhr. Durch den Wald dröhnte das Lachen der Wölfe.

Galerius war behutsamer vorgegangen, lehnte an einer Eiche und rieb sich das Hinterteil.

„Marcus“, verschmitzt lächelte er mir zu, „wollen unsere Befreier uns umbringen?“

Ich lachte, bis mir die Tränen die Wangen herabrannen. Wie mir das gut tat! Der Druck, der in den letzten Tagen auf mir gelastet hatte, löste sich in einer Welle der Heiterkeit.

Den Tag hatten wir uns auf Saumpfaden und Wildschneisen bewegt und selten durch das Dach der Kronen einen Blick auf das Blau des Himmels werfen können. Der Urwald aus Eichen, Buchen, Haselsträuchern und Farnen schien kein Ende zu nehmen und es kam mir wie ein Wunder vor, dass die Wölfe sich nicht verirrten. Von den Bewohnern des Waldes war wenig zu sehen, allenfalls verriet ein Rascheln im Unterholz, dass wir ein Tier aufgeschreckt hatten. Selten erklang das Hämmern eines Spechtes oder schwang der Ruf eines Kuckucks auf der Suche nach seinem Weibchen durch die Stille.

Endlich traten am Nachmittag die Bäume zurück und gaben den Blick auf Wiesen und Felder frei. Alle schienen froh zu sein, frische Luft zu atmen und kühlten die verschwitzten Gesichter im Lufthauch, der von den Hügeln vor uns herüberwehte.

Auf halber Höhe dieser Erhebung lag ausgebreitet am Hang die Masse eines herrschaftlichen Anwesens. Die Nachmittagssonne beschien weiß gekälkte Wirtschafts- und Gesindehäuser und ein palastartiges Herrenhaus mit säulengeschmückter Front und Turmbauten an den Ecken. Eine mannshohe Einfriedungsmauer mit Tordurchfahrt umgab die Anlage, deren Ziegeldächer dunkelrot aufleuchteten. Verglichen mit dem Weingut meines Vaters das Anwesen eines Landesherrn. Als Junge hatte ich das alles schon einmal gesehen, weil der Patron zu den Kunden zählte, die mein Vater persönlich belieferte.

Die Nachricht von der Vernichtung der fränkischen Bande schien sich herumgesprochen zu haben, denn je näher wir dem Landgut kamen, um so häufiger trafen wir auf Menschen, die mit Pferd und Wagen auf ihre Höfe zurückkehrten. Sie hatten hinter den Mauern der Großvilla Aufnahme und Schutz vor den Mordbrennern gefunden.

Knapp ihr Gruß und angespannt die Gesichtszüge. Waren Haus und Hof dem Wüten der Franken entgangen?

Flüche und Steine flogen, als sie unserer Gefangenen ansichtig wurden, die ohne Bewachung der Volkszorn getroffen hätte. Ohne Gnade wären sie am Wegesrand niedergemacht worden.

An der Abzweigung zur Villa trennten sich unsere Wege. Wir übergaben die Reittiere und luden unsere Habseligkeiten vom Karren herunter, als Charietto heranritt und vom Pferd sprang. Er nickte Galerius zu und nahm mich beim Arm.

„Gib mir die Tabula mit deiner Botschaft, die du hoffentlich letzte Nacht geschrieben hast."

Ich nickte, griff in meinen Reisebeutel und reichte ihm das Gewünschte.

„Ich liefere sie für dich in Treveris ab", öffnete Charietto die Tabula und drückte mit seinem massiven Goldring rechts unter den Text das Zeichen des Wolfes ein. „Geh nach Hause, schau nach dem Rechten und erhole dich von den Strapazen. Man braucht dich noch, und du wirst früher, als dir lieb ist, eine Aufforderung aus Treveris erhalten, um dich wegen der Botschaft und deiner weiteren Verwendung persönlich in der Präfektur einzufinden. Du musst mich dann in Treveris besuchen, denn ich kann dir helfen, wenn du Probleme mit unseren Beamten bekommst. Und bring ein Fass von deinem Wein mit, meine Männer und ich haben immer Durst."

Ausführlich beschrieb er den Weg zu seinem Wohnhaus in der Kaiserstadt, bestieg, meine Botschaft in der Hand, den Rappen und galoppierte hinter seiner Einheit her, bis er sie eingeholt hatte.

Wir winkten, bis Charietto und seine Wölfe hinter einem Waldstück unseren Blicken entschwanden.

Der Patron der Villa, eine Respekt einflößende Erscheinung, nahm uns herzlich auf.

Sein Haupthaar war einer hohen Stirn gewichen, deren Furchen von einem Leben voller Erfahrungen kündeten. Obwohl er die Sechzig überschritten haben musste, verrieten seine Bewegungen den Körper eines vitalen Mannes unter Haustunika und Mantel.

Er konnte sich an meinen Vater erinnern, hatte aber keine Neuigkeiten über meine Familie und mein Elternhaus.

„Marcus," sprach er, „die Zeiten sind nicht gut. Krieg und Plünderungen brandeten bis in die Vorstädte von Treveris und haben ihre Spuren hinterlassen. Die Angreifer zogen sich zurück und hinterließen Krankheiten und Seuchen, die vielen Leben und Gesundheit kosteten. Das letzte Mal war dein Vater vor drei Jahren hier, was aber nichts Schlechtes bedeuten muss. Keiner verlässt ohne Not die Sicherheit des Umlandes von Treveris. Ich bete jeden Tag zu den Göttern, dass die Not ein Ende nimmt. In meinem Haus seid ihr sicher. Ruht euch aus, das Bad ist angeheizt."

Er wies jedem von uns ein Gästezimmer zu und lud uns ein, mit ihm das Abendessen einzunehmen. Bis dahin blieb Zeit, sich zu erfrischen und auszuruhen.

Endlich spürte ich wieder die Annehmlichkeit eines beheizten Mosaikbodens unter meinen Füßen. In Schwarz und Weiß hatte der Künstler die Muster der Ornamente ausgeführt: Amazonenschilde, mäandrierende Bänder und Blumenranken.

Im Umkleideraum warteten Fläschchen mit Duftöl, Schaber aus Bronze und Wolltücher auf ihren Gebrauch. Ich betrat den Badetrakt, wo mir die Hitze des Caldariums den Schweiß aus den Poren trieb. Wir rieben uns mit dem Öl ein und schabten Schweiß, Schmutz und Balsam sorgfältig herunter. Wasserdampf und ätherische Öle hüllten uns in eine Wolke des Wohlbefindens, die sich als Schleier über Körper und Bewusstsein legte. Vom Schmutz der Straße befreit glitt ich in das Wasserbecken, ließ mich bis auf den Grund herabsinken und genoss Stille und Wärme, die den Körper durchrieselte. Wie ein Fisch mit seinen Flossen fächelte ich mit Armen und Beinen, als ein Plätschern mir anzeigte, dass ich nicht mehr alleine war. Gleich mir aalte sich Galerius in der lauen Flut.

Ich ließ die Gedanken treiben, bis die Müdigkeit begann, sich in Gedanken und Leib einzuschleichen. Um mir Spannkraft für den Abend zu erhalten, raffte ich mich auf und verließ das Becken. Der anschließende Aufenthalt im Tepidarium nahm die Hitze aus dem Körper, und ein Sprung in das kalte Wasser der Piscina brachte die Lebensgeister zurück. Kraftvoll pulsierte das Leben in den Adern.

Das Abendmahl nahmen wir auf der Terrasse ein. Unter unserem Standort fiel das mit Gras bestandene Gelände bis zum Talgrund ab, durch den sich ein Bachlauf schlängelte. Obstbäume und vereinzelte Eichen und Buchen zauberten Schatten auf das Wiesengrau. Dahinter stiegen die Wiesen bis zum Hügelkamm hoch, auf dem die Konturen zweier Umgangstempel im Mondlicht schimmerten. Silbrig erstrahlten Säulen und Ziegeldächer.

Rossewiehern und das Trommeln unzähliger Hufe unterbrachen die Abendstille.

„Schaut, dahinten.“ Der Patron zeigte auf die Talsohle, durch die eine Kavalkade Pferde jagte. „Habt ihr den Schimmel gesehen?“

Aufgeregt war unser Gastgeber, Herr über dutzende Sklaven, Diener und Kolonen, aufgesprungen und gestikulierte wie ein Jüngling mit den Armen. „Da ist er wieder! Da, im Mondlicht! Mein Liebling!“

Abseits der Herde trabte, weiß wie Marmor, der Traum eines Hengstes in unsere Richtung, verhielt seinen Schritt und schüttelte seinen Kopf, dass die Mähne wild herumwirbelte. In allen Einzelheiten nahm ich das Spiel seiner Muskeln unter dem glänzenden Fell wahr.

Mir blieb die Luft weg, was für ein Tier!

Als wüsste der Hengst, dass er beobachtet wurde, erhob er sich auf der Hinterhand, ließ sein Wiehern durch das Tal schallen, drehte im Stand und knallte die Vorderhufe ins Gras. Wie ein Denkmal aus Bronze schien er in der Bewegung erstarrt.

„54 Siege hat er im Hippodrom errungen“, unterbrach sein Besitzer die Stille, „alleine mit den Preisgeldern eines Jahres habe ich die beiden Tempel vor dem Krieg wiederherrichten lassen. Jetzt ist er mein erster Zuchthengst, Stammvater hoffnungsvoller Fohlen und mit Geld nicht zu bezahlen.“

Das wunderbare Tier trabte quer zur Richtung der Herde durch das Tal.

„Ihr müsst entschuldigen, schon meine keltischen Vorfahren, die Treverer, haben lange vor der Ankunft der Römer Pferde gezüchtet. Es ist eine Leidenschaft, aber die Quelle des Reichtums meiner Familie.“

Mein Blick schweifte in die Ferne und blieb voller Sehnsucht an dem Hügelkamm hängen, hinter dem sich das Hochplateau von Beda erstrecken musste. Hatte man es hinter sich gelassen, senkte sich das Gelände zur Mosella ab, vielleicht eine Tagesreise bis nach Hause, zu Pferd weniger.

Als hätte der Patron meine Gedanken erraten, wandte er sich mir zu. „Morgen schicke ich einen Wagen zur Domäne, der euch mitnehmen wird. Danach habt ihr es nicht mehr weit.“

Die Sonne schickte ihre ersten Strahlen über die Hügel, als wir aufbrachen. Der Patron ließ es sich nicht nehmen, uns zu verabschieden, und wartete mit einem Korb voller Proviant am Tor.

„Ich wünsche euch eine gute Reise, und richte deinem Vater aus, dass mein Weinkeller in den letzten Jahren gelitten hat. Ich erwarte ihn.“

Gezogen von zwei Ochsen rollte der Lastkarren über die Reichsstraße in Richtung Treveris. Auf der Hochebene trat der Wald zurück und lenkte den Blick auf einen Flickenteppich aus Baumgruppen, Getreidefeldern und Viehweiden: uraltes Kulturland. So hatte es in Etrurien, der Heimat meiner Vorfahren, ausgesehen, das ich als Heranwachsender vor dem Eintritt in die Legion bis nach Rom hinab bereist hatte.

Nach weniger als einer Stunde erreichten wir Vicus und Kastell von Beda.

Die Landstraße führte direkt durch das umwehrte Zentrum, dessen Zugang jedoch ein Verkehrsstau am Eingangstor behinderte. Über eine Nebenstraße, unmittelbar an den Gräben und Mauern der unter Constantinus erbauten Festung vorbei, umfuhren wir das Hindernis. Mehr als acht Meter ragte das zinnenbewehrte

Bollwerk aus Grauwacke und Ziegelbändern in die Höhe. Türme mit flachen Spitzdächern sprangen aus der Zwingmauer hervor und verliehen der Festung das Aussehen einer riesigen Krone.

Der Vicus glich allen Lagerdörfern, die ich kannte: Fachwerkbauten auf Steinfundamenten, Speicher, Badehaus und Tempel. Nahe dem Lagertor die Geschäfte und Tavernen, wo die Garnison einkaufte und sich vergnügte.

Von Charietto und seiner Einheit war nichts zu sehen, entweder hielten sie sich im Kastellinneren auf oder waren abgerückt.

Ohne Halt passierten wir den Ort, erreichten vor dem Mittag den Abzweig nach der Domäne und sahen wenig später den Villenkomplex vor uns liegen.

Wir sprangen vom Wagen herab und verabschiedeten uns vom Wagenführer.

Seit meinem letzten Aufenthalt hatte der Betreiber, ein Beamter des Hofes, vieles am Aussehen der Domäne und Sommerresidenz geändert. Dem Hauptgebäude mit Flügelbauten, Säulenportikus und Freitreppen war ein mit Steinen gefasstes Zierbecken von gewaltigen Ausmaßen vorgelagert worden.

„Schau Marcus, was ist denn das? So etwas habe ich noch nie gesehen.“ Aufgeregt eilte Galerius zur Beckeneinfassung. „Das ist doch nicht möglich! Sieh doch: Das sind ja mindestens hundert Schritte bis zum Ende und vierzig in die Breite.“

Mein Freund begann, das Becken zu umrunden, dass ich Mühe hatte, ihm zu folgen.

„Alles in Stein gefasst, Marcus, und schau die Gitter der Ballustrade, jedes Feld sauber ausgemeißelt, was für eine Arbeit! Was glaubst du, wer kann so etwas bezahlen?“

Ohne meine Antwort abzuwarten, trat er an einen der hüfthohen Pfeiler heran, der dem Steingitter der Ballustrade Halt gab und den der Steinmetz mit einem menschlichen Kopf bekrönt hatte.

„Das ist die Arbeit eines Künstlers, Marcus. Gesichtsausdruck, Haupt- und Barthaar, als wenn er gleich sprechen würde.“ Er tastete mit den Händen die Konturen der Büste ab, die den Pfeiler zierte, während ich mich weiter umsah. Auf jedem Pfeilerpodest thronte ein Kopf.

Ich verschattete die Augen mit der Rechten und begann zu zählen: Bei der Zahl 112 hatte mein Blick den Weiher umrundet.

„Galerius“, wandte ich mich an den Gefährten, „in den Ländern des Mittelmeeres, vor allem in Griechenland, schmücken ähnliche Köpfe die Säulen der Wegweiser an den Straßenkreuzungen. Sie werden Hermen genannt, nach Hermes, dem Gott der Reisenden und Händler, und geben dem Wanderer gleichsam die Entfernung zur nächsten Ortschaft an, die in den Pfeiler eingemeißelt ist.“

Ich trat an den Pfeiler heran und betrachtete den Kopf genauer.

„Das ist das Antlitz eines Germanen. Und schau“, ich war einige Schritte zur nächsten Skulptur gegangen. „Hier, das ist ein Gallier und dort, das kann nur ein Römer sein. Ich glaube, es sind alle Völkerschaften vertreten, denen man in Treveris begegnen kann.“

Das gesamte Imperium erschloss sich uns beim Rundgang um den Weiher: Griechen, Orientalen, Philosophen und Eroten vervollständigten den bunten Reigen. In halbkreisförmigen Einbuchtungen an den Ecken und der Mitte des Beckens dümpelten an Stricken vertäute Ruderbarken, und Rotten von Karpfen, bestimmt für die Küche des Hauses, zogen ihre Bahnen, deren Weg das Kielwasser ihrer Rückenflossen und aufsteigende Luftblasen offenbarten. Vielstimmiges Kindergeschrei lenkte unsere Aufmerksamkeit auf die gegenüberliegende Seite des Bassins. Mit Anlauf sprang eine Schar Jungen ins Becken und planschte im Wasser, dass die Karpfen das Weite suchten.

„Nun komm, Galerius“, schalt ich meinen Freund, der sich an diesem Wunder nicht sattsehen konnte. „Ich möchte heute noch nach Hause.“

Wir erfrischten uns und verzehrten im Schatten einer Ulme den Proviant des Patronen, bevor wir den Weg fortsetzten.

Die Gila hatte in das Schiefergestein ein enges Tal geschnitten, durch das wir der Mosella zustrebten. Feuchtigkeit lag auf dem Weg, dem das Blätterwerk der Eichen- und Buchenkronen das Sonnenlicht entzog. Beinahe wäre ich auf einem bemoosten Stein ausgeglitten.

Steinbrüche und die Anlagen einer Töpferei lagen in den Wäldern abseits der Straße. Hatte ich meinen Freund bisher auf Besonderheiten am Wegesrand hingewiesen, unterließ ich es, je weiter wir kamen. Alle Sinne waren auf die Heimkehr gerichtet, und meine Brust zog sich vor Sehnsucht bei dem Gedanken an die glücklichen Tage von Kindheit und Jugend und das nahe Zuhause zusammen.

Vorfreude und Ungeduld griffen nach mir und ließen Hand und Brust erzittern.

Als ahnte er meine Ungeduld, stellte Galerius keine Fragen, blieb zurück und folgte mir mit einigem Abstand.

Seit Stunden folgten wir den Kehren des talwärts führenden Weges und immer noch kein Ende in Sicht. Hinter jeder Biegung erwartete ich das silberne Band der Mosella vor mir zu haben und wurde jedes Mal enttäuscht, denn die Wand des Waldes nahm den Ausblick zu den Seiten und jede weitere Kehre schob das Ziel hinaus.

Bange Ahnungen und Fragen traten neben die Gesichter der Vergangenheit. Ging es den Eltern gut und lebten die, die ich gekannt und geliebt hatte? Hatten Unglück, Seuchen und Plünderer das Vaterhaus verschont? Was sollte ich tun, wenn keiner mehr dort war oder das Anwesen in Schutt und Trümmern lag? Ich schüttelte die Unheilsvorboten ab und schritt schneller voran, bis es silbern im Unterholz aufschimmerte und eine Brise die Gesichtszüge kühlte.

Im Laufschritt stürmte ich voran und endlich trat der Wald zurück und gab den Blick auf den Fluss frei, aus dem erste Nebelschwaden emporstiegen.

Der Abend war nicht mehr fern und die Nachmittagssonne beschien Weinberge und Felder des jenseitigen Ufers. Ich verhielt den Schritt und ließ Galerius aufschließen.

„Marcus, wo sind wir?“, fragte der Freund und zeigte auf die Gebäude einer Straßenstation und vereinzelter Häuser am Ufer.

„Das muss Quintum sein, fünf Meilen von Treveris entfernt. Siehst du dort den Bootsanleger? Vielleicht haben wir Glück und finden einen Kahn, der uns mitnimmt.“

Die Götter waren gnädig gestimmt. Ein Nachen nahm uns auf und Ruder trieben das Gefährt flussabwärts dem Ziel der Reise entgegen. Noch eine Flussbiegung und mir stockte der Atem.

Über dem Ufer erhoben sich die Risalite und Dächer meines Elternhauses im Licht der untergehenden Sonne.

Villa Vineta

Zwei Wochen hielten mich Trauer und Kummer fest umklammert, fraßen sich Verzweiflung und Wut in meinem Innersten fest. Die dunklen Vorahnungen und Ängste hatten sich erfüllt und mit einem Schlag alle Wiedersehensfreude gelöscht.

Der Kahn hatte uns am Anleger abgesetzt, und ich war ohne Gepäck den Weg hochgestürmt, der seit der Kindheit bekannten Silhouette von weiß und rosa getünchten Mauern unter roten Ziegeldächern entgegen. Das letzte Tageslicht fiel auf die Türme der beiden Eckrisalite, als ich um die Mauerecke der Hofeinfassung bog und mit klopfendem Herzen vor dem Hoftor der „Villa Vineta" stand. Die Holzpforte war nur angelehnt und ich flog entlang der Apfel- und Kirschbaumallee über den Kiesweg zur Portikus, nahm die Stufen in einem Satz und stand vor der Haustür.

Tief holte ich Luft, sah aus den Augenwinkeln, dass nur wenige Fenster erleuchtet waren, ergriff den Türklopfer, einen Delphin aus Bronze, und schlug, dass es im ganzen Haus widerhallte. Warum war es so ruhig? Es konnte nicht sein, dass keiner zu Hause war.

Gespannt lauschte ich in mein Vaterhaus hinein und endlich vernahm ich ein Schlurfen. Ich kannte den Gang, hatte ihn tausende Male gehört, das konnte nur Maximus sein, unser Verwalter.

Einen Spalt öffnete sich die Tür, und ein Lichtstrahl fiel in die Dämmerung hinaus, der sich verbreiterte, als der Türflügel aufschwang. Vor mir stand die gebeugte Gestalt unseres Verwalters in fleckiger Arbeitstunika, die weißen Haare wirr ins Gesicht gefallen und die Gesichtszüge von Gram zerfurcht. Er erkannte mich sofort, denn gleich einem Sonnenstrahl zauberte ein Lächeln Wärme und Freude in sein Antlitz, das sofort wieder erlosch, als Trauer und Schmerz die Oberhand gewannen.

Da wusste ich es: Vater und Mutter waren tot und die Befürchtungen Wahrheit geworden. Wie ein Faustschlag in die

Magengrube traf mich die Erkenntnis, meine Eltern verloren zu haben und sie niemals wieder sehen zu können.

Als Galerius mit dem Gepäck die Haustür erreicht hatte, kauerte ich, mit dem Rücken an eine Säule der Portikus gelehnt, auf dem Boden und heulte wie ein Kind.

Wenige Monate vor meiner Rückkehr waren Vater und Mutter der Seuche erlegen, die armenische Hilfstruppen aus dem Orient eingeschleppt hatten. Es begann als Erkältung mit Kopfschmerz und Gliederschwäche, denen hohes Fieber und Erbrechen folgten, das den Infizierten die Lebenskraft aus dem Körper zog, bis nach wenigen Tagen alles vorbei war. Obwohl die Ärzte Tag und Nacht um das Leben der Erkrankten kämpften, erlag jeder zweite Kranke der Epidemie. Vor allem Alte, Kinder und Mittellose hatten der Seuche nichts entgegenzusetzen. Über den Armenquartieren von Treveris lag der Pesthauch des Todes, da die Leichen tagelang in den Häusern verblieben. Gegen das Versprechen auf Freilassung und Begnadigung irrten Kriegsgefangene und Verurteilte durch den Gestank und sammelten die faulenden und von Maden wimmelnden Kadaver mit Lastkarren ein, um sie in großen Gruben vor der Stadt zu verbrennen.

Zuerst erkrankte mein Vater, dem meine Mutter wenige Wochen später ins Grab folgte. Sie waren nicht in Frieden zu den Vorfahren gegangen, zu groß die Sorgen um den vermissten Sohn, den Hof und die Heimat.

Gallina, die Schwester des Maximus und treue Gehilfin meiner Mutter in Haus und Küche, steckte sich bei der Pflege der Eltern an und war die nächste, die zum Friedhof getragen werden musste. Als letzte Opfer holte sich der Tod die Kinder eines Kolonen, drei und vier Jahre alt, während Vater, Mutter und ältere Geschwister die Krankheit überlebten.

Ich trug schwer an der Vorstellung, dass ich von Selbstmitleid getrieben durch die Tavernen Aquis zog, als meine Eltern mit dem Tod rangen.

Noch in der gleichen Nacht suchte ich unseren Friedhof nahe der Mosellastraße auf, bat beide Eltern um Vergebung und beschwor die Ahnen, ihnen beizustehen.

Auf Wunsch meines Vaters waren sie in steinernen Sarkophagen neben dem Grabmonument unseres Vorfahren beigesetzt worden, der die „Villa Vineta“ gegründet hatte. Ein schlichter Grabstein mit Inschrift und Ornamenten zeigte die Stelle ihrer Ruhestätte an. Bunte Feldblumen und Schälchen mit verbrannten Opfergaben offenbarten die Verbundenheit von Freunden, Angehörigen und Bediensteten des Gutes. Es rührte mich, dass Vater und Mutter nicht vergessen waren.

Täglich war ich dort, hielt Zwiesprache mit den Verstorbenen und hoffte, Hinweise zu erhalten, wie es weitergehen sollte.

Bei meinem zweiten Besuch hatte ich gerade das Opfer beendet und meine aus getrockneten Feldfrüchten bestehende Gabe glimmte noch in der Feuerschale, als mich ein verhaltenes Räuspern aus meiner Andacht riss.

Ich drehte mich um und erblickte den Verwalter Maximus, der seine Augen auf den Boden gerichtet hielt und ein kleines Paket in der rechten Hand trug.

„Was gibt es?“, fragte ich den Alten, der aufblickte und mir die Hand entgegenstreckte.

„Ich bringe dir einen letzten Gruß deiner Mutter, Marcus“, brachte er mit belegter Stimme heraus und wischte sich mit der Linken über die Augen.

„Sie hat mir in ihrer Todesstunde etwas gegeben, was ich dir bei deiner Heimkehr aushändigen sollte. Nimm es und halte es in Ehren, wie deine Mutter es immer getan hat.“

Neugierig griff ich nach dem Paket und fühlte einen harten Gegenstand, der sorgfältig in ein Leinentuch eingeschlagen und fest verschnürt war. Ich versuchte die Knoten zu lösen, um mir den Inhalt anzusehen, als mich Maximus mit einer Berührung seiner schwieligen Hand zurückhielt.

„Schau es dir sorgfältig und in Ruhe an und sprich mit mir, wenn du Fragen hast“, fuhr der Verwalter mit leiser Stimme fort. „Es wird dein Leben ändern, ob du willst oder nicht, und ich habe lange überlegt, ob ich es dir überhaupt geben soll. Aber ich muss den Willen meiner verstorbenen Herrin ehren, auch wenn ich

Ungemach für dich ahne“, beendete Maximus seine Ansprache und ließ mich mit der Gabe meiner Mutter alleine zurück.

Vorsichtig, als wäre der Inhalt zerbrechlich, trug ich das Paket ins Haus und legte es zu meinen anderen Wertgegenständen in die verschließbare Holztruhe.

Am Abend konnte ich meine Neugierde nicht mehr zügeln, und ich zog mich früh in meine Kammer zurück, um mir das Abschiedsgeschenk meiner Mutter anzusehen.

Sorgsam legte ich das Stoffpaket auf meinen Tisch und löste behutsam die Knoten des Paketes, um das Maximus ein solches Geheimnis gemacht hatte. Ich musste viel Stoff aufwickeln, bis der Inhalt mit einem metallischen Klang auf die Tischplatte rollte.

Vor mir lag eine goldene Fibel von einer Form, wie sie vor langer Zeit hergestellt wurde. Die Nadel war zerbrochen, aber der zierliche Bügel trug noch die Schmuckplatte, auf der ein Ornament oder eine Figur eingraviert war. Ich rückte die Öllampe ganz nahe heran und beugte mich dicht über die Gravur, als ich die Fibel mit einem jähen Aufschrei auf die Tischplatte zurückfallen ließ.

Das vermeintliche Ornament war eine winzige Schlange mit Augen aus grünen Smaragdsplittern, die bis in die kleinste Einzelheit dem Schlangenreif glich, den ich am Handgelenk trug.

Mit zitternden Händen hob ich die Fibel wieder auf und begutachtete sie so lange, bis es keinen Zweifel mehr geben konnte. Die beiden Schlangen glichen sich wie ein Zwilling dem anderen.

Was hatte das zu bedeuten, und wie war meine Mutter in den Besitz dieses Gegenstandes gekommen?

Ich musste unbedingt mit Maximus reden, der angedeutet hatte, dass er wichtige Informationen für mich bereithielt.

Dann erinnerte ich mich daran, wie meine Mutter reagiert hatte, als sie zum ersten Mal den Schlangenreif an meinem Arm gesehen hatte. In ihrem Gesicht standen Erschrecken und Sorge und um sie nicht noch mehr zu ängstigen, erzählte ich nichts über den Zweikampf mit dem Franken, sondern griff zu einer Lüge, als ich ihr sagte, dass ich den Reif einem Kameraden abgekauft hätte. Trotzdem starrte sie immer wieder mit besorgter Miene auf meinen Armschmuck, so dass ich ihn abnahm und bei meinen Heimaturlauben nicht mehr anlegte.

Aber warum im Namen aller Götter hatte sie mir diese Fibel hinterlassen?

Eine Ahnung beschlich mich, dass das, was Maximus mir im Auftrag meiner Mutter zu sagen hatte, großen Einfluss auf mich nehmen würde, und ich beschloss daher in dieser Nacht, das Gespräch mit dem Verwalter auf einen späteren Zeitpunkt zu verschieben. Vorher wollte ich meine vorrangigen Aufgaben und Probleme in Angriff nehmen, wie die Erfüllung meines militärischen Auftrages, meine weitere Verwendung in der Legion und die vorläufige Zukunftsgestaltung meines ererbten Besitzes.

Sorgsam wickelte ich die Fibel wieder in das Tuch ein und legte sie ganz zuunterst in die Truhe zurück.

Am nächsten Morgen teilte ich Maximus meinen Entschluss mit, und er schien erleichtert zu sein, das Geheimnis um die Fibel noch eine Zeit lang für sich behalten zu dürfen.

In der Nacht träumte ich von einem gewaltigen Krieger, der sich mit dem Schwert in der Hand einen Weg durch das Unterholz eines mit riesigen Bäumen bestandenen Urwaldes bahnte. Als er sich niederbückte und mit einem eisernen Gerät den Boden zu seinen Füßen aufbrach, schnellte eine riesige Schlange vor, um ihm von hinten ihre tödlichen Giftzähne in den Nacken zu schlagen.

In Schweiß gebadet und wild um mich schlagend erwachte ich und spürte mein Herz im Hals pochen. Hatte mein Schutzzauber mich wieder vor einer Gefahr gewarnt, wie damals, als der Schlangenreif in meinen Besitz gekommen war?

Erschöpft schlief ich bald darauf wieder ein und verdrängte das Traumgesicht in die tiefste Nische meines Bewusstseins.

Ich war der einzige Erbe der „Villa Vineta“, und wenn das Gut nicht in die gierigen Hände der Steuerbehörde fallen sollte, musste ich zu der Hinterlassenschaft stehen und den Weiterbestand sichern.

Ohne Ziel stieg ich in den nächsten Tagen bergauf und bergab durch die Weinberge, prüfte hier die Festigkeit einer Steinterrasse, schnitt dort Triebe zurück und schmeckte die Beschaffenheit von Boden und Traubenansätzen. Ich trieb mich um in den Stallungen, begutachtete Schlacht- und Milchvieh und schaute nach dem Nachwuchs. An einen Holzzaun gelehnt, sah ich den Hühnern bei ihrer rastlosen Futtersuche auf der Geflügelwiese zu, bis mich schnatternd und zischend unsere Gänseherde über den Lattenzaun in die schattige Sicherheit der Trauerweide am Weiher trieb, von wo aus ich die Enten mit Brotkrumen aus der Backstube fütterte.

Der Abend fand mich regelmäßig in der Gesellschaft des Fischers Secundus, der vor meiner Geburt an die Mosella gekommen war und sich in der verwaisten Fischerhütte am Flussufer niedergelassen hatte. Der Veteran mit dem Gesicht eines Raubvogels war als blutjunger Prätorianer in der Schlacht an der Milvischen Brücke zum Krüppel geschlagen worden und zog seitdem ein Bein nach. Mittellos war er zu uns gelangt, weil Constantinus als Sieger die Prätorianergarde auflöste, die seinen Widersacher Maxentius unterstützt hatte. Secundus, ein guter Lehrmeister, brachte mir das Fechten und den Gebrauch von Speer und Bogen bei. Bis in die Nacht saß ich in diesen Tagen mit dem Alten, dem das Weißhaar auf die Schultern fiel, am Holzsteg des Bootsanlegers, wo wir uns Geschichten erzählten und Aalen nachstellten.

Manchmal sah ich in einem Tagtraum meine geliebte Bissula auf das Haus zukommen. Unsicher blieb sie stehen, wand sich fragend an einen Knecht, betrat endlich den Hof und lächelte mir zu, als ich in die Portikus hinaustrat. Dann kam sie zögernd herauf, erst unsicher, dann immer schneller ausschreitend, bis sie in meine Arme flog. Sobald sich das Trugbild aufgelöst hatte, kehrte schal die Wirklichkeit zurück, und ich fühlte, dass sie mir fehlte und ich mich nach ihr sehnte.

Alles schien in bester Ordnung zu sein. Maximus, der Verwalter meines Vaters, hatte den Betrieb in den letzten Monaten aufrechterhalten und seine Sache gut gemacht. Aber die Frage war, wie lange er diese Last noch tragen konnte? Er stand im siebten Lebensjahrzehnt, und der Tod seiner Herrschaft hatte ihn mitgenommen, auch wenn er vermied, dies zu zeigen. Ich musste mir Gedanken um einen Nachfolger machen, den er in seine Pflichten einführen konnte.

Den Göttern sei Dank, hatte die Seuche die Bediensteten und wenigen Sklaven, kriegsgefangene Franken und Alemannen, verschont, so dass ich mir keine Sorgen um Arbeitskräfte machen musste.

Die auf unserem Land siedelnden Kolonen waren ihrer Scholle treu geblieben und hatten die Abgaben pünktlich entrichtet, was ein Verdienst meines Vaters war, der die Leute gut und gerecht behandelt hatte.

Sollte ich bleiben und die Geschäfte selber führen?

Tagelang rang ich um einen Entschluss, bis mein Pflichtgefühl als römischer Bürger und Offizier siegte. Ich hatte einen Eid auf den Kaiser geschworen, den ich nicht brechen wollte, zumal mir nach Ablauf der Dienstzeit nach zwanzig Jahren eine Abfindung und bedeutende Steuererleichterungen zustanden, die dem Weingut zu Gute kommen würden.

Galerius hatte ich wenig zu Gesicht bekommen. Ihn interessierte die Landwirtschaft, und er war den ganzen Tag mit Maximus im Weinberg oder in den Wirtschaftsgebäuden, wenn er nicht die Umgebung erkundete.

Sollte ich den Freund bitten, Maximus während meiner Abwesenheit zur Hand zu gehen? Ein schwieriges Unterfangen. Einerseits hatte er auf unserem Weg angedeutet, dass er sich an der Mosella eine Existenz aufbauen wollte. Warum nicht hier, auf der Villa Vineta?

Aber was würde andererseits aus unserer Freundschaft werden, wenn er ablehnte oder es sich nicht zutraute?

Der Freund mied meine Gesellschaft in dem Glauben, dass ich meine Trauer und meine Angelegenheiten mit mir selbst bewältigen wollte, wofür ich ihm dankbar war.

Ich nahm mir vor, ihn bei Gelegenheit auf seine Pläne anzusprechen, um mein weiteres Vorgehen behutsam in Angriff nehmen zu können.

Gerne hätte ich es auch gesehen, wenn er mich auf meinem zukünftigen Weg begleitet hätte, woran ich aber nicht glaubte. Galerius war kein Soldat, eher lagen seine Gaben und Interessen in der Landwirtschaft oder im Handwerk.

Den ganzen Tag hatte ich mich heute im Haus aufgehalten, um eine schadhafte Stelle des Bodenmosaiks im Speiseraum mit Zement und Buntsteinchen zu flicken. Gegen Mittag stieg ich die Steintreppe in den Keller hinab, wo der Wein für den Hausgebrauch und für besondere Kunden lagerte. In Regalen ruhten die Flaschen mit den Kostbarkeiten für Feiertage und hohe Gäste, während der Wein für den Eigengebrauch darauf wartete, aus Fässern in die umherstehenden Tonkrüge gefüllt zu werden. Auf dem Steintisch in der Mitte des Raumes fand sich in einem Weidenkörbchen einen Kanten Brot, den ich mit einem Becher der letzten Ernte herunterspülte. Gesättigt hatte ich die Öllampe gelöscht und war in das Turmzimmer hinaufgestiegen. Hierhin hatte ich mich schon als Kind gerne zurückgezogen, um in die Landschaft zu schauen oder über Sinn und Unsinn von Schule und väterlicher Autorität nachzudenken.

Die Fensterflügel mit den grünen Glasscheiben waren weit geöffnet, und eine frische Sommerbrise wehte in den Raum hinein. Ich hielt das Gesicht in den Lufthauch und genoss die Kühle auf Stirn und Wangen. Weit fiel der Blick über Anwesen, Felder und Weingärten bis zu den dunklen Höhen des von den Kelten „Idar“ genannten Waldgebirges. Hell leuchtete der Kiesweg, der von der Pforte in gerader Linie zum Hoftor führte, und die Sonne brach sich im Wasserspiegel des Weihers. Zu beiden Seiten des Weges lugten hinter der Obstbaumallee die Ziegeldächer der Wirtschafts- und Gesindegebäude hervor. Alles umgab eine Hofmauer aus Naturschiefer. Drehte ich mich um, sah ich aus dem gegenüberliegenden Fenster das Band der Mosella, die Uferweiden bis zur strohgedeckten Fischerhütte des Secundus und die Berge der Silva Arduenna.

Allzu gerne war ich damals bereit, alles um mich herum zu vergessen und mich dem bequemen und beschaulichen Landleben hinzugeben.

Aber wie eine Wolke hatte sich die Realität in Gestalt eines berittenen Boten der gallischen Präfektur über meine ländliche Idylle gelegt und mich an meine Pflicht gemahnt. Mit einem bedauerndem Seufzer hatte ich das Schreiben geöffnet und gelesen, dass ich mich schnellstmöglich in Treveris zum Rapport beim Magister Equitum per Gallias melden sollte.

Charietto hatte Wort gehalten und meine Botschaft zurückgehalten, um mir Zeit zur Erholung zu geben. Dann hatte es gedauert, bis sie den richtigen Adressaten gefunden hatten und die Nachricht bearbeitet worden war. Trotzdem war mir bewusst, dass meine Tage auf der Villa Vineta gezählt waren und die Zeit drängte, die Frage nach der Zukunft des Weingutes und mein Anliegen an Galerius, Maximus zu unterstützen, abzuklären.

Und das Gespräch mit dem alten Verwalter bezüglich der Fibel meiner Mutter, das mir am schwersten im Magen lag, war auch nicht mehr zu umgehen. Wer weiß, ob der alte Mann noch lebte, wenn ich wieder zurückkehrte.

„Marcus." Auf der Türschwelle zu meinem Turmzimmer stand, als hätte er meine Gedankengänge erahnt, mit verschränkten Armen mein Freund Galerius. „Wie wäre es mit einem Bad und einem Krug von deinem Wein. Es ist Zeit, miteinander zu reden. Ich kann nicht ewig deine Gastfreundschaft in Anspruch nehmen."

„Gerne", lachte ich, froh, dass er mich aus meinem Brüten herausgerissen hatte. „Nimm das Bad alleine, aber wir treffen uns in einer Stunde im Garten."

Der Abend war mild und ich hatte Maximus gebeten, Tisch und Bänke auf die Rasenfläche vor die Portikus bringen zu lassen.

Flavia, unsere alemannische Magd, schlank und jung mit wallendem Blondhaar und einem hübschen Gesicht, hatte den Tisch reich gedeckt: ein frischgebackener Brotlaib, dessen Duft mir verführerisch in die Nase stieg, Räucherwurst, gekochte Eier, geschälte Hasel- und Walnüsse, ein weißer Ziegenkäse, ein Fläschchen mit Oli-venöl aus Arelate in Südgallien und zwei Krüge mit Wein und Quellwasser. Dunkelblaue Gläser mit

Rebendekor, Geschenk eines Senators aus Treveris, Holzbrettchen und Schneidemesser mit Silbergriff standen zum Gebrauch bereit.

„Da bist du ja endlich“, begrüßte ich den aus dem Bad kommenden Freund, füllte eines der Gläser mit Wein und bot es ihm mit ausgestrecktem Arm an.

„Entschuldige, Marcus. Ich war den ganzen Tag mit Maximus im Weinberg und bin völlig verschwitzt. Was für eine Hitze. Danke für den Wein.“

„Greif zu, Galerius, der Keller ist voll, ich war heute unten.“

Verschmitzt nickte der Freund mir zu, nahm das Glas, stürzte es in einem Zug hinunter, brach ein Stück von dem Brot ab und schob es sich in den Mund.

„Das hat gut getan, wie war dein Tag?“

„Gut“, antwortete ich. „Du willst mit mir reden?“

„Ja, Marcus, ich mache mir Gedanken, wie es weiter geht.“ Ehe er fortfuhr, ließ er sich am Tisch nieder, begutachtete die Speisen und rückte auf der Bank hin und her, bis er die beste Sitzposition gefunden hatte.

„Den ganzen Tag bist du unterwegs, auf dem Hof, im Weinberg oder im Haus. Du stehst in der Schmiede und hämmerst auf dem Amboss herum, machst kleine Reparaturen, die andere erledigen können oder sitzt am Weiher und fütterst die Enten. Aber du redest nicht. Was sind deine Pläne? Gehst du zurück zur Legion oder bleibst du hier?“ Er stellte das Glas ab, das er die ganze Zeit in den Händen gedreht hatte, und lehnte sich zurück.

Ich ließ mir Zeit für die Antwort, indem ich die Gläser nachfüllte.

„Ja, Galerius, ich werde zur Legion zurückkehren. Wohler wäre mir aber, wenn ich sicher sein könnte, dass hier alles geregelt ist. Ich weiß nicht, ob Maximus der Aufgabe, das Gut zu führen, noch lange gewachsen sein wird. Ich muss einen Nachfolger für ihn finden, am besten sofort. Drei Jahre muss ich noch ableisten, das ist viel Zeit und darüber denke ich seit Tagen nach. Was sind deine Pläne?“

„Ich bleibe hier, Marcus. Es ist schön hier und sicherer als in den germanischen Provinzen. Die Landwirtschaft, vor allem der

Weinbau, gefällt mir und Maximus hat mir vieles gezeigt und erklärt. Es gibt drei Meilen die Mosella abwärts Richtung Noviomagus einen Weinhof, der für hundert Goldsolidi zu erwerben ist. Der Besitzer ist wie deine Eltern an der Seuche gestorben und sein Sohn möchte nach Arelate in Südgallien gehen. Das Anwesen ist frei von Lasten und keinem Grundherrn verpflichtet. Eine gute Lage, steiler Südhang mit viel Ertrag und festen Abnehmern. Wenn du mir einen Teil des Kaufpreises leihst, kann ich es schaffen."

Galerius legte die Hände mit den Handflächen nach unten auf die Tischplatte und schaute mir voller Spannung in die Augen.

Sein Anliegen versetzte mir einen Stich. Mehr noch. Es war, als hätte der Freund mir mit seiner Bitte den Boden unter den Füßen weggerissen. Dabei war es nicht das Geld, ich hatte genug davon und wenn nicht ihm, wem sonst hätte ich etwas leihen sollen? Es war die Erkenntnis, zu lange gewartet und überlegt zu haben. Warum war ich nicht zielstrebig auf ihn zugegangen? Während ich grübelte, wie ich Galerius mein Anliegen am besten nahebringen konnte, hatte ich zugelassen, dass er sich umgesehen und eine Entscheidung getroffen hatte. Hoffentlich war es noch nicht zu spät. Ich hatte das Gefühl, sofort alles nachholen und richtig machen zu müssen. Spannung baute sich auf und durchdrang als Kribbeln, ausgehend vom Magen, den Körper. Kaum gelang es mir, die Hände ruhig zu halten und mich nicht zu verhaspeln.

Um mich zu beruhigen und die nach außen getragene Gelassenheit zu erhalten, füllte ich die Gläser nach, legte meine Rechte auf seinen Unterarm und mühte mich, so überzeugend wie möglich zu klingen.

„Galerius, ich kann dir deine Bitte nicht abschlagen, aber wenn ich ehrlich bin, halte ich wenig von deinem Vorhaben."

Enttäuschung überzog die Gesichtszüge des Freundes, der seinen Arm unmerklich zurückzog, als wenn ihm der Körperkontakt unangenehm wäre.

„Galerius, kannst du dir vorstellen, die Aufgaben des Maximus für die Zeit meiner Abwesenheit zu übernehmen? Er wird dich, solange er kann, in allem unterstützen, und wenn ich zurück bin, gebe ich dir jede Summe, die du brauchst, um dir deinen Hof zu kaufen. Ich brauche dich hier, weil es keinen Besseren für diese Aufgabe gibt, und sollte ich nicht zurückkehren, werde ich dich in die Lage versetzen, die *Villa Vineta* zu übernehmen."

„Wie soll das aussehen?" Wie das Geschoß einer Ballista war die Frage dem Freund entfahren. Jetzt war er es, der nach meinem Unterarm griff und mir dabei tief in die Augen sah. Als Mann der Tat hielt er sich nicht mit Förmlichkeiten und Floskeln auf.

Ich fühlte, dass es von meiner Antwort abhing, ob er sich auf das Angebot einlassen würde. Mein Verstand arbeitete fieberhaft an einer Lösung, die uns beiden gerecht wurde.

„Ich mache dich zu meinem Erben, falls ich ohne Nachkommen diese Welt verlassen sollte. Bist du einverstanden?"

Tief atmete Galerius durch.

„Soll ich ehrlich sein?" Ohne meine Antwort abzuwarten, fuhr er fort. „Lieber würde ich etwas Eigenes aufbauen, aber ich mache es, weil du mein Freund bist und ich keine Nachteile sehe. Abgemacht?"

Er streckte mir die Rechte entgegen.

Gewonnen. Mit einem Schlag fiel die Spannung zusammen und machte einem Gefühl tiefer Freude und Zufriedenheit Platz.

Mit Freuden schlug ich ein.

„So, Marcus, und jetzt raus damit, worauf ich mich eingelassen habe."

„Fünf Weingärten, davon drei in Südhanglage und zwei in ebener Bewirtschaftung", spulte ich aus dem Gedächtnis ab. „Dazu kommen Getreidefelder mit Dinkel und Futtergerste, eine Obstwiese am Ufer und die Kirsch- und Apfelbäume innerhalb der Hofmauer. Viehweiden und Pferdekoppel beginnen hinter der Hofmauer und reichen bis an die Weinhänge. Die Schweine werden aus den Ställen in den Wald getrieben, wo sie Eicheln, Bucheckern und Wurzeln finden. Im Winter werden sie mit den Abfällen der Küche gefüttert. Enten, Gänse und Hühner bleiben innerhalb der Hofmauer. Achte bitte darauf, alle drei Tage einen neuen Auslauf abzustecken, da sie sonst das Gras bis auf die Wurzeln wegfressen. Im Teich gibt es Karpfen und Schleien, die sich selbst versorgen. Wir haben sie einmal im Jahr mit dem Netz abgefischt und von Secundus räuchern lassen. Das Gemüse wird hinter den Obstbäumen angebaut: Erbsen, Bohnen, Zwiebeln, Rüben und Küchenkräuter. Stroh und Heu für Kuh-, Pferde- und Schweineställe werden von einem Kolonen geliefert.

Zum Weingut gehören die Hofstellen von achtzehn abhängigen Kolonen. Sie haben uns ihr Land unter der Bedingung abgetreten, dass wir jährlich ihre Grundsteuer zahlen und uns der zehnte Teil ihrer Erträge zusteht. Was unseren Bedarf überschreitet, wird ausbezahlt. Mein Vater hatte immer ein gutes Verhältnis zu ihnen, da er sie wie Seinesgleichen behandelte und ihnen in schlechten Jahren gegen Arbeitsleistung einen Teil ihrer Abgaben erließ. Steh dich gut mit dem alten Fischer Secundus und wirf mit ihm die Angelruten und Netze aus, wenn du einen schlechten Tag gehabt hast, denn er kennt alle Geschichten, die jemals über die Mosella und ihre Anwohner erzählt wurden.

Kannst du mir noch folgen, Galerius?“

Galerius hatte den Kopf auf die Handflächen gestützt und blinzelte mich aus großen Augen an.

„Sicher, Marcus“, versicherte mein Freund eilig, „alles, was du mir gerade erzählt hast, weiß ich schon. Maximus hat mir in den letzten Wochen alles gezeigt.“

„Was Maximus betrifft“, unterbrach ich ihn, „haben er und seine Familie ein lebenslanges Wohnrecht in ihrem Häuschen. Solange er kann, wird er dir eine wertvolle Hilfe sein. Die anderen Bediensteten, Knechte, Mägde und Handwerker, leben in den Gesindehäusern an der Hofmauer. Sklaven gibt es nur wenige auf der Villa Vineta. Lange bevor die Christen in Treveris von der „gottgewollten Gleichheit“ aller Menschen predigten, jedoch ihre Sklaven behielten, hat mein Großvater alle freigelassen, die ihm treu ergeben waren. Achte bitte darauf, den Germanen die Freiheit und ein Stück Land zu geben, wenn sie länger als fünfzehn Jahre auf der Villa Vineta gedient haben, wie es mein Vater gehalten hat. Sie werden als Kolonen bleiben und weiterhin gute Dienste tun.“

Ich griff nach dem Weinkrug, um die Gläser wieder zu füllen.

Leicht wog das Gefäß in meiner Hand und das dünne Rinnsal, das sich in Galerius` Glas ergoss, reichte gerade aus, es bis zur Hälfte zu füllen.

„Flavia“, rief ich in Richtung des Hauses.

Es dauerte nicht lange, bis die Gerufene die Stufen der Portikus hinab zu uns in den Garten eilte.

„Du hast mich gerufen, Herr.“

„Flavia, sei bitte so gut und fülle den Krug im Keller wieder auf.“

„Sofort, Herr“, flötete sie und warf mir einen verführerischen Blick zu, als sie sich hinabbeugte, um den Krug zu nehmen. Dabei fiel der Ausschnitt der Tunika leicht nach vorne und gewährte mir einen kurzen Blick auf den Ansatz ihrer Brüste. Sie bemerkte den Blick und ein Lächeln umspielte ihre Lippen, als sie sich umwandte und sich mit wiegendem Schritt entfernte, wobei die Rundungen ihres Gesäßes meine Phantasie erhitzten. Ein Seufzer entrang sich meiner Brust.

„Was für ein Weib“ entfuhr es Galerius. „Hast du etwas mit ihr?“

„Galerius!“, vorwurfsvoll nannte ich den Namen des Freundes. „Ich habe sie als Kind gekannt und ihr die blutigen Knie verbunden, als sie auf der Flucht vor unseren Gänsen gestürzt ist.“

Mein Freund lachte auf und schlug mir auf die Schulter. „Na, na, Marcus, ich habe deinen Blick gesehen. Sie reizt dich doch, oder?“

„Die Frauen der Alemannen haben etwas Besonderes“, verschränkte ich die Arme in den Nacken und schaute in den sternenübersäten Himmel.

„Sie heißt Bissula und hat mich einen Teil des Weges bis nach Tolbiacum begleitet, wo wir uns leider trennen mussten.“

„Deshalb hast du einen leicht melancholischen Eindruck auf mich gemacht“, folgerte mein Freund, „als wir uns unter dem Viadukt getroffen haben. Wenn ich damals nicht absichtlich auf den Ast getreten wäre, hätte ich dir in aller Ruhe dein Reisegepäck stehlen können.“

„Na, na“, wiegelte ich ab, „so war es nicht, aber du hast Recht, dass ich sehr in Gedanken war. Seit meinem ersten Zusammentreffen mit ihr in einer Taverne zu Aquis war ich von der Schönheit und dem Verstand dieser außergewöhnlichen Frau beeindruckt. Ich habe mich in sie verliebt, Galerius, und allen unerfreulichen Umständen zum Trotz hat sie meine Gefühle erwidert. Sie versprach mir, in friedlicheren Zeiten an die Mosella zu kommen, um nach unserer Liebe zu schauen. Manchmal ist mir, als hätte ich sie erst gestern verlassen und sie würde leibhaftig vor mir stehen.“

„Vielleicht siehst du sie wieder, Marcus“, zwinkerte Galerius mir zu.

„Man sieht sich im Leben immer zweimal, wenn es wichtig ist und es den Göttern gefällt. Da kommt Flavia mit neuem Wein.“

„Gehört Flavia zu den Sklaven?“, nahm mein Freund den Gesprächsfaden wieder auf, als das Mädchen sich entfernt hatte.

„Nein. Ihr Vater war bei den Auxiliaren und hat nach seiner Dienstzeit mit seiner Frau um Lohn und Brot nachgesucht. Flavia ist hier geboren und geblieben, nachdem ihre Eltern früh verstarben. Meine Mutter hat das Mädchen, das nie von ihrer Seite wich, wie eine Tochter geliebt und sie gefördert, wie sie konnte. Behandle sie gut, sie ist ein Schatz.“

Ich füllte nach und hob mein Glas in den Abendhimmel, dass der Inhalt im Sonnenuntergang wie Kristall blitzte.

„Galerius, wie gefällt dir unser Wein? Du trinkst ihn wie Wasser, lobst ihn aber nicht. Er ist die Quelle des Reichtums der Villa Vineta. Vergiss nie, dass Vieh- und Landwirtschaft nur dem Eigenverbrauch dienen. Mit dem Wein verdienen wir unser Geld.“

Mein Freund betrachtete die Spitzen seiner Riemensandalen, mit denen er, um seine Verlegenheit zu verbergen, im Gras unter dem Tisch scharrte.

„Er schmeckt mir, und ich kann nicht genug davon bekommen, aber ich bin kein Kenner, Marcus.“

„Das muss sich ändern, Galerius. Die wenige Zeit, die uns bis zu meiner Abreise bleibt, werde ich nutzen, aus dir einen

Weinbauern zu machen. Den Verkauf kannst du dir bei Maximus abschauen. Er war immer an der Seite meines Vaters und hat ein sehr persönliches Verhältnis zur Kundschaft aufgebaut."

Ich sah Zweifel in den Augen des Freundes aufkeimen.

„Du wirst es schaffen, Galerius, und ich werde nicht ewig bei der Legion bleiben. Ich hätte dir das Angebot, mich zu vertreten, nicht gemacht, wenn ich nicht überzeugt wäre, dass du das kannst! Oder möchtest du deine Zusage zurücknehmen?"

Zweifel und Unsicherheit im Gesicht des Freundes wichen Empörung und Trotz.

„Ich habe es dir zugesagt, und ich werde nichts zurücknehmen."

„Schön, wir werden morgen beginnen, dich in deine Aufgaben einzuarbeiten. Maximus hat mir erzählt, dass die Winzer von Porto Pigonto eine Kelteranlage gebaut haben, in der das Lesegut der umliegenden Weinhöfe verarbeitet wird. Das möchte ich mir ansehen. Wir nehmen unseren Kahn, weil man von der Flussmitte den besten Ausblick auf die Weingärten an den Uferhängen hat."

Heimat in Not

Der Morgen graute, als wir mit unserem Nachen vom Anleger abstießen und das Gefährt mit kräftigen Ruderschlägen in die Flussmitte steuerten. Es war eines der Boote, die seit Jahrhunderten von den Flussanwohnern für Transport und Fischfang genutzt wurden. Flach und breit ausladend, den hochgezogenen Vordersteven mit einem in Holz geschnitzten Adlerkopf verziert, den Secundus angebracht hatte. Der abergläubige Veteran war überzeugt, damit die Fische für seine Angelruten, Netze und Reusen anzulocken.

Die Arbeit an den Riemen verrichtete mein Freund, um, wie er sagte, die Müdigkeit aus den Gliedern zu vertreiben, während ich im Heck saß und die Ruderpinne bediente.

Kein Windhauch bewegte die Wasserfläche, in der sich das Ufer spiegelte. Jeder Ruderschlag und die beim Herausziehen des Blattes herunterperlenden Tropfen erzeugten sich nach allen Seiten vergrößernde Kreislinien auf der Oberfläche. Nebelschleier zogen über den träge dahinfließenden Strom und tauchten Fluss und Ufer in das weiche Dämmerlicht, das einen warmen Sommertag ankündigt.

Als das Boot die Uferregion verlassen hatte, sorgte die Strömung dafür, dass es ohne großen Kraftaufwand seinen Weg nahm. Noch einige Schläge, um Geschwindigkeit aufzunehmen, und Galerius zog die Ruder ein. Gelenkt vom Steuerblatt trieben wir unserem Ziel entgegen. Außer dem Gesang der Vögel, die in den Uferbäumen den Morgen begrüßten, und dem Plätschern von Fischen, die die silbrige Wasserfläche auf der Jagd nach einem Insekt durchstießen, störte kein Laut den Frieden des jungen Tages.

Als die Sonne über den Rand der Waldberge stieg, lösten sich die Nebelschleier auf und gaben den Blick frei auf die Terrassen und Stützmauern der Weinberge an den Uferhängen.

Jahre später sollte der Rhetor, Konsul und einflussreiche Erzieher des Thronfolgers Gratian, Decimus Magnus Ausonius, an gleicher Stelle zu seinem Loblied auf die Mosella inspiriert werden:

„Du Strom, dich umrahmen Wein tragende Höhen,
wo Bacchus lässt reifen schön duftenden Wein
und grünende Ufer umarmen dich,
du Strom, der ganz in Grün getaucht …
Bis dort wo der Hügel hoch oben
am Joch schon himmelwärts strebt,
bis dorthin ist der Uferrand
mit grünem Wein bepflanzt."

Ich lehnte mich zurück, blickte in den blauen Himmel, den keine Wolke trübte, und genoss die Wärme der Morgensonne auf Gesicht und Händen. Ein leichtes Auf und Ab, untermalt von leisem Plätschern, wiegte mich in einen Zustand völliger Gelassenheit und Ruhe. Sorgen und Krieg weit zurückgeblieben, so fühlt sich der Frieden an.

Ein leichtes Brennen am Handgelenk erinnerte mich daran, dass ich den Armreif zum ersten Mal seit meiner Heimkehr wieder angelegt hatte. Er war der Glücksbringer meines Soldatenlebens, den ich zu Hause niemals getragen hatte und so hatte das Kleinod die ganze Zeit wohlverwahrt in der Holztruhe meines Zimmers geruht. Ich hatte es nicht vermisst. Heute Morgen, als die Haustüre hinter mir zufiel, stellte ich fest, dass etwas fehlte. Ein Griff ans Handgelenk zeigte mir, dass ich im Begriff war, ohne meinen Talisman das Haus zu verlassen. Es hatte gut getan, den kühlenden Druck des Edelmetalls auf der Haut zu fühlen. Waren die Strahlen der Morgensonne Schuld, dass ein leichter Schmerz das Gelenk peinigte, als wäre ich mit Brennnesseln in Berührung gekommen? Ich betrachtete meinen Arm und sah, dass die Haut im Umfeld des Armreifes gerötet war.

Das Brennen ließ nach, als ich den Arm über die Bordwand ins Wasser gleiten ließ und kühles Wasser die gereizte Stelle umspülte. Die Lichtbrechung bewirkte, dass die Umrisse des Schmuckstückes unter der Wasseroberfläche zum Leben erwachten. Golden glimmte es auf und gaukelte in der Flut, während grüne Blitze mein Augenlicht trafen. Sofort zog ich den

Arm zurück und Wassertropfen perlten vom Armreif herab. Die Rötung war verschwunden.

„Marcus, da vorne die Häuser am Ufer, ist das die Villa Pulchra?“, riss mich Galerius in die Wirklichkeit zurück.

Ich schaute auf und sah, dass wir ein gutes Stück vorangekommen waren, denn am linken Ufer lugten hinter Uferbüschen und zwischen Weidenbäumen weißgekalkte Mauern unter roten Ziegeldächern hervor.

„Ja. Und dort hinten“, mein Arm wies in Fahrtrichtung, „noch vor der Flussbiegung kannst du die Straßenstation und den kleinen Vicus von Decem sehen.“

Kurz blickte Galerius sich um.

„Marcus, überall Weinberge bis zum Himmel. Wer hat das geschaffen? Eine Herkulesarbeit.“

„Kein Gott, Galerius, sondern Legionäre aus Tricensima und Bonna. Nach dem ersten Frankeneinfall lag ein großer Teil der Weinberge brach, die Weinstöcke verwildert und überwuchert, die Stützmauern der Terrassen eingestürzt und die Wege vom Regen weggeschwemmt. Um die Wirtschaft an Rhenus und Mosella zu stärken und Neusiedler anzulocken, hob der Imperator Probus das Einfuhrverbot der hiesigen Weine für Italien und Südgallien auf und kommandierte ganze Legionen in die Weinberge ab. In wenigen Jahren schufen sie das, was du heute siehst.“

„Ein weiser Mann, dieser Probus“, entfuhr es Galerius.

„Ja. Er machte unsere Region zu einer der wohlhabendsten des Imperiums, die einen weiteren Aufschwung erlebte, als Treveris unter Constantinus Chlorus zur Kaiserresidenz des Westens erhoben wurde.“

Ich griff unter meinen Sitz, wo der Reiseproviant verstaut war, holte einen Weinkrug hervor, entfernte den Verschluss und nahm einen tiefen Schluck, der weich und erfrischend meine Kehle hinunterrann. Anfangs fruchtig in seiner Süße, spielte der Tropfen ins Herbe, ohne säuerlich zu wirken.

Ich reichte dem Freund das Gefäß.

„Probiere, Galerius. Eine Rebensorte, die aus den spanischen Provinzen zu uns gekommen ist und an das hiesige Klima angepasst wurde. Ein guter Wein braucht Prügel. Sonne und Hitze im Sommer, Kälte und Frost im Winter. Das bildet seinen Charakter, weich und hart im Geschmack. Maximus hat Proben und Setzlinge besorgt. Die Trauben sind nicht so ergiebig, wie die Sorte, die wir anbauen, aber viel geschmackvoller. Ich möchte in der Zukunft mehr auf Qualität als auf Masse setzen."

Galerius nahm einen Schluck und nickte mir anerkennend zu.

„Eine gute Wahl, Marcus. Nicht schlecht für einen weißen Wein. Das wird uns von der Konkurrenz abheben. Wenn du weg bist, werde ich mit Maximus die ausgelaugten Rebstöcke entfernen und die neue Sorte anpflanzen. Sie werden erste Früchte tragen, wenn du in zwei, drei Jahren zurück bist."

Unser Gefährt passierte Decem zehn Meilen hinter Treveris:

ein Bootsanleger, Warenmagazine, das wuchtige Gemäuer der Straßenstation aus grauem Schiefergestein und verstreut die niedrigen Wohngebäude der Siedlung.

Hoch stand die Sonne am wolkenlosen Sommerhimmel, als unser Kahn die beiden Mosellaschleifen durchfahren hatte und Kurs auf Noviomagus nahm. Wie Perlen an einer Schnur reihten sich die Orte aneinander: Untariacum, Turinga und Livia. Heitere Orte mit Häusern, an deren Mauern sich Weinranken emporwinden, Gärten voll bunter Sommerblumen und die von Bäumen gesäumte Uferstraße. Im Hintergrund bis in den Himmel grünende Terrassen, aus denen, weiß im Sonnenlicht gleißend, vereinzelte Tempelchen und Grabmäler auf den Fluss herabschauen.

Das waren die Bilder meiner Jugend, von denen ich, gegen Kälte und Nässe in meinen Mantel gehüllt, während verregneter Nachtwachen in den Weiten Niedergermaniens geträumt hatte. Kein Gedanke daran, dass in der Schneeschmelze braune Fluten durch das Flussbett jagten und Häuser und Keller unter Wasser setzten. Aber das Frühjahr kam früh, und wenn auf den Höhen noch Sturm und Frost herrschten, brachen im Tal die ersten Knospen auf.

Eine graue Masse trat auf dem rechten Ufer in das Blickfeld

und störte die Anmut der Landschaft. Festungsmauern, Rundtürme und, wie geduckt, ein Vicus mit Magazinen, Tavernen und Werkstätten. Die unter dem großen Constantinus zur Sicherung des Mosellatales errichtete Festung Noviomagus.

„Halte dich fern von den Menschen und ihren Häusern an den Ufern der Mosella", die in Stein errichtete Botschaft für jeden, der mit feindlichen Absichten vorbeikam.

Mit kräftigen Ruderschlägen erhöhte Galerius die Geschwindigkeit, und die Mauern des Kastells glitten vorbei. Das Flußtal beschrieb jetzt einen weiten Bogen, an dessen Scheitelpunkt der Vicus von Porto Pigonto lag, das Ziel unserer Reise. Näher kamen Häuser und Anleger des Ortes, als ein Lastschiff ablegte und Richtung Treveris auf uns zuhielt.

Blonde Ruderknechte mit Vollbärten und vor Anstrengung roten Gesichtern, zehn auf jeder Seite, trieben das Schiff mit mächtigem Ruderschlag an uns vorbei. Sie arbeiteten gegen die Strömung, die sich als Gischtwelle am Bug brach, der nach oben in einem geschnitzten Drachenkopf endete. An Deck lagerten in mehreren Lagen Weinfässer, Nachschub für die Keller und Tavernen der Kaiserstadt. Ein hagerer Mann in Arbeitstunika, offenbar der Gehilfe des Händlers, turnte über die Ladung und überprüfte die Vertäuung. Der Weinhändler, ein dicker Mann mit einer Schreibtafel in der Hand, stand neben dem Bootsführer im Heck.

Sie hoben freundlich die Hand, als sie unserer ansichtig wurden und riefen einen Gruß herüber.

„Die Götter seien mit euch, Reisende, und wenn ihr nach Treveris kommt, probiert den Wein des Titus Tertius. Ihr habt nie einen besseren gekostet. Es ist das dritte Haus an der Via Decumana hinter der Porta Nigra."

„Kauft das nächste Mal den Wein der Villa Vineta", brüllte Galerius zurück, beide Hände zum Sprachrohr geformt. „Ihr habt nie besseren geladen."

Das Boot war schon so weit entfernt, dass ich bezweifelte, ob der Händler die Worte meines Freundes verstanden hatte. Es freute mich, dass Galerius begonnen hatte, sich mit seiner neuen

Aufgabe zu identifizieren, was mir heute schon des öfteren aufgefallen war.

Wenn ein Vicus an der Mosella den Namen „Weinort“ verdiente, dann Porto Pigonto mit seinen Gebäuden, Lagerschuppen und Verkaufsständen, die alle Bacchus, dem Gott des Weines, geweiht schienen.

Direkt am Anleger befanden sich die Magazine, vor deren Straßenfronten wegen des schönen Wetters Verkaufsstände aufgebaut waren. Windschiefe Holzgestelle unter Segeltuchplanen, um deren Pfosten sich Weinlaub rankte. Holztafeln schaukelten im Wind, die, von ungelenker Hand ausgeführt, Szenen des weinseligen Lebens im Tal der Mosella darstellten. Daneben Schilder, auf die mit Kreide die Tagespreise notiert waren. Die höchste Summe musste nicht für das beste Erzeugnis stehen, und wer etwas vom Wein verstand, der probierte sich durch und übernachtete in der Herberge, vor deren Eingang Fleischstücke auf Eisenrosten brieten. Verführerisch stieg uns der Duft in die Nase, daran erinnernd, dass es auf Mittag zuging und wir seit Stunden nichts gegessen hatten.

Wir verzichteten auf eine Kostprobe, da wir nicht zum Schlemmen und Trinken gekommen waren, und erfragten den kürzesten Weg zur Kelter.

Gemäß der Beschreibung fanden wir die Anlage außerhalb des Ortes oberhalb der Uferstraße, wo sie sich den steilen Hang hochzog.

Die Zeit von Weinlese und Kelter im Herbst war noch nicht gekommen, so dass sich nur wenige Personen dort aufhielten, die damit beschäftigt waren, die Schäden des Winters zu beheben. Eine Gruppe Caementarii mischte in einem Holztrog Kalk, Ziegelbruch und Sand zu wasserdichtem Zement, um mit der rötlichen Masse die Frostaufbrüche in den Kelterbecken zu schließen.

„Kann ich etwas für euch tun? Ich bin Gallus und verwalte die Kelter im Auftrag des Julius Balbus, der sie vor zwei Jahren erbauen ließ.“

Aus dem Dunkel der Anlage war ein beleibter Mann in das Licht des Tages getreten, dem das krause Haupthaar grau auf die Schultern niederwallte. Er trug eine fleckige Arbeitstunika mit Lederschürze und mochte die Fünfzig überschritten haben. Die leicht gerötete Nase verriet den Jünger des Bacchus.

„Wir kommen von der Villa Vineta", stellte ich uns vor, „und haben nur Gutes von deiner Kelter gehört. Vielleicht bringen wir zur Weinlese einen Teil der Ernte zu dir, da unsere Anlage den Erfordernissen nicht mehr entspricht."

Dass ich selber den Gedanken hegte, eine Großkelter für die Villa Vineta zu erbauen, musste ich dem Mann nicht sagen.

„Gallus, ich sehe, du bist ein tüchtiger Mann. Wärst du so freundlich, uns die Funktion und Arbeitsweise der Kelter zu erklären? Es soll dein Schaden nicht sein", fuhr ich fort, griff in die Ledertasche an meinem Gürtel und zählte ihm ein Paar Münzen in die Hand.

„Gerne, Herr." Seine Augen leuchteten, als er die Münzen begutachtete und im Lederschurz verschwinden ließ. „Wie gesagt, die Anlage besteht seit zwei Jahren und hat sich bewährt."

Gallus sprach ein stark gefärbtes Latein, das seine gallische Herkunft verriet. Wie viele bediente er sich des Romanischen nur zu offiziellen Anlässen oder wenn er mit höhergestellten Personen verkehrte. Seine Alltagssprache war der mit romanischen Begriffen angereicherte Dialekt der keltischen Treverer.

„Beinahe alle Winzer des Ortes liefern uns während der Lese ihre Reben. Kommt herein."

Ihm folgend, betraten wir die Großkelter, wobei ich die Augen schloss, um mich an die Dunkelheit zu gewöhnen, die im Innern unter dem Pultdach herrschte.

„Das Sonnenlicht ist der Feind des frischen Mostes. Passt auf, dass ihr nirgendwo anstoßt", belehrte Gallus.

Eine wohltuende Kühle empfing uns im Innern der Kelter, in der es nach Gärhefe und abgestandenem Wein roch.

„In diese beiden Becken", Gallus` Hand wies nach oben, „wird das ankommende Lesegut eingefüllt. Handelt es sich um eine große Lieferung, gibt es ein Zusatzbecken zur Zwischenlagerung. Mit den bloßen Füßen stampfen unsere Kelterknechte im ersten Arbeitsgang das Erntegut, bevor die eingemaischte Masse mit Eimer und Gabeln in die darunter liegenden Pressbecken umgefüllt wird. Hiermit wird der letzte Saft aus den Trauben geholt", schlug er mit der Rechten gegen den Stützpfeiler einer mächtigen Holzpresse, die beide Becken überspannte.

„Gewaltig", entfuhr es Galerius, „wie viel Mann sind nötig, um die Presse zu bedienen?"

„Vier. Und noch mal zwei für die Umlagerung der Maische. Seht ihr die Öffnungen in den Bodenwannen?", wies er auf zwei kleine Abflüsse, durch die der Rebensaft herabrinnen konnte.

„Der Most ergießt sich in die Auffangbecken, wo er abgeschöpft und in Fässer gefüllt wird, die entweder sofort mitgenommen oder später abgeholt werden. Für diesen Fall haben wir neben der Kelter Lagerräume in den Fels geschrotet, von denen einer über eine Bodenheizung verfügt, damit der Most schon in die Gärung übergehen kann."

Einen Gehilfen, der mit Wasser, Bimsstein und Bürste ein Fass säuberte, wies Gallus an, eine Kostprobe des vor Ort gekelterten Weines zu bringen. Mit den Weinbechern in der Hand lehnten wir am Rand eines Pressbeckens und ließen die Blicke schweifen.

„Beeindruckend, die Anlage misst mindestens fünfzig auf dreißig Schritte", murmelte Galerius, um im Flüsterton fortzufahren.

„Glaubst du nicht, Marcus, dass so etwas eine Nummer zu groß für uns ist?"

Gallus, der über ein gutes Gehör verfügen musste, lächelte uns an, ehe er wieder das Wort ergriff.

„Ihr seid nicht die ersten Besucher, die mit Neugier hereinschauen und keiner hat seine Pläne wahrgemacht, selber eine Großkelter zu errichten. Im Gegenteil, alle sind im Weinmonat wiedergekommen, mit Karren und Booten voller Lesegut."

Herzhaft brachen Galerius und ich in Lachen aus, in das Gallus, seinen Becher hebend, lauthals einstimmte.

„Auf eure Gesundheit, Besucher von der Villa Vineta, und auf ein Wiedersehen zur nächsten Weinlese.

Ihr müsst sehen, wie hier gearbeitet wird", funkelten die Augen des Mannes. „Jedes ankommende Fuhrwerk bekommt eine Nummer und wartet geduldig, bis es an der Reihe ist, auf die Rampe zu fahren. Die Ladung wird von dort mit Heugabeln direkt in die Sammelbecken geschaufelt, worauf unsere Kelterknechte unter Gesang den Saft aus den Trauben stampfen, bevor umgelagert und die Presse betätigt wird. Währenddessen vertreiben sich die Fuhrknechte und Weinbauern die Zeit auf den Tischen und Bänken, die wir bei gutem Wetter hinausschaffen. Mit Reden und Trinken vergeht die Zeit wie im Fluge, und ich brauche euch nicht zu sagen, dass der Rebensaft dabei in Strömen fließt. Es werden Geschäfte gemacht, Erfahrungen ausgetauscht und Mosellaklatsch wird verbreitet.

Dem Bacchus sei Dank gibt es im Ort eine Herberge, in der diejenigen nächtigen, die es aus den Schuhen gehauen hat."

Ein dröhnendes Lachen ließ Bauch und Wangen des Keltermeisters erzittern, ehe er mit gespielter Ernsthaftigkeit fortfuhr.

„Im vorigen Jahr war sie einige Wochen geschlossen, weil der Patron die Räume neu herrichten ließ. Gezwungen, die Heimreise anzutreten, verlor mancher Kutscher die Gewalt über sein Gespann und zerlegte sein Gefährt in der ersten Kurve. Der Rebensaft rann in Strömen die Straßen von Porto Pigonto herab."

Ich lachte, bis mir die Tränen in die Augen stiegen.

„Auf ein Wiedersehen im Herbst", verabschiedeten wir uns von Gallus und traten in die gleißende Helle des Sonnenlichtes hinaus.

Sofort fühlte ich, dass nichts mehr war wie bei unserer Ankunft.

Ich sah wenig, da die Augen sich erst an das Tageslicht gewöhnen mussten, hörte aber umso besser. Aber es gab nichts zu hören. Stille lag über dem Tal der Mosella. Kein Vogel sang und das Summen menschlicher Stimmen war verstummt, als ein Brennen am Arm meine Aufmerksamkeit auf das rechte Handgelenk lenkte.

Ein Griff zum Armreif und ich sah verschwommen, dass sich die Haut im Bereich des Amuletts feuerrot verfärbt hatte.

„Bei allen Göttern, Marcus, schau", schrie Galerius auf, zerrte an meinem Arm und zeigte aufgeregt auf die Höhen des Idar über dem jenseitigen Ufer.

Ich blinzelte gegen die Sonne, und es traf mich wie der Hieb eines Faustschlags in die Magengrube.

Rauchsäulen, erst eine, zwei, dann vier, stiegen aus den Wäldern in das Blau des Sommerhimmels. Kein natürliches Feuer wie ein Waldbrand oder eine Rodung verursachte solche Rauchsäulen. Dunkle und schwere Wolken stiegen empor. Auflodderndes Holz, glimmendes Gras, schwelendes Leder, schmelzendes Glas und schmorender Hausrat. So brennen Wohnstätten.

Das Bild des Friedens zerstört und die Illusion von Anmut und Menschenfleiß durch den Stahl des Schicksals in Fetzen gerissen.

Ein Band aus Eisen zwängte meine Brust ein, und wie ein zäher Kloß drängten Wut und Verzweiflung durch Magen und Schlund nach oben. Der Krieg war zurückgekehrt und mir mit Tod und Zerstörung in die Heimat gefolgt. Die glücklichen und sorglosen Tage der Ruhe, der Traum von Frieden und Sicherheit im Land meiner Jugend, zerplatzte wie eine gefüllte Schweinsblase in der Sonnenglut.

Gallus und seine Knechte, die ebenfalls die Rauchsäulen bemerkt hatten, legten die Werkzeuge zur Seite, versammelten sich vor der Kelter und tuschelten untereinander.

Da fraß sich ein Gedanke in mein Bewusstsein, zuerst unklar, dann an Klarheit und Schrecken gewinnend: Die Vorboten des Unheils bedrohten das Ufer, an dem die Villa Vineta lag.

Wir mussten zurück und es durfte keine Zeit verloren werden, wenn ich Abwehr- oder Fluchtmaßnahmen organisieren wollte.

„Komm mit", trieb ich meinen Freund an, „wir müssen sofort zum Kastell von Noviomagus. Wenn wir erfahren wollen, was da drüben los ist, wissen die es im Lager zuerst."

Ich lief zum Schiffsanleger hinab, an dem sich eine Menschenmenge versammelt hatte. Hastig waren die Verkaufsstände geräumt worden und jeder versuchte einen Platz in einem Boot zu ergattern. Aus leidvoller Erfahrung wussten die Menschen, was zu tun war, um sich und ihre Habe in Sicherheit zu bringen.

Ich zog mein Messer und verscheuchte mit dieser Drohgebärde einige Männer, die sich an meinem Kahn zu schaffen gemacht hatten. Sie sahen die Entschlossenheit in meinem Gesicht und hatten nicht den Mut, sich mir entgegenzustellen.

Galerius, ebenfalls ein Messer in der Hand, sprang hinter mir ins Boot, jeder ergriff ein Ruder und Seite an Seite auf der Ruderbank arbeitend, jagten wir den Kahn mit wuchtigen Schlägen auf den Fluss hinaus.

Endlos kam mir die Zeit vor, bis wir die Flussmitte überquert und uns aus dem Bereich der stärksten Strömung herausgearbeitet hatten. Das war ein anderes Rudern als heute Vormittag, als wir mit dem Strom reisten. Einen Steinwurf vom jenseitigen Ufer entfernt wendeten wir das Boot und ruderten mit aller Kraft flussaufwärts.

Es ging voran, als wir den Rhythmus an den Riemen aufeinander abgestimmt hatten, und als ich mich umblickte, sah ich die Mauern von Noviomagus in der Ferne aufragen.

Ich kam aus dem Rhythmus, als der Schmerz in meinen Händen unerträglich wurde. Das Holz des Ruders schnitt bei jedem Schlag in die Haut, bis sie aufplatzte und das Blut auf meine Tunika tropfte. Kurz vor dem Ziel mussten wir verhalten, und Galerius umwickelte die mit Abschürfungen und Blasen bedeckten Handflächen mit einem Tuch. Ich biss die Zähne aufeinander, bis wir den Anleger der Festung erreichten und unseren Kahn neben einem schnittigen Patrouillenboot festmachten.

Vor dem Mosellator wartete eine große Menschenmenge darauf, in die Sicherheit der Mauern und Türme eingelassen zu werden. Wir bahnten uns ohne Rücksicht einen Weg hindurch und achteten nicht auf das Protestgeschrei in unserem Rücken, bis wir die Wachsoldaten erreicht hatten, die das halb geöffnete Festungstor mit gezogenen Waffen versperrten.

Ich nannte Namen und Dienstgrad und durfte mit Galerius passieren. Die Empörung der Wartenden steigerte sich zu einem Sturm der Entrüstung, als wir, ohne aufgehalten zu werden, das Innere der Festung betraten.

Mir war, als wäre ich an den Ort meiner Bestimmung zurückgekehrt. Siebzehn Jahre, ein Soldatenleben, hatte ich in den Militärkastellen der Grenzprovinzen zugebracht, die unter dem großen Konstantin errichtet worden waren und sich wie ein Ei dem anderen glichen.

Zinnenbewehrte Mauern, vorstehende Rundtürme und verstärkte Torbauten, im Innern die Principia, Kastellbad, Appellplatz und Holzbauten zur Unterbringung von Besatzung, Verpflegung und Waffen. Es roch und schmeckte nach gegerbtem Leder, frisch geschlagenem Holz, glimmender Holzkohle, Gemüseeintopf mit Fleischeinlage und verschwitzten Uniformtuniken.

Offiziere brüllten Befehle, die von den Mannschaften mit Disziplin und ohne Hast befolgt wurden. Es war offensichtlich, dass die Festung Noviomagus in den Verteidigungszustand versetzt wurde. In geflochtenen Körben aus Weidenruten wurde das Wurf- und Schleudermaterial für die Ballisten, Bündel von Katapultgeschossen und Rundsteine, zu den Türmen transportiert, wo sie an Seilen nach oben gezogen wurden. Auf den Wällen stieg Rauch auf, wo man das Öl für die tönernen Schleudertöpfe erhitzte. Vor dem Waffenmagazin standen Legionäre an, die in Ruhe warteten, bis sie an der Reihe waren, Wurfspeere und Köcher mit Pfeilen zu empfangen.

Wie es sich für Comitatenses gehörte, befanden sich Waffen und Uniformen in einem hervorragenden Zustand. Hier lagen keine verängstigten Limitansoldaten sondern Elitesoldaten des Bewegungsheeres. Trotzdem stand die Anspannung, die jeden erfasst, der einem Kampfeinsatz entgegensieht, in ihren Gesichtern geschrieben.

Wir eilten zur Principia, wo uns die Wache nach Nennung meines Dienstgrades und Namens ungehindert passieren ließ.

Im Innern beugte sich eine Gruppe Offiziere über einen Holztisch, auf dem Karten und Messinstrumente ausgebreitet waren.

Offensichtlich hatten sie gerade den Bericht eines Bauern aus dem Umland entgegengenommen, der bei unserem Eintreten im Begriff war, den Raum zu verlassen.

Der Vicarius, angetan mit roter Tunika, bronzenem Schuppenpanzer und Mantel, stand mit dem Rücken zu uns, den Helm auf der Tischplatte abgelegt.

Etwas an der Körperhaltung des breitschultrigen und hochgewachsenen Mannes, die Art, wie er sich mit den Händen auf der Holzplatte abstützte und mit seitlich gespreizten Beinen dastand, ohne die Knie zu beugen, ließ mich stutzen und kam mir bekannt vor.

Die Köpfe der Männer am Tisch wandten sich uns zu, und dadurch aufmerksam geworden, richtete der Vicarius sich auf, drehte sich um und verhielt in der Bewegung. Verärgerung, Verblüffung und Erkennen wechselten im Mienenspiel des Mannes, wie Licht und Schatten eines Tages im April.

„Viatorinus", entfuhr es mir, „Gaius Aelius Viatorinus."

Ein Lächeln huschte über das Antlitz des Vicarius.

Wie lange hatte ich dieses Gesicht nicht mehr gesehen? Strahlend und strotzend vor Kraft stand er vor mir, der Freund vieler Jahre und gemeinsamer Erlebnisse.

Schwarz gelockt das von wenigen grauen Strähnen durchzogene Haar, dunkel wie Holzkohle die Augen unter buschigen Brauen, kühn der Schwung der geraden Nase und energisch die Linien um Kinn und Mund. Das Abbild eines Römers, wie es Künstler in den glücklichen Tagen des Hadrianus und des Marcus Aurelius in Marmor schnitten. Viatorinus, der perfekte Soldat und ideale Offizier, Abgott seiner Männer und Hoffnung des Stabes.

„Marcus, welche Fügung des Schicksals hat dich durch diese Türe geweht?"

Viatorinus eilte auf mich zu, und wir lagen uns in den Armen, schlugen uns auf die Schultern und lachten laut unsere Freude heraus, dass die Umstehenden verlegen zur Seite schauten.

„Beim Mars, lieber Freund, das ist nicht der Augenblick, unser Wiedersehen zu feiern", sagte Viatorinus, ließ die Arme sinken und trat einen Schritt zurück. Sorge und Entschlossenheit vertrieben die Freude aus seinem Antlitz.

„Bringst du Neuigkeiten?"

Bedauernd schüttelte ich den Kopf.

„Ich war in Porto Pigonto und habe die Rauchsäulen gesehen. Ich hoffte, hier mehr zu erfahren. Wie ernst ist es?“

„Sehr ernst, Marcus, wir stecken bis zum Hals in Schwierigkeiten.“ Er strich sich mit der Rechten über das Kinn und zuckte bedauernd mit den Schultern, bevor er fortfuhr.

„Vor sieben Tagen hat eine Schar Alemannen oder Franken bei Visolvia auf Flößen und Kähnen den Rhenus überschritten und ist in den Wäldern untergetaucht. Die Patrouillen- und Kampfboote der Rhenusflotte kamen zu spät, den Übergang zu verhindern.

Es sollen viele sein, ein paar hundert oder tausend, genauer weiß ich es nicht. Man hat nichts mehr von ihnen gehört, bis die Rauchsäulen aufstiegen und verstörte Landbewohner eintrafen, die ihnen entkommen konnten. Es sind die armen Schweine von Kleinbauern, die es als Erstes trifft.“ Er hob bedauernd beide Hände, bevor er fortfuhr.

„Die Leute tun mir leid, und es macht mich wütend, dass ich ihre Höfe nicht schützen kann. Einer von ihnen hat vor euch den Raum verlassen.

Marcus, was soll ich machen, ich habe nur 250 diensttaugliche Männer unter Waffen. Das reicht aus, die Festung gegen einen Angriff zu halten, ist aber viel zu wenig, um einen Krieg gegen die Bande zu führen. Ich kann im Moment nicht mehr tun, als die Festung in den Verteidigungszustand zu versetzen und die Bevölkerung in die relative Sicherheit unserer Mauern einzulassen.“ Viatorinus fasste mich bei der Schulter und sein Ton nahm einen bittenden Klang an.

„Es ist das Beste, du bleibst mit deinem Begleiter hier.“

„Auf keinen Fall“, widersprach ich. „Vielen Dank für das Angebot, aber ich kann nicht. Ich muss zur Villa Vineta, um meine Leute zu schützen.“

„Marcus“, der Griff seiner Hand um die Schulter wurde fester, „du weißt, dass dein Weingut auf dem gefährdeten Ufer steht. Wenn du Pech hast, sind die Barbaren schon heute Abend da. Sei vernünftig und bring dich und deine Leute nach Treveris in Sicherheit.“

Viatorinus wandte sich an einen jungen Offizier, der mit den anderen am Kartentisch stand.

„Tiberius Rufus, brich sofort mit deinem Patrouillenboot nach Treveris auf und nimm die beiden Männer bis zur Villa Vineta mit. Wenn du meinen Lagebericht abgeliefert hast“, er reichte ihm eine verschnürte Schreibtafel, „nimmst du soviel Lebensmittel auf, wie das Boot fasst und kommst sofort zurück.“

Der Offizier salutierte und eilte nach draußen.

Viatorinus wandte sich wieder mir zu.

„Gib auf dich acht, Marcus. Ich suche dich auf, wenn das hier vorbei ist. Selbst wenn dein Haus in Schutt und Asche fällt, möchte ich nicht dein Grab besuchen. Keine Heldentaten.“

„Ich stehe in deiner Schuld, Viatorinus“, versicherte ich ihm.

„Wir sehen uns, bald.“

Viatorinus umarmte mich, gab Galerius einen Klaps auf die Schulter und schob uns Richtung Eingang.

Wir eilten über den Appellplatz, vorbei an einer Centurie, die sich zur Musterung bereitmachte, und weiter zurück zum Schiffsanleger, wo das Patrouillenboot zur Abfahrt bereit war und auf uns wartete.

Kaum waren wir an Bord, ertönte ein Kommando und das Schiff setzte sich in Bewegung.

Die Kraft von dreißig Marinesoldaten an ebenso vielen Langriemen trieb das Boot voran, und es war nicht zu spüren, dass wir gegen den Strom fuhren. Im Rhythmus hoben und senkten sich die Rücken der Männer mit jedem Ruderschlag, während wir mit dem Offizier im Heck standen, der die Ballistarii bei der Ausrichtung des Katapultes überwachte.

„Was willst du machen, Marcus?“, ergriff Galerius das Wort.

„Sollen wir kämpfen oder bringen wir uns in Sicherheit?“

„Ich weiß es nicht, Galerius. Hundert Mann müssten ausreichen, uns gegen die Plünderer zu halten. Haben wir sie einmal abgeschlagen, geben sie auf und suchen sich ein leichteres Ziel. Es hängt davon ab, wie viele Verteidiger in der Kürze der Zeit zusammengebracht werden können.

Wenn wir uns und die Menschen in Sicherheit bringen, geht alles zum Hades: Haus, Tiere, Vorräte, Ernte und der Wein.

Wir müssen dann von vorne anfangen.“

Galerius, auf dessen Stirn sich oberhalb der Nasenwurzel eine steile Hautfalte gebildet hatte, starrte auf den Fluss hinaus, wo in der Ferne hinter den nächsten Biegungen die Villa Vineta auftauchen musste.

„Du kannst auf mich zählen. Ich werde mit dir um die Heimat kämpfen, wenn wir eine Chance haben.“

Auf der Uferstraße bewegte sich ein Menschenstrom, der anwuchs, je näher wir unserem Ziel kamen. Mit Vieh und Wagen, auf denen sich der bewegliche Hausrat und Vorräte stapelten, strebte die Zivilbevölkerung dem Schutz der Mauern von Treveris entgegen.

Ich musste nicht mit ihnen ziehen, um mir vorzustellen, wie Frauen und Kinder mit Tränen in den Augen ihre Wohnstätten geräumt und unter Klagen die Wagen bestiegen hatten, während die Männer mit aufeinander gepressten Lippen die Zugtiere anschirrten. Vorher hatten sie noch Geld und Wertsachen, die Früchte eines langen Lebens in Arbeit und Mühsal, an einem geheimen Ort vergraben. Ein Blick zurück voller Wehmut und Verzweiflung, und die Fuhrwerke ruckten an auf ihrer Reise in eine ungewisse Zukunft. Zu allen Zeiten ist die Landbevölkerung das erste Opfer von Krieg und Verwüstung, immer in Angst, Existenz und Leben zu verlieren.

Bis zu meinem Haus hatten sich die schlechten Nachrichten noch nicht herumgesprochen, da der Verkehr auf der Uferstraße abnahm, bis er kurz vor dem Ziel versiegte.

Ich zeigte auf unseren Bootsanleger. Befehle ertönten, die Ruderer der rechten Seite stemmtem die Riemen gegen die Strömung, und das Boot lief im Bogen auf die hölzerne Plattform zu. Ein Dank an den Offizier und wir sprangen von Bord, den Flussgöttern dankend, die uns sicher nach Hause geleitet hatten.

Roma Victor

Hastig rannte ich ins Haus, stürmte, immer zwei Stufen auf einmal nehmend, die Stiege zu meiner Kammer hinauf, riss den Deckel der Holztruhe hoch, in der ich meine Sachen aufbewahrte, und suchte nach Kettenhemd und Spatha.

Der Druck, den das aus Eisenringen zusammengefügte Panzerhemd auf Armen und Schultern ausübte, brachte das gewohnte Gefühl von Sicherheit und Stärke zurück. Mir war, als hätte ich die zweite Haut des Soldaten niemals abgelegt.

Beim Herabsteigen zog ich den Schulterriemen der Spatha über den Kopf, rückte die Waffe zurecht und griff mir im Vorbeieilen den Helm meines Vaters, der mangels Gebrauch seit meiner Kindheit auf einer Wandkonsole im Speisezimmer thronte. Eine Staubwolke hüllte mich ein, als ich den Kopfschutz mit einem Lappen bearbeitete, bis das Metall aufleuchtete. Auf dem Weg zur Eingangstür warf ich den Lappen in die Ecke und schloss den Kinnriemen, der an den Wangenklappen befestigt war.

Gerüstet wie der Kriegsgott Mars trat ich vor die Portikus, aus der aufgeregt eine Glocke herausschallte, die Galerius mit aller Kraft bearbeitete, um die Menschen der Villa Vineta herbeizurufen.

Aus allen Winkeln und Plätzen, an denen sie ihrer Arbeit nachgegangen waren, strömten Männer, Frauen und Kinder auf der Freifläche vor dem Portikusaufgang zusammen. Einige hielten noch die Gerätschaften der Feldarbeit in den Händen, während andere sich notdürftig die erstbesten Kleidungsstücke übergeworfen hatten. Es konnte nichts Gutes bedeuten, wenn die Glocke zum unüblichen Zeitpunkt Alarm schlug und der Patron in Kriegsrüstung vor dem Haus stand.

Aufgeregtes Gemurmel und Getuschel schlug mir aus der sich stetig vergrößernden Menge entgegen. Voller Sorgen und banger Erwartung hingen die Blicke der Männer und Frauen an mir, während sich die Kinder hinter den Rücken ihrer Eltern verbargen.

Schwer lastete die Verantwortung auf mir, denn meine Entscheidung, Haus und Anwesen zu verteidigen, konnte den Untergang der Menschen der Villa Vineta verschulden.

Tief atmete ich durch, verhielt eine Weile und ließ die aufgestaute Luft aus den Lungen entweichen, als wenn mich das hätte erleichtern können. Als ich zu sprechen begann, klang die eigene Stimme fremd und gepresst, als wenn ich den Worten eines anderen lauschte.

„Ich habe keine guten Nachrichten", begann ich meine Ansprache und bemerkte, wie mir ein leichtes Aufstöhnen aus der Menge entgegenwehte.

„Die Germanen kommen über uns, der Feind steht im Land", fuhr ich fort. „Galerius und ich kommen aus Noviomagus, wo wir erfahren mussten, dass ein Haufen Plünderer auf unserer Flussseite Richtung Treveris marschiert und alles niederbrennt, was auf ihrem Weg liegt."

„Wie viele sind es?", schrillte eine Stimme.

Ich wandte mich der Richtung zu, aus der die Frage gekommen war.

„Ich weiß es nicht genau. Vielleicht ein paar hundert, die gestern und heute einige Waldbauernhöfe im Idar überfallen haben. Um eine Befestigung wie Noviomagus anzugreifen, sind sie zu schwach."

„Wo bleibt das Militär? Wozu haben wir Grenzschutz und Bewegungsheer?"

Aus den hinteren Reihen war die Frauenstimme erklungen.

„Es gibt zu wenige Truppen, um die Barbaren zu suchen und zu stellen. Also beschränkt man sich auf die Sicherung der festen Plätze und wartet auf Verstärkung aus Treveris, was Tage dauern kann. Wir sind auf uns gestellt."

Die Antwort der Menge bestand aus einem unwilligen Murren.

Beschwichtigend hob ich die Hände und gab meiner Stimme einen beschwörenden Klang.

„Es macht keinen Sinn, wenn jeder versucht, sein Eigentum zu verteidigen. Zusammen und hinter den Mauern der Villa Vineta sind wir stark.

Wem die Barbaren das Haus anzünden, dem baue ich es wieder auf. Ich kann euch nicht zwingen zu bleiben, aber wenn wir bleiben und zusammenstehen, schlagen wir sie zurück. Fliehen wir, retten wir das nackte Leben und verlieren alles: Wohnung, Vorräte, Besitz und Auskommen." Jedes Wort einzeln betonend, hatte ich den letzten Satz der Menge entgegengeschleudert.

Ich machte eine Pause, um die Ansprache wirken zu lassen und die Stimmung der Versammlung einzuschätzen.

Gestikulierend redeten die Menschen aufeinander ein, und ich hatte das Gefühl, als ob sich die Waagschale zu Gunsten von Bleiben und Verteidigung senkte. Da schob sich von hinten, ein Bein nachziehend, ein Mann mit wehendem Weißhaar durch die Menge – Secundus, Fischer und Veteran der Prätorianer.

Er trat neben mich, hob eine Faust in den Himmel und ließ seine Stimme über die Köpfe der Menge donnern.

„Wer geht und uns im Stich lässt, braucht nicht wieder zu kommen. Ich werde persönlich seine Hütte verbrennen und seinen Besitz in die Mosella werfen."

Die Menge wich einen Schritt zurück.

„Ich kenne die Barbaren" fuhr Secundus verbindlicher fort. „Sie wollen schnelle und leichte Beute. Tritt man ihnen entschlossen entgegen, suchen sie sich ein anderes Ziel."

Die Stimme schwoll wieder an.

„Da draußen wartet kein Heer, nur ein Haufen feiger Mordbrenner auf der Suche nach Gold, Wein und Frauen."

Das war die Entscheidung. Beifall brandete auf, als die Menge sich nach vorne schob.

Ich hob die Hand und sofort war Stille.

Entschlossenheit und Trotz in den Gesichtern harrte die Menge meinen Anweisungen zur Verteidigung der Villa Vineta, die ich mit Ruhe und Überlegung erteilte.

„Maximus, such dir fünf Männer aus, mit denen du alle verfügbaren Kähne klarmachst und die Frauen, Kinder und Alten auf die sichere Mosellaseite bringst. Wenn es schlecht steht, brecht ihr auf und bringt euch in der Straßenstation von Decem in Sicherheit.

Galerius und ihr da vorne“, ich zeigte auf eine Gruppe von zehn Männern zu meiner Linken, „ihr warnt die Kolonen und Anwohner und bringt sie mit. Jeder Mann zählt.

Secundus, mach dich mit einer Hand voll Leuten auf die Suche nach jedem verfügbaren Stück Feuerholz und schichte es vor der Umfriedungsmauer auf. Der Feind soll wissen, dass wir vorbereitet sind, wenn er die Flammen sieht. Vielleicht reicht das aus, ihren Mut zu kühlen.

Ihr anderen lauft nach Hause und kommt sofort mit Waffen, Vieh und euren Wertsachen zurück in den Hof.“

Wie eine Herde, in die eine brennende Fackel geworfen wurde, stob der Haufen auseinander und verließ den Hofbereich, um die Anordnungen auszuführen. Die Bewohner der Grenzprovinzen, seit hundert Jahren mit der Gefahr von Barbareneinfällen vertraut, sind nicht verweichlicht und feige wie Proletariat und Oberschicht der großen Städte. Gibt man ihnen klare Anweisungen und ein gutes Beispiel, stehen sie ihren Mann und ihre Frau.

Alleine blieb ich auf dem Platz zurück, lediglich ein spitzohriger Hund, struppig das gelbweiße Fell und mir bis zu den Knien reichend, kam Schwanz wedelnd auf mich zu und schnupperte an meinen Stiefeln. Ich kannte das Tier, das der Magd Flavia auf Schritt und Tritt folgte und in der Eile von seiner Besitzerin vergessen worden war. Trotz des Ernstes der Lage schlich sich belustigend ein Gedanke ein. Was, wenn das Hündchen das Bein hob und mir auf die Stiefel pinkelte? Eine leichte Bewegung mit dem Fuß und das Tier fuhr zurück, ging in Angriffsstellung und knurrte mich an, wobei der Schwanz das niedergetretene Gras der Wiese peitschte – eine Einladung zu Spiel und Rauferei.

Eine Bewegung am Hoftor ließ mich herumfahren und das Hündchen vergessen. Über den Kiesweg eilte Galerius in Begleitung eines mir unbekannten Mannes auf mich zu, der auf kurzen Beinen hinter meinem Freund hertrippelte.

„Marcus, die Boten sind unterwegs und werden bald zurück sein. Diesen Mann habe ich bei den Gräbern an der Straße getroffen, als er den Weg zur Villa einschlagen wollte. Er will zu dir und hat Neuigkeiten.“

Kurz betrachte ich den Mann, der trotz der Hitze einen abgetragenen Kapuzenmantel aus Filz, die Cuculla, über der Reisetunika trug. Er reichte mir bis zur Schulter und trug ein Bäuchlein vor sich her. Lebhaft wanderten seine Augen unter buschigen Brauen über Haus und Hof und blieben an den Männern hängen, die mit dem Feuerholz für die Scheiterhaufen durch die Hofpforte hinauseilten.

„Ich sehe, dass ihr euch vorbereitet“, keuchte der Mann außer Atem.

„Was hast du gesehen“, unterbrach ich ihn, „und komm erst mal zu Atem.

Galerius, gib unserem Freund etwas zu trinken.“

Dankbar setzte der Fremde den Wasserkrug an und trank in großen Schlucken, wobei die aufgenommene Flüssigkeit augenblicklich als Schweiß von der Stirn perlte. Er musste zu uns gehetzt sein.

„Herr“, begann er, als er den Krug abgesetzt hatte, „mein Name ist Gaius Rufinus, bin Viehhändler in Treveris und habe auf den Höfen im Hinterland der Mosella Schlachtvieh für den Fleischmarkt begutachtet. Heute Mittag auf dem Rückweg vernahm ich Stimmen und Rossewiehern von einer Lichtung, etwa zwei Stunden von hier.

Vorsichtig schlich ich heran und sah einen Lagerplatz mit vielen Männern und Pferden. Es sind Germanen von jenseits des Rhenus, alle bewaffnet und im besten Mannesalter. Ich vermute Alemannen aus dem Taunus, bin mir aber nicht sicher. Ich habe nicht gewagt, näher heranzugehen, weil ich nicht lebensmüde bin und mir das, was ich gesehen habe, gereicht hat. Ich habe sie gezählt, 350 Männer und etwa 100 Pferde. Dann machte ich, dass ich fort kam. Ich glaube, sie warten die Dunkelheit ab, um einen Überfall zu machen.“

350 Mann, vielleicht hatte Gaius Rufinus sich in der Aufregung verzählt und es waren einige mehr oder weniger. Egal, das war weniger, als ich befürchtet hatte. Wenn sich genug Männer bei der Villa einfanden, war unsere Lage nicht hoffnungslos.

Ich wandte mich dem Viehhändler zu.

„Hab Dank, Gaius, du hast uns mit deiner Beobachtung sehr geholfen. Ruh dich im Haus aus und bleibe die Nacht hier, denn du bist hier in Sicherheit.“

Der Fremde hob zur Abwehr beide Hände und dankte für das Angebot.

„Lieber Herr, ich kann nicht bleiben, muss heim zu Haus und Familie in Treveris.“ Ein Gruß, und er trippelte durch das Tor der Uferstraße zu.

Galerius grinste mich an.

„Was war denn das für ein Götterbote? Der hat sich doch nicht vor Angst in die Tunika geschissen?“

„Lass gut sein“, widersprach ich. „Der Mann ist Händler und kein Held. Wir müssen es ihm hoch anrechnen, dass er die Barbaren ausgekundschaftet hat, um die Menschen an der Mosella vor einem Überfall zu warnen.“

Während unseres kurzen Gesprächs mit dem Viehhändler waren die ersten Männer mit ihren Waffen zurückgekommen. Zuerst die Bewohner des Hofbereiches, darauf mit Gepäck und Vieh die Bewohner der vor den Mauern liegenden Gebäude und schließlich mit Wagen und Handkarren die Kolonen.

Ich begab mich in das Innere der Villa und stieg zum Turmzimmer hinauf, um einen besseren Überblick zu bekommen.

Am Ufer wurden die Frauen und Kinder in die Kähne verladen, von denen Maximus fünf aufgetrieben hatte. Kaum hatte ein Boot das jenseitige Ufer erreicht, sprangen die Insassen heraus und das Gefährt konnte zum Ausgangspunkt zurückkehren. In weniger als einer Stunde musste das Unternehmen abgeschlossen sein.

Auf der Uferstraße hatten die Vorläufer des Flüchtlingsstromes unseren Standort erreicht.

Die Schatten waren lang geworden und die Dämmerung nicht mehr fern.

Ich sah, wie einige Wagen von der Straße abbogen und zum Tor hochrollten. Damit hatte ich nicht gerechnet und ein Glücksgefühl erfasste mich.

Je dunkler es wurde, umso mehr Flüchtlinge würden Sicherheit hinter der Hofmauer der Villa Vineta suchen, wo Platz genug war, hunderte Schutzsuchende aufzunehmen. Wagen, Vieh und vor allem Männer mit Waffen, die die Zahl der Verteidiger verstärken würden. Sollte es zum Kampf kommen, würden wir ihn überstehen.

Ich eilte zurück vor die Portikus, wo in der Zwischenzeit ein reges Gedränge herrschte.

Erschöpfung und Sorge standen in die Gesichter der Ankömmlinge geschrieben, die wussten, dass ihre Heimstätten nun in der Hand der Götter lagen. Viele hatten, bevor sie aufgebrochen waren, in Hast und Eile ihren kostbarsten Besitz vergraben, um wenigstens bei geglückter Heimkehr ein Startkapital in den Händen zu halten. So machten es die Menschen seit hundert Jahren und viele Schatzdepots warteten vergeblich auf ihre Besitzer, die in den Wirren der Grenzkriege das Leben gelassen hatten. Vielleicht wird in tausend Jahren ein pflügender Bauer unverhofft auf einen dieser Schätze stoßen.

Ich gab Galerius den Auftrag, die Ankömmlinge einzuweisen und die Waffenträger zu versammeln.

Als die Sonne hinter den Uferbergen verschwand und die Dunkelheit einfiel, befahl ich Secundus, die Scheiterhaufen in Brand zu setzen, und begab mich zu den Bewaffneten.

Gespenstisch erhellte das Licht dutzender Fackeln Hof und Umfriedungsmauer. Das Flackern der Flammen warf zitternde Schatten über die Fläche und ließ das Metall der Waffen in den Händen der Männer aufleuchten.

Gerüstet war unsere Streitmacht mit allem, was zur Hand gewesen war. Es gab Veteranen, die mit Kettenhemd und Spatha waffentechnisch auf dem neuesten Ausrüstungsstand waren, weil kaum ein Soldat sich daran hielt, die Waffen beim Ausscheiden aus dem Dienst abzugeben. Stillschweigend wurde in den Präfekturen der Grenzprovinzen auf die Rückforderung verzichtet, weil man den Wert einer bewaffneten Bürgermiliz in den Abwehrkämpfen vergangener Jahre schätzen gelernt hatte. Andere hatten auf Ausrüstungsteile zurückgegriffen, die Jahrzehnte als Wandschmuck gedient hatten, und an die Heldentaten von Vater und Großvater in fernen Provinzen erinnerten. Wie den seit hundert Jahren nicht mehr zum Standard gehörenden Schienenpanzer und das Pilum, die alte Stoßlanze der Infanterie mit der eisernen Stoßstange, die sich unterhalb der Spitze beim Aufprall verbog und nur schwer aus einer Wunde oder einem Schild herausgezogen werden konnte. Selbst der kurze Gladius, der im Nahkampf fürchterliche Wunden schlug, war an manchem Schulterriemen befestigt. Die Spatha, das Langschwert der Germanen, hatte die Fechtweise im Kampf revolutioniert und den Gladius aus den Tagen der Republik verdrängt. Um den Germanen ebenbürtig zu sein, hatte man von der Stoß- auf die Hiebtechnik umstellen müssen. An Schutzwaffen sah ich den in der Legion gebräuchlichen Rundschild und den Bügelhelm mit Wangen und Nackenschutz.

Die Ungedienten hatten ihre Jagdwaffen mitgebracht: Pfeil- und Bogen, der kurze Sauspieß, das lange Hirschmesser und vereinzelt die Arcoballista, die Armbrust der Stoßtruppen, deren Bolzen auf hundert Schritt Panzer und Schild durchschlug.

Mit einem Leuchten im Blick traten Galerius und Secundus an meine Seite.

„Schau, Marcus“, staunte mein Freund, „ich habe nachgezählt, es sind mehr als dreihundert Männer. Damit kannst du einen Krieg beginnen.“

Herzhaft lachte ich.

„Was die Männer wert sind, wird sich im Kampf zeigen, aber Mars sei Dank, das ist mehr, als ich zu hoffen wagte.“

Mit gemessenem Schritt trat ich vor die waffenstarrende Front.

„Wer hat in der Legion gedient?“, rief ich den Männern zu, worauf mehr als hundert Arme in die Höhe fuhren.

„Verteilt euch so, dass jedem Veteran mehrere Ungediente zugeteilt werden können.

Gibt es Offiziere unter euch?“

„Ich, Herr, ich habe als Circitor bei den Reitern in Icorigium gedient“, meldete sich ein blonder Hüne.

„Und ich war Draconarius bei den Ballistarii in Bodobrica“, klang es von der anderen Seite.

„Sehr gut“, nahm ich die Meldung des Standartenträgers aus Bodobrica auf. Der kleine Rotschopf in den Vierzigern war als Veteran der Feld- und Festungsschützen ein Geschenk der Götter.

„Sammle alle Bogenschützen um dich und begebt euch an die Mauer. Du kannst damit beginnen, in regelmäßigen Abständen Podeste aus Balken und Fässern zu errichten, damit man über die Mauer schießen kann. Wenn du damit fertig bist, verteile die Männer auf die wichtigsten Punkte.“

Ich wandte mich an den zurückgekehrten Secundus und den Circitor.

„Teilt die Waffenträger in Gruppen zu zehn Mann und verteilt sie zwischen die Bogenschützen. Eine Reserve von fünfzig Männern soll die Portikus besetzen, um im Notfall eingreifen zu können. Sichert das Hoftor mit zwanzig Mann.“ Ich wies auf die Pforte, die mit zwei bereitstehenden Fuhrwerken blockiert werden konnte, wenn der Feind nahte. Zwischen ihnen klaffte eine Lücke, um die letzten Nachzügler einzulassen.

„Sorgt auch dafür, dass genug Löschwasser zur Verfügung steht, wenn der Feind die Gebäude mit Brandpfeilen beschießt.“

Ich stemmte beide Fäuste in die Hüften und drückte den Rücken durch, was mich größer erscheinen ließ und meiner Stimme mehr Kraft verlieh.

„Männer“, brüllte ich in die Dunkelheit hinaus, „ich danke euch für euer Kommen.“

Als Antwort ertönte ein beifälliges Murmeln.

„Geht an eure Plätze und befolgt die Anordnungen der Offiziere und der Veteranen.“

Ich wies auf Secundus, Galerius, den Circitor und den Draconarius.

„Denkt an eure Frauen und Kinder, wenn es zum Kampf kommt, und bittet die Götter oder den Christengott um den Sieg, ganz wie es euch beliebt. Wenn sie es wagen, uns anzugreifen, werden wir sie töten.“

Ich zog die Spatha und reckte die blanke Klinge in den Nachthimmel.

„Roma victor!“, stieß ich den Schlachtruf der Legion aus.

„Roma victor!“, donnerte die Antwort über Innenhof und Gebäude der Villa Vineta, bevor die Front der Männer aufbrach und jeder auf seinen Posten eilte.

Gerüstet und sicher gegen jede Überraschung hieß es jetzt warten, was die Nacht bringen würde.

In den ersten Stunden lagen Unruhe und nervöse Geschäftigkeit über dem Geviert des Hofes. Kinder, die den Ernst der Situation nicht erfassten und alles für ein großartiges Spiel hielten, jagten johlend durch die Gassen der in der Mitte des Hofes abgestellten Lastwagen und Handkarren der Flüchtlinge und Kolonen. Kamen sie den Verteidigern auf ihren Posten zu nahe, wurden sie mit barschen Worten zurückgetrieben.

Die Frauen der Zuflucht suchenden Flüchtlinge improvisierten Kochstellen und bereiteten Mahlzeiten für die Männer und den Nachwuchs. Für Mütter mit Kleinkindern hatte ich das Haus öffnen lassen, wo sie im Speise- und Wohnraum auf ihren Decken lagerten, die Säuglinge wickelten oder die Brust gaben.

Ich überlegte lange, ob ich Maximus mit seinen Schutzbefohlenen zurückholen sollte, verwarf den Gedanken aber, da sie in Sicherheit waren und das Chaos nur verschlimmert hätten. Sie hatten sich vom Ufer zurückgezogen und keine Feuer entzündet, um den Feind nicht herüberzulocken.

Als die Kinder ermüdeten, kehrte Ruhe ein, untermalt vom Prasseln der Feuer und dem Wispern der Wachenden. Die meisten Männer schauten angestrengt in das Dunkel der Nacht oder brüteten stumm vor sich hin.

Zäh wie Brei kroch die Zeit dahin, voller Angst vor dem Angriff der Barbaren, der jeden Augenblick mit Gewalt, Schmerzen und Tod über die Menschen hereinzubrechen drohte.

Angestrengt blickte und lauschte ich in das Nachtdunkel hinaus, bis meine Augen zu schmerzen begannen. Ich schloss die Lider, worauf Lichtpunkte in der Finsternis aufblitzten, die vom grellen Licht der Scheiterhaufen vor der Mauer herrührten. Waren diese niedergebrannt, verließen einige Männer das schützende Hofareal und versahen hastig die Flammen mit neuer Nahrung.

Keiner verließ länger als unbedingt nötig den Schutz der Mauer.

Galerius hatte sich zu mir gesellt, um Instruktionen in Empfang zu nehmen, die es nicht gab. Es war alles getan, und es lag nun in der Hand der Götter, ob wir in dieser Nacht kämpfen mussten.

Ein dumpfer Schlag und das Schwirren eines in die Nacht jagenden Bolzens ließen mich zusammenfahren. Sofort griff ich nach der Waffe, als ich leise einen unterdrückten Fluch vom nächsten Podest vernahm. Einem Schützen, vermutlich vom Sekundenschlaf übermannt, war die Arcoballista losgegangen und hatte die Nahestehenden ohne Grund alarmiert.

Ich atmete tief durch und schob die halbgezogene Spatha in die Scheide zurück.

Warten, nichts als warten. Verhalten schlich sich die Hoffnung ein, dass der Feind, wenn er bis jetzt nicht angegriffen hatte, nicht mehr kommen würde. Aber kämpften Barbaren nicht am liebsten kurz vor der Morgendämmerung, wenn die Aufmerksam der Belagerten erlahmt war?

Ein stechender Geruch stieg mir in die Nase, begleitet von einem leisen Plätschern, das von einem Mann herrührte, der wenige Meter von mir entfernt stand und gegen die Mauer urinierte. Kein Verteidiger wagte es, seinen Platz zu verlassen und die notdürftig in der Mitte des Platzes ausgehobene Latrine zu benutzen.

Es war Mitternacht, als sich plötzlich Unruhe ausbreitete und Galerius am Ärmel meiner Tunika zupfte.

„Schau Marcus, der Himmel im Westen."

Ich folgte mit den Augen seinem ausgestreckten Arm und sah, dass sich der Horizont purpurrot gefärbt hatte. Das Gewitter war vorbeigezogen und hatte sich wenige Meilen entfernt entladen. Dort mussten die Weiler von Longus Vicus und Cressiacrum liegen und, das Herz wurde mir schwer; auf halber Höhe in den Weingärten die Villa Urbana von alten Freunden, der Familie des kaiserlichen Würdenträgers Gaius Lucius Tiburinus. Mögen die Götter es eingerichtet haben, dass sie in ihrem Stadtpalast in Treveris geblieben waren.

Ich dachte an Lucilla, die Tochter des Gaius Lucius, die ein junges Mädchen war, als ich meinen Militärdienst antrat und die heute die dreißig gerade überschritten haben musste. Wie hatte sie mich damals angehimmelt, den Offiziersanwärter aus guter Familie!

Hufgetrappel von der Straße, das in ein dumpfes Dröhnen überging, als die Reiter das Kiespflaster verließen und querfeldein auf das Hoftor zuhielten, beendete den Gedanken.

Sofort rissen die Schützen Pfeile aus den Köchern und spannten die Sehnen ihrer Bogen, während die Torbedeckung mit gesenkten Spießen hinter den Wagen Aufstellung nahm.

Als würde der Boden unter mir brennen, sprang ich vom Podest und rannte, Galerius im Schlepptau, zum Tor. Ging es jetzt los, war das der Angriff der Barbaren?

„Nicht schießen", rief eine Stimme von außen in reinstem Latein, während die Reiter ihre Pferde parierten.

„Wir sind Römer, reguläre Kavallerie aus Beda. Lasst uns rein. Der Feind ist nicht hier."

Jubel brandete von allen Seiten auf, und im Nu waren die Wagen beiseite geschoben und die Pforte aufgerissen.

Eine Kavalkade von zwanzig Reitern jagte herein und hielt direkt auf mich zu, Kavalleristen in Kettenpanzern, roten Mänteln und Helmen, die im Feuerschein aufblitzten.

„Marcus Junius Maximus, Centurio und Patron der Villa Vineta", rief ich den Reitern entgegen, trat einige Schritte vor und hob die rechte Hand.

„Die Götter mit dir, Marcus Junius", antwortete der Reiter, dessen Stimme vor wenigen Augenblicken um Einlass gebeten hatte, „Titus Venator, Centenarius der Ala Constantina aus dem Kastell Beda."

Der Mann sprang vom Pferd und reichte mir die Hand, während seine Begleitung auf den Rücken ihrer Pferde verharrte.

Er war einen halben Kopf kleiner als ich, aber unter dem Panzerhemd zeichneten sich kräftige Muskeln ab. Dunkle Locken quollen aus dem Helm bis ins Gesicht, aus dem mich stahlblaue Augen anblitzten. Der leichte Bronzeton der Haut und der gerade Schnitt der Nase deuteten auf eine Herkunft aus einer der nördlichen Provinzen des Mittelmeeres. Um den rechten Oberarm schlang sich ein Verband, der in der Mitte einen roten Fleck aufwies, offensichtlich eine frische Wunde.

„Titus, du glaubst nicht, was für eine große…“, wollte ich meine Freude und Erleichterung über sein Erscheinen ausdrücken, als er mich mit einer Bewegung seines Armes unterbrach.

„Es ist nicht die Zeit für Siegesreden. Dreißig meiner Leute kämpfen Seite an Seite mit den Bewohnern der Villa Urbana des Tiburinus um ihr Leben. Der halbe Palast ist zerstört und brennt.“ Er wies auf den roten Horizont.

„Wir haben als Bedeckung den Senator begleitet, konnten das Unheil aber nicht verhindern. Also bin ich mit einem Teil meiner Leute durchgebrochen, um Verstärkung aufzutreiben. Dabei habe ich einen Pfeil abbekommen.“ Er wies auf seinen Verband.

„Auf halbem Weg zur Villa Vineta traf ich auf eine Abteilung Infanterie, drei Centurien einer Kohorte, die ein junger Angeber kommandiert. Gute Soldaten unter schlechter Führung. Er glaubt, dass seine 200 Legionäre nicht ausreichen, es mit den Barbaren aufzunehmen, und wartet ab. Wir brauchen dich und hundert deiner Männer, um die Familie des Tiburinus und meine Reiter zu retten.“

Ich entschied mich sofort.

„Verteidiger der Villa Vineta“, rief ich meinen Leuten zu, die ihre Posten verlassen hatten und uns in weitem Bogen umstanden.

„Da draußen kämpfen Menschen um ihr Leben. Bei den Göttern, wir müssen ihnen helfen. Das ist unsere Gelegenheit, mit dem Feind abzurechnen, der uns und unsere Familien in Angst und Schrecken versetzt hat. Wir stehen nicht alleine, denn eine Kohorte wartet darauf, mit uns dem Feind entgegenzutreten. Lasst uns die Barbaren aus dem Land treiben, dass sie niemals wiederkommen und noch ihren Enkeln erzählen werden, wie die Söhne der Mosella mit Feinden umspringen.“

Kampfgeschrei und nach oben gereckte Waffen und Fäuste zeigten an, daß ich die Menge mitgerissen hatte. Ich glaube, alle wären mitgezogen, wenn ich es gefordert hätte. Tief saß die Wut, es den Mordbrennern heimzuzahlen.

„Ich brauche Freiwillige“, fuhr ich fort, „ausdauernde und kräftige Männer, da wir einen Eilmarsch vor uns haben. Die Familienväter bleiben mit Galerius und Secundus hier und halten die Stellungen bis zu unserer Wiederkehr. Dass mir keiner glaubt, die Gefahr sei vorüber und er könne nach Hause gehen.“

Als ich geendet hatte, drängten die Männer nach vorne, um sich dem Unternehmen anzuschließen. Es dauerte nur eine Viertelstunde, bis hundert ausgesuchte Kämpfer, vom Draconarius und dem Circitor in Waffengattungen aufgeteilt, zum Abmarsch bereitstanden.

„Marcus“, Galerius fasste mich beim Arm und sah mir in die Augen, „lass mich mitgehen.“

„Nein“, lehnte ich die Bitte des Freundes ab, „was, wenn etwas danebengeht und der Feind am Morgen vor der Villa Vineta steht? Denke an unsere Übereinkunft: Du bist mein Vertreter, wenn ich nicht da bin. Ohne dich hier zu wissen, würde ich nicht gehen.“

„Ist das dein letztes Wort?“

„Ja Galerius, mach es mir nicht so schwer.“

„Die Götter mit dir, Marcus, und komm gesund zurück.“

Im Eilschritt marschierte die Kampfschar mit den Reitern des Titus Venator dem Lichtschein im Westen entgegen, passierte den Straßenvicus von Rigodulum, den die Barbaren unbehelligt gelassen hatten, da sie auf größere Beute aus waren, und trafen hinter einem Bachlauf auf die Truppen.

Ich erinnerte mich, wie ich als Kind in diesem Bach mit meinen Freunden Kaulquappen und Stichlingen nachgestellt hatte, um sie im Teich der Villa Vineta auszusetzen. Mein Vater hatte sich im Sommer über die Froschplage gewundert, die uns schlaflose Nächte bereitete, bis ich eine Ringelnatter einfing, die der Plage ein Ende setzte.

Hinter dem Bach trafen wir auf die Legionäre, die einen guten Eindruck auf mich machten. Infanterie des Bewegungsheeres mit vorzüglicher Bewaffnung und dem Zeichen des Bären auf den Schilden: Eine Elitetruppe aus Divodurum, zum Schutz der Präfektur seit einem Jahr in Treveris stationiert.

Keine zwei Stunden hatten wir gebraucht, die fünf Meilen zurückzulegen, weshalb die Männer erschöpft ins Gras sanken. Ich gönnte ihnen einige Minuten der Ruhe und suchte mit Titus nach dem Kommandeur, um das weitere Vorgehen abzustimmen.

Wir fanden ihn am Rand des Wäldchens, wo er aus sicherer Entfernung im Kreis seiner Offiziere, im Dienst ergraute Haudegen unterer Dienstgrade, die Geschehnisse rund um die Villa Urbana beobachtete.

Was ich sah, nahm mir den Atem. Das dreistöckige Herrenhaus mit seiner Marmorfassade, der rechte Seitenflügel und die verbindende Portikus lagen in Trümmern, aus denen Flammen in den Nachthimmel züngelten. Wir waren so nahe, vielleicht tausend Schritte, dass es nach Brand roch und vereinzelte Rußflocken zu uns hinüberwehten.

Im Halbkreis, die Pferde außer Schussweite angepflockt, umringten die Belagerer den Badetrakt und schossen mit Brandpfeilen auf die Verteidiger, die aus Fenstern und hastig aufgerichteten Barrikaden den Beschuss erwiderten. Gefallene hoben sich als dunkle Flecken von den hellen Kies- und Rasenflächen im Vorfeld der Gebäude ab, Zeugen und Opfer eines abgeschlagenen Sturmangriffs.

In aller Kürze stellte Titus mich vor und erntete den Zuspruch der Offiziere, als er die Anzahl der eingetroffenen Verstärkung nannte.

Der Kommandeur, ein Tribun, stand abseits, die Arme über der Brust verschränkt und auf seiner Unterlippe nagend.

Unentschlossenheit und Verzagtheit standen ihm ins hübsche Gesicht geschrieben, das eine wohlfrisierte Haarpracht aus blonden Locken umgab. Dem Flaum auf Oberlippe und Wange nach zu urteilen, war er vielleicht zwanzig Jahre alt, ein verzogener Junge, der mittels Beziehungen eine Laufbahn zum Senator in der gallischen Präfektur mit einem militärischen Kommando anschieben sollte und der mit vollen Hosen seinem ersten Gefecht entgegensah.

Passend zu seinem Blondschopf trug er über weißer Seidentunika, dunkelblauer Halbhose und versilbertem Kettenhemd einen purpurroten Mantel mit aufgesticktem Saumdekor. Den mit Goldblech belegten Helm, den ein Helmbusch aus Straußenfedern krönte, trug er unter dem Arm. Eine Aufmachung, geschaffen für einen Triumphzug, aber nicht für ein Gefecht, wo er für jeden germanischen Schützen eine weithin leuchtende Schießscheibe abgab. Es schien, als würde er unter Aufbietung aller Kräfte versuchen, das Gesicht zu wahren, dabei mit dem Schicksal hadernd, das ihn am falschen Ort auf den falschen Platz gestellt hatte.

„Tribun." Er zuckte zusammen, als ich ihn ansprach. Seine blauen Augen flackerten, als er meinem Blick auswich.

„Centurio Marcus Junius Maximus, mit hundert Mann zur Verstärkung hergeeilt, was befiehlst du?"

Innerlich verfluchte ich, in dieser Situation auf einen unerfahrenen und entschlusslosen Vorgesetzten zu treffen. Trotzdem lächelte ich den Jüngling freundlich an.

„Centurio, ich weiß es nicht", lautete die ehrliche Antwort.

Ich registrierte Räuspern und das Scharren genagelter Soldatenstiefel aus der Gruppe der Truppführer.

„Wir waren auf dem Weg nach Noviomagus", fuhr der Tribun fort, die Unmutsäußerungen seiner Untergebenen überhörend, „als wir aus der Ferne Zeuge des Angriffs wurden und bald auf den Centenarius mit seinen Reitern stießen. Ich habe entschieden, auf Verstärkung zu warten und nichts Unüberlegtes zu tun. Was rätst du mir als erfahrener Grenzkämpfer?"

Er war nicht eitel. Seine Frage verriet, dass er die Verantwortung am liebsten weitergegeben hätte, ohne vor seinen Leuten das Gesicht zu verlieren. Das war mir lieber als ein ruhmsüchtiger und heißblütiger Draufgänger, der seine Männer in einem sinnlosen Angriff längst verheizt hätte.

„Du erlaubst?", begann ich meinen Plan zu erläutern.

„Es war gut, zu warten."

Ich sah an seinem Blick voller Dankbarkeit, wie ihn das vor seinen Männern ausgesprochene Lob aufbaute.

„Mit deiner Kohorte, meinem Kontingent, den Reitern des Flavius und den Verteidigern im Rücken sind wir dem Feind überlegen, der viele Männer beim Angriff auf die Palastvilla verloren hat.

Deine Kohorte wird die Schlüsselposition in der Mitte unseres Angriffs einnehmen, indem sie in Schlachtordnung gegen den Feind vorrückt und ihn zum Kampf zwingt." Nervös zuckte es im Gesicht des Tribunen, dem die Vorstellung missfiel, an der Spitze seiner Einheit gegen rasende Barbaren anzutreten.

„Du bildest als Oberbefehlshaber mit dreißig Mann eine Eingreifreserve, die sich im Hintergrund hält und dort eingreift, wo es nötig ist."

Erleichtert stimmte der Tribun mit einem Kopfnicken zu, und ich war froh, den Mann im Kampf nicht an meiner Seite zu wissen.

„Ich selbst gehe mit meinen Leuten unbemerkt bis zu der Buschreihe auf halber Strecke zur Villa vor und falle den Barbaren zusammen mit den Reitern des Titus in die Flanke, wenn das Zentrum den angreifenden Feind zum Stehen gebracht hat.

Sie müssen uns entgegenkommen, um nicht zwischen zwei Fronten zu geraten, denn keiner kämpft gerne mit einer Schar wütender Verteidiger in Schussweite hinter sich. Außerdem wissen sie nicht, wie stark wir sind, und werden glauben, leichtes Spiel zu haben.

„Draconarius, du folgst mit unseren Bogenschützen dem Zentrum und deckst die Angreifer mit einem Pfeilhagel ein. Danach zieht ihr euch zur Reserve zurück."

Ich blickte nach Osten, wo über den Bergen des Idar ein blasser Streifen das Ende der Nacht anzeigte.

„Wir müssen uns beeilen, wenn wir unseren Aufmarsch im Dunkeln beenden wollen."

„Tribun, machen wir es so?", brach ein graubärtiger Unterführer das Schweigen, das sich nach meinen Ausführungen auf die Versammlung gelegt hatte.

Unschlüssig blickte der Angesprochene von einem zum anderen, als schien er darauf zu warten, dass ihm jemand die Entscheidung abnahm. Verstohlen gab ich ihm einen Wink.

„Also gut, ich sehe auch keine andere Möglichkeit“, ordnete der Tribun an, ohne in einen Kommandoton zu verfallen. „Jeder zu seiner Einheit. Wir greifen an.“

Die Unterführer eilten zu ihren Männern, die sich vom Waldboden erhoben und ihre Ausrüstung anlegten. Wegen der Dunkelheit noch außer Sichtweite der Barbaren, formierten sich am Waldrand die einzelnen Truppenteile zum Gefecht.

Die Infanterie stellte sich in drei Reihen auf, hinter denen der Draconarius in einem Abstand von zwanzig Schritten unsere Bogenschützen postierte. Die Männer mit den Arcoballisten behielt ich bei mir, um den Flankenangriff zu unterstützen.

Die Truppführer gingen mit festem Schritt die Reihen ihrer Züge ab und ermunterten die Männer tapfer zu kämpfen, dem Feind im Moment des Anpralls standzuhalten und keine Lücken aufreißen zu lassen.

Neben blutjungen Rekruten standen glücklicherweise genug erfahrene Veteranen mit wettergegerbten Gesichtern, denen man die erfahrenen Germanenkämpfer ansah. Die Mehrzahl dieser blonden und blauäugigen Söldner war jenseits des Rhenus geboren, Franken, Alemannen, Friesen und Langobarden vom Ufer der Albis. Es gab keine besseren, wenn der Drill und die römische Kultur sie zu zuverlässigen Soldaten gemacht hatten. Hatten sie die Legion als ihre Heimat angenommen, schlugen sie sich fanatisch für unsere Sache. Vergehen wie Desertation, Kameradendiebstahl oder Feigheit vor dem Feind hatte ich in meiner langen Dienstzeit nicht erlebt.

Auf ein Zeichen von mir setzten sich meine Männer in Bewegung, denen sich die abgesessenen Reiter des Titus anschlossen, ihre Pferde am Zügel mitführend.

„Wartet mit dem Angriff, bis wir unsere Stellung in der Buschreihe eingenommen und ein Signal gegeben haben“, schärfte ich dem Tribun ein, bevor ich hinter meinen Leuten hereilte.

Wir erreichten das Gebüsch, während die Vögel mit ihrem Gezwitscher den Morgen begrüßten und die Schwärze der Nacht in ein diffuses Grau überging. Im Osten glänzte ein blassroter

Streifen auf, der schnell zu einem leuchtenden Morgenrot wurde.

Die Barbaren hatten im Gefühl ihrer Überlegenheit keine Wachen in ihrem Rücken aufgestellt, so dass wir ungesehen unseren Bereitstellungsraum erreichten, wo wir uns hinkauerten. Es sprach für die Ausbildung der Reiterverbände, dass sich die Pferde gehorsam niederlegten und es duldeten, dass die Kavalleristen die Hand auf ihre Nüstern legten.

Ich spähte durch die Zweige zur Villa, deren Umrisse bedrohlich nah schienen. Der Beschuss hatte nachgelassen, und die Barbaren sammelten sich, um mit dem Morgenlicht einen weiteren Sturmangriff zu wagen.

Die ganze Nacht war ich nicht dazu gekommen, mir Gedanken um mich zu machen, weil ein Ereignis dem nächsten gefolgt war. Jetzt, kurz vor der Entscheidung im Angesicht des Feindes, dachte ich an die malerische Kahnfahrt nach Porto Pigontio, mein Zusammentreffen mit Viatorinus und die ruhigen Tage auf der Villa Vineta. Keine zwanzig Stunden waren seitdem vergangen und in wenigen Minuten würde ich um mein Leben kämpfen. Alles konnte im Chaos eines Gefechtes geschehen. Ich könnte zehn Männer abwehren und würde doch von einem Pfeil getroffen, der nicht mir galt.

Mit Gewalt vertrieb ich den Gedanken. Verliert ein Kämpfer vor der Schlacht die Gewissheit, unüberwindbar zu sein, sind Verwundung und Tod die Folge. Panik und Verzagtheit blenden den Instinkt des Kämpfers und hindern ihn daran, in der Schlacht das Richtige zu tun.

Ich griff ans Handgelenk, wo ich meinen Talisman wusste und spürte in der Kühle des Metalls die Kraft der heiligen Schlange.

„Sollen wir das Signal geben?“, wurde ich von einem Legionär in die Wirklichkeit zurückgeholt, der mit Feuerstein, Schlageisen und Zunderschwamm in der Hand neben mir kniete.

Ein kurzer Blick auf den Feind und zum Waldrand, der sich in der Dämmerung deutlich abhob, und ich nickte dem Mann zu.

Hinter dem Sichtschutz eines hochgehaltenen Mantels glühte

eine Pechfackel auf, die dreimal geschwenkt und sofort gelöscht wurde.

Angestrengt beobachtete ich den Waldsaum, während meine Männer und die Kavalleristen ihre Waffen aufnahmen und die Armbrustschützen die Bolzen in die Führungsrinne legten.

Ich brauchte nicht am Waldrand zu sein, um zu wissen, was dort geschah. Auf Befehl der Offiziere setzte sich die tausendfach einstudierte Militärmaschinerie in Bewegung und die Legionäre rückten Schritt für Schritt ins freie Feld vor, wobei die Veteranen die Rekruten mitzogen.

Aufgeregte Schreie aus Richtung der Villa verrieten, dass der Feind den Aufmarsch bemerkt und die Vorbereitungen zum Sturmangriff auf die im Bad verschanzten Verteidiger eingestellt hatte.

Sie sammelten sich und eilten, wie ich es vorausgesehen hatte, vor Wut und Kampfeslust heulend, der Kohorte entgegen.

Aus der Deckung versuchte ich ihre Anzahl zu schätzen und sah, dass es nicht so viele waren, wie ich befürchtet hatte. Vielleicht 250, die sich nicht die Zeit genommen hatten, die Pferde herbeizuschaffen, ein unverzeihlicher Fehler.

Vorneweg stürmten die größten und kräftigsten Krieger, wobei die Spitze der Formation auf die Mitte unserer Front zielte. Der Barditus, Schlachtgesang der Germanen, brandete über das Feld.

Seit Menschengedenken wandten sie die Taktik an, alles auf den Schwung ihres Angriffs zu setzen. Brachen sie durch, bekamen wir Probleme, hielten die Legionäre stand und brachten sie zum Stehen, lagen alle Vorteile auf unserer Seite. Der Zusammenprall musste auf der Höhe der Buschreihe erfolgen.

Gut, dass ich die Bogenschützen in die hinterste Reihe beordert hatte, denn nur die Nerven erfahrener Germanenkämpfer halten unter dem Eindruck eines Sturmangriffs stand.

Zischend sauste die Salve der Schützen, über die Köpfe der Legionäre, gegen den Feind und hinterließ Lücken in den Reihen der Stürmenden, die von Pfeilen getroffen zusammenbrachen oder über ihre gefallenen Kameraden stürzten. Dann war der Feind auf Wurfweite herangekommen, der nur sporadisch von seinen Schuss- und Wurfwaffen Gebrauch machte, was keine Wirkung auf unsere Linien hinterließ.

Ein scharfes Kommando ertönte und die erste Reihe der Legionäre schleuderte ihre Wurfspieße gegen den Feind. Gellende Schreie und Lücken zeigten an, dass die Salve gesessen und dem Angriff die größte Wucht genommen war. Die Schwerter der Legionäre flogen aus den Scheiden und die Kohorte rückte mit vorgehaltenen Schilden vor. Der Zusammenprall war fürchterlich. Schwerter und Spieße prasselten auf Holz und Metall, widerlich hallte dumpfes Klatschen in den Ohren, wenn scharfes Eisen auf ungeschützte Körperteile traf.

Als ob ein Bulle in eine Schafherde einbrach, wurde die Frontlinie unter dem Gebrüll der Schlagenden und dem Kreischen der Getroffenen durchbrochen und zur Seite gefegt. Die zweite Reihe hielt stand und rückte Schritt um Schritt vor, während sich die zersprengten Reste der Frontlinie, soweit sie sich bewegen konnten, in Sicherheit brachten und die hinteren Reihen verstärkten. Längst hatten sich die Bogenschützen zur Reserve zurückgezogen.

Der germanische Keil war am eisernen Wall der Legionäre gescheitert, und schauerlich klang das Wutgeheul des Feindes unter dem Eindruck des missglückten Sturmangriffs. Blindwütig hieben sie mit Langschwert und Kampfaxt auf die dichte Front der Schilde, während die Legionäre aus der Deckung abwarteten, bis sich ihren Schwertern und Spießen in dem gedrängten Haufen der Angreifer ein Ziel bot.

Das war der Augenblick, auf den ich gewartet hatte. Ich ließ den Arm sinken. Die Arcoballistarii entriegelten ihre Waffen, und die Bolzen schmetterten in die ungeschützte Flanke des Feindes, jeden zu Boden schleudernd, der das Unglück hatte, ihre Bahn zu kreuzen.

Gleichzeitig sprangen die Kavalleristen auf die Pferde und jagten die Tiere ohne Rücksicht in den Feind, der entsetzt zu den Seiten auswich. In die entstandene Lücke stürmte ich mit meinen Leuten, die mit Gebrüll nach allem schlugen, was in den Bereich ihrer Waffen kam. Das war kein disziplinierter Gebrauch von

Schwert und Lanze, sondern der von der Panik diktierte Versuch, den Gegner am Schlag zu hindern, indem man ihm zuvor kam. Jeder war sich selbst der Nächste und der Wille, das eigene Leben zu bewahren, machte aus Weinbauern und Ackerknechten rasende Bestien.

Ein Germane stellte sich mir entgegen und schwang seine Streitaxt, die Franziska. Als hätte ein Gott den Fluss der Zeit gehemmt, sah ich die Schneide der Waffe langsam auf mich herabsinken. Mein rasender Verstand zwang den Körper zu reagieren und unendlich langsam, unter Aufbietung aller Kräfte, hob ich den Schild der Axt entgegen und stieß gleichzeitig die Spatha gegen den Körper des Angreifers. Die Franziska prallte am Schildbuckel ab und meine Klinge, die ich sofort zurückriss, war dem Mann in den Oberschenkel gefahren. Das war alles im Bruchteil einer Sekunde geschehen.

Sofort sprang ich, den Schild an den Körper pressend, zur Seite und wandte mich dem nächsten Gegner zu, drückte ihn mit dem Schild weg und schlug mit der Spatha hinterher, ohne zu treffen. Der Mann stolperte nach hinten, fiel über einen gefallenen Menschen und stieß ein schreckliches Gebrüll aus, als einer unserer Männer dem auf dem Boden Liegenden die Lanze in den Bauch rammte, dass das Blut hüfthoch aufspritzte. Das Ende des Barbaren hatte ich nur aus den Augenwinkeln registriert, als ich den nächsten Feind anging. Die Grundregel unserer Ausbildung lautete, immer in Bewegung zu bleiben und dem Feind weder Zeit zur Reaktion noch ein festes Ziel zu bieten. Ein Augenblick des Triumphes über einen besiegten Feind und man war der nächste, der mit einer Klinge oder einer rostigen Lanze im Leib die Reise zu Pluto antrat.

Wieder sauste es durch die Luft, als die Arcoballistarii die zweite Salve abfeuerten, und es knallte trocken, wenn die Bolzen Schilde und Panzer durchschlugen. Ein Barbar taumelte mir entgegen, dem es Gesichtsschutz und Stirn gespalten hatte. Kurz vor mir knickte er ein und fiel direkt vor meine Füße, wo er sich, beide Hände vor das Gesicht geschlagen, krampfhaft zitternd im Gras wand.

Ich fand keinen Gegner mehr, der sich stellte. Die Barbaren ließen die Schilde fallen, schleuderten uns in einem Akt letzter Verzweiflung Lanzen und Schwerter entgegen und versuchten in regelloser Flucht aus dem Bereich unserer Waffen zu gelangen und den schützenden Waldrand zu erreichen, was den Wenigsten gelang. Wandten sie sich nach hinten in Richtung der Villa Urbana, gerieten sie an die Verteidiger, die rachdurstig ihre Stellungen verlassen und zum Kampfplatz geeilt waren. Vor ihnen stand die Wand der Legionäre, womit ihnen als Ausweg nur die Seite verblieb, auf der sie auf die Reserve des Tribunen und die Bogenschützen stießen, die herbeigeeilt waren und ihrer Flucht im Weg standen. Von allen Seiten bedrängt, gelang es einer kleinen Gruppe, sich durch die Reihen der Reserve hindurchzuschlagen und, verfolgt von den Pfeilen der Bogenschützen, in den nahen Wald zu retten. Der Rest ließ die Waffen fallen, kniete auf der Erde und hatte zum Zeichen der Aufgabe die Hände nach oben gestreckt.

„Roma Victor", donnerte der Siegesruf der Legionen aus rauen Kehlen in den grauen Morgen,

„Roma Victor."

Obwohl der Kampf nur Minuten gedauert hatte, deckten hunderte Feinde tot oder verwundet das Schlachtfeld. Todesschreie gellten, als die Verwundeten niedergemacht und die Gehfähigen in Banden weggeführt wurden.

Wieder hatte die römische Disziplin über die wilde und ungezügelte Tapferkeit der Barbaren den Sieg davongetragen. Es war der größte Triumph, der in den letzten Jahren über die Eindringlinge errungen worden war.

Zu Tode erschöpft, aber überglücklich, fielen uns die Verteidiger in die Arme. Die meisten hatten eine Verwundung davongetragen, während die Hälfte ihrer Kameraden ihren Willen zum Widerstand mit dem Leben bezahlt hatte.

Gaius Lucius Tiburinus und seine Familie waren unter den Geretteten. Lucilla starrte mit leerem Blick auf den Leichnam ihres Ehemannes, der zu Beginn des Überfalls gefallen war, und die Trümmer der Palastvilla, die niemals wiederaufgebaut werden sollte.

Trotz ihrer mit Ruß verschmierten Kleidung und der angesengten Haarsträhnen, die ihr wirr ins Gesicht hingen, sah ich, dass sich der Backfisch von einst zu einer reifen Frau von bemerkenswerter Anmut und Schönheit entwickelt hatte. Kein graues Haar mischte sich unter die schwarze Lockenpracht, und das weiße Antlitz mit der geraden Nase und den schrägstehenden, grünen Augen über den hohen Wangenknochen zeigte keine Spuren von Falten.

Lucilla heiratete zwei Jahre später einen reichen Landbesitzer und führte ganz in meiner Nähe mit ihrer Familie ein glückliches Leben.

Der Senator Tiburinus, den Arm um seine Tochter gelegt, kauerte neben Lucilla am Boden und erhob sich mühsam, als er mich erkannte.

„Marcus Junius, Sohn meines Freundes, ich danke dir und deinen Männern für die Hilfe. Ohne euch wären wir verloren gewesen."

Er trug einen silberverzierten Lederpanzer über der purpurgesäumten Tunika und hatte sich ein Tuch um die hohe Stirn gewunden, aus dem das Blut bis zum Kinn herabgesickert war. Dünn und gebrochen zitterte die Stimme des Senators, die einstmals die Palastaula in Treveris in Schwingungen versetzt hatte.

Gebeugt und zerbrechlich stand er vor mir, der Patron mit den weißen Haaren, den schwarzen Augen und der Figur eines Gardeoffiziers, auf dessen Rat und Tat seit Konstantin kein Westkaiser verzichtet hatte.

„Erlaube, dass ich mich um meine Tochter kümmere, die ihren Mann verloren hat. Wir sehen uns sicherlich in Treveris", beendete er das Gespräch und wandte sich Lucilla zu.

So gut es ging, versorgten wir unsere Verwundeten und bestatteten die Toten. Die Hauptlast des Kampfes hatten die Legionäre der Kohorte getragen, unter denen die Todesopfer unserer Seite zu verzeichnen waren, gefallen bei der Abwehr des Sturmangriffs zu Beginn des Gefechts.

Drei meiner Männer, darunter ein entfernter Verwandter

meines Verwalters Maximus, waren schwerer verwundet und fünf hatten leichte Blessuren davongetragen.

Danach halfen wir den Leuten des Senators, in den Trümmern des Anwesens nach Wertgegenständen zu suchen, die Feuer und Zerstörung überstanden hatten. Zum Glück lagerten viele Wertgegenstände sauber aufgeschichtet abseits der Trümmerstelle. Die Mordbrenner hatten während der Belagerung begonnen, die Räume der Villa zu plündern und herauszuschaffen, was ihnen von Wert erschien. Wertvolle Zeit hatten die Belagerer damit vergeudet und den Männern des Tiburinus ermöglicht, sich bis zu unserem Eintreffen zu halten. Nicht das erste Mal, dass Barbaren aus Beutegier einen Vorteil aus der Hand gaben. Immerhin ein Trost im Unglück, war doch die Pracht der Villa Urbana unwiederbringlich zu Schutt und Asche zerfallen.

In ihrer Zerstörungswut und um die Verteidiger aus ihrem Rückzugsort zu treiben, hatten die Barbaren Feuer gelegt, kaum dass sie alles herausgeschafft hatten. Die Marmorverkleidung der Räume war von den Wänden geplatzt und hatte die Bodenmosaiken zerstört. Fresken und Stuckarbeiten waren im Feuer zugrundegegangen und die Fenster in der Hitze des Brandes zersprungen. Der Einsturz des Daches mit der schweren Deckung aus Tegulae und Bleiplatten hatte das Zerstörungswerk vollendet. Geschwärztes Mauerwerk und geborstene Fragmente von Säulen und Ziersimsen, zwischen denen noch das Feuer in den Resten von Holzbalken und Möbeln schwelte, ließen die vergangene Pracht des Palastes nur noch erahnen.

Am späten Vormittag wurde die Familie des Tiburinus von den heimkehrenden Truppen nach Treveris begleitet.

Vor dem Aufbruch hatte sich der junge Tribun von mir verabschiedet, der gereifter und ernsthafter wirkte als in der Nacht vor dem Gefecht und über den Titus berichtete, dass er in der Schlacht tapfer seinen Mann gestanden hatte, nachdem er sich überwunden und mit der Reserve herbeigeeilt war, den Ausbruch des Feindes zu verhindern.

„Marcus Junius, du hast mir vor meinen Männern eine Lektion erteilt, aber es mir ermöglicht, mein Gesicht zu wahren. Ich werde das nicht vergessen. Mögen die Götter und das Glück weiter auf deiner Seite sein."

„Nicht der erste, aus dem der Krieg einen Mann gemacht hat", raunte Titus mir zu und spuckte einen Kirschkern in hohem Bogen aus.

„Der Junge ist nicht übel, Titus, aus dem wird etwas."

Zerschlagen, aber stolz machten wir uns auf den Heimweg. Die Verwundeten, die nicht laufen konnten, kauerten oder lagen auf einem unbeschädigten Lastkarren, den der Senator mir überlassen hatte.

Verstohlen starrten die Männer im Gehen auf die Gräber der fünf Gefallenen, wissend, dass auch sie dort lägen, wenn die Götter es beschlossen hätten.

Am frühen Nachmittag zogen wir unter dem Jubel der Zurückgebliebenen durch das Hoftor in die Villa Vineta ein, in der uns ein Arzt aus dem Nachbarort erwartete, um die Wunden der Verletzten zu versorgen.

Die Siegesfeier am Abend verließ ich früh, um mich bei Maximus nach dem Gesundheitszustand seines Verwandten zu erkundigen und, falls möglich, das längst überfällige Gespräch über die Hinterlassenschaft meiner Mutter zu suchen.

Ich fand den alten Mann in seinem an die innere Hofmauer gelehnten, kleinen Steinhaus, wo er mir mit sorgenvollem Blick die Türe öffnete.

„Ich grüße dich, Maximus", nickte ich ihm beim Eintreten zu, „ich sehe deinem Gesicht an, dass es mit deinem Verwandten nicht zum Besten steht?"

„Die Wunde hat sich schnell entzündet, Marcus, und die Nacht wird zeigen, ob er es übersteht", brummte der Angesprochene vor sich hin und setzte sich an den schmucklosen Holztisch unter dem einzigen Fenster der Behausung.

„Nimm Platz, Marcus", fuhr er fort und wies auf einen zweiten Stuhl. „Du bist auch gekommen, um dich nach der Fibel zu erkundigen, oder?"

„Ja, Maximus", antwortete ich leicht verlegen und wünschte

im gleichen Moment, das Gespräch zu einem angemesseneren Zeitpunkt gesucht zu haben.

Auf meiner Stirn bildeten sich Schweißtropfen, und meine Hände hatten vor Aufregung und banger Erwartung leicht zu zittern begonnen.

„Es ist gut, Marcus“, versuchte der alte Mann meine Bedenken zu zerstreuen. „Galerius hat mir erzählt, dass du vor einigen Tagen den Befehl erhalten hast, bei der Präfektur in Treveris zu erscheinen, und wer weiß, ob danach noch Zeit für ein Gespräch ist.

Möchtest du einen Schluck“, bot er mir, ohne eine Antwort abzuwarten, einen Becher mit verdünntem Wein an, ehe er mit einem bedauernden Seufzer den Auftrag meiner Mutter erfüllte.

„Es ist mehr als sechzig Jahre her, Marcus, dass sich ein ausgemusterter Offizier der Grenztruppen, sein Name war Flavius Probus, hier ganz in der Nähe niederließ. Er lernte deine Großmutter, eine ehrwürdige Frau aus alter römischer Familie, kennen, die sich in den gut aussehenden, blonden Centurio verliebte und gegen den Widerstand ihrer Familie heiratete. Sie bewirtschafteten ein kleines Weingut in der Nähe, das Flavius Probus mit seiner Abfindung erstanden hatte, und es war noch kein Jahr vergangen, als deine Mutter geboren wurde.“

„Ich habe niemals von einem Flavius Probus gehört“, unterbrach ich den Verwalter, der wissend mit dem Kopf nickte.

„Ich weiß, Marcus, sein Name ist bewusst verschwiegen worden, und er ist auch früh verstorben. Bei einem Frankeneinfall, der erst vor den Toren der Treveris aufgehalten werden konnte, ist dein Großvater als Offizier der Veteranenmiliz in einem der letzten Gefechte getötet worden.“

„Und warum musste das verschwiegen werden“, drang ich in Maximus voll dumpfer Vorahnungen.

„Flavius Probus fiel im Kampf gegen seine eigenen Leute.“

„Gegen wen?“, kam es mir spontan über die Lippen, hoffend, dass ich mich verhört oder Maximus sich versprochen hatte.

„Gegen seine eigenen Leute“, wiederholte der Alte seine Aussage und vermied es, mich dabei anzusehen. „Marcus, dein

Großvater war ein Franke", fasste Maximus sich ein Herz.

„Als junger Mann hatte er, man munkelte, wegen eines Ehrenhandels sein Heimatdorf auf der anderen Seite des Rhenus verlassen müssen. Er ließ sich bei den Grenztruppen anwerben, wo er es durch Begabung und Tapferkeit zum Offizier brachte. Er konnte nach seiner Entlassung nicht zu seinem Volk zurückkehren und suchte sich als Römer unter Römern eine neue Heimat. Deine Mutter, die ihn nur als kleines Kind erlebt hatte, erzählte mir, dass er sich oft zurückgezogen und die Einsamkeit gesucht hatte und, obwohl er Frau und Kind über alles liebte, seine alte Heimat vermisste."

Maximus war verstummt und die Stille greifbar, die sich wie ein bleierner Mantel über die Hütte gelegt hatte.

Es dauerte, bis sich in meinem Kopf, der mit einer zähen und undurchsichtigen Masse ausgefüllt schien, die ersten Gedanken formten.

„Was hat es mit der Fibel auf sich?", ergriff ich den ersten Faden, den ich aus dem wirren Knäuel meiner Empfindungen greifen konnte.

„Die Fibel mit dem Abbild der Schlange war das einzige Erinnerungsstück, das deinen Großvater mit der alten Heimat verband. Er hat das Schmuckstück getragen, bis es zerbrach, und danach in einem Holzkästchen aufbewahrt, das er wie seinen Augapfel hütete. Nach seinem frühen Tod ging die Fibel als Andenken an den Vater in den Besitz deiner Mutter über.

„Aber warum wurde die Existenz dieses Flavius Probus verschwiegen" wiederholte ich meine Frage, „und ich in dem Glauben erzogen, aus alter römischer Familie zu stammen?"

„Das bist du doch seitens deines Vaters, und auch deine Großmutter entstammte einer Familie, die vor mehr als zweihundert Jahren aus den Sabiner Bergen an die Mosella gekommen ist", versuchte Maximus mich zu trösten, der meine aufkommende Verzweiflung spürte.

„Marcus, die Herkunft deines eigentlichen Großvaters wurde verschwiegen, weil deine Großmutter bald einen angesehenen Gutsbesitzer heiratete, der deine Mutter wie sein eigenes Kind großzog. Um sie zu schützen, wurden alle Erinnerungen an deinen Großvater getilgt, denn es war in jenen Zeiten noch mehr als heute ein Makel, mit dem Feind in Verbindung gebracht zu werden. Auch dein Vater, der sehr energisch und bestimmend sein konnte, wollte zum Leidwesen deiner Mutter nichts davon wissen, dich über deine teilweise fränkische Abstammung in Kenntnis zu setzen. Er hatte eine heilige Scheu vor der Fibel mit der Schlange und es deiner Mutter untersagt, sie dir zu zeigen.

Ich war der einzige, mit dem sie über ihre Herkunft sprechen konnte, und wir haben manchen Abend an diesem Tisch gesessen, wo sie die Bilder der Vergangenheit heraufbeschwor. Du kannst dir ihren Schrecken vorstellen", wies er auf meinen Schlangenreif, „als sie dich das erste Mal damit gesehen hatte. Sie glaubte dir nicht, dass du ihn von einem Kameraden gekauft hast, und hat immer vermutet, dass du durch eine schicksalhafte Fügung daran gekommen bist. Auch ich glaube, dass dein Schlangenreif und die Fibel gleichen Ursprungs sind."

„Ich kann mich daran erinnern", fügte ich hinzu, „dass meine Mutter sehr erschrocken beim Anblick meines Armschmuckes war und erst dann beruhigt schien, als ich ihn abgelegt hatte. Aber sag mir, Maximus", drang ich in den Verwalter, „spätestens dann hätte sie mit mir sprechen müssen, oder?"

„Sie hat es nicht übers Herz gebracht, denn du warst immer so stolz auf deine römische Herkunft, und sie hatte auch Angst vor der Reaktion deines Vaters, der es ihr nicht verziehen hätte."

„Warum hat sie dich damit beauftragt, es mir zu sagen?", ließ ich nicht locker und fixierte Maximus mit meinen Augen, so dass der sich unbehaglich auf seinem Stuhl wand.

„In ihren letzten Wochen wurde sie oft von Traumgesichtern heimgesucht, in denen das Abbild der Schlange eine zentrale Bedeutung einnahm. Sie war überzeugt, dass es ein dunkles Geheimnis um die Fibel und den Schlangenreif gibt, das dein zukünftiges Leben entscheidend bestimmen wird. Es ist ihr nicht leicht gefallen, sich über den Willen deines verstorbenen Vaters hinwegzusetzen und mir das Versprechen abzunehmen, ihren letzten Willen zu erfüllen."

Schwerfällig erhob ich mich von dem Stuhl und musste mich an der Tischkante abstützen, da mir flau wurde und mein Kopf sich drehte.

„Sprich mit keinem darüber", nahm ich Maximus noch das Versprechen ab, sein Wissen für sich zu behalten, und trat vor die Tür der Hütte, wo mir der Nachtwind die Stirn kühlte.

Ich wollte alleine sein und schlich mich an den Feuern und dem Getriebe der Siegesfeier vorbei in mein Turmzimmer, wo ich mich auf dem Bett ausstreckte und erschöpft die Augen schloss.

Eine Flut sich widerstreitender Gedanken stürzte auf mich ein, an die ich mich nicht mehr erinnern kann, bis ich des Aufruhrs Herr wurde und ich mühsam einen Weg in die Gegenwart zurückfand. Ich musste nach Treveris in der Präfektur Bericht erstatten, und danach mit Galerius zu einem Exceptor der Provinzverwaltung, um ihn in seine neuen Rechte einzusetzen.

Danach musste ich eingeschlafen sein und träumte von einer riesigen Schlange, die auf ein Dorf aus rietgedeckten Fachwerkhütten zukroch, es mit ihrem Feueratem in Brand setzte und alles verschlang, was ihr in den Weg kam.

Rom des Nordens

Der nächste Morgen kam mit Nebel, Regen und einer für die Jahreszeit ungewöhnlichen Frische, die mich bei der Morgenwäsche frösteln ließ.

In der Nacht war der Verwandte des Maximus seinen Wunden erlegen. Auch der herbeigerufene Medicus konnte nicht mehr helfen.

Als die Dunkelheit dem fahlen Licht der Dämmerung wich, hatte das Gebrüll des ins Delirium gefallenen Mannes die Feier beendet und die letzten Zecher herbeigerufen. Verlegen auf ihre Stiefelspitzen starrend und nach Wein dünstend, füllten sie den zum Krankenlager hergerichteten Schuppen, als man den Toten heraustrug.

Das Wundfieber hatte wenig Arbeit, das vom Blutverlust geschwächte Leben auszulöschen - die Kehrseite von Sieg und Ruhm. Für Frau und Familie des unglücklichen Mannes ging die Sonne an diesem Tag nicht auf.

Wortlos saßen wir zu dritt vor unserem Frühstück. Außer mir, der ich mich immer wieder dabei ertappte, in die Offenbarungen der Nacht einzutauchen, der Verwalter Maximus, um seinen Verwandten trauernd, und Galerius, der unter den Nachwirkungen der Siegesfeier litt.

„Galerius“, brach ich die Stille, „es wird Zeit, unsere Angelegenheit in Treveris zu regeln.“

Maximus schaute auf Galerius, der mit einem Nicken antwortete, bevor er sich an mich wandte.

„Marcus, was du mit Galerius in der Stadt erledigen möchtest, hat das was mit deinen Plänen und der Villa Vineta zu tun?“

„Ja, Maximus, ich muss zurück zur Legion und für die Zeit meiner Abwesenheit wird Galerius mich vertreten. Damit er die nötigen Vollmachten erhält, in meinem Namen zu entscheiden, werde ich ihn zum vorläufigen Erben bestimmen.“

Maximus wiegte leicht den Kopf, als er von einem zum anderen sah.

„Ich habe gehofft, dass du etwas Ähnliches verfügen würdest. Das nimmt einiges an Sorgen von meinen Schultern. Eine gute Nachricht an diesem traurigen Morgen."

Er lächelte mir kurz zu und legte Galerius eine Hand auf die Schulter.

„Wir werden in drei Tagen zurück sein, Maximus", wandte ich mich wieder dem Verwalter zu. „Schaffst du es, bis dahin die Spuren der Belagerung zu beseitigen? Der Hof und das Vorfeld der Villa sehen aus, als hätten die Franken dort wochenlang gehaust. Der Rasen von Wagenspuren zerfurcht, überall Feuerholz und Küchenabfälle, und die Behelfslatrine muss entleert und zugeschüttet werden."

„Geht nach Treveris und lasst euch Zeit", zerstreute Maximus meine Sorgen.

„ Es wird alles getan sein, wenn ihr zurückkehrt."

Eine Stunde später, die Sonne hatte erste Lücken in die Wolkendecke gerissen, ruderte uns ein Knecht an das andere Ufer. Ich hatte mich zur Benutzung der linken Uferstraße entschlossen, da dort die Möglichkeit größer war, ein Fahrzeug aufzutreiben, das uns in die Kaiserstadt bringen konnte. Auf eines unserer Gefährte wollte ich nicht zurückgreifen, da alle Kräfte und Mittel zur Instandsetzung des Weingutes benötigt wurden. Eine richtige Entscheidung, denn kaum hatten wir die Uferstraße erreicht, rumpelte ein mit Baumaterial beladenes Fuhrwerk heran.

„Halt, guter Mann, nehmt ihr uns mit?", rief Galerius, der sich dem Fuhrwerk mit erhobenem Arm in den Weg gestellt hatte.

„Wo wollt ihr hin?" Der Fuhrmann, ein vierschrötiger Geselle, spuckte in hohem Bogen aus, bevor er seine Frage stellte.

„Nach Treveris, falls du soweit fährst. Nach Quintum ist auch gut, weil dort Boote anlegen."

„Ich fahre zur Baustelle von Palatiolum. Von dort ist es nicht weit bis Treveris." Der Fuhrmann untermalte seine Antwort mit der Geste des Geldzählens. Dann hob er, an Galerius gewandt, drohend seinen Zeigefinger.

„Wenn du am Leben hängst, springst du mir nicht noch einmal vor den Wagen. Bedanke dich bei den Zugochsen, dass sie aufgepasst und dich nicht überrannt haben."

Es tat mir gut, über den Scherz zu lachen, den Galerius mit säuerlicher Miene quittierte und drückte dem Mann einen Silberdenar in die schwielige Hand.

Der riss überrascht die Augen auf und ließ das Geldstück sofort in seiner Gürteltasche verschwinden.

„Steigt auf, vornehmer Herr, und bittet euren Begleiter, ein freundliches Gesicht aufzusetzen. Meine Ochsen haben eine ängstliche Natur und fürchten sich sonst vor ihm."

Während ich mich auf die Fuhrbank neben den Fahrer schwang, suchte sich Galerius schmollend einen Platz zwischen den Kisten, Körben und Fässern der Ladefläche.

Beim Heraufsteigen hatte mein Freund Worte gemurmelt, die nach „Idiot" und „Witzbold" klangen.

„Was für eine Baustelle?", begann ich das Gespräch, nachdem wir eine Zeit lang über den festgefahrenen Schotterbelag der Uferstraße gerollt waren. „Ich war mehrere Jahre in Niedergermanien, und einen Ort namens Palatiolum kenne ich nicht."

Der Fuhrmann richtete sich auf, indem er seinen Rücken durchdrückte, und begann, mit näselnder Stimme zu dozieren.

„Die Barbareneinfälle der letzten Jahre haben den hohen Herren der gallischen Präfektur und der Provinzialverwaltung einen gehörigen Schrecken eingejagt. Erst gestern soll es bei dem Sommerpalast des Tiburinus mächtig gekracht haben." Er wies auf das gegenüberliegende Ufer, wo in der Ferne aus den Ruinen der Villa Urbana immer noch Rauchschwaden in den Himmel stiegen.

„Also, die Beamten und Würdenträger in ihren Togen und Dalmatiken überfiel ein erhöhtes Sicherheitsbedürfnis."

Der Fuhrmann legte, ehe er fortfuhr, eine Pause ein, biss kräftig in eine Hartwurst und nahm einen tiefen Schluck aus einem Weinkrug, die er beide aus der Holzkiste unter der Sitzbank hervorgeangelt hatte.

„Die hohen Herren wandten sich um finanzielle Unterstützung an den kaiserlichen Hof, der diese auch zusagte, und gaben wenige Meilen vor der Stadt den Bau einer gewaltigen Palastfestung mit angegliederter Kaserne in Auftrag.

Die Festung soll bei Gefahr das Tal der Mosella wie ein Wellenbrecher sperren und keinen Feind nach Treveris durchlassen. Wer der Stadt in Zukunft zu nahekommt, soll sich dort blutige Köpfe holen. Eine gute Idee, Herr. Es ist keine zwei Jahre her, dass die Barbaren in den Vorstädten plünderten, ehe sie beutebeladen und unbehelligt abzogen."

Der Mann spuckte ein Stück Wurstpelle in hohem Bogen auf die Straße, sperrte den Mund auf und ließ einen gewaltigen Rülpser über die Rücken der Zugochsen rollen, die erschreckt die Köpfe hoben und nach hinten blickten.

„Ihr müsst entschuldigen, Herr, ihr seid sicher besseren Wein gewöhnt. Einen Tropfen, der einem nicht die Eingeweide zerreißt."

„Schon gut", beeilte ich mich, den Mann zu beschwichtigen. „Fahr weiter fort. Wie viele Soldaten werden in Palatiolum stationiert sein und wann ist der Bau fertig?"

„Wenn die Arbeiten ohne Unterbrechung fortschreiten, werden die ersten Truppen im Spätherbst ihre Quartiere beziehen können. Mehr als 500 Legionäre sollen es nach dem Willen der Herren in Treveris sein und mehr als hundert Beamte und ständige Bewohner. Schaut euch auf der Baustelle um, es lohnt sich."

Er wies auf die Ladung, zwischen der es sich Galerius bequem gemacht hatte. Mein Freund lag ausgestreckt auf einer Unterlage leerer Leinensäcke, den Kopf auf seinen Mantel gebettet und blinzelte in die Sonne.

„Ich habe Material für den Innenausbau geladen. Fässer mit Kalk und gemahlenem Ziegelsplitt für Wasser- und Wandmörtel, Kisten mit Mosaiksteinen und Tubuli für die Wandheizung."

Ich griff hinter mich in eines der Fässer und betrachtete die weißen Steinchen, alle von gleicher Größe als Kubus mit identischen Kanten ausgearbeitet. Ich ließ sie zurückgleiten, griff in das nächste Fass und förderte eine Hand voll schwarzer Mosaiksteine zu Tage.

„Das ist der Stil der neuen Zeit, Herr", kommentierte der Fuhrmann. „Zweifarbige Ornamente ohne figürliche Darstellungen. Einfach, streng und ohne Heiterkeit. Nichts soll die christlichen Herren der Verwaltung an die Zeiten und Bräuche unserer alten Götter erinnern."

Mit gerunzelter Stirn schaute ich dem Mann in die Augen.

„Habe ich etwas Falsches gesagt?"

„Nein, nein", wiegelte ich ab, „ist schon gut."

Zügig waren wir auf der Uferstraße entlang der Ortschaften Longinus, Soiacum und der Straßenstation von Quintum vorangekommen, als die Gerüste und halbfertigen Mauern von Palatiolum am Ufer der Mosella in unser Blickfeld traten.

„Ihr kommt am besten mit zur Baustelle", wand sich der Fuhrmann an mich. „Von dort legen ständig Boote und Lastkähne nach Treveris ab, die euch mitnehmen können."

Das Gefährt verließ die Straße und rumpelte auf dem ausgefahrenen Behelfsweg durch eine kleine Schwemmebene, die der Fluss aus Schlamm und Geröll geschaffen hatte, der zukünftigen Festung am Flussufer entgegen.

Es wimmelte von Menschen auf den Leitern und Gerüsten der Baustelle. Deutlich traten die Ausmaße der in massiver Mauertechnik ausgeführten Anlage hervor.

Die Außenschalen aus Grauwacke und die angenehm die Strenge der Fassaden auflockernden Ziegelbänder verkleideten den Mauerkern aus eisenhartem Gussbeton. Die Mauern und die als Risalite vorspringenden Eck- und Zwischentürme der vierflügeligen Anlage waren bis zu den Fensteröffnungen des dritten Stockwerkes fertiggestellt. Eher als Schießscharten denn als Fenster ausgeführt, unterstrichen sie den festungsartigen Charakter des Neubaus. Hier sollte regiert, geherrscht und repräsentiert werden.

Überall auf dem Bauplatz zu Haufen geschichtete Quader und Ziegel, die aus den Lagerräumen der Lastkähne am Anleger stetigen Nachschub erhielten. Arbeiter in schmutzigen Tuniken und Lederschürzen stapelten profilierte Sandsteine aus den Steinbrüchen der Region auf Holztragen und schleppten sie zum Bauplatz. Andere mischten Mörtel und Zement in flachen Arbeitsgruben, legten Verschalungen für die Fenster- und Türbögen an und montierten hölzerne Baukräne auf fertiggestellte

Stockwerke. Im Erdgeschoss wurden Türmchen aus Hypokaustziegeln für die Bodenheizung auf dem Estrich hochgezogen. An anderer Stelle drückten kniende Mosaikleger unter Verwendung von Schablonen die Schmucksteinchen in den noch feuchten Bodenbelag. Daneben Mörtelputzer, die darauf warteten, dass ein Abschnitt fertig wurde, um eine neue Lage Estrich aufzutragen. Die Männer arbeiteten schnell und konzentriert, so dass der Arbeitsablauf nicht unterbrochen wurde. Härtet der Mörtel zu schnell aus, muss er mit Fäustel und Meißel aufgestemmt und neu aufgetragen werden. Fluchend wurde eine Katze vertrieben, deren Pfoten auf der Jagd nach einem Schmetterling Abdrücke im Estrich hinterlassen hatten.

Die Arme auf die hölzerne Platte gelegt, lehnte ein Baumeister an seinem Tisch und studierte einen Bauplan.

Wir traten hinzu, und ich ersuchte den Mann, einen Blick auf seine Zeichnungen werfen zu dürfen.

„Was glaubst du, was hier gebaut wird, Fremder?" Eine Zornesfalte bildete sich auf der Stirn des Angesprochenen und seine schwarzen Augen blickten mich unter buschigen Brauen voller Abwehr an.

Die gedrungene Gestalt, die starke Körperbehaarung und der italische Dialekt ließen mich auf einen der Spezialisten aus Italien schließen, die wegen ihres Könnens für Prestigeobjekte und militärische Anlagen aus den Kernprovinzen des Reiches verpflichtet wurden.

„Ich empfange meine Weisungen direkt von der gallischen Präfektur, und die besagen, dass ich nicht autorisiert bin, Auskünfte an Fremde zu erteilen."

Er rollte die Zeichnung zusammen, als befürchtete er, dass ich einen Blick darauf erhaschen könnte.

„Überhaupt, es passt mir nicht, dass ihr hier die ganze Zeit herumlungert. Am Anleger liegt ein Boot, das nach Treveris fährt. Geht an Bord und stört nicht weiter die Arbeiten, die wegen der Bedrohung durch die Barbaren gestern geruht haben. Ich muss fertig werden und wer weiß, wie lange das Sommerwetter noch hält."

Ohne Gruß klemmte er sich den Plan unter den Arm und entschwand im Innern des Rohbaus.

Konsterniert blickte ich dem Baumeister nach, abwägend, ob ich ihm als Militär die Meinung sagen oder es dabei bewenden lassen sollte.

„Dich beschäftigt schon etwas den ganzen Tag, Marcus", beschwichtigte Galerius, der zwar von meinem nächtlichen Gespräch mit Maximus nichts wusste, mich aber mittlerweile gut einschätzen konnte, meinen aufwallenden Zorn.

„Lass uns mit dem Boot nach Treveris fahren. Wir haben genug gesehen und ich freue mich auf die Kaiserstadt, die ich noch nie gesehen habe."

„Na, hat euch der Baumeister hinausgeworfen", empfing uns der Bootsführer, ein rothaariger Provinziale in einheimischer Tracht.

„Macht euch nichts daraus, das macht er mit jedem. Hat wohl Angst, kontrolliert zu werden. Vor einer Woche ist ein Gerüst eingestürzt, das drei Männer in den Tod gerissen hat. Unangenehme Sache das. Er musste den Caementarii, Fachkräften aus Divodurum, mehr Lohn versprechen, damit es weitergehen konnte. Weist man ihm bei der Befestigung der Gerüste einen Fehler nach, muss er die Mehrkosten aus der eigenen Tasche begleichen."

Als das Boot, angetrieben von den Ruderknechten, die Mitte des Stromes erreicht hatte, erhob sich mein Freund von der Sitzbank und wies mit der Hand auf die Dächer und Türme der Kaiserstadt, die in der Ferne aufgetaucht waren.

„Schau Marcus, Treveris, das Rom des Nordens."

Eine Stunde später, die Sandsteinbrüche zur Rechten waren an uns vorbeigeglitten, lag unser Boot fest verzurrt unweit des Nordtores am Anleger der Moselfischer.

Beschienen von der Nachmittagssonne, die lange Schatten warf, gelangten wir über einen Pfad zur Reichstraße.

Vor uns erhob sich, die Stadtmauer überragend, die Steinmasse des im Volksmund „Porta Nigra" genannten Hauptzuganges in die Kaiserstadt.

„Schwarzes Tor", weil Wind und Wetter den ehemals weißen Sandstein mit einem schwarzen Überzug versehen hatten.

Galerius beschattete die Augen und stand ergriffen vor der gewaltigen Architektur des Repräsentationsbaus.

„Bei den Göttern, Marcus, so etwas habe ich noch nicht gesehen. Schau doch die Gliederung von Fassade und Türmen durch Halbsäulen, Pilaster, Fensterfluchten und Galerien. Kein Vergleich mit den Toren der Colonia. So stelle ich mir Rom, den Mittelpunkt der Welt, vor."

Er trat heran und strich mit der Hand über die mit Eisenklammern verbundenen Blöcke des mörtellosen Mauerwerks.

„Warum sind einige Steine glatt behauen, die Mehrzahl aber unbearbeitet zusammengefügt?", gewann die praktische Ausrichtung des Freundes die Oberhand über Staunen und Ergriffenheit.

„Tore und Mauern von Treveris erlebten ihre erste Bewährungsprobe, als die Arbeiten unvollendet waren. Die Gerüste standen noch, als vor 160 Jahren die Scharen des Empörers Clodius Albinus die Stadt bedrohten, bis die XXII. Legion „Primigenia Pia Fidelis" aus Mogontiacum im Namen des rechtmäßigen Imperators Septimius Severus dem Spuk ein Ende setzte. Bis heute sind die Arbeiten nicht weitergeführt worden."

Ich legte Galerius die Hand auf die Schulter und schob ihn durch die Tordurchfahrt.

„Komm, es gibt viele Wunderdinge in der Stadt, die du bestaunen kannst, aber es wird bald dunkel werden. Lass uns ein Quartier für die nächsten Tage suchen, denn ich möchte die Reisekleider ablegen und den Tag mit einem guten Essen und Wein von der Mosella beschließen."

Dreistöckige Fassaden mit Arkaden, in denen Geschäfte ihre Auslagen darboten und Tavernen und Garküchen die Kundschaft anlockten, säumten die Hauptstraße. Rauchgeschwärzte, verlassene Häuser und vereinzelte Baulücken, notdürftig mit Bretterverschlägen geschlossen, kündeten von den Zerstörungen der letzten Jahre.

Geschäftiges Treiben herrschte auf dem durch die Jahrhunderte glatt geschliffenen Pflaster. Hunderte Menschen waren auf den Beinen, um letzte Einkäufe zu tätigen oder zum Ausklang des Tages die schattige Kühle von Imbissen und Kneipen aufzusuchen. Dazwischen Wagen und Fuhrwerke, die sich mit Fluchen und Peitschenknallen ihren Weg durch die Menge bahnten.

Galerius blieb stehen, als uns der Duft von gegrilltem Fleisch in die Nase stieg.

„Lass uns weitergehen“, trieb ich ihn weiter. „Hier wirst du nichts Gutes finden. Fuhrmänner, Huren und kleine Leute besuchen die billigen Tavernen an den Ausgängen der Stadt. In der Innenstadt werden Essen, Wein und Gesellschaft besser.“

Ich wies die Straße hinunter, wo ein Ehrenbogen aus weißem Kalkstein die Fahrbahn überwölbte.

„Dahinter beginnen die wohlhabenden Stadtviertel mit Plätzen und öffentlichen Gebäuden, wo wir finden werden, was wir suchen.“

Hinter dem Bogen ließen Trubel und Gedränge auf Straße und Gehsteigen sichtlich nach.

„Marcus, wo sind die versprochenen Herbergen und Tavernen? Ist es hier so vornehm, dass wir keine Bleibe für die Nacht finden?“

„Siehst du links die Gebäude mit dem vorgelagerten Atrium?“ entgegnete ich der Ironie in der Frage des Freundes. „Da drinnen beten die Christen zu ihrem Gott. Ihr Bischof hat unter dem Großen Constantin durchgesetzt, dass öffentliche Vergnügungen und Geschäfte im Umkreis der Kirche unterbunden wurden. Nichts soll die Frommen in der Hingabe zu ihrem Gott ablenken.“

Galerius war stehen geblieben und schaute durch das Atrium zur Eingangspforte, die sich öffnete und drei Frauen aus dem Innern der Kirche ins Freie entließ.

„Was glaubst du Marcus, werden die Götter mir zürnen, wenn ich einen Blick hineinwerfe?“

„Ich glaube nicht, dass Jupiter mit einem Blitz nach uns werfen wird, denn in Glaubensdingen ist er toleranter als der Christengott. Nur zu.“

Ich begleitete Galerius zur Pforte, die nur angelehnt war, und wir traten ein in das Halbdunkel des Christentempels.

Ein mulmiges Gefühl beschlich mich, war es doch zum ersten Mal, dass ich, obwohl ich oft vorbeigegangen war, der Neugierde nachgab und ein Heiligtum der Christen betrat.

Es dauerte eine Weile, bis meine Augen sich an die veränderten Lichtverhältnisse gewöhnten und etwas erkennen konnten.

Säulenfluchten unterteilten den Bau in Haupt- und Seitenschiffe, deren linkes mit einem weiteren Hallenbau verbunden war. Dieser Komplex war jedoch nicht fertiggestellt, was mir ein Blick durch die Absperrung offenbarte. Mächtige Säulen aus Granit bildeten ein Geviert, das von unverputzten Mauern ohne Dachstuhl umgeben war.

Ich wandte mich um und betrachtete die Mosaike mit Darstellungen von Fischen, einem Hirten, der ein Lamm trug, und den allgegenwärtigen Christogrammen auf Boden und Wänden. Aus schmalen Fensteröffnungen fiel sehr fahl das Tageslicht in den Raum, der zusätzlich mit Kerzen in bronzenen und silbernen Leuchtern erhellt werden musste und in dem süß und schwer der Duft von Weihrauch hing. Ein Chorraum mit steinernen Schranken und Apsis schloss den Hallenbau im hinteren Teil ab. Davor ein schmuckloser Altartisch aus Kalkstein und Marmorplatte, die ein Tuch mit einem eingestickten Christogramm zierte.

Im Vergleich zu der schwülen Wärme auf der Straße herrschte in der Kirche eine angenehme Kühle.

„Großartig“, staunte ein beeindruckter Galerius, der mit glänzenden Augen seine Augen umherwandern ließ.

„Die Christen bauen ihrem Gott Häuser, in denen der Nazarener die Gläubigen empfängt und gleichsam mit ihnen unter einem Dach lebt. Die Altäre unserer Götter stehen dagegen im Licht des Tages und das Innere ist alleine den Priestern vorbehalten. Unsere Tempel beeindrucken durch ihr Äußeres mit Säulenfronten, Freitreppen und farbigen Steinmetzarbeiten, während die Kirchen der Christen ihre Erhabenheit im Innern offenbaren.“

„Na, na“ entfuhr es mir. „Wenn wir noch lange bleiben, werde ich dich noch an den Zimmermann aus Nazareth verlieren. Lass uns gehen, mich hungert und dürstet.“

„Nur zu, Heide, geh essen und trinken!“, wurde ich unterbrochen.

Scharf und gehässig hallten die Worte im Kirchenschiff, ausgestoßen von einem Jungen, dessen Augen mich mit dem stechenden Blick des Fanatikers fixierten.

Er zählte höchstens siebzehn Jahre, trug eine weiße Seidentunika mit Brokatsaum und um den Hals ein Goldamulett in Form eines Christogramms. Einen halben Kopf kleiner als ich, umrahmten schwarze Locken ein weißes Gesicht, aus dem die Augen wie Kohlestücke hervorstachen. Unter der spitzen Nase ein schmallippiger Mund und ein angriffslustig vorstehendes Kinn. Die asketisch schlanke Erscheinung drückte Willenskraft, Bildung und Energie aus.

„Nimm dir ein Beispiel an deinem Freund, der Ehrfurcht in diesem geweihten Raum empfindet. Und woran denkst du? An die Befriedigung deiner leiblichen Lüste. Ihr Heiden seid alle gleich. Möget ihr später in der Hölle schmoren.“

Die Arroganz und Selbstgefälligkeit des Jungen machte mich wütend, und ich musste mich zurückhalten, ihm nicht an Ort und Stelle ins Gesicht zu schlagen.

„Anstatt gehässige Reden zu halten, solltest du ein Schwert nehmen und die Heimat gegen die Barbaren verteidigen. Eine bessere Gelegenheit, deinen Übermut zu kühlen.“

Ich wusste aus Erfahrung, dass strenggläubige Christen es mit ihrem Glauben nicht vereinbaren konnten, körperliche Gewalt anzuwenden. Mit meiner Bemerkung griff ich seine Überzeugung an und stellte ihn als Feigling bloß.

Ich hatte mich nicht geirrt, denn der Unterkiefer des Jungen zitterte und er ballte die Fäuste. Schon hoffte ich, er würde sich auf mich stürzen, als Galerius mich bei der Schulter fasste und beiseite schob.

„Lass es gut sein, Marcus, wir gehen.“

Widerstrebend ließ ich mich vom Freund wegziehen, denn es

juckte mir immer noch in den Fingern, dem Knaben eine schallende Ohrfeige zu verabreichen.

Am Portal der Kirche sprach uns eine alte Frau an:

“Ihr habt Recht getan, Herr, dass ihr nicht weiter mit dem Jungen gestritten habt. Es ist Valerius Aurelius, der Sohn des Präfekten. Sein Vater ist in Glaubensdingen ein liberal denkender Mann, der insgeheim den Göttern anhängen soll. Trotzdem sollte man sich nicht mit seinem Sohn anlegen.“

„Bist du Christin?“, wollte ich von der Frau wissen.

„Es spielt keine Rolle, was ich bin“, entgegnete sie, „mein Mann ist von den Barbaren umgebracht worden, und ich lebe von der Barmherzigkeit derer, die geben.“

Ich nickte und gab der Frau ein paar Münzen, ehe wir der Kirche den Rücken kehrten.

Als Ambrosius wurde der Junge später Bischof in Mediolanum und nutzte seine Stellung als Berater der Kaiser Valentinian, Gratian und Theodosius, den alten Glauben ohne Rücksicht zu bekämpfen. Die Möglichkeit, ihm eine Tracht Prügel zu verabreichen, sollte ich nie wieder erhalten.

Schatten in Treveris

Wir hatten Glück, denn gleich im ersten Gasthaus, zweihundert Schritte stadteinwärts, fanden wir, was wir suchten. Ein Gästezimmer im ersten Stockwerk mit Blick auf die Straße.

Die Einrichtung konnte sich sehen lassen. Gescheuerte Dielen, Holzgestelle mit Rosshaarmatratzen und Daunenbettwäsche, Holztruhen für das Gepäck und Tisch und Stühle aus Buche. Ein Regal in der Ecke trug alles Notwendige für die Körperpflege. Tönerne Schüsseln mit Wasser, Handtücher und Duftöl. Als Wandschmuck diente ein gelber Zierteppich mit ornamentierter Bordüre in Schwarz und einem Medaillon in der Mitte, aus dem uns ein Satyr mit roten Haaren und blauen Augen schalkhaft zulächelte. Die Zimmereinrichtung vervollständigte ein Spiegel im Bronzerahmen, der an den Rändern leicht angelaufen war. Das verglaste Fenster zur Straße ließ sich leicht öffnen, und die Stubentür aus Eiche war mit einem stabilen Schloss versehen, was in einer Großstadt wie Treveris, wo sich viel Gesindel herumtrieb, von Vorteil war.

Wir machten uns frisch, benutzten die Marmorsitze der Latrine im Erdgeschoss und betraten von hinten die zur Straße liegende Gaststube.

Ein Pfeiler, aus Kalksteinquadern zusammengefügt, trug in der Mitte des Raumes die Last des gemauerten Deckengewölbes.

„Imperator Felix“, las ich in großen Lettern auf einem Holzschild über der Eingangstür. Darunter das mit ungelenkem Pinselstrich ausgeführte Bildnis eines lächelnden Mannes in einer Toga, der in der Rechten einen Adler bekrönten Feldherrnstab schwenkte. Ein gleiches Bild schaukelte, an einer Eisenstange befestigt, vor der Fassade im Wind und hatte uns hereingelockt.

Auf einem Holzbord an der Wand in allen Größen Marmorbüsten römischer Kaiser, wie sie zum Regierungsantritt tausendfach in den Werkstätten hergestellt wurden: Postumus, Victorinus und Tetricus, die von Treveris das Gallische Sonderreich regierten, der Reformer Diocletian, Probus, Valerian, Alexander

Severus, Decius, Maximinus Thrax, Claudius Gothicus, Tacitus, Constantinus Chlorus, der Vater des Großen Constantinus und andere, die ich nicht kannte oder deren Gesichtszüge der „damnatio memoriae“ zum Opfer gefallen waren. Constantinus und seine Söhne waren nicht vertreten, da der Hausherr keinen Streit mit der kaiserlichen Verwaltung wollte. Es hatte sich herumgesprochen, dass Constantius II. wenig Verständnis zeigte, wenn die eigene Herrschaft oder das Schicksal seiner Verwandtschaft zum Gegenstand eines Spaßes wurden. Ein Witzbold hatte diejenigen Büsten mit einem schwarzen „X“ gekennzeichnet, deren Vorbilder eines gewaltsamen Todes gestorben waren, was bei den meisten der Fall war.

Wir suchten einen Tisch, weit genug vom gemauerten Tresen entfernt, an dem eine Gruppe lärmender Handwerker im Stehen einen Imbiss zu sich nahm.

„Seid gegrüßt, werte Herren“, wurden wir vom Wirt der Taverne persönlich empfangen. „Sagt euch das Zimmer zu? Es ist mein bestes und nur vornehmen Gästen vorbehalten.“

„Wenn Speisen und Wein von gleicher Güte sind, haben wir keinen Grund zu klagen“ erwiderte ich. „Was kannst du uns aus deiner Küche empfehlen?“

Der Wirt, ein Glatzkopf mit Doppelkinn und ausladendem Kugelbauch, wischte sich mit einem Tuch über die rosige Kopfhaut, griff sich einen Stuhl und nahm neben uns Platz.

In diesem Moment betraten zwei Frauen in den Zwanzigern die Taverne, blieben in der Nähe des Eingangs stehen und begutachteten mit einem Blick ihrer geschminkten Augen die Gäste an Tischen und Tresen.

Das Haar trugen sie offen und die Schminke verdeckte nur unvollständig die Ringe unter ihren Augen, Spuren durchfeierter Nächte mit Wein im Übermaß. Die bunten Kleider, aufgeschlitzt bis über die Knie und weit ausgeschnitten am Ansatz der Brüste, waren, wie der Messingschmuck an Armen und Fingern, Billigware von den Ständen der Tagesmärkte.

Ein Wink aus den Augen des Wirtes, unterstützt vom Wedeln der Rechten, veranlasste die Schönheiten der Straße, auf dem Absatz kehrt zu machen und die Taverne zu verlassen. Straßendirnen, wie sie zu Hunderten in den Gassen der Kaiserstadt auf Kundenfang waren. Die meisten hatten Vereinbarungen mit den Gastwirten geschlossen, wann ihre Anwesenheit erwünscht war. Es gab Tavernenbesitzer, die gegen eine Gebühr ihren Schutz vor renitenten Freiern und ein Hinterzimmer zur Verfügung stellten und so als Zuhälter von der Prostitution profitierten.

Der Auftritt der beiden Schönen machte mir schmerzlich bewusst, dass seit den Tagen in Aquis keine Frau mehr das Bett mit mir geteilt hatte.

„Mein Name ist Claudius Piso“, unterbrach der Wirt meine Gedanken, „und ich habe das Kochen in Burdigala erlernt. Ihr werdet zufrieden sein, denn ich benutze nur die frischesten Zutaten und besitze einen Keller, der ausschließlich den besten Weinen aus Gallien und der Mosella Zutritt gewährt.“

Er legte die Hände mit den fetten, kurzen Fingern auf die Tischplatte und spitzte die Lippen.

Ich verspürte unter dem Tisch einen Tritt gegen mein Schienbein und sah, wie die Mundwinkel im Gesicht meines Freundes zuckten, der sich verzweifelt mühte, ein Lachen zu unterdrücken. Es war zu komisch. Mit hervorquellenden Augen, dicken Kugelbacken und volllippigem Schmollmund glich Claudius Piso einem Karpfen, der nach oben stieg, um ein Insekt von der Wasseroberfläche zu pflücken.

„Meine Küche empfiehlt heute Huhn auf numidische Art, mit einer Sauce aus Datteln, Honig und Pinienkernen“, ließ sich der Wirt von der Heiterkeit des Galerius nicht aus dem Konzept bringen.

Galerius prustete, was Claudius als Zustimmung wertete, denn Wort für Wort zelebrierte er mit verklärtem Antlitz seine zweite Empfehlung.

„Lukanische Würstchen, gefüllt mit einer Farce aus Kalbfleisch, Schweinebauch, Pfefferkörnern, Kümmel, Petersilie und Wacholderbeeren, über Buchenholz geräuchert und vor dem Servieren in Wein erhitzt.“ Voller Erwartung schaute er von mir zu Galerius, und sein Gesicht glänzte vor Zufriedenheit, als ich beide Gerichte bestellte.

Auf ein Klatschen seiner Patschhände erschien eine Magd, zwei Becher Mulsum auf einem Tablett balancierend.

„Ein paar Appetitanreger vor dem Essen?“

Ich nickte, und er gab der Magd ein Zeichen, das Bestellte herbeizuschaffen.

„Wie wäre es mit einem schönen Roten aus Burdigala und zu Würstchen und Geflügel eine Flasche Weißen von der Villa Vineta, wenige Meilen den Fluss herab? Ein frischer Tropfen, der seit Jahren in meinem Keller ruht und auf besondere Gäste wartet.“

Galerius kämpfte mit einem erneuten Lachanfall, als ich der Empfehlung zustimmte und Claudius Piso in seine Küche watschelte.

„Marcus, der Kerl bringt mich noch um den Verstand“, gluckste mein Freund, dem die Tränen die Wangen herabliefen. Seit Tagen hatte ich ihn nicht so gelöst und entspannt gesehen.

Ich hob einen Mulsumbecher und trank ihm zu.

„Auf schöne Tage in Treveris, und offenbare unserem Wirt bitte nicht, dass er den Wein von uns bezieht. Wir würden ihn nicht mehr loswerden. Was hältst du davon, wenn wir gleich morgen einen Secretarius der Provinzialverwaltung aufsuchen und einen Vertrag aufsetzen lassen, der alles regelt?“

Galerius stieß mit mir an, dass der Klang der Becher im Gewölbe der Taverne widerhallte.

„Auf die Götter und den Wein der Villa Vineta.“

„Ihr erlaubt?“ Die Magd stellte einen Krug und zwei weitere Becher auf den Tisch. Dazu eine Schale hart gekochter Eier in Senfsauce, Oliven, gekochte Weinbergschnecken im Gehäuse, eine Farce aus zerriebenen Kräutern, Ziegenkäse und Knoblauch, ein Fläschchen Garum zum Würzen und einen Korb mit duftendem Dinkelbrot, in Weinlaub gebacken.

Mein Freund klatschte vor Begeisterung in die Hände, bevor er sich über die Köstlichkeiten hermachte.

Ich öffnete das Garumfläschchen und roch am Inhalt. Salzig

und fischig stieg mir das Aroma nach Sonne und Mittelmeer in die Nase. Diese Kostbarkeit war kein eingedickter Sud aus Weißfischen und Flusskrebsen, sondern echtes Garum aus Südgallien. Der aufgefangene Saft gesalzener Sardellen, freigesetzt durch die Glut der Sonne, bildet die Grundsubstanz der Würzsauce, ohne die eine gute Küche nicht denkbar ist. Wir hatten mit der Taverne des Claudius Piso eine gute Wahl getroffen.

Die Vorspeisen, das Hühnchen und die Würste waren ein Genuss, den ich lange Zeit entbehrt hatte. Nichts gegen die Küche der Villa Vineta, aber mit der unseres Wirtes konnte sie nicht mithalten. Zum Abschluss brachte die Magd einen Schafskäse und eine Obstschale, die bis an den Rand mit in Mulsum eingelegten Birnen und frischen Kirschen gefüllt war.

Gesättigt und zufrieden lehnte ich mich zurück und rieb mein Handgelenk, das sich unter dem Amulett wieder gerötet hatte.

Was, bei allen Göttern, hatte das zu bedeuten? Eine Warnung? Das konnte nicht sein, wahrscheinlich hatte ich die Rötung in der Aufregung der Ereignisse vergessen und jetzt, in der Ruhe der Entspannung, meldete sich die Reizung mit einem leichten Brennen zurück. Oder lag es am Wein?

„Galerius, ich möchte heute Abend noch Charietto in seiner Stadtwohnung aufsuchen. Er soll mir raten, an wen ich mich bezüglich meines Dienstantrittes wenden kann. Kommst du mit?“

Mein Freund stellte seinen Weinbecher ab und schüttelte bedauernd den Kopf.

„Ich habe die letzte Nacht wegen unserer Siegesfeier kaum geschlafen und bin müde.

Und wenn ich ehrlich bin, Marcus, ist mir dein Freund unheimlich. Ich bin ihm dankbar, dass er uns aus der Hand der Barbaren gerettet hat, aber ich lege keinen Wert auf seine und seiner Spießgesellen Gesellschaft. Sag ihm in meinem Namen Dank und betrinke dich nicht, wir wollen morgen zur Provinzialverwaltung.“

Bald verließ ich mit zwei Flaschen Wein unter dem Arm die Taverne. Ich rief mir die Wegbeschreibung, die Charietto mir gegeben hatte, ins Gedächtnis zurück und hatte wenig Mühe, den Weg zu finden, solange ich mich auf der belebten und von Lichtern beschienenen Hauptstraße bewegte. Als ich in das Gewirr der Nebenstraßen eintauchte, erhellten nur noch wenige Fackeln und Öllampen mit ihrem trüben Licht die Dunkelheit und ich musste mehrmals fragen, bis ich in der Gasse stand, die zum Stadthaus des Wolfes führte.

Grelles Licht fiel wenige Meter vor mir aus der geöffneten Pforte eines heruntergekommenen Gebäudes, von dem das Grölen und Kreischen trunkener Männer und Frauen in die Nacht drang und sich an den Fassaden der Nachbargebäude brach. Risse, aus denen Efeu wucherte, überzogen die Fassade, und an mehreren Stellen war der Putz abgeplatzt, so dass das darunterliegende Ziegelmauerwerk sichtbar wurde. Die Fensterläden hingen schief in den Scharnieren und Ziegeltrümmer verunzierten das Straßenpflaster. Neben der Eingangspforte, in schwarzer Farbe auf gelbem Feld, der Blitz und die Wolfspfote.

„Vestigia Lupi“, die Spur des Wolfes.

In den Tagen, als es keine Barbarenhorde wagen durfte, bis Treveris vorzustoßen, hatte im Haus ein hochgestellter Beamter oder reicher Kaufmann gelebt. Es war nicht das einzige Gebäude in der Stadt, dessen Inhaber Fenster und Türen vernagelt und sich in das Innere Galliens zurückgezogen hatte, um bessere Zeiten abzuwarten.

Plötzlich zuckte grell der Schmerz im Handgelenk auf und durchlief in Wellen Arm und Oberkörper, bis er mein Herz erreichte und mir kurz die Luft wegblieb. Hellrot leuchtete die Haut unter der sich windenden Schlange, deren Smaragdaugen im Licht der neben der Pforte blakenden Pechfackel funkelten. Ich verhielt den Schritt und blieb vor der Türschwelle stehen, denn deutlicher hätte die Warnung nicht ausfallen können.

Wäre ich dem Omen gefolgt und zu Galerius und in die Sicherheit der Herberge zurückgekehrt, die Schrecken der nächsten Tage wären ausgeblieben und das Schicksal hätte einen anderen Verlauf genommen.

Und es sollte nicht die letzte Warnung gewesen sein.

Vom Dach gellte ein Schrei, und aufblickend gewahrte ich eine mächtige, schwarze Katze, die im Rausch nach Jagd und Mord über die Ziegel fegte. Ein Rutschen steigerte sich zum Poltern, und ein Schatten stürzte auf mich zu, als ich im letzten Moment reagierte und einen Schritt zurückwich. Vor mir zerplatzte eine Tegula auf dem Straßenpflaster, die mich getroffen hätte, wenn ich stehen geblieben wäre. Aber ich missachtete auch dieses Zeichen der Götter, atmete durch, schalt mich einen Hasenfuß und betrat die Höhle des Wolfes.

Kein Hausdiener empfing mich, als ich eintrat und den Weg durch dunkle Flure und Zimmerfluchten zum Innenhof nahm, aus dem mir der Lärm der Feiernden entgegenschlug. Aus den Räumen wehte mir der Hauch von Moder und Nässe entgegen, und ich musste Acht geben, nicht über herumliegende Haufen von Küchenabfällen und leeren Weinkrügen zu stolpern. Ein Windstoß blähte einen Türvorhang auf, der mir kühl und feucht über Gesicht und Oberkörper strich.

Als ich aus dem Schatten in die Helle des mit Fackeln und Öllichtern erleuchteten Atriums trat, erhob sich Charietto mit ausgebreiteten Armen von seinem Schemel und wankte mir entgegen. Auf dem Mosaikboden des Innenhofes, der eine Zirkusszene darstellte, lagerten an Tischen und Bänken seine Männer, von denen einige eine Straßendirne im Arm hielten. Ich erkannte die beiden Frauen wieder, die unserer Herberge einen Besuch abgestattet hatten.

„Endlich bist du da“, strahlte mich der Hüne an, dem das Haar feucht in der geröteten Stirn klebte.

„Lass dich anschauen. Gut siehst du aus. Komm, setz dich zu mir und meinen Wölfen. Heute wird gefeiert, denn das Schicksal ist unberechenbar, und wenn es den Göttern gefällt, werden wir morgen tot sein.“

Als er mich an seine Brust drückte, nahm mir sein strenger Duft nach Körperschweiß und Weindunst die Luft zum Atmen. Ich drehte den Kopf zur Seite, und rang mich aus seinen Armen.

Ich hatte mir mein Ende anders vorgestellt, als in den Armen eines stinkenden Halbgottes zerdrückt und erstickt zu werden.

Zärtlich strich mir Charietto mit der Hand über die Wange.

„Hab` ich dir weh getan, Römer? Ich vergaß, dass du aus edlem Holz geschnitzt bist.“

Der Innenhof erdröhnte im Gelächter der Zecher.

Wollte ich mir die Achtung Chariettos und seiner Männer bewahren, musste ich dagegen halten, denn Germanen, die getrunken haben, sind wie Kinder, die jedem beweisen müssen, wer der Stärkere ist.

„Frag die Gefangenen von Longuich, aus welchem Holz ich geschnitzt bin“, spielte ich auf unseren Sieg der vorletzten Nacht an, der sich in Treveris herumgesprochen haben musste.

„Und wie wird mir das gedankt? Zuerst werde ich vor deiner Tür von einem Dachziegel erschlagen und als Zugabe von einem Ochsen zerquetscht. Muss ich als Zugabe verdursten?“ Jetzt hatte ich die Lacher auf meiner Seite.

In jeder Hand einen Humpen wankte mein barbarischer Freund auf mich zu, wobei er vor Vergnügen brüllte und ihm die Tränen über die Wangen rollten.

„Ich habe von deiner Heldentat gehört, Römer, die ein hochgeborener Schnösel von einem Tribun in der ganzen Stadt verbreitet. Gut gemacht. So und nicht anders muss man mit dem Gesindel umgehen.“

Mit dem Fuß stieß er einen trunkenen Unteroffizier von seinem Schemel, der wütend aufsprang, sich aber trollte, als er sah, wer ihn so unsanft aufgestört hatte.

„Setz dich, Römer und erzähle uns deine Geschichte.“ Begeistert johlten seine Gesellen auf, die einen Kreis um uns gebildet hatten.

Getragen von der Begeisterung meiner Zuhörer, die mir wieder und wieder ihre schwieligen Hände auf die Schultern hieben, gab ich meine Schilderung der Ereignisse um die Rettung des Tiburinus und seiner Familie zum Besten. Wohin ich auch blickte, las ich als „Held des Abends“ Wohlwollen und Zustimmung in den Mienen der Männer, die gebannt meinen Worten lauschten.

Plötzlich war mir, als hätte jemand mit einem Eiszapfen über meinen Nacken gestrichen. Ich fuhr herum und mein Blick fiel auf ein blasses Antlitz, das mich aus dem Halbdunkel der Hofmauer mit glühenden Augen fixierte.

Es schien eine Ewigkeit zu dauern, in der das Entsetzen in mir hoch stieg und kalte Schauer meinen Rücken herabrieselten.

Endlich gaben mich die Augen frei und wanderten den Arm herab bis auf mein Amulett.

Als würde sich an Stelle der Schlange ein Ring glühenden Metalls um das Gelenk winden, schnitt der Schmerz ins Fleisch.

Ich sprang auf, stieß einen unterdrückten Schrei aus, als es auch schon vorbei war.

Wie ein Trugbild war das Antlitz im Dunkel verschwunden, und ich starrte auf die Ziegelmauer, über die das Licht der Fackeln zitternde Schatten warf.

„Was ist mit dir, du bist ja ganz weiß im Gesicht“, drang die Stimme Charietto aus der Ferne an mein Ohr.

„Bekommt dir mein Wein nicht?“

„Es ist nichts“, gab ich zur Antwort und hielt ihm meinen Arm hin. „Schau die Rötung um den Armreif. Das quält mich seit Tagen.“

Charietto nahm meinen Arm, besah sich die Stelle und setzte eine besorgte Miene auf.

„Geh morgen zu einem Medicus und lass dir eine Salbe geben. Wenn es eine Entzündung wird, ist damit nicht zu spaßen.“ Er stand auf und zog mich von meinem Schemel hoch.

„Ich muss unter vier Augen mit dir reden.“

Wir verließen den Kreis der Zuhörer, die sich wieder ihrem Wein zuwandten und suchten eine freie Stelle in einer Hofecke, wo wir uns auf einer Bank niederließen.

Charietto erstaunte mich. Eben noch trunken und kaum fähig, sich auf den Beinen zu halten, begann der Haudegen in vollendetem Latein eine strukturierte Unterhaltung. Aus dem Kriegsheld und Draufgänger sprach der Stratege und Politiker.

„Du bist zur rechten Zeit gekommen, Centurio. Flavius Claudius Julianus, seit wenigen Monaten Caesar des Westens, marschiert mit 15.000 Legionären aus Gallien heran, um die

Franken und Alemannen aus den Germanischen Provinzen zu vertreiben und die Herrschaft des Imperiums wiederherzustellen. In wenigen Wochen wird er Mogontiacum erreicht haben, wo er auf die Verstärkungen aus Treveris warten will.

„Was meinst du?", unterbrach ich Charietto. „Julianus ist ein junger Mann unter dreißig und in militärischen Angelegenheiten ohne Erfahrung. Glaubst du, dass er der Mann ist, den Krieg zu gewinnen?"

„Unbedingt", lautete die knappe Antwort. „Alle Maßnahmen, die er bisher getroffen hat, sind durchdacht und richtig. Wenn er es schafft, den Einfluss der Aufpasser unter Kontrolle zu halten, die ihm sein Vetter Constantius II. misstrauisch zur Seite gestellt hat, und er seinen eigenen Krieg führen kann, werden wir gewinnen. Die Truppen lieben Julian und werden sich für ihn zerreißen. Wir sind noch lange nicht am Ende unserer Möglichkeiten, denn die Legionäre an Rhenus, Mosella und im Hinterland warten nur darauf, zum Gegenangriff geführt zu werden. Die Hoffnung ist in die Herzen der Menschen zurückgekehrt, und täglich melden sich Versprengte, Vermisste und Veteranen in den Sammelstellen der Legion."

„An wen soll ich mich wenden, Charietto?", gab ich seinem Werben nach.

„Direkt an den Präfekten, Centurio, nachdem du vorher, am besten morgen, deine Pflicht bezüglich der Botschaft des Vicarius von Gelduba bei einem Schreiber des Magister Equitum erledigt hast. Übermorgen findet zur Mittagszeit in der Palastaula eine Audienz statt, an der alle Militärs und Würdenträger der Belgica teilnehmen. Man spricht von dir, und ich werde sehen, was ich im Vorfeld tun kann, damit du ein Kommando erhältst, das deinen Verdiensten entspricht. Sei pünktlich und besorge dir angemessene Kleidung."

Charietto nahm mich beim Arm und wir kehrten in den Kreis seiner Männer zurück, um unser Wiedersehen mit einem Krug Mosellawein aus dem unerschöpflichen Keller seines Hauses zu begießen.

Den unheimlichen Vorfall vor unserem Gespräch hatte ich fast verdrängt, als plötzlich ein dunkel gekleideter Mann durch die Reihen schlüpfte und sich vor mir aufbaute.

Wie aus dem Nichts war das Gesicht zurückgekehrt, das mich vorher so erschreckt hatte.

Ungepflegtes, dunkles Haar fiel in die Stirn und bis auf die Schultern herab, nur ungenügend von einem Lederband gebändigt. Die einst schöne Nase war mehrfach gebrochen und stand schief im Zentrum eines Gesichtes, das von einem energischen Kinn, einem schmallippigen Mund und eng anliegenden, angewachsenen Ohrläppchen dominiert wurde. Die Brauen über den irre blitzenden, stahlblauen Augen waren über der Nasenwurzel zusammengewachsen, nur durchbrochen von einer rot schimmernden Narbe, die von der Stirn über das rechte Auge bis zur linken Wange lief.

Der Mann war jung, vielleicht zwanzig Jahre, aber in Kriegszeiten altern und reifen die Menschen schnell an ihrem Schicksal.

Die Menge wich zurück und bildete einen Kreis, in dessen Mitte ich dem Mann Auge in Auge gegenüberstand.

In seinem Blick lag mein Tod, und Schauer rieselten über Rücken und Arme, als er mit heiserer Stimme das Wort an mich richtete.

„Gib mir den Armreif, Römer", tönte es wie aus einer Gruft in einem fränkisch eingefärbten Latein. Gleich einer Vogelkralle streckte sich die Rechte des Mannes nach meinem Amulett.

„Es ist ein heiliges Symbol unseres Volkes, und du hast es gestohlen."

Die Laute verhallten im Innenhof, und dräuende Stille lag über der Menge der eben noch ausgelassen Feiernden.

Ich war mir sicher, diesem Mann vor langer Zeit begegnet zu sein. Aber wo? Und was wusste er von der Geschichte um den Armreif?

Ein Aufschrei der Menge riss mich aus dem Gedanken und ich fuhr einen Schritt zurück. Der Franke hatte sein Messer gezogen und stand im Begriff, sich auf mich zu stürzen.

Ich reagierte sofort, aber der Griff an meinen Gürtel ging ins

Leere, weil ich die Herberge unbewaffnet verlassen hatte.

Da drängte sich, groß und schwarz, ein Schatten zwischen uns und schob den Angreifer zur Seite. Drohend hob Charietto die Faust, in der bläulich der Stahl einer Dolchklinge blitzte.

„Ulf, lass den Römer in Frieden, wenn dir dein Leben lieb ist“, donnerte Charietto ihn an. „Er ist mein Freund.“

Langsam wandte sich der Franke ab und verließ den Innenhof.

„Centurio“, Charietto nahm meinen Arm und betrachtete den Armreif, als hätte er ihn zum ersten Mal gesehen.

„Was ist damit? Ich habe dich bei unserer ersten Begegnung gewarnt, dass ein Fluch auf dem Amulett liegen kann, wenn der Träger es unrechtmäßig erworben hat.“

„Ich habe es nicht gestohlen, wenn du das meinen solltest“, schnitt ich Charietto das Wort ab.

„Bleib ruhig, Römer, ich weiß, wie es im Krieg ist. Kennst du den Mann?“

„Nein“, erwiderte ich, „ich habe diesen Mann noch nie gesehen. Selbst wenn, sein Gesicht ist so entstellt, dass …“

„Es war Ulf“, wurde ich von Charietto unterbrochen. „Der Ulf, der in der Kalkbrennerei einen Kameraden tötete und mir den Aufenthaltsort seiner Bande verriet, die dich und deinen Freund mitsichschleppte.

Du verdankst ihm dein Leben.“

„Er hat seine Leute nicht verraten, um mir und Galerius das Leben zu retten“, entgegnete ich. „Er wollte sich an seinen Kumpanen rächen.“

„Und jetzt will er dir ans Leben, Marcus.“ Es war das erste Mal, dass Charietto mich beim Vornamen genannt hatte. „Ich habe den Tod in seinen Augen gesehen. Der Mann ist gefährlich. Ein Einzelgänger, der mit keinem spricht, und ein guter Kämpfer, von dem meine Männer glauben, dass ein böser Geist in ihm wohnt.“

„Mach dir keine Sorgen, Charietto. Die Schlange hat mich heute gewarnt und beschützt, indem sie dich an meine Seite stellte. Der Zauber wird sich nicht gegen mich wenden.“

Charietto lachte auf.

„Ich hoffe es für dich, Römer, glaube aber nicht daran. Rede mit ihm und gib ihm den Armreif, wenn ihr das nächste Mal aufeinander trefft, oder kämpfe darum und töte ihn, wenn du Ruhe vor ihm haben willst. Ich kann nicht immer an deiner Seite stehen, um dich zu schützen, denn Ulf wird nicht zu den Wölfen zurückkehren. Er hat einen Gastfreund seines Anführers angegriffen, was bei uns Franken ein schweres Verbrechen ist."

Er reichte mir seinen Dolch, den er immer noch in der Hand hielt. Eine schöne Arbeit mit einem Griff aus Elfenbein, dessen Knauf in einen geschnittenen Wolfskopf auslief.

„Das ist für den Rückweg und sei vorsichtig. Ich würde dir einen meiner Männer mit auf den Weg geben, aber sie sind alle zu betrunken. Bleib, bis es hell wird und Menschen auf den Straßen unterwegs sind."

Dankbar nahm ich den Dolch des Wolfes entgegen und steckte ihn in meinen Gürtel.

„Du bekommst ihn wieder, Charietto. Und mach dir keine Sorgen, denn ich glaube nicht, dass Ulf diese Nacht etwas unternehmen wird. Er weiß, dass ich gewarnt bin und wird auf eine bessere Gelegenheit warten."

„Die Götter mögen dich beschützen, Marcus", gab mir Charietto mit auf den Weg und begleitete mich bis zur Einmündung der nächsten Gasse, um sich zu vergewissern, dass Ulf mir nicht vor dem Haus auflauerte.

Auf dem Rückweg spähte ich nach jedem Winkel und hielt mich in der Straßenmitte, das probate Mittel im Häuserkampf, einen Angriff frühzeitig zu erkennen.

Hätte ich Ulf den Armreif überlassen sollen? In Gedanken schüttelte ich den Kopf und konzentrierte mich auf den Weg.

Woher kannte der Franke mich? War er vor vielen Jahren Zeuge unseres Überfalls gewesen und hatte er das Schmuckstück und seinen Träger gekannt?

Ein Kribbeln im Nacken und das Gefühl von höchster Gefahr ließen mich auf der Stelle herumwirbeln. Gerade noch erkannte ich einen Schatten, der in die nächste Quergasse hineinhuschte.

Meine Hand umkrampfte den Griff des Dolches, und ich beschleunigte die Schritte, um den Verfolger abzuschütteln.

Nach wenigen Schritten drehte ich mich erneut um, konnte aber nichts Verdächtiges erkennen.

Da erklang vor mir deutlich das Geräusch von Schritten auf dem Pflaster und im schwankenden Licht einer Handlampe kamen zwei Männer auf mich zu.

Ich drückte mich an die rechte Hauswand und zog den Dolch, bereit, sofort zuzustoßen.

Jetzt waren die Männer mit der Lampe heran, und ich nahm den säuerlichen Geruch von Schankwein wahr, der von den schwankenden Gestalten hinüberwehte. Harmlose Zecher auf dem Heimweg, fuhr es mir durch den Kopf, und ich atmete durch.

Wenige Schritte weiter hatte ich die Hauptstraße erreicht, auf der die ersten Frühaufsteher zur Arbeit eilten, ein Bäckerjunge Brote austrug und Geschäftsleute die Schutzläden vor ihren Auslagen hochklappten.

Als ich vor der Herberge stand, hatten die Vögel begonnen, den Morgen zu begrüßen, und das Blassgrau des Himmels versprach einen weiteren Sonnentag. Es wurde Zeit, ins Bett zu kommen.

Brot und Spiele

Um die neunte Stunde weckte mich Galerius, der voller Tatendrang unserem Besuch bei der Provinzialverwaltung entgegenfieberte.

Ich hockte eine Weile mit zerzausten Haaren und brennenden Augen auf der Bettkante, bis ich mich orientiert hatte und bereit war, meinen Kopf in die Wasserschüssel zu tauchen. Das nächtliche Erlebnis lag mir wie ein Mühlstein im Magen, und der Schlaf hatte keine Eingebung gebracht, wie das Problem mit dem Franken gelöst werden konnte. Vielleicht gab der Mann auf und verschwand aus meinem Leben. Ich schüttelte den Kopf, erhob mich von der Bettstadt und stakste mit steifen Beinen zum Waschgestell.

„Komm Marcus, mach dich fertig, wir wollen ins Officium", drängelte mein Freund. „Kannst du mir erklären, warum du das Fenster geschlossen und die verriegelte Tür mit einer Stuhllehne gesichert hast? Ist dir der Besuch bei Charietto nicht bekommen?"

Ich verzichtete darauf, über mein Zusammentreffen mit Ulf zu berichten und speiste ihn mit einem Grummeln ab. Die Sache mit dem Franken war mein Problem, das sich in den nächsten Tagen lösen würde. Vielleicht gab Ulf auf und kehrte der Stadt den Rücken, um Charietto und seinen Wölfen aus dem Weg zu gehen. Damit ließ ich die Angelegenheit vorerst auf sich beruhen.

Mein Pflichtbesuch im Amtsgebäude des Magister Militum nahm nicht viel Zeit in Anspruch, da ich ohne Wartezeit sofort vorgelassen wurde. Mir wurden einige ergänzende Fragen zu meinem vorliegenden Bericht gestellt, alles von einem Schreiber auf Pergament aufgeschrieben und danach versiegelt. In einem Zusatzdokument wurden meine Angaben bezüglich des Geldverstecks der Garnisonskasse vermerkt und beglaubigt, bevor ich das Gebäude wieder verließ, um mich jetzt den Angelegenheiten der Villa Vineta zu widmen.

Einen mit Erbschaftsdingen betrauten Consilarius der Provinzverwaltung fanden wir nach einigem Suchen im Verwaltungsgebäude nahe der Palastaula.

Hinter Schriftrollen und Folianten, die sich auf seinem Arbeitstisch stapelten, war von dem Beamten nur der dunkle Haarschopf zu sehen, der bei unserem Eintritt in die Höhe fuhr und ein spitznasiges Frettchengesicht mit vorstehenden Hasenzähnen zum Vorschein brachte.

Merkur sei Dank zeigte der Mann Verständnis für die Dringlichkeit meines Anliegens und machte sich umgehend an die Erledigung.

„Besitzt dein Freund das römische Bürgerrecht?“, wandte er sich mir zu und richtete den Tinte befleckten Zeigefinger auf Galerius.

„Seit fünf Generationen“, antwortete der Freund an meiner Stelle. „Wie du weißt, wurde allen Provinzialen vom Imperator Caracalla das Bürgerrecht verliehen. Meine Familie war damals in der Colonia ansässig.“

„Kannst du mir einen Beweis vorlegen?“, ließ der kleine Mann mit dem südgallischen Akzent nicht locker und kaute auf seinem Schreibstilus herum.

„Nein“, knurrte Galerius ungehalten zurück. „Falls die Franken das Schriftstück nicht verbrannt haben, kannst du in den Steuerlisten der Colonia nachsehen.“

Ich zupfte den Freund am Ärmel seiner Tunika und schob dem Beamten einen Goldsolidus zu.

„Nichts für Ungut, Freunde“, wiegelte der Consilarius mit der Rechten ab, während das Goldstück seinen Besitzer wechselte. „Ich muss das nachprüfen, weil nur Provinziale mit Bürgerrecht erbbefähigt sind, und ihr wollt doch, dass alles seine Ordnung hat?

Ich muss mit meiner Unterschrift beglaubigen, dass ich die notwendigen Unterlagen eingesehen habe.“

„Und wo liegt das Problem?“, unterbrach ich seine Rechtfertigung und fingerte ein zweites Geldstück hervor.

„Ich habe alles gesehen, was notwendig ist“, zwinkerte der Beamte mir aus seinen listigen Äuglein zu.

Eine halbe Stunde später hielt ich das beglaubigte Schriftstück auf haltbarem Pergament in dreifacher Ausfertigung in den Händen.

„Verwahrt ein Exemplar in der Villa Vineta, das andere verbleibt hier, und das dritte solltet ihr zur Sicherheit einem Tempel oder besser einer christlichen Kirche in der Stadt zur Aufbewahrung übergeben."

Ich verzog das Gesicht, als hätte ich in einen unreifen Apfel gebissen, verzichtete aber auf einen Kommentar, da ich sah, dass der Mann ein christliches Amulett um den Hals trug.

„Und…, wem wirst du das dritte Pergament in Verwahrung geben?", wollte mein Freund beim Verlassen des Gebäudes wissen. „Wie du weißt, sind die Tempel nicht sicher. Claudius Piso hat mir heute morgen erzählt, dass der Tempel des Merkur von aufgehetzten Christen in Brand gesteckt wurde."

Ich reichte Galerius ein Pergament.

„Hinterlege es dort, wo du es für sicher hältst. Solltest du es brauchen, werde ich nicht mehr auf dieser Welt sein und es ist dann deine Sache, das Erbe einzufordern."

Im Innern musste ich meinem Freund Recht geben, hätte es aber nicht über mich gebracht, einen Priester der Christen um die Gefälligkeit zu bitten und ihn womöglich noch dafür zu bezahlen.

„Ich werde es erledigen", vermied Galerius einen Disput und ließ den Bogen unter seinem Mantel verschwinden.

Er trug das Schriftstück in den Christendom, während ich mein Exemplar zuunterst in der Kleidertruhe des Gastzimmers verbarg und froh war, eine Stunde Schlaf nachholen zu können.

Noch vor der Mittagszeit war ich wieder auf den Beinen und schritt neben meinem Freund dem Zentrum der Stadt entgegen.

Als erstes suchten wir einen Tuch- und Kleiderhändler auf, um uns für die morgige Audienz einzukleiden.

Galerius hatte erfreut zugestimmt, als ich ihm vorschlug, mich in die Palastaula zu begleiten.

Bei unserem Erscheinen trat aus dem Hintergrund des Verkaufsraumes der Besitzer hervor und grüßte uns mit solcher

Herzlichkeit, dass Galerius wissen wollte, ob meine Familie ihre Einkäufe seit Generationen in diesem Geschäft getätigt hätte.

Sein Akzent, der Olivton der Haut, der weiche Schnitt der Gesichtszüge und der gedrungene Körperbau verrieten die Herkunft des Händlers aus dem Land der Pharaonen.

Ich war überrascht von dem Warenangebot, das, kunstvoll an Wänden und Holzgestellen drapiert, die zahlungskräftige Kundschaft erwartete. Diese Orientalen verfügen auch in schwierigen Zeiten über ausgezeichnete Geschäftsverbindungen zu allen Regionen des Imperiums.

Neben derber, mit Karos gemusterter Ware aus kaledonischer Schafswolle ruhten, zu einem Haufen geschichtet, die aus Filz geschneiderten, rostrot und blau gefärbten Regenumhänge mit Spitzkapuze. Ein Schaukasten an der Wand präsentierte Mantelfibeln aus Bronze oder versilbertem Eisen in allen Größen. Die prächtigsten waren mit Zwiebelköpfen und Halbedelsteinen verziert, Meisterwerke eines Goldschmiedes um die Ecke, wie ein Holztäfelchen verriet. Ein Wandregal enthielt perlenbesetzte Schuhe und Halbstiefel aus weichem Hirsch- und Rehleder in blau und rot. Daneben an einem Ständer Gürtel in allen Breiten mit üppigen Metallschnallen und punzierten Bronzebeschlägen, wie sie gerne von germanischen Offizieren getragen werden. Über unseren Köpfen schwebte an einer Messingkette der Inbegriff höfischer Eleganz, eine aus Goldbrokat und blauer Seide gefertigte Dalmatica mit langen Ärmeln. Zwischen den Auslagen schwelten in Messingschalen Weihrauch und andere Spezereien, um mit ihren Wohlgerüchen den Geist zu betören und den Geldbeutel zu öffnen.

Sanft glitten die Hände des Galerius über Leinen- und Seidentuniken aus dem Orient. Zierfelder am Halsausschnitt und bis zur Taille reichende Schmuckstreifen trugen Blumenornamente, Tierfriese oder mythologische Götterdarstellungen in allen Farben.

Christliche Symbole sahen wir nicht, weil es sich für Nazarener nicht schickt, Glauben und Überzeugung mit eitler Selbstdarstellung zu verbinden. Man erkennt sie an den Christogrammen auf ihren Ringen und den Amuletten, die sie an einer Kette um den Hals tragen.

„Schaut euch alles an, vornehme Herren“, schmeichelte die Fistelstimme des Ägypters, der uns auf leisen Sohlen gefolgt war.

„Eine Erfrischung gefällig?“ Er klatschte in die Hände, und eine Dienerin erschien mit zwei Tonbechern, die verdünnten Wein enthielten. „Es ist heiß und staubig in den Straßen der Stadt.

Was kann Aletho aus Alexandria tun, um eure Herzen zu erfreuen?“

Ich erstand eine blau gefärbte Tunika aus syrischem Tuch, deren Schmuckbänder bis zur Taille reichten und im Wechsel mit Weintrauben und Satyrköpfen bestickt waren. Rote Bordüren mit mäandrierenden Verzierungen in schwarzer Wolle säumten Halsausschnitt, Ärmelenden und Saum. Dazu passte ein leichter Sommermantel aus rotem Leinen, der meine Offiziersfibel hervorhob und farblich mit einem Paar blauer Halbstiefel harmonierte, die ich anprobierte, bevor ich mich zu ihrem Kauf entschloss. Als Zugabe schenkte mir der Ägypter einen Gürtel mit kerbschnittverzierten Bronzebeschlägen.

Er schleppte einen Silberspiegel herbei, in dem ich mich von allen Seiten betrachtete und zu dem Schluss kam, dass ich mich sehen lassen konnte. Ich hatte einen guten Handel abgeschlossen, der meinen Beutel um zwei goldene Solidi mit dem Konterfei Constantins und einige Silbermünzen erleichterte.

Galerius hatte eine schlichte Tunika in Weiß und einen blauen Mantel mit versilberter Bronzefibel gewählt, was ihn gut kleidete.

„Wie wäre es mit einem Thermenbesuch?“, fragte ich den Freund, als wir den Laden des Ägypters verlassen hatten und das sonnenbeschienene Pflaster des Cardo betraten.

„Zu gerne“, stimmte Galerius zu. „Ich habe viel von den Bädern der Kaiserstadt gehört und muss gestehen, dass ich noch nie eine Großtherme von innen gesehen habe.“

„Dann lass uns die Barbarathermen aufsuchen, die jedem Vergleich mit den Anlagen Roms und Alexandriens standhalten.“

Unbelastet von unseren Einkäufen, die ein Diener des Ägypters gegen ein kleines Trinkgeld in unseren Gasthof gebracht hatte, machten wir uns auf den Weg und betraten um die erste Mittagsstunde die kühle Vorhalle des öffentlichen Bades.

Staunend durchmaß Galerius die mit Boden- und Wandmosaiken geschmückte Architektur, einen Traum aus Marmor, Stuck und polierten Säulenschäften.

Das Sonnenlicht flutete durch die verglasten Bogenfenster ins Innere und leuchtete den Bau bis in die kleinste Nische aus, während Marmorstatuen von Göttern, Heroen und Imperatoren aus säulengefassten Wandnischen auf uns herabschauten.

Galerius, der sein Leben damit verbracht hatte, dem Wasser einen Weg durch die Wildnis in die Städte zu bahnen, stand zum ersten Mal ergriffen am Endpunkt aller Mühen.

Ein Aufseher wies uns den Weg zu den Umkleideräumen, deren verschließbaren Fächern wir Kleidung und Wertsachen anvertrauten. Den Schlüssel band ich an mein Handgelenk, das trotz des missbilligenden Blicks des Aufsehers meinen Armreif trug, von dem ich mich nicht trennen wollte.

Für ein paar Kupferfolles mieteten wir Holzsandalen, Schmutzschaber, irdene Tonkrügelchen mit Duftöl und wollene Handtücher, die wir um unsere Lenden schlangen.

Gejohle und Geschrei drang von der säulenumstandenen Palästra herein und lockte uns hinaus.

Neugierig betraten wir den rundum gepflasterten Innenhof, auf dessen Sandfläche sich Jung und Alt in Sport und Spiel übte. In den Ecken wurde gerungen, während die Platzmitte den Ballspielern gehörte, die sich mit den Füßen eine lederumhüllte Schweinsblase zuspielten, die den Boden nicht berühren durfte.

Wem dieses Missgeschick passierte, schied unter dem Gejohle der Mitspieler aus und warf eine Kupfermünze in einen Kessel, dessen Inhalt dem Sieger ausgehändigt wurde. Auf den Steinbänken der Längsseiten schabten die Athleten mit Metallstriegeln den Schweiß und Schmutz des Sportplatzes von ihren Körpern, bevor sie die Wasserbecken im Innern aufsuchten.

Ich spürte einen leichten Stoß in der Seite.

„Na, wie wäre es mit einem Ringkampf, Marcus, ich hätte nichts gegen ein wenig Bewegung einzuwenden."

Empört schaute ich dem Freund ins Gesicht.

„Bist du von Sinnen, Galerius? Ich bin froh, dass ich mich nach den letzten Nächten auf den Beinen halten kann und das einzige, wonach mein Körper verlangt, sind Ruhe und ein wohliges Bad. Wenn dir nach Bewegung ist, kannst du mich später massieren."

Mein Freund blickte mich an, als hätte er die Ironie nicht verstanden.

„Lass gut sein, Galerius", nahm ich den Scherz zurück. „Ich verzichte darauf, von deinen zarten Händen in den Hades befördert zu werden."

Lachend verließen wir die Palästra und suchten die Baderäume auf, wobei unsere Holzsandalen, die wir zum Schutz vor den erhitzten Bodenplatten angelegt hatten, über die Bodenmosaike klapperten.

Nach Schwitzbad und Kaltwasserbecken entspannten wir wohlig in den lauen Fluten des Warmbeckens.

Entrückt und unwirklich, als hätte ein anderer davon erzählt, verschwammen die Eindrücke der Nacht wie ein ausgestandener Albtraum.

Eine Gruppe Badender, die neben uns einen lärmenden Disput ausfochten, holte mich in die Wirklichkeit zurück.

Ein umgestürzter Krug, aus dem ein rotes Rinnsal wie Blut in das Becken lief, und halbgefüllte Becher am Beckenrand ließen auf schlechte Gesellschaft schließen.

Es war eine Unsitte und nicht erlaubt, Speisen und Getränke mitzunehmen, seitdem sich die Todesfälle beim Baden gehäuft hatten. Leider fehlte den Badedienern oft der Mut, sich mit dem angetrunkenen Pöbel anzulegen, und so konnte es vorkommen, dass man an eine im Wasser treibende Leiche stieß, die der plötzliche Schlag, das Schicksal der Zecher, ereilt hatte.

„He, ihr da", grölte der älteste, ein bärtiger Fettwanst in den Vierzigern. „Wie wäre es mit einer kleinen Wette? Auf wen setzt ihr? Auf den flinken Briten oder auf den bärenstarken Germanen?"

Ich tat so, als wäre ich nicht gemeint, aber die Männer griffen nach ihren Bechern und rückten heran. Üble Gestalten mit eingeschlagenen Nasen, Muskel bepackten Oberarmen und behaarten Stiernacken, ohne Zweifel Raufbolde und Tagelöhner aus den Hafenschänken.

„Ihr seid nicht von hier, oder?“, biederte der Dicke sich an, indem er sich zu mir herüberbeugte und eine Hand auf meine Schulter legte. Ich wich zur Seite, um sowohl seiner Berührung als auch dem übelriechendem Atem zu entgehen, der von seinen schwarzen Zahnstümpfen zu mir herüberwehte.

„Wir stärken uns für die Arena, wo in zwei Stunden der Hauptkampf des Tages stattfindet. Das wird ein Vergnügen.“

Nach Zustimmung heischend blickte er in die Runde seiner Kumpane, bevor er sich wieder mir zuwandte.

„Seit den Tagen des großen Constantinus hat es solche Kämpfer nicht mehr gegeben. Der Brite mit 25 Siegen, vier Unentschieden und nur einer Niederlage ist flink wie ein Wiesel und gefährlich wie eine Natter. Der Sachse ist ein brutales Schwein, der jeden Gegner massakriert, der nicht rechtzeitig seine Hand um Gnade hebt.“ Zur Untermalung führte er mit dem Arm einen waagerechten Schlag über das Wasser aus, um eine Enthauptung anzudeuten.

„Habt ihr von der Keilerei bei Longus gehört? Würde mich nicht wundern, wenn vorher ein paar Mordbrenner ihren finalen Auftritt in der Arena haben.“

Er fiel in ein ordinäres Lachen, in das seine Kumpane brüllend einstimmten.

Zwei Jungen, die neben uns in das Becken sprangen, beendeten das Gespräch mit einer Wasserfontäne. Fluchend und ihre Becher mit der Hand gegen das Spritzwasser schirmend, verließ unsere mordlüsterne Bekanntschaft das Becken.

„Pluto soll euch holen, ihr nichtsnutziges Pack“, drohte der Dicke. „Ich werde euch melden und dann fliegt ihr raus.“

Lachend belegten ihn die Kunstspringer mit einem feuchten Wassergruß und formten Daumen und Finger der Linken zu einem ordinären Gruß.

Puterrot lief der Dicke im Gesicht an, und einen Moment

schien es, als wollte er sich auf die Jungen stürzen, als seine Saufkumpane ihn mitzogen.

Ich ließ den angehobenen Fuß sinken, den ich dem Dicken in den Bauch rammen wollte, falls er es gewagt hätte, sich an den beiden zu vergreifen.

„Was meinst du, Marcus?“, wandte sich Galerius mir zu, als Ruhe im Becken eingekehrt war. „Ich habe noch nie einen Gladiatorenkampf gesehen. Sollen wir hingehen?“

Ich hatte es geahnt, aber gehofft, dass mein Freund seiner Neugier widerstehen würde. Ich konnte den Spielen in der Arena nichts abgewinnen, seit ich als Junge diese unmenschliche Schlächterei mit Abscheu ertragen musste. Ein Vetter meines Vaters hatte mich, ohne die Erlaubnis der Eltern einzuholen, in der Absicht mitgenommen, einen ganzen Kerl aus mir zu machen. Tagelang litt ich unter Albträumen und begann beim bloßen Anblick eines Küchenmessers zu zittern. Obwohl die Gladiatorenkämpfe mit der Zeit ihren Schrecken verloren, bin ich nie gerne hingegangen. Sie waren primitiv und gewalttätig und hatten mit einem ehrenvollen Kampf nichts gemein. Ich kann bis heute nicht verstehen, wie sich Menschen daran ergötzen können, wenn sich Individuen um des Spektakels willen grausam abschlachten. Die Spiele sprechen die niederen und gemeinen Instinkte an und sind der Schandfleck unserer Zivilisation. Andererseits konnte ich die Neugier meines Freundes verstehen und wollte ihm die Erfahrung nicht vorenthalten.

„Wenn du dir unbedingt den Tag verderben möchtest, gehen wir hin, aber mach mir später keine Vorwürfe“, dämpfte ich die Vorfreude des Freundes.

Die Sonne hatte ihren Höchststand überschritten, als wir ins Freie traten.

Verglichen mit der frühen Stunde unserer Ankunft hatte sich der Vorplatz in einen lärmenden Vergnügungsort verwandelt, der von Menschen wimmelte.

Weinhändler und Imbissverkäufer, die wussten, dass ein Thermenbesuch hungrig und durstig macht, hatten ihre Stände aufgebaut und priesen ihre Erzeugnisse an.

Prostituierte trieben sich auf der Suche nach den ersten Freiern zwischen den Verkaufsbuden herum. Ausnahmslos aufdringlich parfümierte ältere Frauen mit verlebten Gesichtern und Zahnlücken, deren Brüste schlaff herabhingen und die keine Aussichten hatten, am lukrativen Abendgeschäft der Tavernen und Weinstuben teilzuhaben. Ihre Opfer waren in der Regel Männer jenseits der fünfzig, die sich im Kreis ihrer Altersgenossen an den eigenen Zoten und anzüglichen Reden aufgegeilt hatten.

Was mich ansprach, waren die Gerüche nach gebratenem Fleisch, würzigen Saucen und ungewässertem Wein, die mir das Wasser im Mund zusammenlaufen ließen.

Wir erstanden zwei Portionen Schweinefleisch, das der Händler mit einem langen Messer in Stücken vom Bratspieß schnitt und mit Zwiebelringen, gehacktem Knoblauch und Fischsauce in aufgeschnittene Fladenbrote packte.

Zusammen mit einem Krug Schankwein vom Nachbarstand ließen wir uns am Rande des Platzes auf einer Steinbank nieder und schlangen die fetttriefende Köstlichkeit im Schatten zweier Esskastanien hinunter. Verglichen mit der Küche des Claudius Piso ein derbes Mahl, das, an der frischen Luft genossen und mit Landwein heruntergespült, herrlich mundete.

Entspannt und gesättigt dösten wir auf unserer Steinbank und hingen den Gedanken nach.

Ein Thermenbesuch, ein einfaches Mahl und ein kühler Wein. Das Leben konnte so schön sein ohne Sorgen, Kriege und Verrückte, die einem wegen eines Amuletts nachstellten.

„Was meinst du Marcus", weckte mich die Stimme des Galerius. „Wird es nicht Zeit, zur Arena zu gehen, wenn wir noch einen Platz bekommen wollen?"

Ich war eingenickt und folgte widerstrebend der Aufforderung meines Freundes, der sich von der Bank erhoben hatte und ungeduldig mit den Füßen scharrte.

Es dauerte einige Schritte, bis die Mattheit meine Glieder freigab und ich aufschließen konnte.

Gleich uns strebten Menschenmassen über den Decumanus, der sich von der Mosellabrücke bis zur Arena erstreckte, dem

Ort der Spiele zu. In Kleingruppen erörterten die Männer gestenreich die Fähigkeiten und Aussichten der einzelnen Kämpfer, während Halbwüchsige herumtollten und mit Sprüngen und Armbewegungen die Kampfesweise der Gladiatoren imitierten. Vereinzelt strebten auch Frauen in Begleitung dem blutigen Ereignis entgegen.

Auf halbem Weg passierten wir die Baustelle der Kaiserthermen, die nach dem Willen des Konstantin alle übrigen Badeanlagen der Stadt in den Schatten stellen sollte. Aus Geldmangel wurde das Großprojekt nach dem Tode des Imperators eingestellt und bot mit seinen dachlosen Mauern, vernagelten Fensteröffnungen und zugemauerten Türen einen traurigen Anblick. Später, als Valentian Sicherheit und Wohlstand in die Kaiserstadt zurückgebracht hatte, wurde die Investitionsruine fertiggestellt und zu einem repräsentativen Justizforum umgestaltet.

Hohe Ziegelmauern, vor denen sich der Menschenstrom staute, zeigten in der Ferne das Ziel unseres Weges an. Es ging nur noch im Schneckentempo voran, und ich hatte Muße, die am Straßenrand aufgestellten Schautafeln zu betrachten, die Aufschluss über das Programm und den Stifter der heutigen Spiele gaben, einen hohen Beamten der Provinzialverwaltung.

Eingekeilt in der Menge, begann ich mich an der stickigen Luft unwohl zu fühlen, die das Atmen schwer machte und den Schweiß aus den Poren trieb. Es stank nach menschlichen Ausdünstungen, und ich ekelte mich vor den nicht zu vermeidenden Berührungen mit schwitzenden Körpern.

Ein Taschendieb musste leichtes Spiel haben, und für einen Meuchelmörder wäre es im Gedränge ein Kinderspiel, sein Opfer mit einem Dolchstich in die Unterwelt zu schicken.

Der Schmerz am Handgelenk kehrte zurück, und ich fühlte ein Brennen im Nacken, als würde mich jemand von hinten anstarren.

Ich wirbelte herum, stieß heftig gegen meinen Hintermann, konnte aber niemanden ausmachen, der mir Übles wollte.

Oder doch, war das nicht Ulf? Kürzer als einen Wimpernschlag hatte ich zwischen den Schultern zweier Männer ein bleiches Gesicht mit einer roten Narbe gesehen. Ich reckte mich auf die Zehenspitzen und spähte über die Köpfe der Menge, ohne den Gesuchten auszumachen. Wahrscheinlich hatte mir die Phantasie einen Streich gespielt.

Ich entschuldigte mich bei dem Mann, den ich angerempelt hatte und hielt nach Galerius Ausschau, den ich wenige Schritte neben mir entdeckte.

„Galerius, achte auf deine Wertsachen", warnte ich ihn. „Hier gibt es Taschendiebe."

Mehr geschoben als gehend gelangten wir vor die Einlässe in die Arena und sahen, warum die Menge sich staute.

Vor den Toren hatten sich Legionäre und Palastgarden postiert, die jeden aus der Menge herauswinkten, der Messer oder Knüppel im Gürtel trug.

Wiederholt hatte es in einigen Arenen des Imperiums blutige Auseinandersetzungen gegeben, die gemäß kaiserlichem Erlass vermieden werden sollten.

Hinter den Soldaten standen Körbe und Holztische zur Aufnahme der konfiszierten Waffen. Eine krakelig beschriftete Schiefertafel wies die Besitzer an, ihr Eigentum vor dem Heimweg abzuholen.

Am Morgen hatte ich kurz erwogen, wegen des nächtlichen Vorfalls den Dolch des Charietto einzustecken, mich aber dagegen entschieden. Wer weiß, ob ich die Waffe in dem Durcheinander zurückerhalten hätte.

Wir wurden nur oberflächlich abgetastet, weil unser Erscheinungsbild keine gewaltbereiten Störenfriede erwarten ließ, durchschritten das Eingangstor und stiegen den überwölbten Treppenaufgang hinauf.

Als wir ins Freie traten, befanden wir uns auf halber Höhe der rundum ansteigenden Zuschauerränge, die zu einem Drittel besetzt waren. Bei der Masse an Menschen, die sich vor den Toren ballte, musste die Arena gut gefüllt werden.

Obwohl Priester und Bischöfe für die Ächtung der Gladiatorenspiele eintraten, hatte dies keinen Einfluss auf die Beliebtheit des blutigen Spektakels genommen. Die Zuschauer, darunter viele Christen, strömten weiter in die Arenen, obwohl erst sechzig Jahre vergangen waren, dass viele Glaubensbrüder ihr Leben in den Arenen des Ostens gelassen hatten.

Unter uns leuchtete weiß im Sonnenlicht das Oval des Kampfplatzes. Dunkle Flecken auf dem Boden rührten von Blutlachen, die notdürftig mit Sand überdeckt waren.

Galerius blähte die Nasenflügel und sog den Geruch von Schweiß und wilden Tieren ein, der vom Kampfplatz hinaufstieg.

„Bei allen Göttern, Marcus, eine solche Menschenmasse habe ich noch nie an einem Ort gesehen. Was glaubst du, wie viele es sind?“

„Es gehen mehr als 20.000 Zuschauer hinein, jetzt sind es vielleicht 8.000.“

Kaum hatte ich mich bequem niedergelassen, meldete sich der Wein des Thermenvorplatzes durch den quälenden Druck meiner Blase.

„Halt mir den Platz frei, Galerius, ich bin gleich wieder da!“, warf ich meinem Freund zu und begab mich auf die Suche nach einer Latrine oder ruhigen Ecke, wo ich mich erleichtern konnte.

Ich pflügte durch die zu ihren Plätzen hineindrängenden Zuschauer, bis mir im Zuschauertunnel aus einem dunklen Seitengang der scharfe Gestank von Urin entgegenschlug. Pfützen auf Boden und Wänden und ein Mann, der mir, die Tunika gürtend, entgegenkam, ließen keinen Zweifel an der Verwendung des Ortes. Aus dem dämmrigen Halbdunkel des mit Flechten und Moosen bewachsenen Gewölbes wehte mich kühler Moderhauch an.

„Wie in den Gängen und Verliesen unter der Arena, in denen Mensch und Tier die letzten Stunden ihres Lebens verbringen“, schoss es mir durch den Kopf.

Ich schlug die Tunika hoch, griff von der Seite unter das Schurztuch, atmete erleichtert aus und ließ meinen Urin gegen die Wand plätschern.

Wie eine glühende Klinge bohrte sich der Blick zwischen

meine Schulterblätter und brachte mein Rinnsal zum Versiegen. Ich war in Lebensgefahr, wirbelte herum, hörte das Krachen eines faustgroßen Steines gegen die Stelle der Ziegelwand, wo sich eben noch mein Kopf befunden hatte und sah eine wehende Tunika um die Mauerecke in den Hauptgang verschwinden.

Mein Herz hämmerte im Hals und meine Hände suchten zitternd den Dolch, den ich in der Herberge gelassen hatte.

Ich musste aus der Mausefalle heraus, bevor der Schatten sich besann und zurückkehrte.

Ich brüllte vor Wut und Verzweiflung, stürmte zum Ausgang, bereit, jeden Gegner niederzurennen, der sich mir in den Weg stellte, und flog die Stufen hinauf ins Sonnenlicht.

Ohne Atem lehnte ich an einem Mauerpfeiler, während mir der Schweiß in dicken Tropfen über das Gesicht rann und sich vorne auf der Tunika ein kleiner Fleck feucht ausbreitete, der meinen abgebrochenen Latrinengang verriet.

„Du hast dir in die Tunika gepisst", war das erste, was ich denken konnte.

Ich blieb, wo ich war, und starrte den Aufgang hinab, entschlossen, mein Leben mit den bloßen Fäusten zu verteidigen. Endlich bekam ich wieder Luft und atmete in regelmäßigen Zügen, bis das Zittern in den Gliedern nachließ.

Schritte erklangen auf den Stufen, die von einem alten Mann herrührten, der sich den Aufgang heraufmühte.

„Na, junger Mann", spottete der Greis mit einem Blick auf meine Tunika. „Der Kampf hat noch gar nicht begonnen oder liegt es am Wein?"

Voller Verachtung erwiderte ich seinen Blick, und ein „Verzeihung" murmelnd drückte er sich an mir vorbei.

Ein Aufbrausen des Publikums auf den Rängen erinnerte mich daran, dass Galerius auf mich wartete.

„Marcus, du siehst aus wie ein Geist", begrüßte mich mein Freund. „Weiß wie eine Wand mit dicken Ringen unter den Augen. Was ist geschehen?"

„Galerius, da ist jemand hinter mir her."

Bestürzt blickte mein Freund auf.

„Ich werde dir später alles erzählen. Nimm bitte den Platz hinter mir ein und gib acht, ob sich ein Mann mit einer roten Narbe im Gesicht an mich heranmacht.“

Ohne in mich zu dringen tat Galerius, um was ich ihn gebeten hatte.

„Lass uns verschwinden“, raunte ich mich umwendend dem Freund zu, „wenn die Zuschauer ihre Plätze eingenommen haben und wir rauskommen.“

Ohne auf das Geschehen in der Arena zu achten, spähte ich unablässig nach allen Seiten, während mein Sitznachbar, ein fetter Hafenarbeiter, mir unaufgefordert einen Vortrag über die Ereignisse der letzten Stunden hielt.

„Ihr habt was verpasst, Herr. Am besten war es, als man einen Bären gegen einen Auerochsen hetzte. Zuerst wollte der Ochse nicht, bis ihn ein Lanzenstich zur Weißglut brachte und er dem Bären seine Hörner ins Hinterteil rammte. Der brüllte vor Schmerz, erhob sich auf die Hintertatzen und riss dem Ochsen mit einem Prankenhieb den Unterleib auf, dass die Gedärme herausquollen und er sich mit den Vorderhufen darin verfing.“

Fanfarenstöße aus der Arena brachten den Mann zum Schweigen und ersparten mir den Rest des Massakers.

Erregt sprangen die Zuschauer auf, die ungeduldig dem Höhepunkt des Tages, dem Kampf auf Leben und Tod mit scharfen Waffen, entgegengefiebert hatten.

Unter dem Jubel der Massen schritten der Lanista und seine Gehilfen in die Mitte des Kampfplatzes. Die Schiedsrichter hielten weiße Stäbe in den Händen, die bei Verstößen gegen die Kampfregeln eingesetzt wurden. Ein Muskel bepackter Arenaknecht trug lässig einen Eisenhaken über der Schulter, an dem er die Toten hinauszuschleifen pflegte.

Der Lanista gebot mit seinem Stab Ruhe und ließ seine Stimme durch das Rund schallen. Es gab nördlich der Alpen keine Arena, die über eine bessere Akustik verfügte. Bis in die oberste Reihe des zweiten Ranges war jedes Wort deutlich zu verstehen.

„Bürger von Treveris, lange musstet ihr auf den heutigen Tag warten. Aber es hat sich gelohnt. Gaius Silarius Probus, der

Comes Sacrarum Largitionum, hat es sich nicht nehmen lassen, euch dieses Schauspiel zu präsentieren."

Ein Beifallssturm für den ansonsten ungeliebten Gebieter des städtischen Steuerwesens raste durch das Rund.

„Er hat keine Kosten und Mühen gescheut, die besten Gladiatoren der Gallischen Provinzen zu verpflichten."

Er breitete beide Arme aus, worauf Stille eintrat, in der man den Klang einer fallenden Münze vernommen hätte.

„Begrüßt Rollo, den schrecklichsten aller Sachsen und Serpentius, den britannischen Fuchs."

Wieder sprang das Publikum von den Sitzen und tobte, bis die Arena in ihren Grundfesten erzitterte.

Der traditionelle Gladiatorengruß vor der kaiserlichen Loge, die vom Statthalter und seinen engsten Mitarbeitern besetzt war, ging im Tumult unter.

Beide Kämpfer begannen nun, in entgegengesetzter Richtung den Kampfplatz zu umrunden, wobei sie nur die mannshohe Brüstung von dem rasenden Pöbel trennte.

Der Sachse Rollo brüllte wie ein Ochse und schwang Schild und Schwert in Richtung der Massen. Was für ein Kämpfer war dieser muskulöse Riese mit dem rot bebuschten Thrakerhelm und dem golden blitzenden Brustharnisch! Die Menge schrie, stimmte ein tausendstimmiges Wolfsgeheul an und imitierte mit abgespreiztem Daumen die Geste des Halsabschneidens.

„Bei allen Göttern", stieß Galerius hervor, dessen Augen gebannt an der Szenerie hingen. „Das ist widerlich. Die Leute führen sich auf wie die Wilden."

„Warte erst, wenn Blut fließt", verstärkte ich das Unbehagen des Freundes. „Du wirst erleben, worauf du dich eingelassen hast."

Von der gegenüberliegenden Seite ertönte ein scharfes Zischen, mit dem die Massen den Briten feierten. Untersetzt und von kleinem Wuchs war er in seinem schwarzen Lederkoller und dem über den Kopf gezogenen Leopardenfell der perfekte Gegenpart seines hünenhaften Gegners.

Wieder war kein Laut zu hören, als Rollo und Serpentius in

die Mitte der Arena schritten und sich aus geringem Abstand belauerten.

Endlich senkte der Lanista seinen Stab und gab den Kampf frei. Das metallische Klirren der Hiebe hallte durch das Rund und brach sich an den Mauern der Auf- und Zugänge. Schlag auf Schlag prasselte auf Rüstungen und Schilde, als die Kämpfer sich umkreisten, um die Schwächen und Stärken des Gegners zu erkunden. Beide Gladiatoren waren gut ausgebildet und verfügten über viel Erfahrung in der Arena. Sie boten dem Publikum, was es wollte, ohne dabei zu viel zu riskieren und beide würden nur dann töten, wenn sie sich ihrer Sache sicher waren. Ein Unentschieden gegen einen ebenbürtigen Gegner war mehr wert als ein unkalkulierbares Risiko.

Die Spannung der Zuschauer entlud sich in spitzen Schreien, die jedem Hieb der Kämpfer folgten. Mein Nachbar schlug seine Zähne in den Handballen der vor den Mund gepressten Faust und hinter mir kreischte und stöhnte eine Frau in hemmungsloser Ekstase.

Da gellten Schreie von den Gegentribünen durch die Arena, die nicht dem Kampfgeschehen galten. Weitere Stimmen fielen ein, bis sie einen Chor bildeten und ich einzelne Worte verstehen konnte.

„Nicht töten. Du sollst nicht töten.“

Gruppen weißgekleideter Männer und Frauen sprangen auf, die ihre Hände als Trichter um den Mund gelegt hatten, um ihrer Stimme mehr Kraft zu verleihen.

„Nicht töten. Du sollst nicht töten.“

Ein unbeschreibliches Wutgeheul war die Antwort der nicht beteiligten Zuschauer, während die Gladiatoren verwirrt voneinander abließen.

Rollo der Sachse glotzte blöde in die Massen, während ein verächtliches Grinsen über die Gesichtszüge des Briten huschte.

„Verfluchtes Christenpack“, brüllte die Frau hinter mir, als erste Wurfgeschosse gegen die Gruppe der Protestler flogen. Der Pöbel sah sich um sein Vergnügen gebracht, und ein Hagel aus Tonkrügen, Obst und Steinen deckte die Männer und Frauen in ihren blütenweißen Tuniken und Mänteln ein.

Entweder waren die als Wurfgeschosse verwendeten Utensilien gut versteckt hereingebracht worden, oder die Aufmerksamkeit der Wachen hatte unter dem Ansturm der Zuschauer gelitten.

„Prügelt das Pack aus der Arena“, schrien andere, als die ersten Handgemenge aufflammten. Der Volkszorn steigerte sich zum Orkan. Dumpf grollte der Protest durch die vollbesetzten Ränge.

Ich riss meinen Freund hoch und stieß den Widerstrebenden den Aufgang hinauf.

„Raus hier, Galerius. Das nimmt ein böses Ende.“

Ich hatte keine Lust, in eine Schlägerei verwickelt zu werden und wusste aus Erfahrung, dass die Wachsoldaten mit aller Gewalt für Ordnung sorgen würden.

„Was meinst du, was hier los ist, wenn die Legionäre eingreifen?“, schrie ich dem Freund ins Gesicht. „Die fragen nicht, wen sie vor sich haben, sondern schlagen einfach drauf.“

Endlich hatte Galerius verstanden und rannte Richtung Ausgang in den Zuschauertunnel.

Ich warf einen letzten Blick auf den menschenleeren Kampfplatz, auf dem sich hunderte Wurfgeschosse vom Weiß des Arenasandes abhoben, und eilte dem Freund nach.

Aus dem Halbdunkel des Gewölbes schallten schrille Fanfarensignale und das Dröhnen genagelter Militärstiefel.

Wir drückten uns an die Wand und ließen die Legionäre vorbei, die mit gefällten Lanzen den Gang hoch hasteten, ohne uns zu beachten.

Wir hetzten weiter und waren fast am Ausgang angelangt, als ein Aufschrei aus zehntausend Kehlen das Eintreffen der Legionäre anzeigte.

Noch ein paar Schritte und wir passierten die offenstehenden Flügel des Eingangstores, überquerten den Vorplatz, bogen in die Zufahrtsstraße ein und ließen uns verschwitzt und nach Luft ringend auf der ersten Steinbank nieder.

Aus der Arena dröhnte panisches Geschrei, während

Menschentrauben aus den Eingängen ins Freie quollen und den Vorplatz überfluteten.

Vielen waren die Kleider zerrissen und einige bluteten aus Kopf- und Körperwunden. Die Legionäre hatten bei der Wiederherstellung der Ordnung ganze Arbeit geleistet und die Spiele für heute beendet.

„Was war das, Marcus?“

„Eine geplante Provokation, Galerius“, schnaufte ich und wischte mir den Schweiß von Gesicht und Armen. „Ein abgekartetes Spiel um Macht und Einfluss.

Die Christen wissen, dass sie Kaiser Constantius auf ihrer Seite haben, dem die Spiele als Rest heidnischer Lebensart ein Dorn im Auge sind. Sie nutzen das für ihre Ziele, und es schert sie nicht, dass es Verletzte und vielleicht Tote gegeben hat.“

Tribun

Den Abend verbrachten wir auf unserem Zimmer, um uns in Ruhe auszutauschen. Essen und Trinken hatte der Wirt hinaufgebracht, sich wundernd, dass wir unsere Unterkunft dem „Imperator Felix“ vorzogen. Ich täuschte eine Unpässlichkeit vor und verzichtete darauf, ihm meine Beweggründe darzulegen, die ihn nur in helle Aufregung und Angst versetzt hätten.

Wir sprachen über alles, angefangen mit der Geschichte, wie ich zu dem Armreif gekommen war, der Warnung seines Schwiegervaters, des Priesters von Varnenum, meinem Hautausschlag, der Tatsache, dass sich meine und Ulfs Wege in der Kalkbrennerei gekreuzt hatten, dass Ulf es war, der seine Kumpane verraten und damit entscheidenden Anteil an unserer Rettung hatte, bis hin zu meiner Begegnung mit Ulf im Haus des Wolfes und dem offensichtlichen Anschlag in der Arena.

„Hat er es auf dein Leben oder nur auf den Armreif abgesehen?“, wollte Galerius meine Einschätzung hören.

„Ich weiß es nicht“, antwortete ich der Wahrheit gemäß. „Zumindest hat er in der Arena meinen Tod billigend in Kauf genommen, als er meinen Kopf knapp verfehlte.“

Mit Daumen und Zeigefinger einer Hand beschrieb ich die Größe des Wurfgeschosses und schilderte die Wucht, mit der es an die Ziegelwand gekracht war.

„Hast du gesehen, dass es Ulf war?“, bohrte mein Freund weiter.

„Nein, aber ich glaube, ihn vor dem Arenator gesehen zu haben. Ein Taschendieb wäre anders vorgegangen und hätte mir den Armreif im Gedränge heruntergerissen.“

Galerius kaute an seiner Unterlippe und überdachte meinen Bericht.

„Das ist eine böse Geschichte, Marcus“, fuhr er fort. „Wie du sagst, hat er in der Kalkbrennerei gemordet und später seine Kameraden ans Messer geliefert. Der Kerl schreckt vor nichts zurück, wenn es um seine Interessen geht. Das Beste ist, du gibst ihm den Armreif.“

„Wie stellst du dir das vor?“, brauste ich auf. „Glaubst du, der Franke klopft an unsere Tür und bittet um eine Unterredung? Vielleicht schreibt er auch einen Brief, in dem er mich in aller Höflichkeit um die Herausgabe des Schmuckstücks bittet. Aber warum soll ich es ihm überhaupt geben? Es gehört mir. Ich habe es nicht gestohlen.“

Ich hatte mich derart in Wut geredet, dass rote Lichter vor meinen Augen tanzten, als ich die Lider schloss und unser Zimmernachbar wegen des Lärms heftig gegen die Wand klopfte.

Galerius packte mich am Arm und legte den Zeigefinger auf seine Lippen.

„Du weckst die ganze Herberge. Schrei nicht herum, wenn du meinen Rat möchtest.“

Entschuldigend hob ich beide Hände und deutete mit einem Nicken des Kopfes mein Bedauern an.

„Schon besser“, knurrte Galerius.

„Da gibt es noch etwas, Galerius, was du wissen musst“, fuhr ich bedeutend ruhiger fort.

„Was ich bisher gehört habe, reicht mir eigentlich“, riss Galerius überrascht beide Augen auf und lehnte sich mit verschränkten Armen zurück.

„Hat es was mit dem Armreif und Ulf zu tun?“

„Ich weiß es nicht“, antwortete ich wahrheitsgemäß und zuckte mit den Schultern. „Maximus hat mir ein altes Familienerbstück, eine Fibel, ausgehändigt, die einst meinem Großvater mütterlicherseits gehörte und als Ausschmückung die gleiche Schlange trägt, wie ich sie am Arm trage.“

Ein leiser Pfiff ertönte, als Galerius die Luft auspresste.

„Das kann, muss aber keine Bedeutung haben“, wog mein Freund meine Andeutung auf einen Zusammenhang der Schmuckstücke sorgfältig ab. „Wahrscheinlich handelt es sich um ein bei den Franken gebräuchliches Zierornament, das es zu Hunderten oder Tausenden gibt. Du siehst Verbindungen, wo es keine gibt.“

„Außerdem“, fuhr ich, den Einwand des Freundes ignorierend, fort, „hat Maximus mir offenbart, dass dieser Großvater als Offizier der Hilfstruppen im niedergermanischen Heer diente und von jenseits des Rhenus stammte. Galerius, ich habe fränkische Vorfahren."

„Was, du?", entfuhr es meinem Freund, der mich entgeistert anstarrte. „Seit wann weißt du das?"

„Seit ein paar Tagen", antwortete ich so leise, dass Galerius sich zu mir herüberbeugen musste, um mich zu verstehen.

„Jetzt verstehe ich auch", stichelte er mit einem leicht spöttischen Unterton, „dass du in den letzten Tagen so unausgeglichen warst, ständig bereit, jedem an den Hals zu gehen, der dich auch nur schräg ansah. Erinnere dich an den Baumeister in Palatiolum und den Jungen in der Kirche."

„Ich fasse es nicht", fuhr mein Freund dann mitfühlender fort. „Du, der die Barbaren aus tiefster Seele hasst, trägst ihr Blut in dir. Das nenne ich Schicksal."

„Ich hasse nicht alle", widersprach ich kleinlaut, „Charietto ist auch einer von ihnen und den bewundere ich."

„Wie die halbe Provinz auch", trumpfte mein Freund auf. „Zweifelst du jetzt an dir und deinem Römertum, dass du wie ein Feldzeichen vor dir her trägst?"

Ich blieb die Antwort schuldig und blickte aus dem Fenster, als wenn ich dort eine Antwort auf die Frage des Freundes finden könnte.

„Keine Antwort ist auch eine Antwort", setzte Galerius unerbittlich nach, bevor er mir eindeutig seinen Standpunkt vortrug.

„Zeige mir doch den Römer, von dem du sicher bist, dass kein gallisches oder germanisches Blut in seinen Adern fließt. Marcus, das Imperium ist eine Idee, ein Ganzes, an dem alle Völker teilhaben, die in seinen Grenzen wohnen. Römer zu sein bedeutet nicht, sein Blut rein zu halten, sondern römische Kultur und Zivilisation zu leben. Die severischen Kaiser stammten aus Africa, der Imperator Philipus Arabs aus Arabia, die Familie des Großen Constantinus aus Pannonien und der Heermeister Silvanus, den man voriges Jahr in der Colonia zum Kaiser ausrief, hatte fränkische Vorfahren. Soll ich noch mehr Beispiele aufzählen?"

„Lass es gut sein", unterbrach ich den ungewohnten Redeschwall meines Gefährten, verschränkte die Arme hinter dem Kopf und starrte zur Decke.

„Du hast mir von Bissula erzählt", fuhr Galerius ungerührt fort. „Solltet ihr euch wieder sehen und Kinder zeugen, werden diese mehr germanisches als römisches Blut in sich tragen. Sind sie dann in deinen Augen keine Römer mehr? Das wird die Zukunft sein, die du nicht aufhalten kannst, egal, ob wir diesen Krieg gewinnen oder nicht. Die Franken und Alemannen werden sich friedlich oder mit Gewalt ihren Anteil an den Gebieten auf unserer Seite des Rhenus nehmen. Es sind so viele, die auch ein Recht auf ein Leben in Sicherheit und Wohlstand haben. In ein paar hundert Jahren werden die Romanen in ihnen aufgegangen sein, und es wird höchstens noch in den großen Städten und den Tälern von Rhenus und Mosella Reste römischer Lebensart und Sprache geben. Es wird etwas Neues entstehen, Marcus. Unsere Nachkommen werden es erleben und das, was dann ihre Lebensumstände ausmacht, als ihre Heimat lieben und ehren."

Wieder schaute ich aus dem Fenster und musste Galerius im Innern Recht geben. Seine Anspielung auf Bissula hatte mir eine Sicht der Dinge eröffnet, die ich noch nicht bedacht hatte.

Bevor ich eine Antwort geben konnte, kam Galerius zum Anfang unseres Gespräches zurück.

„Marcus, wenn du den Armreif behalten möchtest, wirst du kämpfen müssen. Dabei hast du wenige Aussichten zu überleben, wenn Ulf dich aus dem Hinterhalt angeht."

Wieder stiegen Auflehnung und Trotz in mir hoch, obwohl ich wusste, dass mein Freund Recht hatte.

„Wir werden heute Nacht die Türe verrammeln und abwechselnd wachen" fuhr Galerius sachlich fort „und sprich nach der Audienz mit Charietto. Er soll den Franken fangen oder dir eine Leibwache stellen."

Damit war zu diesem Thema alles gesagt und die Abgeklärtheit, mit der Galerius die Lage analysiert hatte, nötigte mir Respekt ab. Es gab keine bessere Lösung.

Wir saßen noch eine Weile zusammen, bevor ich mich zu

meiner Schlafstatt begab, da Galerius die erste Wache übernehmen wollte.

„Wecke mich, wenn du etwas Verdächtiges siehst“, murmelte ich im Halbschlaf und versank in Morpheus Armen.

Ich hastete einen Hang hinauf und hörte hinter mir die Schritte des Verfolgers durch das Unterholz brechen. Mein Wille befahl den Beinen, schneller zu laufen, und ich flog über den Waldboden, nicht der Äste und Zweige achtend, die mir ins Gesicht peitschten. Aber ich kam nicht voran und meine Schritte verlangsamten sich, je mehr ich mich anstrengte. Ich watete durch einen zähen Brei, der mit jeder Bewegung stärker an meinen Füssen zerrte. Eine Hand griff nach meiner Schulter, riss mich zu Boden, und ich lag hilflos auf dem Rücken, unfähig, mich des Schattens zu erwehren, der mich schüttelte und meinen Namen rief.

„Marcus, wach auf.“ Galerius kniete neben dem Bett und deutete auf das geöffnete Fenster.

„Komm, da draußen ist jemand.“

Das durchgeschwitzte Laken um den Leib gewickelt, schüttelte ich den Albtraum ab und stolperte meinem Freund nach, der aus dem Zimmerdunkel auf die gegenüberliegende Straßenseite zeigte.

„Vorsicht, Marcus, nicht zu dicht an die Brüstung, sonst sieht er dich.“

Ich folgte mit den Augen der Richtung seines Zeigefingers und machte einen Schatten aus, der sich hinter den Säulen eines Porticus verborgen glaubte.

Fragend blickte ich Galerius an.

„Eben hat er sich bewegt, Marcus. Ich bin mir nicht sicher, aber ich glaube, er steht seit mehr als einer Stunde da unten und beobachtet das Fenster.“

In diesem Augenblick tat sich eine Wolkenlücke auf und das Licht des Mondes beschien die Gestalt in ihrem Versteck. Deutlich erkannte ich das Gesicht des Franken mit der roten Narbe über Stirn und Wange.

„Jetzt eine Arcoballista und wir haben Ruhe“, wisperte ich Galerius zu.

„Vielleicht eine ewige, wenn du nicht vom Fenster weg bleibst“, war mein Freund bemüht, mich zu zügeln.

„Komm mit, wir kaufen uns den Burschen.“

Das Jagdfieber hatte mich gepackt. Ich schnellte hoch, griff nach dem Dolch des Charietto, der auf dem Fenstersims lag, und riss auf dem Weg zur Tür einen Stuhl um, der polternd zu Boden ging.

Ulf musste das Geräusch gehört haben, denn auf ein ärgerliches „Verdammt“ meines Freundes hin stürzte ich zum Fenster zurück und sah einen Schatten die Hauptstraße hinab Richtung Palastaula laufen.

Laut haderte ich mit dem Schicksal, denn wir hätten den Franken stellen können, wenn mir nicht dieses dumme Missgeschick unterlaufen wäre.

Da es nicht zu erwarten war, dass Ulf in dieser Nacht zurückkehren würde, verschloss Galerius das Fenster, und wir legten uns in die Betten, wo wir ungestört den Rest der Nacht verbrachten.

Herausgeputzt mit den Einkäufen des Vortages verließen wir die Herberge und schlugen den Weg zur Palastaula ein. Auffallend viel Militär in Waffen war an den Straßeneinmündungen und Plätzen postiert, je näher wir unserem Ziel kamen.

Dann traten die Häuser zurück und gaben den Blick auf den Backsteinkoloss des konstantinischen Prachtbaus frei, der trotz seiner Masse Eleganz und Ästhetik ausstrahlte. Die hohen Arkaden, Fensterfluchten und Balustraden der Längsseiten nahmen dem Bau seine Wucht und ließen unsere Blicke geschmeidig über die Fassaden gleiten. Hell erstrahlten im Sonnenlicht die weißverputzten Wandflächen und farbigen Fenster- und Arkadenleibungen im Glanz des kürzlich erneuerten Farbanstrichs.

Vor dem Eingangsbereich der Westseite wartete geduldig eine Menschentraube darauf, in das Innere eingelassen zu werden.

Wir stellten uns an und gelangten schrittweise nach vorne, bis wir an der Reihe waren, kontrolliert und nach Waffen durchsucht zu werden.

Ich nannte meinen Namen und den meines Begleiters, händigte dem Wachoffizier den Dolch aus und wurde nach einem Blick auf eine Liste, die meinen Namen enthielt, eingelassen. Charietto hatte Wort gehalten und sich zum Fürsprecher meiner Sache gemacht.

Die kühle Pracht des gewaltigen Hallenbaus verschlug meinem Begleiter die Sprache, der sich wortlos hinter mir hielt.

Edelster Marmor aus den Steinbrüchen Italiens und kostbare Mosaiken bedeckten Wände und Böden. Mit Glassteinchen ausgelegte Nischen, die im Licht der einfallenden Sonnenstrahlen golden aufleuchteten, beherbergten Marmorstatuen der kaiserlichen Familie. Ein Triumphbogen, der die gesamte Breite des Innenraumes einnahm, öffnete die Halle zur Apsis der Ostwand. Hier hielten die Kaiser Hof, wenn sie in der Residenzstadt weilten. Hundert Fuß über unseren Köpfen schwebte die kunstvoll gearbeitete und die Holzkonstruktion des ziegelgedeckten Hallendaches verbergende Kassettendecke. Taghell fiel das Licht durch die Doppelreihe der verglasten Bogenfenster in das Innere und ließ jedes Detail der verschwenderischen Ausstattung deutlich hervortreten. Ein murmelndes Summen unzähliger Stimmen, von dem es nicht möglich war, einzelne zusammenhängende Wörter oder Sätze zu unterscheiden, hing als riesiger Bienenschwarm über den Köpfen der Anwesenden. Hunderte Menschen hatten sich eingefunden, standen in Gruppen beisammen und warteten darauf, zum Praefectus Praetorio Galliarum, einem der Provinzstatthalter oder hohen Militärs vorgelassen zu werden, die sich auf dem Podest unter dem Triumphbogen eingefunden hatten. Die Apsis war alleine den kaiserlichen Majestäten vorbehalten und durch hölzerne Gitter abgesperrt. Trachten, Uniformen und Staatsroben aus allen Teilen des Imperiums wirbelten in buntem Reigen über die spiegelnd polierten Marmorplatten und Mosaiken des Hallenbodens.

Ich sah weiße Senatorentogen mit Purpurstreifen, Dalmatiken mit breiten Prunkclaven und übergezogenem Pluviale, Seidentuniken mit Bordüren und Mäntel in allen Größen und Farben, zusammengehalten von kostbaren Gold- und Silberfibeln.

Die Träger dieser Kostbarkeiten glitten auf den weichen Sohlen ihrer perlenverzierten Sandalen, Schuhe und Stiefel über den Hallenboden. Dazwischen blitzten die auf Hochglanz polierten Panzer der Offiziere und hohen Militärs, die ihre bebuschten Helme unter dem Arm trugen. An den Händen hoher Würdenträger und reicher Großgrundbesitzer gleißten Rubin- und Smaragdringe, die den Wert eines Landgutes überstiegen.

Verloren in ihren rauen Mänteln, härenen Kitteln und plumpen Hosen wirkten in all der Pracht die Britannier und Germanen, die sich eingeschüchtert am Hallenrand herumdrückten.

Suchend hielt ich nach Charietto Ausschau und hoffte, auch meinen alten Freund Gaius Aelius Viatorinus, den Kommandanten des Kastells Noviomagus, zu entdecken, der, seinem Rang entsprechend, anwesend sein musste.

Ein Kribbeln breitete sich im Magen aus, als würde ich wie in den Tagen der Kindheit einer Prüfung meines strengen Hauslehrers entgegensehen. Ich war am Endpunkt meiner Reise angelangt und wusste, dass sich mein weiteres Schicksal in der nächsten Stunde entscheiden musste. Was hatte Charietto ausrichten können, und wem würde ich vorgestellt werden?

Nervös malte ich mit der Schuhspitze unsichtbare Kreise auf die Marmorplatten zu meinen Füßen, als mich ein Schlag im Rücken traf und einen Schritt nach vorne taumeln ließ.

„Da bist du endlich, Centurio“, strahlte Charietto. „Ich suche dich seit einer Stunde und befürchtete schon, du würdest noch deinen Rausch ausschlafen.“

Missbilligend schüttelte eine Gruppe Senatoren ihre Köpfe, die Zeugen der Begrüßung waren.

„Was nehmen sich diese Barbaren bloß heraus“, hörte ich einen ergrauten Mittsechziger tuscheln. „Wir sind doch nicht auf dem Forum.“

Charietto legte einen Arm um meine Schulter.

„Hat Ulf dich in Ruhe gelassen?“

„Nein“, antwortete ich lakonisch, „ich muss dich sprechen, um …“

„Später“, unterbrach mich der Hüne, der einen versilberten

Bronzepanzer mit einem goldenen Wolfskopf auf der Brust trug.

„Es gibt Wichtigeres. Kaum hatte ich bei einer Begegnung mit Stabsoffizieren deinen Namen erwähnt, musste ich umgehend vor dem Magister Equitum per Gallias erscheinen. Dem hatte der Praefekt Sextus Aurelius in den Ohren gelegen, dich ausfindig zu machen, weil der Senator Tiburinus dein Loblied gesungen hatte. Kannst du mir noch folgen?"

„So gerade eben noch…", brachte ich heraus, ehe Charietto in seinem Wortschwall fortfuhr.

„Irgendein Tribun Viatorinus aus Noviomagus muß sich auch für dich verwandt haben und ein vornehmer Schnösel, der bei der Villa Urbana des Tiburinus dabei war. Ganz schön viel Protektion für einen kleinen Centurio, wenn du mich fragst", lachte er mir ins Gesicht. „Komm mit und bring es hinter dich, die Herren haben etwas für dich arrangiert."

Er zog mich mit, während uns Galerius mit gehörigem Abstand folgte. Ich wandte mich um und bedeutete ihm mit der Hand, aufzuschließen.

„Ich komme alleine zurecht" rief er mir nach. „Erzähl mir später, wie es war."

Auf dem kürzesten Weg lotste mich Charietto quer durch die Palastaula bis zum Fuß des kniehohen Holzpodestes unter dem Triumphbogen. Je näher wir kamen, desto dichter standen die Gruppen der Wartenden und versperrten uns den Weg. Mit den Ellbogen bahnte mein Freund eine Gasse, wobei uns die Senatoren nur unter Murren und die Offiziere mit Ehrerbietung passieren ließen.

Der Wolf der Wälder polarisierte die Menschen. Bewunderten die einen an ihm Tapferkeit, Schläue und Gradlinigkeit, verachteten andere sein rüpelhaftes Benehmen und seine vermeintliche Sittenlosigkeit. Halbgott oder Strauchdieb, wo ist der Unterschied?

Am Podest angelangt, wies Charietto mit dem Kinn auf eine eng zusammenstehende Gruppe von Höflingen, unter denen ein Militär die anderen um Kopfeshöhe überragte.

„Das ist Severus, der Magister Eqitum per Gallias", raunte

der Wolf mir zu. „Und neben ihm in der prächtigen Dalmatica steht Sextus Aurelius, oberster Verwaltungsbeamter der Gallischen Diözese von Britannien bis hinunter nach Afrika und nach Constantius und Julian der mächtigste Mann im Westen des Imperiums. Dort der kleine Dicke, siehst du ihn?"

Ich hatte nur Augen für meinen Freund Viatorinus, der auf der Suche nach uns die Menge vor dem Podest fixierte. Als sein Blick auf mich fiel, glitt ein breites Lächeln über sein Gesicht und er machte Severus auf uns aufmerksam.

Auf dessen Wink hin stiegen wir die Stufen empor, blieben drei Schritte vor dem Statthalter und seinem Heermeister stehen und deuteten eine Verbeugung an.

Schräg hinter Sextus Aurelius, halb vom Rücken seines Vaters verdeckt, entdeckte ich aus den Augenwinkeln seinen Sohn, mit dem ich im Christendom um ein Haar aneinandergeraten wäre.

Sogleich schoss mir der junge Valerius Aurelius einen giftigen Blick zu und flüsterte seinem Vaters etwas ins Ohr. Der lachte auf, gab seinem Sohn einen Klaps auf den Hinterkopf und schob ihn zur Seite.

„Charietto, welche Ehre", grüßte er den Wolf und reichte ihm die beringte Hand.

Der Statthalter reichte meinem Freund nicht einmal bis zur Schulter und trug unter der Dalmatica ein ansehnliches Bäuchlein. Aus dem Gesicht eines Genießers mit zweifachem Doppelkinn, Hängebacken und Knollennase blitzte ein Augenpaar, das Tatkraft und Güte verhieß. Dieser Mann liebte Essen und Trinken und konnte, wenn es darauf ankam, Tag und Nacht durcharbeiten. Keine drei Monate später traf ihn während der Siegesfeier anlässlich der Rückgewinnung der Colonia der Schlag, und er verschied viel zu früh im fünfzigsten Jahr seines Lebens.

„Wen habt ihr mir mitgebracht, Charietto", wandte er sich mir zu. „Wie ich höre, ein guter Freund meines Sohnes."

Meine Knie wurden weich, und ich hörte förmlich „meinen guten Freund" hinter dem Rücken seines Vaters mit den Zähnen knirschen.

„Sei gegrüßt, Tribunus Marcus Junius Maximus."

„Verzeiht Exzellenz, Centurio“, verbesserte ich verblüfft.

„Tribun“, schoss der Statthalter zurück und fingerte mit der Hand hinter seinem Rücken, in die ein Höfling ein Kästchen aus schwarzem Holz legte.

„Da drin findest du deine Ernennungsbestätigung und die Goldfibel, die einem Tribunen zusteht“, reichte er mir das Kästchen. „Ehrendolch und Urkunde werden dir später zugestellt. Du hast es dir verdient. Deine zukünftige Verwendung wird dir Severus mitteilen.“

Sextus Aurelius kniff mir in die Wange, lächelte und wandte sich einem Senator in feierlicher Toga zu, der sich die Stufen hinaufmühte.

„Meinen Glückwunsch, Tribun“, tönte der tiefe Bass des Heermeisters, als er mich zur Seite zog, wo wir mit Viatorinus und Charietto eine Gruppe bildeten.

Der Magister Equitum per Gallias, Befehlshaber der gallischen Kavallerie und der Truppen des Bewegungsheeres östlich des Rhenus, trug das gelockte Blondhaar kurzgeschnitten und hatte sich einen Vollbart wachsen lassen. Der Mann mit dem kantigen Gesicht und der Adlernase zeigte offen seine Sympathien für Julian, der Haupt- und Barthaar nach Art der Philosophen und Kaiser des Goldenen Zeitalters trug.

Das war mutig, denn die in Verwaltung und Armee bevorzugten Christen sahen es als Affront, sich zu den Sitten und Gebräuchen der Vorfahren zu bekennen. Julian, nur aus der Not heraus zum Caesar des Westens ernannt, war aus Rücksicht auf seinen kaiserlichen Verwandten noch nicht zum alten Glauben übergetreten, machte aber aus seinen Überzeugungen keinen Hehl. Constantius neidete seinem Vetter schon jetzt Erfolg und Beliebtheit bei Bevölkerung und Armee, und lediglich die Bedrohung der nördlichen Provinzen hatte bisher eine Auseinandersetzung verhindert. Wie der Magister hofften viele, dass Julian, sollte er den Krieg gewinnen und den Feind über den Rhenus zurücktreiben, sich nicht beugen, sondern die Macht im Westen behalten und den alten Göttern ihren angestammten Platz in der Gesellschaft zurückgeben würde. Der Kampf um die Vorherrschaft hatte begonnen, und der Tumult im Amphitheater war ein weiterer Mosaikstein in der drohenden Auseinandersetzung um Macht und Einfluss im Westen des Imperiums.

„Tribun“, riss mich der Magister Severus aus meinen Überlegungen, „du bist mit sofortiger Wirkung dem Vicarius Gaius Aelius Viatorinus unterstellt und wirst übermorgen deinen Dienst in der Festung Noviomagus antreten. Als ranghöchster Truppführer wirst du Viatorinus nach Mogontiacum begleiten und dort auf das Eintreffen von Julian warten, der von Argentorate aufbrechen und den Rhenus entlang nach Norden ziehen wird, wenn der Vergeltungszug gegen die Alemannen beendet ist.“

„Bissula“, schoss es mir durch den Kopf, denn von Mogontiacum sind es nur wenige Meilen bis nach Aquae Mattiacae und den Bergen des Taunus, wo sie zu Hause war. „Vielleicht siehst du sie wieder, wenn sie dort ist.“

„Das als Zangenoperation geplante Unternehmen ist gescheitert“, hörte ich die Stimme des Severus wie aus weiter Ferne an mein Ohr dringen, „weil Constantius seine Truppen im Süden zurückgezogen hat und nur die Götter wissen, was den Imperator zu diesem Schritt verleitet hat. Mit euch marschieren die Einheit des Charietto und alle Verbände, die nicht unbedingt zum Schutz der Kaiserstadt benötigt werden. Ziel ist die Rückgewinnung der Colonia in diesem Jahr, und ich brauche dir nicht zu sagen, dass es um alles geht.

Tribun, Vicarius, Charietto.“ Er grüßte, und wir waren entlassen.

Vor den Podeststufen trafen wir auf den Senator Tiburinus und den jungen Tribunen, der in der Nacht bei der Villa Urbana zum Mann gereift war.

Beide gratulierten mir zu der Beförderung, und ich dankte ihnen für ihre Fürsprache. Nach kurzer Konversation wandte sich der Senator einer Gruppe Großgrundbesitzer zu, an seinem Togasaum der junge Tribun, der, wie ich später hörte, ein Auge auf seine Tochter Lucilla geworfen hatte.

„Ich werde dich übermorgen von einem Patrouillenboot abholen lassen“, verabschiedete sich Viatorinus und wandte sich einer Gruppe um den Vicarius der Festung Beda zu, der seit geraumer Zeit zu uns herübergewinkt hatte.

„Wie war es?“, erhielt ich in diesem Moment von Galerius einen Klaps auf die Schulter, der sich zu mir durchgekämpft hatte.

„Ihr saht gut aus, da oben.“

„Du darfst in Zukunft Tribun zu mir sagen“, hielt ich ihm das Kästchen mit der Goldfibel entgegen. „Und wenn ich nicht gerade einen Krieg führen muss, kannst du mich jederzeit in Noviomagus besuchen und mir einen Krug von meinem Wein vorbeibringen.“

„Entschuldigt, wenn ich eure Idylle unterbreche“, raunzte Charietto ungeduldig. „Was ist mit Ulf?“

Auf der Stelle verflogen Stolz und Freude und wichen der Gefahr, die mir von dem Franken drohte.

Ich berichtete Charietto, was seit meinem Abschied aus seinem Haus vorgefallen war, worauf der Haudegen ruckartig den Kopf schüttelte.

„So geht das nicht weiter, Marcus. Ich hatte gehofft, Ulf würde es bei der Drohung belassen und aus Treveris verschwinden. Ich werde zwei meiner Leute zu deinem Schutz abstellen und sie alle zwölf Stunden ablösen lassen. Der Rest wird den Burschen jagen, bis sie ihn haben.“

Ich zog meinen Beutel und drückte Charietto drei Goldsolidi in die Hand.

„Drei für den, der Ulf zur Strecke bringt und Wein für alle, wenn ich meine Ruhe habe.“

Charietto riss die Augen auf und steckte die Münzen ein.

„Dafür holen dir meine Wölfe den Teufel aus der Hölle der Christen.“

Er begleitete uns bis zum Portal der Palastaula, wo er zwei seiner Männer herbeizitierte und ihnen befahl, mit ihrem Leben für meine Sicherheit einzutreten.

Mit dieser Wachmannschaft, zwei verwegenen Burschen, die Arcoballista im Anschlag und die Spatha an der Seite, machten wir uns auf den Heimweg. Vorher hatte ich meinen Dolch von der Palastwache zurückerhalten.

Beim Betreten der Herberge eilte ein verstörter Claudius Piso auf mich zu.

„Herr, ein Unglück ist geschehen, und ich bin untröstlich, es nicht verhindert zu haben."

Sein Blick flackerte, als er mich ansah, die Augen niederschlug und sich mit einem Lappen die Schweißtropfen von seiner Stirn wischte.

„Ich habe mein Haus all die Jahre gut und ehrenwert geführt und so etwas ist noch nie geschehen."

„Komm zur Sache, Claudius Piso", drängte ich den Mann, der bei den letzten Worten begonnen hatte, zu stottern. „Was ist geschehen?"

Um ihn zu beruhigen, klopfte ich ihm auf die Schulter, worauf er sich sammelte, seinen Bericht fortzusetzen, als sich seine Augen vor Schreck weiteten.

Er hatte meinen Waffen starrenden Begleitschutz erblickt und wich mehrere Schritte zurück.

„Keine Sorge, die Männer sind zu meinem und zu deinem Schutz hier. Erzähl endlich, was los war."

„Ich war in der Küche", begann Claudius Piso, „als mich ein Geräusch aufschreckte, das aus eurem Zimmer kam. Es klang, als würden Möbel erbrochen und Gegenstände umhergeworfen.

Ich wusste, dass ihr ausgegangen wart, eilte nach oben, und was ich sah, lässt mir noch jetzt das Blut in den Adern gefrieren. Die Zimmertüre hing aufgebrochen in den Angeln und inmitten einer schrecklichen Unordnung kniete ein Mensch, der euer Gepäck durchwühlte."

„Hast du sein Gesicht gesehen?", unterbrach ich den Wirt. „Hatte er eine Narbe im Gesicht?"

„Er sah aus wie ein Geist aus den Abgründen der Unterwelt", stammelte der Wirt und wischte sich die Hände an der Schürze ab. „Ein wachsbleiches Antlitz mit Blut unterlaufenen Augen und einer furchtbaren Narbe, die von der Stirn bis zur Wange lief."

„Unser Freund scheint seit Tagen keinen Schlaf gefunden zu

haben“, stellte Galerius sachlich fest.

„Der Mann bemerkte mich“, fuhr Claudius Piso fort, „wirbelte herum und durchbohrte mich mit einem Blick, in dem ich seinen Hass und meinen Tod sah. Dann sprang er mich an, stieß mich brutal gegen die Wand, dass ich dachte, ich hätte alle Knochen gebrochen und stürzte die Treppe hinunter.“

Wir hatten während der blumigen Schilderung das Gästezimmer erreicht und vergewisserten uns in dem Durcheinander, ob nichts fehlte.

Ich hoffe, es ist noch alles da“, klang es von der Türschwelle, vor der Claudius Piso und die Männer Chariettos stehen geblieben waren.

Ich sammelte meine Habseligkeiten ein und legte sie in die umgestürzte Truhe zurück. Den Erbschaftsvertrag fand ich zerknüllt in einer Zimmerecke, glättete das Pergament und verbarg es unter meiner Wäsche. Offenbar konnte der Franke nicht lesen, weil er ansonsten den Vertrag nicht achtlos zur Seite geworfen hätte.

Auf meine Versicherung hin, dass nichts fehlte, hellten sich die Gesichtszüge des Wirtes auf.

„Darf ich die Herren auf den Schreck zum Essen in die Taverne einladen?“

Ich dankte und versicherte ihm, dass ich sein Haus in guter Erinnerung behalten würde.

Den Wachen trug ich auf, den Eingang zur Taverne gut im Auge zu behalten und versprach ihnen zu ihrer Ablösung einen Krug aus dem Weinkeller der Taverne. Die beiden salutierten und polterten die Treppe hinab.

„Ulf hat den Armreif gesucht“, wandte ich mich Galerius zu, der sein Gepäck sorgfältig gefaltet auf seinem Bett abgelegt hatte.

„Ich bin froh“, antwortete der Freund, „wenn die Wölfe den Kerl erlegt haben und der Albtraum ein Ende hat. Wann reisen wir ab, Marcus?“

„Morgen, Galerius.

Bevor wir nach Hause gehen, möchte ich noch zum Tempelbezirk von Tabernae, um den Göttern für die Beförderung zu danken und ihren Segen für den Feldzug herbeizuflehen. Meine Vorfahren haben es vor wichtigen Ereignissen seit Generationen so gehalten. Vielleicht kennt auch einer der Priester das Symbol der Schlange und kann mir helfen, das Dunkel um meine fränkische Herkunft ein wenig aufzuhellen.

Der Abstecher wird dir gefallen, und wir werden am Abend in der Villa Vineta zurück sein."

„Ein guter Vorschlag", willigte mein Freund ein. „Mit dem Beistand der Götter und den Leibwächtern des Wolfes fühle ich mich bedeutend sicherer. Und jetzt lass uns nach unten gehen, ich habe Hunger und viel Durst."

Auf Leben und Tod

Es war früh und der Verkehr hatte noch nicht in vollem Umfang eingesetzt, als wir die Mosellabrücke überquerten.

Die Trockenheit der letzten Wochen hatte den Wasserstand sinken lassen, so dass die Fundamente der Brückenpfeiler mit den hölzernen Fangzäunen, die zum Schutz gegen Eisgang und Schiffskollisionen in den Grund getrieben waren, an der Wasseroberfläche sichtbar wurden.

Wir traten an das Geländer der auf den Basaltpfeilern aufliegenden hölzernen Fahrbahn und schauten auf den träge dahinfließenden Fluss, von dessen Grund es metallen aufblinkte.

„Geben wir den Flussgöttern, was ihnen zusteht. Mögen sie uns schützen und unsere Reise segnen", murmelte mein Freund und warf eine Kupfermünze in die Fluten.

„Sieh doch, Flavius", wandte sich einer unserer Leibwächter an seinen Gefährten, „siehst du das Glitzern auf dem Grund? Münzen über Münzen. Jeder, der hinübergeht, wirft etwas hinein. Wenn das Wasser noch tiefer fällt, kommen wir zurück und werden reich."

„Untersteht euch", warnte ich die Soldaten, die wenige Schritte abseits am Geländer lehnten. „Wer die Götter bestiehlt, macht sich strafbar, und ihr riskiert viel für eine Hand voll Kupfermünzen."

Murrend senkten beide Männer die Köpfe, die ihren Traum vom schnellen Reichtum in den Fluten entschwinden sahen und folgten uns ohne Widerspruch. Gegenüber einem Centurio hätten sie ihrer Meinung über Sinn oder Unsinn eines solchen Verbotes freien Lauf gelassen, während einem Tribun und Stabsoffizier, der außerhalb des engen Mannschaftsgefüges steht, bedingungsloser Gehorsam und Respekt gezollt wird.

Ich bedauerte die Zurechtweisung meiner Wachmannschaft, von deren Aufmerksamkeit und Ergebenheit mein Leben abhängen konnte, zumal ich in einem der beiden den Rotschopf erkannte, der damals meine Fesseln durchtrennt hatte.

Mit gezücktem Geldbeutel blieb ich stehen und ließ sie herankommen.

„Ihr braucht euch nicht bei Nacht und Nebel nasse Füße holen. Nehmt das als Dank für eure Mühen“, gab ich ihnen einige Kupfermünzen in die Hand.

Sofort wich die Befangenheit aus den Gesichtern und der Rotschopf sprach mich offen an.

„Tribun, warum nehmen wir die Brücke? Tabernae liegt rechts der Mosella, wo wir herkommen.“

„Unser Wirt, Claudius Piso, hat mir diesen Weg empfohlen, weil es auf der anderen Seite einen Mietstall mit guten Pferden gibt. Wir werden bis zum Vicus Aquila reiten und hinter dem Ort mit der Fähre übersetzen.“

Die Aussicht, dass ihnen ein beschwerlicher Fußmarsch erspart blieb, zauberte Zufriedenheit in die Gesichter der Männer, und sie stießen sich verstohlen die Ellbogen in die Seiten.

Mit den Pferden, ausgeruhten und gepflegten Rappen, kamen wir auf der im Frühjahr ausgebesserten Straße gut voran, und wir passierten die über dem jenseitigen Ufer thronende Villa Urbana von Contiacum, die später von Valentinian I. zur kaiserlichen Sommerresidenz ausgebaut werden sollte. Deutlich hoben sich unterhalb des Palastes die Pfeiler einer Steinbrücke ab, dort wo der Saratus sein Wasser den Fluten der Mosella zuführt.

Kurz darauf durchritten wir den Straßenvicus von Aquila, der seinen Ortsnamen einem adlergekrönten Grabdenkmal verdankt.

Andächtig bestaunten wir aus den Sätteln das Monument, dem Wind und Wetter die farbige Bemalung abgewaschen hatten und das vor mehr als hundert Jahren zu Ehren eines Tuchhändlers Secundinus errichtet worden war.

Ich betrachtete die von einem kunstsinnigen Steinmetz in die Quader geschnittenen Szenen eines erfolgreichen Berufslebens und fragte mich, ob die Erben das Unternehmen im Sinne des Verstorbenen weitergeführt hatten.

„Vornehmer Herr!“, sollte meine Frage umgehend beantwortet werden. Hinter dem Grabmal war ein heruntergekommener Greis in schmutziger Tunika hervorgetreten und streckte mir seine knochige Hand entgegen.

„Ihr steht an der letzten Ruhestätte der heiligen Helena, Mutter des Großen Constantinus. Ihr zu Ehren ließ der mächtige Imperator und Förderer der Christen dieses adlergeschmückte Monument errichten, damit alle Vorübergehenden unseren Herrn, Jesus Christus, preisen sollen."

Ich gab dem Mann ein Kupferstück, wünschte ihm einen guten Tag und spornte mein Pferd an.

„Glaubst du dem alten Christen, dass hier die Mutter des Constantinus begraben ist?", fragte Galerius, der sein Reittier neben mich gelenkt hatte.

„Das ist Blödsinn", antwortete ich dem Freund. „Nichts als Mythen und Legenden. Was du gesehen hast, ist das Grabmal des Tuchhändlers Secundinus, dem seine Erben dieses Monument zum Gedenken erbauen ließen."

„Das muss ein Vermögen gekostet haben", zollte Galerius dem Monument seine Achtung.

„Gut investiertes Geld", entgegnete ich ihm. „Das Unternehmen wird weiter bestanden haben, und kannst du dir einen besseren Platz zur Bekanntmachung deiner Produkte vorstellen, als die Ausfallstraßen der großen Städte?

Was die Geschichte des Christen betrifft", fuhr ich fort, „gab es eine Verordnung des Constantinus zur Bewahrung der Grabmonumente, als die Gräberfelder der Treveris abgebrochen wurden, um Baumaterialien für den Festungsbau zu gewinnen. Eine aus der Not geborene Barbarei, und ich möchte nicht wissen, wie viele Kunstwerke in den Fundamenten der Festungen von Noviomagus und Beda verbaut wurden. Es wird dieser Erlass gewesen sein, der das Monument rettete, und der Rest ist erfunden."

„Schade", folgerte Galerius, „dass die großen Grabdenkmäler der Vergangenheit angehören und wir unsere Toten mit wenigen Beigaben in Sarkophagen und Holzsärgen beisetzen. Wenn du Glück hast, findest du einen Steinmetzen, der noch deinen Namen in einen gebrauchten Stein meißeln kann."

Ich trieb mein Pferd an und trabte vorweg, als Galerius nach wenigen Minuten aufschloss und seinen Rappen neben mir zügelte.

„Wie schön“, rief er aus und zeigte auf ein Tempelchen, das von der Höhe herab grüßte.

Ich wusste, dass der Abstecher uns mit einer grandiosen Aussicht belohnen würde, lenkte mein Pferd von der Straße und folgte einem Weinbergpfad bergan, bis nach mehreren Kehren das kleine Heiligtum vor uns lag.

Unter uns glänzte im sanften Schwung der Fluss, auf dem Schiffe und Kähne in beiden Richtungen ihre Bahn zogen. In allen Einzelheiten war von unserer Warte der Verkehr auf der Uferstraße zu erkennen, während stromaufwärts gerade eine Fähre die Mosella querte und in der Ferne sich als blaugrauer Schatten die Höhen von Tabernae, dem Ziel unserer Reise, erhoben.

Ich stieg vom Pferd und warf dem Rotschopf meine Zügel zu, als eine Bewegung auf der Uferstraße meine Aufmerksamkeit weckte. Ein Reiter im blauen Mantel galoppierte, über den Hals seines Pferdes gebeugt, der Anlegestelle der Fähre zu, die in wenigen Metern das Ufer erreichen musste. Dort, wo der Fährweg von der Straße abbog, parierte er seinen Gaul und lenkte das Tier vor und zurück, als ob er die Straße in beiden Richtungen beobachten wollte. Dann gab er dem Tier die Sporen, sprengte ein Stück des Weges zurück, drehte und jagte wieder Richtung Anleger. Er schien einen Entschluss gefasst zu haben, stieg ab und führte seinen Gaul auf die Fähre, die in der Zwischenzeit angelegt hatte.

„Marcus, ist das ein Tempel oder ein Grab?“, klang es aus Richtung des Säulenbaus, zu dem Galerius vorausgeeilt war.

Ich begab mich zum Fuß des gemauerten Podestes, aus dem schneeweiße Säulen in das Blau des Sommerhimmels wuchsen. Auf kunstvoll behauenen Kapitellen trugen sie die farbige Giebelfront und das mit leuchtendroten Ziegeln gedeckte Dach. Die zierliche Architektur hatte erst vor kurzem einen neuen Farbanstrich erhalten und wirkte wie ein Schmuckstück inmitten des satten Grüns der ansteigenden Weinberge. Unter dem Säulenvordach standen die Flügel der Eingangstür weit offen und erlaubten einen Blick in die ausgemalte Cella, während ein Stockwerk tiefer die Holzpforte zum Innenraum des Podestes verschlossen war.

„Beides, Galerius", beantwortete ich die Frage des Freundes. „Im Gewölbe ruhen die Sarkophage einer begüterten Winzerfamilie, denen bis über Aquila hinaus alle Weinberge gehören. In der offenen Cella wird der Verstorbenen gedacht und werden die Hausgötter verehrt. Lassen wir den Toten ihre Ruhe."

Wir kehrten zu unseren Leibwächtern zurück, die in respektvollem Abstand gewartet hatten.

„Tribun", sprach mich der Rothaarige an, als er mir die Zügel reichte. „Hast du den Reiter gesehen, der die Straße auf und ab galoppierte und dann die Fähre nahm? Ich bin mir sicher, dass er nach jemandem Ausschau gehalten hat."

„Der Mann ist mir aufgefallen", bestätigte ich die Beobachtung des Soldaten. „Glaubst du, dass es Ulf war?"

Der Rotschopf überlegte.

„Kann sein, kann nicht sein", stieß er zwischen den Zähnen hervor und legte die Hand um den Griff der Spatha.

„Das sind ja gute Aussichten", stöhnte Galerius hinter mir auf.

„Wenn es Ulf war", sagte ich mit fester Stimme, „werden wir ihn heute erwischen und auf einer anderen Fähre zu Pluto schicken."

Zurück zur Straße und weiter zum Anleger war es nur ein kurzer Ritt.

Inzwischen hatte die Fähre den Reiter im blauen Mantel am jenseitigen Ufer abgesetzt und war zurückgekehrt.

Wir führten die angstvoll schnaubenden Tiere auf die schwankenden Deckbohlen und banden sie an den Handlauf des Seitengeländers, während die Ruderknechte das Gefährt mit kräftigen Schlägen vom Anleger wegtrieben.

Ich fragte den Patron, der das Fährgeld einsammelte, ob ihm an dem Reiter im blauen Mantel eine tiefe Narbe im Gesicht aufgefallen war. Leider konnte er meine Frage nicht beantworten, da auf der letzten Überfahrt ein Knecht den Fahrpreis eingesammelt hatte und der Mann von Bord gegangen war, da er sein Tagessoll erfüllt hatte.

Bedauernd zuckten meine Gefährten die Schultern und sahen zu, wie die Fähre in die Mitte des Flusses gerudert und dann in der Strömung treibend im Bogen zum jenseitigen Anleger gesteuert wurde. Das Boot polterte gegen die Bohlen des hölzernen Kais und wurde von einem Ruderknecht vertäut.

„Wir müssen vorsichtig sein“, wandte ich mich an die Wachsoldaten. „Es ist möglich, dass mein Verfolger einen Hinterhalt gelegt hat.

Reite voran“, befahl ich dem Rotschopf, „und dein Freund folgt uns im Abstand von zehn Pferdelängen, während Galerius und ich in der Mitte reiten. Haltet die Augen auf und meldet jede verdächtige Bewegung.“

„Was ist mit deinem Handgelenk?“ fragte Galerius, als wir die Pferde bestiegen und unseren Weg in Richtung Vicus und Straßenstation von Tabernae aufgenommen hatten. „Schmerzt es, oder ist der Hautausschlag zurückgekehrt?“

„Weder das eine noch das andere, Galerius. Wahrscheinlich war der Mann im blauen Mantel nicht Ulf, sondern ein gehörnter Ehemann, der seiner Frau samt Liebhaber nachspioniert.“

„Möge Jupiter dir Recht geben“, lachte mein Freund.

Im Galopp jagten wir über die Kiesdecke der leicht ansteigenden Fernstraße von Treveris nach Divodurum in den Vicus von Tabernae hinein.

Dort fragten wir uns zum Abzweig durch, der in engen und steilen Kehren zum Tempelbezirk unterhalb des Gipfels hinaufführt.

Im Schritt und vorsichtig nach allen Seiten spähend, bewegten wir uns bergan, ohne etwas Verdächtiges zu bemerken.

Als Kind war ich oft hier gewesen und erkannte einige umherliegende Felsbrocken und seltsam verformte Baumstämme wieder, in denen die Phantasie der Kindheit Waldgeister und Feen gesehen hatte. Es war die Zeit der Wunder und Geheimnisse, wo jeder Tag mit einem neuen Abenteuer aufwartete. Mit Wehmut musste ich daran denken, wie mich der Vater auf diesem Waldweg in die mythischen Geschichten und Überlieferungen der keltischen Ureinwohner eingeführt hatte.

Die Sonne hatte sich schon vor Tabernae hinter den Schleiern einer aufziehenden Regenfront verborgen, und das geschlossene Blätterdach der Buchen und Eichen ließ nur widerwillig das Tageslicht bis zum Waldboden vordringen. Feucht und modrig wehte es aus den Tiefen des Waldes, und wir waren aus Rücksicht auf die Pferde gezwungen, vorsichtig im Schritt zu reiten, weil Regengüsse und Wurzelwerk tiefe Rinnen in den Waldweg geschnitten hatten.

Das Zwitschern der Vögel verstummte, und bis auf das Knacken und Knarren der Äste und Baumkronen war kein Laut zu hören.

Kurz vor Mittag nahmen wir die letzte Kehre, und der ummauerte Tempelbezirk lag vor uns.

Zur Rechten waren die Bäume zurückgetreten und erlaubten freie Sicht auf die in der Ferne noch von der Sonne beschienene Ebene, durch die sich das silberne Band der Mosella schlängelte. Der Blick reichte weit über Treveris hinaus bis zu den Uferbergen von Idar und Silva Arduenna, wo die Villa Vineta lag.

Über uns trieben schwere Wolken Richtung Osten, und im Westen drohte schwarz und schwefelgelb eine dunkle Wand, aus der als Vorboten eines drohenden Gewitters Grummeln und Poltern zu uns herüberdrangen. Eine Windbö fuhr durch die Baumkronen und wirbelte kleine Äste und abgerissenes Blattwerk durch die Luft. Schrill wieherte Galerius` Pferd und begann auf dem Waldboden zu tänzeln, dass er Mühe hatte, es unter Kontrolle zu halten.

„Marcus, wir sollten einen Stall für die Tiere suchen und uns mit dem Opfer beeilen, denn ich möchte in einer halben Stunde ein Dach über dem Kopf haben."

„Schau dort drüben", wies ich mit der Hand auf ein langgezogenes Dach, das, keine hundert Schritte entfernt, über die Umfassungsmauern des Tempelbezirks hinausragte.

„Da ist eine Taverne, Galerius, zu der ein Mietstall gehört. Dort finden wir einen trockenen Platz, einfaches Essen und einen Krug Wein.“

Wir führten die Pferde am Zügel um die Bruchsteinmauer des heiligen Bezirkes herum zum Mietstall, der sich am Ende des Tavernengebäudes befand.

Aus der geöffneten Tür zum Schankraum drangen Stimmengewirr und der muffige Dunst von billigem Wein und abgestandenem Garum zu uns hinaus.

Der Rotschopf zog die einen Spalt geöffneten Torflügel des Stalls auseinander, und wir betraten den mit Spreu ausgelegten Raum, in dem es nach Heu und feuchtem Stroh roch. Ein Knecht nahm uns die Pferde ab und band sie an Eisenringen an, die in die Wand eingelassen waren.

„Gib ihnen Wasser und Hafer“, trug Galerius ihm auf und zählte ihm ein paar Kupfermünzen in die schwielige Hand.

Während unsere Wachen einen sehnsüchtigen Blick durch die Taverntür warfen, schritten wir den Weg zurück und begaben uns zur Pforte des Tempelbezirks.

Grob zusammengezimmerte Verkaufsstände am Eingangstor boten das übliche Angebot an Devotionalien, primitive Ware für Durchschnittspilger, die keine Gelegenheit versäumten, die Ausstattung ihrer Hausaltäre zu ergänzen.

Neugierig blieb Galerius stehen und betrachtete die Auslagen, während die Händler sorgenvolle Blicke zum Himmel richteten und begannen, ihre Götterdarstellungen und Amulette wegzuräumen.

Terrakotten und billige Marmorimitationen aus Gips stellten in allen Größen die im Damensitz reitende Epona, Lieblingsgöttin der pferdevernarrten Treverer, und den keulenschwingenden Herkules im Löwenfell dar.

Mir gefiel eine handgroße Bronzestatuette des Jupiter Sol Invictus mit Strahlenkrone, favorisierter Gott unter dem Großen Constantinus, bevor sich dieser dem Gott der Christen zuwandte.

Obwohl der Wind in den Baumwipfeln heulte und die ersten

Regentropfen dunkle Flecken auf den Planen der Standabdeckungen hinterließen, unterbrachen die Händler das Abräumen und priesen wort- und gestenreich ihre verbliebenen Auslagen an.

Bis auf eine Handvoll Weihrauch, die ich zu opfern gedachte und die zu einem völlig überhöhten Preis den Besitzer wechselte, blieben wir standhaft.

Wir betraten den heiligen Bezirk durch die Eingangspforte und schauten uns um. Auf dem leicht ansteigenden Gelände verteilten sich in lockerer Anordnung zwei größere Umgangstempel und vier kleine Sakralgebäude und auf einem Podest neben dem Brunnen der Anlage erhob sich eine mächtige Jupitersäule in den wolkenverhangenen Himmel. Obwohl man den farbigen Fassadenputz der Gebäude in Teilen erneuert hatte, waren die Spuren von Verfall und Verwüstung nicht zu übersehen. Welke Feldblumen, die der Wind beiseite geweht hatte, und Schalen mit den Resten verbrannter Opfergaben deckten die Altäre. Nur wenige Beter und weißgekleidete Priester hielten sich in der Anlage auf, denn die meisten Besucher hatten sich wegen des drohenden Unwetters in die Taverne zurückgezogen, um das Vorbeiziehen der Gewitterfront abzuwarten.

„Es ist eine Schande, wie hier alles verkommt“, sprach uns ein Priester an, der auf unsere kleine Besuchergruppe aufmerksam geworden war.

Er war vielleicht dreißig Jahre alt, hatte das schwarze Haar mit einem Lederriemen gebändigt und den kräftigen Körper in eine weiße Toga gehüllt. Aus dem kantigen Gesicht blickte ein Paar stahlblauer Augen, aus denen Autorität und Willensstärke sprachen. Ich hielt ihn zuerst für einen Senator oder hohen Militär auf Wallfahrt, bis mir an einer Kette um den Hals die Insignie des Herkuleskultes, eine goldene Keule, auffiel.

„Es war im vorigen Jahr“, fuhr der Priester fort, „als christliche Eiferer aus Treveris in einer dunklen Nacht den Berg bestiegen, nachdem ihre Priester in den Kirchen zu Plünderung und Zerstörung aufgehetzt hatten. Die funkelnden Lichtpunkte ihrer Fackeln zeigten das drohende Unheil von Weitem an, so dass wir die Tore verrammelten, was aber nichts nutzte. Die Meute durchbrach die Sperren und fegte den Widerstand der Tempelwächter und Priester hinweg, die froh sein konnten, mit dem Leben davongekommen zu sein. Sie erbrachen die Tempel, füllten sich die Taschen mit den Gaben der Frommen und schändeten die Standbilder der Götter mit frevelnder Hand. Am Ende der Raserei schreckten sie nicht davor zurück, Weihebildnisse und heiliges Gerät in der Tiefe des Brunnens zu versenken. Tief liegen immer noch Verletzung und Schande auf den Herzen der Altgläubigen, und eine Untersuchung des Vorfalles hat es nicht gegeben."

Tränen der Wut blitzten in den Augen des Priesters, dem ich stumm die Hand drückte, während Galerius und die Wachen betreten zu Boden blickten.

Ich hatte das Gefühl, den Boden unter den Füßen zu verlieren.

Was war in den letzten Monaten alles geschehen? Ich hatte erlebt, wie unsere Provinzen vom Feind überrannt und verwüstet wurden, und hatte viele Meilen auf staubigen Straßen und Pfaden zurückgelegt, um die Heimat zu erreichen. Kaum angekommen, musste ich meine toten Eltern beweinen, meine Welt mit der Waffe verteidigen und mich meiner teilweise fränkischen Herkunft stellen. Als wenn das nicht genug wäre, verfolgte mich ein Wahnsinniger, der mir wegen eines Armreifs ans Leben wollte. Und jetzt, am Vortage einer Reise, auf deren Wegen Gefahren und Tod lauerten, musste ich erfahren, dass wir uns gegenseitig zerfleischten und dem Nachbarn das Recht auf Glauben und Überzeugung absprachen. Was war das für eine Zeit, die derart aus den Fugen geraten konnte?

„Lasst mich allein", knurrte ich die Gefährten an und ließ sie stehen.

Ich wollte keinen Menschen mehr sehen und nur noch den Berg hinaufsteigen, wie ich es als Kind getan hatte, wenn ich an der Ungerechtigkeit und Willkür der Mädchen und Lehrer verzweifelte. Ungestört wollte ich auf die Welt herabblicken und die Zwiesprache mit den Göttern suchen.

Vorbei am Tempel des Merkur und dem Brunnen, in dessen Schacht die zerschlagenen Bildnisse meiner Götterwelt in ewiger Finsternis begraben lagen, schlug ich den Weg zur hinteren Pforte ein, der aus dem heiligen Bezirk heraus auf die Höhe des Berges führte.

„Warte auf uns, Marcus“, rief Galerius mir nach, bevor ich das Tor erreicht hatte. „Geh nicht alleine. Wer weiß, ob es nicht doch Ulf war, den wir auf der Uferstraße gesehen haben.“

„Es gibt hier keinen Ulf“, schrie ich zurück. „Wir hätten ihn sehen müssen, wenn er uns aufgelauert hätte oder gefolgt wäre. Oder hast du im Stall ein Pferd gesehen, das nicht zu uns gehört?“

Nieselregen und Nebelfetzen jagten über den Berghang, als ich die Pforte durchschritt und in den Wald eindrang, dessen Bäume an die Einfriedungsmauer stießen.

Ich wähnte mich in Sicherheit und spürte keine Gefahr im heiligen Hain meiner Jugend, dem ich alle Geheimnisse anvertraut hatte.

Trotzdem schaute ich auf mein Handgelenk, das weder schmerzte noch eine Rötung unter der sich windenden Schlange aufwies.

Immer weiter schritt ich bergan und musste bald die Höhe erreicht haben, als mich das Knacken eines Astes warnte.

Der Instinkt des Grenzkämpfers rettete mir das Leben, denn ohne zu überlegen warf ich mich zur Seite, rollte auf dem Waldboden ab, sprang auf die Beine und zog das Wolfsmesser des Charietto.

Noch im Fallen hatte ich das Surren des Wurfbeils vernommen, das meinen Kopf knapp verfehlt und in den nächsten Stamm gekracht war, wo es zitternd stecken blieb.

Keine zehn Schritte von mir stand Ulf und starrte verblüfft auf seine Waffe, als könnte er nicht glauben, vorbeigezielt zu haben.

Ungezügelter Hass brach aus seinen Augen, als er mit der Schnelligkeit eines Raubtiers sein Messer zog und mich zu umkreisen begann.

„Das ist dein Ende, Römer, erkennst du mich?“

„Du bist Ulf, der Franke, der mir seit Tagen nachstellt, um

mir mein Eigentum zu nehmen“, giftete ich ihn an und hielt den Rasenden durch geschickte Ausweichbewegungen auf Abstand.

„Erinnere dich an den Überfall auf das fränkische Dorf und an den Jungen, der dich verfluchte“, keuchte mein Gegner und wechselte blitzschnell sein Messer von der rechten Hand in die linke und zurück.

Wie Schuppen fiel es mir von den Augen, und was ich bisher nur geahnt, aber nicht zu denken gewagt hatte, wurde zur Gewissheit.

Ulf machte einen Ausfall, den ich mit einem Schritt zur Seite parierte, und wir umkreisten uns weiter, die Messer in den Fäusten.

„Zwei Fehler hast du damals gemacht, Römer. Du hast meinem Vater das heiligste geraubt, was er besessen hatte und du hast mich am Leben gelassen.“

„Ich habe deinen Vater nicht getötet“, entgegnete ich, ohne meinen Todfeind aus den Augen zu lassen, „und ich habe ihn auch nicht beraubt.“

„Du lügst und versuchst, dich feige herauszureden. Der Tag, an dem meine Heimat ausgelöscht und meine Familie getötet wurde, hat ein Gesicht, Römer, nämlich deines“, zischte der Franke wie eine zum Angriff entschlossene Viper.

Ein Grollen über den Baumwipfeln und das Klatschen der Regentropfen auf Äste und Blattwerk kündeten das Losbrechen des Unwetters an.

„Hier“, schrie ich gegen eine einfallende Windbö und hielt ihm meinen Arm mit dem Schlangenreif entgegen.

„Willst du das? Nimm es und lass mich in Ruhe.“

Schwer wie Blei lasteten Müdigkeit und Ermattung auf Armen und Beinen, doch ich kämpfte mit aller Gewalt gegen die Angststarre an und fühlte Stärke und Schnellkraft in meine Muskeln und Sehnen zurückschießen.

„Jammerst du um dein Leben, Römer?“, höhnte Ulf und spuckte angewidert aus. „Seit Tagen jage ich dich und will nicht wissen, welcher Gott dich geschützt hat. Kämpfe wie ein Mann, oder ich steche dich ab wie einen tollen Hund.“

Einen letzten Versuch unternahm ich noch, den tödlichen Kampf zu vermeiden.

„Im Namen meines fränkischen Ahnen, der als Offizier bei der Legion diente“, schrie ich Ulf an, „ich will dich nicht töten.“

Als hätte ihn ein Schlag getroffen, zuckte der Franke zusammen und wich mit weit aufgerissenen Augen einen Schritt zurück. Ich hatte ihn vermeintlich an einer empfindsamen Stelle seines Inneren berührt, aber anders, als ich gedacht hatte.

„Verräter“, kreischte er auf, „allesamt Verräter. Wie der Bruder meines Vorvaters, dem das Blut seines Volkes an den Händen klebte.“

Seinen sich zu Schlitzen verengenden Augen sah ich an, dass der tödliche Angriff unmittelbar bevorstand.

„Du bist verloren“, durchzuckte es mich, als der Franke mich ansprang und im gleichen Augenblick der erste Blitz herabfuhr und, begleitet von einem krachenden Donnerschlag, in unmittelbarer Nähe einschlug.

Der Franke stutzte in der Bewegung, und obwohl ich ein Ausweichmanöver geplant hatte, nutzte ich die Gunst des Augenblicks und ging zum Angriff über.

Vielleicht meine einzige Gelegenheit, diesen Kampf gegen einen fürchterlichen Gegner, der mir in seiner fanatischen Wut zumindest ebenbürtig war, für mich zu entscheiden.

Ich machte eine Finte mit der Linken, als wollte ich die messerführende Rechte des Franken wegschlagen, und stieß gleichzeitig mit dem Messer zu.

Blitz und Donner hatten den Franken einen Wimpernschlag lang aus dem Konzept gebracht. Er schlug nach meiner Hand, während das Messer des Wolfes in seine Brust fuhr. Der Stahl zerriss sein Gewand und drang durch Haut und Fleisch, bis er von einer Rippe abgelenkt wurde. Ich hatte so fest zugestoßen, dass die Klinge eine klaffende Wunde in die Brust des Franken gefurcht hatte, ehe sie, bis zum Heft eindringend, den Bizeps seines rechten Armes durchbohrte.

Die Wucht des Angriffs hatte mich mitgerissen und den Franken zur Seite geworfen. Den Dolch Charriettos hielt ich unterdessen fest umklammert, so dass die scharfe Stahlklinge mit einem Ruck freikam.

Keuchend kam ich auf die Beine und schaute nach Ulf, dem das Messer aus der kraftlosen Hand geglitten war und der schwankend seinen Mantel gegen die Wunden in Brust und Oberarm presste. Zu seinem Glück hatte der Dolch die Schlagader verfehlt, was seinen Blutverlust in Grenzen hielt.

Fassungslos starrte mich der Franke an, als könne er nicht verstehen, was soeben geschehen war.

„Du hast ihn, Marcus", schoss es mir durch den Kopf. „Stich ihn ab und du bist erlöst für den Rest deines Lebens."

Brechende Zweige und laute Rufe lenkten für einen Augenblick meine Aufmerksamkeit ab, was der Franke nutzte, in das Unterholz des Waldes einzutauchen und sich meinen Blicken zu entziehen.

Da waren Galerius und die Wachmannschaft heran.

„Den Göttern sei Dank, Marcus", rief mein Freund, „ich sah im letzten Moment wie dir ein Mann im blauen Mantel folgte, als du hinter den Bäumen verschwandest. Wir sind dir gefolgt, hatten aber Mühe, dich zu finden. Hast du den Mann gesehen?"

„Es war Ulf", hielt ich ihm mein blutiges Messer entgegen, und für einen Moment, wurde mir schwarz vor den Augen. Die Beine gaben nach, und ich musste mich mit dem Rücken gegen einen Stamm lehnen, den ich langsam hinabrutschte, bis ich auf dem Regen nassen Waldboden saß.

„Ihr habt gekämpft?", mutmaßte Galerius und kniete neben mir nieder.

Zur Bestätigung wies ich mit dem Kopf zu dem Baum, in den eine Fingerbreite tief die Klinge des Wurfbeils eingedrungen war.

„Er hat mich um Haaresbreite von hinten verfehlt. Dann kämpften wir mit dem Messer, bis ich ihn an Brust und Arm schwer verwundete. Er konnte aber ins Unterholz fliehen, weil ich kurz abgelenkt war, als ihr durch die Büsche bracht. Galerius, das ist kein Mensch", krallte ich meine Rechte um den Oberarm des Freundes.

„Du hättest die Wunde und das ganze Blut sehen sollen, aber er fiel nicht, sondern wankte nur kurz und floh in die Büsche."

„Erinnerst du dich?", runzelte mein Freund die Stirn und legte mir eine Hand auf die Schulter. „Ich warnte dich, dass du verloren sein würdest, wenn er dich aus dem Hinterhalt angreift.

Die Götter müssen mit dir sein."

„Sie sind es, Galerius, denn sie sandten mir einen Blitz, ohne den ich den Franken nicht besiegt hätte."

„Bist du verletzt?" Sorgenvoll wanderte der Blick des Freundes über meinen Körper.

„Nein, Galerius, es geht wieder. Mir sind nur kurz die Beine eingeknickt. Hilf mir hoch."

Zitternd lehnte ich an dem Baumstamm, während das Blut in den Ohren rauschte, und ich langsam die Gewalt über meinen Körper zurückerlangte.

Galerius zog unterdessen mit einem Ruck das Wurfbeil des Franken aus dem Stamm und reichte mir die Waffe, die ich wortlos in den Gürtel schob.

„Tribun", trat der Rotschopf an mich heran, „sollen wir ihm nach?"

„Jagt ihn, Wölfe", presste ich zwischen den Lippen hervor. „Hetzt das Wild, bis ihr es gestellt habt, und bringt mir einen Beweis seines Todes. Er ist geschwächt, hat keine Waffe und zieht eine Blutspur hinter sich her."

Die Blicke auf den Waldboden geheftet, nahmen die Männer die Fährte des Franken auf und waren lautlos im Unterholz verschwunden.

Es hatte aufgehört zu regnen, und die gefallene Feuchtigkeit dampfte in Schwaden zu den Baumwipfeln, als wir uns, mehr schlitternd als schreitend, den Hang hinabmühten. Die Beine bis zu den Knien mit Schlamm beschmutzt, passierten wir mit klammen Kleidern und nass bis auf die Haut die Pforte des Tempelbezirks.

Unter dem Säulendach des Herculestempels erkannte ich den Priester, der uns entgegeneilte, als er meiner ansichtig wurde.

„Was ist geschehen?", fragte er atemlos und musterte kopfschüttelnd meine Kleidung, bevor er fortfuhr. „Ich sah zuerst dich, dann einen Mann im blauen Umhang und später deine Freunde in den Wald eilen. Bei Hercules und Mercurius, ich bin erleichtert, dich zu sehen, denn ich habe mir Sorgen gemacht. Kommt mit ins Trockene, bevor ihr euch eine Erkältung holt und berichtet, was geschehen ist.“

In seiner Behausung reichte er uns trockene Tücher, in die wir uns wickelten, nachdem wir die nassen Sachen ausgezogen und vor dem Herdfeuer zum Trocknen ausgebreitet hatten.

Es war Nachmittag geworden und die Sonne schickte ihre ersten Strahlen durch die sich auflösenden Dunstwolken zur Erde, als ich am Ende meiner Schilderung angelangt war.

Der Priester stellte seinen Becher ab und sah mir in die Augen.

„Würdest du mir kurz den Armreif geben, Tribun?“

Ich nickte, nahm das Schmuckstück vom Handgelenk und reichte es unserem Gastgeber, der es sorgfältig in beiden Händen wiegte und eine Miene aufsetzte, als würde er in die Tiefen seiner Seele hinabschauen.

„Die Symbole und heiligen Zeichen der Barbaren sind voller Rätsel und Geheimnisse, die sich unseren Vorstellungen entziehen. Was ich von den Schlangen der Franken weiß, hat mir eine alte Priesterin mitgeteilt, die ich aus den Klauen eines schmierigen Sklavenhändlers befreit habe, der im Auftrag der Legion Kriegsgefangene vermittelte. Ich kaufte die Greisin frei und schenkte ihr die Freiheit, wofür sie mich aus Dankbarkeit in die Götterwelt ihres Volkes einführte.

In der Vorstellung der Germanen hält die Schlange mit ihrem Leib die Welt umschlungen, bis sie am Ende der Zeiten den blitzeschleudernden Odin mit ihrem Gift tötet und die Dämmerung der Götterwelt einleitet. Vor beinahe 200 Jahren, als sich die nördlichen Stämme links des Rhenus zum Bund der Franken, das heißt der Freien, zusammenschlossen, wurde sie zum Symbol des mächtigen Bundes erhoben. Ihrem Vorbild gleich sollte sie mit ihrem Leib die neugeschaffene Einheit umschlungen halten und jedem äußeren und inneren Feind mit ihrem tödlichen Biss

Verderben bringen. Nur wenigen ausgewählten Vertretern aus den Schwerteliten der einzelnen Stämme war es erlaubt, das Abbild der Schlange als Armreif oder Ornament auf Fibeln und Anhängern zu führen. Den Schmuckstücken wurden bald magische Fähigkeiten zugesprochen, denn sie sollten ihre Träger im Kampf unbezwingbar machen und sie vor drohenden Gefahren warnen. Der wahre Symbolwert geriet in Vergessenheit, aber was blieb, war der Glauben an die Macht, die diese Schlangen ihren Besitzern verliehen. Anstatt als Symbol der Einheit zu dienen, säten die Schlangen nun Zwietracht und Neid unter den Franken, weil jeder in den Besitz des mächtigen Zaubers gelangen wollte. Obwohl die Priesterinnen sich seitdem mühen, die Schlangen an sich zu bringen und an einem geheimen Ort zu verbergen, gibt es noch einige von ihnen, die weiterhin für Begehrlichkeiten und Unfrieden sorgen.

Marcus, die Schlange hat dich durch alle Gefahren bis an diesen Ort geführt, aber was heute geschehen ist, kann ich mir nur folgendermaßen erklären: Sie hat dich immer beschützt und gewarnt, aber in der größten Gefahr hat sie dich im Stich gelassen. Trotzdem hast du überlebt. Ich glaube, sie weiß nicht, was zu tun ist. Sie möchte dich schützen, aber es zieht sie auch zum Blut des ehemaligen Besitzers zurück. Weder deinen noch den Tod des Franken möchte sie bewirken. Sie ließ Ulfs Stein ins Leere fliegen, stellte aber einen Stuhl in deinen Weg, als du ihn entdeckt hattest. Sie schickte dir in der Not einen trockenen Ast und einen Blitz, ließ aber den Stahl deines Dolches abgleiten. Sie warnte nicht mehr, weil du ihre Zeichen nutzen würdest, Ulf zu töten, lässt aber auch nicht zu, dass dir ein Leid zugefügt wird."

„Tribun", rief es in diesem Augenblick von draußen, „dürfen wir eintreten?"

Ich sah zur Tür und sah unsere Wachen vor der Schwelle verharren.

Ein fragender Blick zum Priester, der kurz nickte, und ich winkte die beiden heran.

„Habt ihr ihn erwischt", fragte Galerius voller Ungeduld den Rotschopf, der Ulfs blutigen Mantel im Arm hielt.

„Ich glaube nicht, Tribun, dass du dir noch Sorgen machen musst.“

„Was heißt das?“, drängte ich den Mann, „was ist geschehen, dass ihr erst jetzt zurück seid?“

„Ulf war geschickt und legte falsche Fährten, weshalb wir seine Spur für kurze Zeit verloren. Als wir sie wieder hatten, war klar, dass er die Hügel hinab zur Mosella wollte. Am Waldrand sahen wir ihn über freies Feld zum Ufer eilen, wobei sein Vorsprung etwa 200 Schritte betrug. Seine Verwundung hinderte ihn aber, so dass wir an Boden gewannen und ihn fast eingeholt hatten, als er das Ufer erreichte. Im Laufen legte ich einen Bolzen auf meine gespannte Arcoballista und entriegelte in dem Moment, als er in den Fluss sprang. Den Bolzen in der Schulter ging er sofort unter, kam einige Meter weiter wieder hoch und krallte sich an einem Baumstamm fest, der in der vom Gewitterregen angeschwollenen Flut vorbeischoss. Ich glaube nicht, dass er sich lange halten konnte, und er ist mit Sicherheit längst ertrunken.

Das da“, er reichte mir den blutverschmierten Mantel, „hat der Franke am Ufer gelassen.“

Schweigen hing im Raum, als der Rotschopf seine Schilderung beendet hatte.

Sollte ich erleichtert sein und den Göttern danken, dass mir keine Gefahr mehr drohte? Ich fühlte Leere und einen Rest an Ungewissheit, wobei eines sicher war:

Selbst wenn Ulf überlebt hatte, was unmöglich der Fall sein konnte, würde ich für lange Zeit vor ihm sicher sein.

„Tribun“, brach der Priester die Stille und legte seine Hand auf meinen Arm.

„Einen Pfeil im Rücken und im Fluss davongetrieben, die Geschichte wiederholt sich. Du wirst den Franken wiedersehen, weil ihr durch die Schlange verbunden seid.“

„Wirf das Ding endlich weg“, kreischte Galerius mit hochrotem Kopf und griff nach meiner Hand, um mir den Reif zu entreißen.

„Das hat keinen Sinn“, fiel ihm der Priester in den Arm, „niemand kann seinem Schicksal und dem Ratschluss der Götter entgehen.“

Ich erhob mich und trat zu unseren Sachen, die in der Zwischenzeit getrocknet waren.

„Es ist genug“, wandte ich mich an Galerius und den Priester. „Was geschehen soll, geschieht. Warum sich Gedanken über Dinge machen, die nicht zu ändern sind.“

Ich griff in meinen Beutel, der bei den Sachen lag, und überreichte dem Priester eine ansehnliche Summe.

„Das ist als Dank dafür, was du mir über den Schlangenreif mitgeteilt hast und mein Beitrag zur Wiederherstellung des Tempelbezirks.“

Der Priester nickte mir zu, während unsere Leibwächter den Raum verließen, damit wir uns ungestört ankleiden konnten.

Als wir im Stall unsere Reittiere für den Heimweg sattelten, trat der Pferdeknecht zu uns.

„Herr, gehört der Fuchs zu euch?“, wies er in die andere Stallecke, wo ein einzelnes Pferd an einem Bündel Hafer fraß, das zwischen den Vorderhufen auf der Erde lag.

„Es trägt das gleiche Brandzeichen wie eure Tiere, und der Reiter, ein Narbengesicht mit blauem Mantel, hat noch nicht bezahlt.“

„Er wird auch nicht mehr zahlen“, antwortete Galerius dem Mann und reichte ihm zwei Kupfermünzen. „Wir nehmen den Fuchs mit und liefern ihn mit unseren Tieren ab.“

Zwei Stunden später hatten wir die Pferde abgeliefert und standen am Schiffsanleger neben der Mosellabrücke, wo wir einen Kahn heranwinkten, der uns auf dem schnellsten Weg flussabwärts zur Villa Vineta bringen sollte.

„Wie ist dein Name?“, sprach ich den Rotschopf an, der uns mit seinem Kameraden gefolgt war

„Rufus der Rote, Tribun“, antwortete der Soldat, und ein breites Lächeln überzog seine Gesichtszüge.

Dass ich ihn nach seinem Namen fragte, schmeichelte ihm vor seinem Waffengenossen und zum ersten Mal fand ich Zeit, sein gewinnendes Äußeres zu betrachten. Ein untersetzter Mann in den Dreißigern mit feuerrotem Haarschopf und dem breiten, sommersprossigen Antlitz eines ehrlichen Bauern, in dem die

Augen in der Farbe des Sommerhimmels leuchteten.

„Berichte, Charietto, was geschehen ist, und lass dir von ihm die Prämie auszahlen, die du mit deinem Kameraden teilst. Und das ist das versprochene Weingelage für deine Einheit", gab ich ihm einen Geldbetrag in Silber in die Hand.

Lange winkten uns die beiden nach, als unser Kahn, getrieben von zwei Ruderknechten, seine Fahrt aufgenommen hatte.

In der nächsten Stunde, wir hatten Treveris hinter uns gelassen und die Baustelle von Palatiolum passiert, sprach ich kein Wort, sondern starrte, meinen Gedanken nachhängend, unentwegt über die Wasserfläche der nach dem Unwetter wieder ruhig dahinfließenden Mosella.

„Marcus", brach Galerius das Schweigen, „der Priester hat uns eine schöne Geschichte voller Mystik und Aberglauben erzählt, mit der man alten Frauen und Kindern imponieren kann.

Ich jedenfalls glaube nicht an Zauberkräfte und Schicksalsbestimmung, die einem Tiersymbol angedichtet wurden."

„Ich weiß es nicht", antwortete ich dem Freund und schaute auf den Armreif, der in der Nachmittagssonne golden aufleuchtete.

Lange blickte nun auch Galerius über das Wasser, ehe er fortfuhr.

„Es hat mich beeindruckt, welche Folgerungen der Mann aus deinen Erlebnissen gezogen hat, und es mag sein, dass der Mythos um die Entstehung des Schlangensymbols einen wahren Kern hat, aber alles andere lässt sich auch auf natürliche Weise erklären. Lass dich nicht blenden, du hast den Armreif zwei Wochen nicht getragen und deine Haut war nicht mehr daran gewöhnt. Sie hat mit Schmerz und Rötung auf das Metall reagiert, bis der Reiz nachließ und nicht wiederkam. Und was Ulf angeht, hätte er dich im Haus des Charietto erkannt, wenn du den Schlangenreif nicht getragen hättest?"

„Ja", antwortete ich lakonisch, „er war der Junge aus dem fränkischen Dorf, der mich verflucht hat."

„Und wenn schon", begegnete Galerius meinem Einwand, „Ulf ist tot, ertrunken in den Fluten der Mosella, und du wirst nie wieder etwas von ihm hören."

„Nein", entfuhr es mir heftiger als gewollt, „er ist davongekommen, und unsere Wege werden sich wieder kreuzen, weil unsere Geschichte noch nicht beendet ist."

„Woher nimmst du diesen Glauben?", schüttelte mein Freund den Kopf und blickte mich fragend an.

„Ich rede nicht von Magie oder geheimnisvollen Kräften", erwiderte ich den zweifelnden Blick meines Freundes, „sondern von logischen Schlussfolgerungen, die ich aus den Informationen der letzten Tage ziehe.

Mein Großvater, Flavius Probus, war Franke und im Besitz eines mit einer Schlange verzierten Schmuckstücks, das zu tragen nur den besten Kriegern und den Häuptlingen gestattet war. Wenn meine und Ulfs Ahnen in benachbartem oder sogar dem gleichen Stamm zu Hause waren, müssen sie sich gekannt oder sogar miteinander verwandt gewesen sein. Vor dem Zweikampf mit Ulf gab es einen Wortwechsel, in dem er den Bruder seines Vorvaters einen elenden Verräter schimpfte, weil dieser bei der Legion gedient hat. Was, wenn dieser Ahne und mein Großvater, der römischer Offizier war, ein und dieselbe Person sind? Erinnerst du dich daran, was ich dir alles über den Zweikampf mit Ulfs Vater erzählt habe?"

Galerius schüttelte den Kopf und sah mich gespannt an.

„Als der Mann die Axt hob, um mir den Schädel zu spalten, schaute er mir in die Augen, aber ließ die Franziska nicht herabsausen. Vielleicht erkannte er etwas in mir, was ihn daran hinderte, mich zu töten?"

„Marcus, das sind viele 'Vielleicht'", spielte Galerius meine Annahmen herunter, „zu viele, um darin ein stimmiges Ganzes zu sehen."

„Aber wenn ich recht habe, Galerius, dann war ich am Tod eines Blutsverwandten beteiligt und habe daran mitgewirkt, das Dorf meiner Vorfahren zu zerstören."

"Und mit Ulf wärest du auch verwandt, oder?", höhnte mein Freund. „Eine schöne Verwandtschaft ist das, die nichts Besseres zu tun hat, als sich gegenseitig umzubringen."

Er wies den Fluß hinab, wo hinter einer Biegung die Anhöhe sichtbar wurde, auf der sich die Dächer der Villa Vineta erhoben.

„Das ist deine Heimat, Marcus. Hier bist du geboren, auch wenn ein Teil deiner Vorfahren aus einem Barbarendorf jenseits des Rhenus stammt. Du trittst morgen dein neues Kommando als Tribun in Noviomagus an und wirst bald in den Krieg ziehen, aus dem du gesund zurückkehren sollst, um das zu bewahren, was deine Vorfahren hier aufgebaut haben. Zerbrich dir nicht unnötig den Kopf über Dinge, die nicht mehr zu ändern sind und an denen du keine Schuld trägst."

„Galerius", legte ich meine Hand auf die Schulter des Freundes, dessen sorgenvoller Blick auf mir ruhte.

„Ich weiß, dass ich für das, was geschehen ist, nicht verantwortlich bin, aber es war der letzte Wille meiner Mutter, mich meiner Vergangenheit zu stellen. Sie war eine kluge Frau, die geahnt haben muss, dass sie mir damit eine große Last aufbürdete. Sie wollte damit nicht das in Frage stellen, woran ich bisher geglaubt habe, sondern meinen Blick für die Zukunft schärfen. Ich trage beides in mir, Galerius, die alte Kultur des römischen Imperiums und die neue, jugendliche Kraft Germaniens. Mit der Suche nach meinen fränkischen Ahnen werde ich für mich einen Weg finden, die Zukunft zu bestehen. Der Feldzug an der Seite Julians wird mir die Gelegenheit geben, die Frage meiner Herkunft zu lösen, auch wenn ich dafür den dunkelsten Winkel der fränkischen Lande aufsuchen muss."

„Du tätest besser daran", zuckte Galerius resignierend mit den Schultern, „nach Bissula zu suchen, sie nach Hause zu bringen und mit ihr ein glückliches Leben an der Mosella zu führen."

„Wenn ich zu meinen Wurzeln zurückgefunden habe", behielt ich das letzte Wort, „wird auch die Zeit für die Liebe kommen."

Epilog

Langsam hebe ich meinen Kopf und schaue durch das geöffnete Fenster auf die noch im Dunkel liegenden Weinhänge am anderen Ufer der Mosella.

Den Kamm der Höhe, dort, wo sie an den Himmel stößt, ziert als Vorbote eines schönen Frühlingstages ein zartes Morgenrot. Es dauert nicht mehr lange und die Sonne wird strahlend den neuen Morgen begrüßen.

Ich lösche die bronzene Öllampe und schließe meine schmerzenden Augen, die seit gestern Abend auf die Pergamentbögen gestarrt haben, denen ich meine Erlebnisse jenes schicksalsschweren Sommers vor zwanzig Jahren anvertraut habe. Meine rechte Hand, diese Art der Arbeit nicht gewohnt, ruht steif und taub auf der hölzernen Tischplatte. Vorsichtig knete und bewege ich die Fingerglieder, bis das Gefühl zurückkehrt und ich nach dem Krug greifen kann, der vor mir steht.

Ich muss ihn sehr schräg halten, bis einige Tropfen herausrinnen und den Boden meines Bechers mit einem letzten Schluck abgestandenen Wassers bedecken, der meine trockene Kehle anfeuchtet.

Aus dem Haus dringen die vertrauten Geräusche der Dienerin herauf, die, als erste auf den Beinen, in der Küche das Frühstück zubereitet. Es wird Zeit, das Schlafgemach aufzusuchen, um noch etwas Ruhe zu finden, bevor ich mich den Pflichten eines Gutsbesitzers widmen kann. Im Weinberg müssen die jungen Triebe heruntergeschnitten werden, damit die Pflanzen ihre Kräfte nicht frühzeitig vergeuden und später gute Trauben austreiben.

Ächzend erhebe ich mich aus dem harten Lehnstuhl und strecke meinen Rücken, bevor ich mit staksigen Schritten an die Fensterbrüstung trete und mir den Morgenwind um die Nase wehen lasse.

Nach der durchwachten Nacht spüre ich die Last der Jahre, die mich beschwert, und ich genieße die Kühle der Marmorplatte unter meinen aufgestützten Handflächen.

Aber es hat mir gut getan, meine Erlebnisse niederzuschreiben und die Bilder der Vergangenheit wieder auferstehen zu lassen.

Es wird bald einen anderen Abend geben, an dem ich mit der Niederschrift fortfahren werde, weil es noch viel zu berichten gibt.

Im gleichen Jahr führte mich mein Schicksal in die mächtige Provinzhauptstadt Mogontiacum, der von den Alemannen bedrängten Hauptstadt der Germania Prima.

Die Stadt war der Ausgangspunkt der großen Gegenoffensive zur Rückgewinnung der Colonia unter Caesar Julian, dem Licht unseres Zeitalters.

Das Tal des Rhenus sah im Herbst unseren unwiderstehlichen Anmarsch bis unter die Mauern der vom Feind besetzten Metropole Niedergermaniens, und Ströme von Feindesblut färbten purpurn die Wasser des Stromes, als unsere Legionen dem Feind einen vernichtenden Schlag versetzten.

Was aus Bissula wurde und ob ich zu den Wurzeln meiner Herkunft gelangte, wird der gespannte Leser im zweiten Teil meiner Erinnerungen erfahren.

Das soll jetzt an dieser Stelle genügen, denn die ersten Sonnenstrahlen fallen durch das geöffnete Fenster und lassen die Pergamentbögen auf dem Tisch weiß aufleuchten.

Unter mir höre ich Stimmen, und ich schaue aus dem Fenster, um nachzusehen, wer zu dieser frühen Stunde schon auf den Beinen ist. Es sind meine Männer, die schwatzend und mit geschulterten Hacken in den Weinberg ziehen. Nach ein paar Stunden Schlaf werde ich ihnen folgen.

Spurensuche

Das 4. Jahrhundert
an Rhein und Mosel

Karte 1: Beschriebene Handlungsorte vom Niederrhein bis Aachen

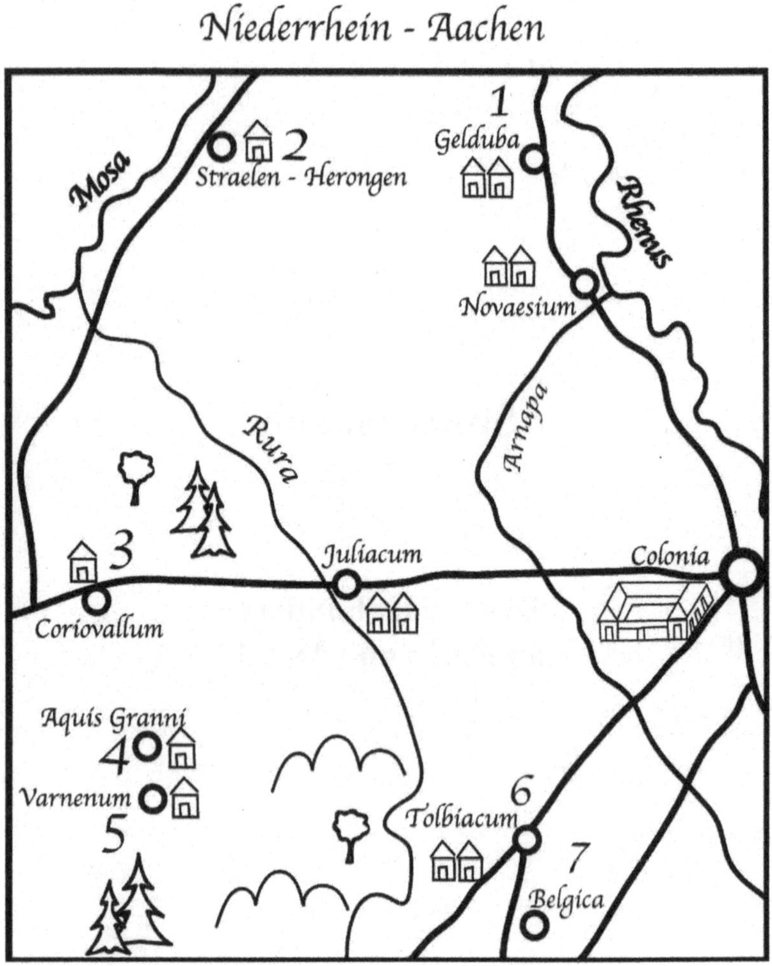

1 Gelduba (Krefeld - Gellep)
2 Straelen - Herongen
3 Coriovallum (Heerlen)
4 Aquis Granni (Aachen)
5 Varnenum (Aachen - Kornelimünster)
6 Tolbiacum (Zülpich)
7 Belgica (Euskirchen - Billig)

Karte 2: Die Eifel zwischen Aachen und Trier

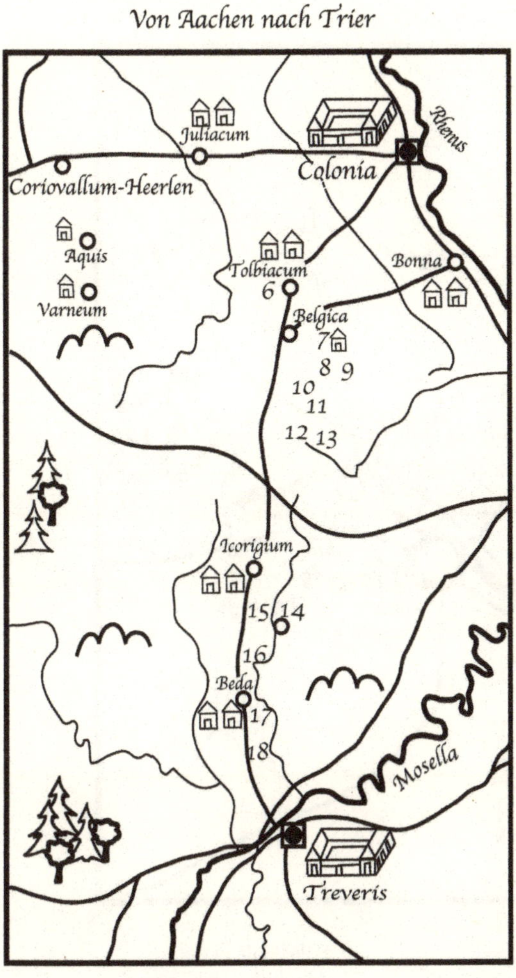

6	Tolbiacum (Zülpich)	13	Nettersheim
7	Belgica (Euskirchen – Billig)	14	Villa Sarabodis (Gerolstein)
8	Bad Münstereifel – Iversheim	15	Duppach - Weihermühle
9	Euskirchen Kreuzweingarten	16	Villa Otrang (Fließem)
10	Mechernich – Vussem	17	Beda (Bitburg)
11	Mechernich – Kallmuth	18	Hermenweiher (Welschbillig)
12	Grüner Pütz (Nettersheim)		

Karte 3: Trier und Umgebung

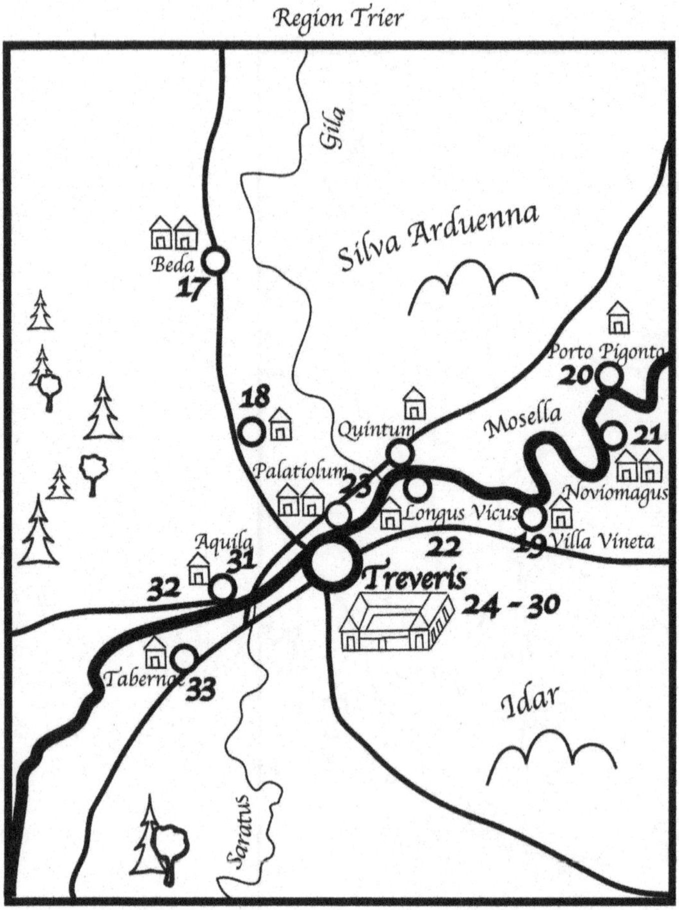

17 Beda (Bitburg)
18 Welschbillig
19 Villa Rustica (Mehring)
20 Porto Pigonto (Piesport)
21 Noviomagus (Neumagen)
22 Villa Urbana (Longuich–Kirsch)
23 Palatiolum (Trier-Pfalzel)
24 Porta Nigra (Trier)
25 Dom (Trier)
26 Palastaula (Trier)
27 Amphitheater (Trier)
28 Barbarathermen (Trier)
29 Kaiserthermen (Trier)
30 Römerbrücke (Trier)
31 Igeler Säule (Igel)
32 Grutenhäuschen (Igel)
33 Tabernae (Tawern)

1 Gelduba (Krefeld Gellep)

Kapitel: Prolog

Mehr als acht Meter ragte das zinnenbewehrte Bollwerk aus Grauwacke und Ziegelbändern in die Höhe. Türme mit flachen Spitzdächern sprangen aus der Zwingmauer hervor und verliehen der Festung das Aussehen einer riesigen Krone.

Kastell des 4. Jahrhunderts

Am östlichen Rand der Stadt Krefeld befindet sich im Stadtteil Gellep-Stratum direkt am Rheinhafen der Standort des ehemaligen Kastells Gelduba. Die günstigste Anfahrt erfolgt über das Autobahnkreuz Meerbusch-Strümp und die Bundesstraße 222.

Vom ehemaligen Kastell sind oberirdisch keine Überreste erhalten. Bei der Ausschachtung des Hafenbeckens gingen große Teile des Kastells, des römischen Rheinhafens und des Lagerdorfes unwiederbringlich verloren, aber der Restbestand konnte durch Grabungen sorgfältig dokumentiert werden.

An der Stelle eines ubischen Ortes entstand zur Zeit des Bataveraufstandes (69/70 n. Chr.) am Rheinufer ein römisches Feld- und Nachschublager, das zur Unterstützung der in Vetera eingeschlossenen Truppen angelegt worden war. Im Verlauf der Kämpfe kam es vor den Toren des Lagers zur Schlacht mit den Aufständischen, die von den Legionen nur mit Mühe gewonnen werden konnte.

Reste dieser Anlage konnten in einem Baggersee südöstlich von Gellep nachgewiesen werden. Nach dem Ende des Aufstandes wurde die Nachschubbasis abgebrochen und ab 71 n. Chr. auf einer hochwasserfreien Anhöhe im Zuge des Ausbaus des Rheinlimes ein Holz-Erde-Kastell errichtet, das einer berittenen Auxiliareinheit in der Stärke von 500 Mann Platz bot.

Als im 2. Jahrhundert ein Steinbau an seine Stelle trat, waren nördlich und südlich der Festung eine Marktsiedlung und ein Lagerdorf mit Magazinen und Thermen entstanden. Mit der Anlage des Rheinhafens sowie der Erschließung und landwirtschaftlichen Nutzung des Umlandes entstand ein Siedlungsraum, der bis weit über den Abzug der Römer hinaus Bestand haben sollte. Grabungen im Innen- und Außenbereich des Kastells wiesen Lagerdorf, Türme und Tore, Umwehrungsgräben, Principia (Stabsgebäude), Speicherbauten, Kommandantenwohnung und Mannschaftsbaracken nach.

Tacitus erwähnt in seinen „Historien“ ein Kastell mit dem Namen Gelduba, und Plinius der Ältere beschreibt in seiner „Naturkunde“ die Festung als „einen erhöht am Rhein liegenden Ort“.

Bei den Frankeneinfällen im 3. Jahrhundert wurde die Festung 260 n. Chr. und 275 n. Chr. erstürmt und zerstört, aber wiederaufgebaut. Nach der Zerstörung im Jahre 355 n. Chr. wurde sie 375 n. Chr. unter Kaiser Valentinian in verkleinertem

Maßstab erneuert und letztmalig zu Beginn des 5. Jahrhunderts mit einer neuen Ringmauer und einer Besatzung aus föderierten Franken versehen.

Im frühen Mittelalter siedelten Franken im Areal des Lagers, das wohl erst ab dem 10. Jahrhundert dem Steinraub des Mittelalters zum Opfer fiel.

Seine überregionale Bekanntheit verdankt Krefeld-Gellep den Gräberfeldern, die sich wie ein Halbmond rings um das Areal von Kastell und Lagerdorf legen und seit den dreißiger Jahren des vorigen Jahrhunderts ausgegraben werden. Es gilt als das größte zusammenhängende Gräberfeld aus römischer Epoche und Völkerwanderungszeit in ganz Europa. In immer neuen Grabungskampagnen wurden bis heute mehr als 6000 Gräber, wovon 2/3 in die römische Epoche fallen, vom 1. bis zum Ende des 7. Jahrhunderts untersucht. Wurden die Verstorbenen im 1. und 2. Jahrhundert in Brandgräbern bestattet, überwiegen ab der Mitte des 3. Jahrhunderts die Körperbestattungen in Holzsärgen und wenigen Sarkophagen. Als Beigaben wurden einige Münzen, wenig Schmuck, vor allem Keramik und verstärkt im 4. Jahrhundert Glasgefäße beigelegt. Die Toten wurden in S-N-Richtung, der Kopf nach Süden, beigesetzt. Mit dem Aufkommen des Christentums ab der Mitte des 4. Jahrhunderts setzte ein Rückgang der Beigaben ein und es wurde in W-O-Richtung bestattet. Kriegerische Ereignisse dokumentieren sich in Massengräbern, in die wahllos Männer, Frauen, Kinder und Tierkadaver gelegt wurden. Fundmünzen datieren ein schreckliches Schicksal: In einem aufgelassenen Mithraeum wurden Opfer des Frankensturms von 275 n. Chr. vermutlich am Ort ihres gewaltsamen Todes verscharrt. Reste von Gedenksteinen und Grabmälern wurden kaum gefunden, weil sie am steinarmen Niederrhein entweder als Bausteine verbaut oder zu Kalk gebrannt wurden. Reichhaltiger werden die Beigaben wieder in fränkischer Zeit, wo vor allem die Fürstengräber neben Alltagsgegenständen auch wertvollen Schmuck und erlesene Waffen enthielten. Wenn auch die Fertigung von Glanztonware wie Terra Sigillata und Terra Nigra im 5. Jahrhundert endet, belegen die gefundenen Glasobjekte, dass dieser römische Luxusartikel unter fränkischer Herrschaft weiter produziert wurde. Die reichhaltigen Funde aus den Gräberfeldern befinden sich im nur wenige Kilometer vom Grabungsort entfernten Museumszentrum Burg Linn.

Museumszentrum Burg Linn
Rheingrabenstraße 85
47809 Krefeld
02151 / 570036
www.archaeologie-krefeld.de
Öffnungszeiten:
Di – So 10.00 – 18.00 (01.04. – 31.10.)
Mo geschlossen
Di – So 11.00 – 17.00 (01.11. – 31.03.)
Mo geschlossen

2 Römerstraße bei Straelen-Herongen

Kapitel: An den Pforten der Unterwelt

Asphaltierter Wirtschaftsweg auf der Trasse der Römerstraße

Unmittelbar neben dem Abzweig der Bundesstraße 221 nach Straelen-Herongen ist ein Teilstück der römischen Reichsstraße von Xanten über Maastricht nach Tongeren zu begehen.

Mehr als 3 Kilometer verläuft die Trasse schnurgerade über kleine Hügel und Senken bis zur Flootsmühle an der Nette. Der Straßendamm, auf dem ein geteerter Wirtschaftsweg verläuft, hat eine Breite von 12 Metern und verfügt noch über die zu seiner Entwässerung angelegten Seitengräben. Zur zusätzlichen Sicherung im feuchten Gelände waren zu beiden Seiten bis zu 19 Meter breite, von flachen Wällen begrenzte Bahnen angelegt worden, die teilweise noch im Wald sichtbar sind.

Der im Durchschnitt 1,50 Meter hohe, gewölbte Straßenkörper besitzt den typischen Aufbau einer römischen Fernstraße. Über eine Stickung aus groben Steinen wurde ein Kies-Schutt-Gemisch aufgetragen, das nach Bedarf durch Mörtelbeimischung verstärkt wurde. Darüber lag der eigentliche Straßenbelag aus Kies oder Sand, der einer steten Wartung bedurfte. Gepflasterte Straßen gab es nördlich der Alpen nur im direkten Bereich der Städte und größeren Ansiedlungen. In schwierigem Gelände wurde die 6 Meter breite Fahrbahn an den Seiten zusätzlich mit einer Schicht hochgestellter Steine gesichert.

Betrachtet man den Verlauf der Straße, wird deutlich, dass die römischen Wegebauer zwei Endpunkte in möglichst kürzester Entfernung verbanden, wobei Steigungen in Kauf genommen wurden.

Die Fernstraße ist im Itinerarium Antonini aus dem Anfang des 3. Jahrhunderts aufgeführt und in der Tabula Peutingeriana, einer Straßenkarte aus dem 4. Jahrhundert, eingezeichnet.

In regelmäßigen Abständen gaben Meilensteine die Entfernung zum nächsten Reiseziel an und ein dichtes Netz von Straßenstationen und Herbergen, die in einem Abstand von 10 Leugen (ca. 20 Kilometer) angelegt waren, ermöglichte ein komfortables Vorwärtskommen. Zwischen Xanten und Maastricht werden Stationen bei Geldern-Pont (Mediolanum), Nettetal-Kaldenkirchen (Sablones), Melick (Mederiacum) und Tüddern (Teudurum) vermutet.

3 Coriovallum (Heerlen)

Kapitel: An den Pforten der Unterwelt

Teilsegment eines Erfrischungsbeckens im Caldarium

Etwa 20 Kilometer nordwestlich von Aachen liegt in den Niederlanden die Stadt Heerlen, deren Geschichte bis in die römische Zeit zurückgeht.

Gegründet im 1. Jahrhundert entwickelte sich der an der verkehrsreichen Via Belgica gelegene Ort zu einem Handels- und Töpferzentrum von regionaler Bedeutung. Bis heute konnten mehr als 40 tonverarbeitende Betriebe in der Stadt und im Umland nachgewiesen werden.

Ebenfalls profitierte der Vicus von den vielen Landvillen der Umgebung, die den verkehrsgünstigen Ort als Markt für den Verkauf ihrer landwirtschaftlichen Produkte nutzten.

Im Jahre 120 n. Chr. erhielt Coriovallum eine dem Wohlstand und der Bedeutung des Ortes angemessene Thermenanlage.

Die Anlage wurde als „Reihentyp“ konzipiert, bei dem die verschiedenen Räume, axial ausgerichtet, ihrer Funktion entsprechend aneinandergereiht sind. Auf das Apodyterium (Eingang und Umkleideraum) folgten Frigidarium (Kaltbad mit Kaltwasserbecken), Tepidarium (Laubad) und Caldarium (Heißbad mit Warmwasserbecken). Variiert wird dieser Thermentyp in Heerlen durch die Anfügung eines seitlichen Sudatoriums (Schwitzbad) und einer Palaestra, einem säulengefassten Innenhof an den Längsseiten des Badegebäudes.

1940, zur Zeit der deutschen Besatzung, wurden im Ortszentrum bei Erdarbeiten die gut erhaltenen Überreste des Badekomplexes entdeckt und in den folgenden Jahren ausgegraben. 1977 wurde über dem gesicherten Befund ein Museumsbau errichtet, in dem neben der Präsentation der Thermen weitere Funde aus dem Vicus und der näheren Umgebung ausgestellt sind.

Thermenmuseum Heerlen
Coriovallumstraat 9
6400 AA Heerlen
www.thermenmuseum.nl
Öffnungszeiten:
Di – Fr 10.00 – 17.00
Sa – So 12.00 – 17.00

4 Aquis Granni (Aachen)

Kapitel: Die Wasser des Grannus

Rekonstruierte römische Portikus

Nach der Eroberung Galliens durch Caesar setzte um Christi Geburt die römische Besiedlung der Region ein. Die heißen Quellen im Aachener Stadtgebiet müssen auf die Eroberer eine große Anziehungskraft ausgeübt haben, damit sie den abseits der Verkehrswege gelegenen Talkessel besiedelten.

Ab der Mitte des 1. Jahrhunderts wurden im Bereich der heutigen Innenstadt die großzügigen Anlagen der so genannten Büchel- und Münsterthermen erbaut, die, gemessen an ihrer Anzahl und Größe, den Vicus zu einem luxuriösen Militär- und Kurbad machten, in dem sich Zivilisten und Angehörige der niedergermanischen Legionen aus Xanten und Bonn erholen konnten.

Die sogenannten „Münsterthermen“ befanden sich unter dem heutigen Dom und dem Münsterplatz und waren bis in das 4. Jahrhundert hinein in Betrieb. Später wurde eine frühchristliche Kapelle in einer Apsis des Badegebäudes eingerichtet.

Die in der Nähe gelegenen „Büchelthermen“ mit einer Grundfläche von 2500 Quadratmetern bestanden ebenfalls bis ins 4. Jahrhundert, ehe sie aufgegeben und zerstört wurden. Im Jahre 2001 wurden bedeutende Teile der Thermen im Zuge einer Baumaßnahme freigelegt. Ein mit Bruchsteinen aufgemauerter, halbkreisförmiger Beckenabschluss, der noch im Innern seinen wasserdichten Verputz trug, konnte in Teilen geborgen werden und soll in der Nähe des Fundortes einen dauerhaften Standort finden.

Zwischen den beiden Thermen fanden sich in den sechziger Jahren die Reste einer Portikus, die in Ausführung und Größe als einzigartig für die Provinzen nördlich der Alpen anzusehen ist. Eine detailgetreue Rekonstruktion von drei Bögen steht heute nahe beim Fundort, während die Originalfunde im Vorbau des Rheinischen Landesmuseums zu Bonn besichtigt werden können. Die Portikus umgab einen die Badeanlagen verbindenden Kultbezirk, von dem mehrere sakrale Gebäude nachgewiesen sind.

Um die Thermen wuchs eine Zivilsiedlung, die vermutlich den Namen Aquae Granni oder Aquis Granni trug und etwa 20 Hektar einnahm. Die Wohngebäude und Werkstätten des Vicus wurden in typisch provinzialrömischer Manier als ein- oder zweigeschossige Fachwerkbauten errichtet, die auf stabilen Steinfundamenten ruhten und in Teilen während der kalten Jahreszeit beheizt werden konnten. Unter dem heutigen Elisengarten wurden Gebäudereste untersucht, die über eine Fußbodenheizung (Hypokaustensystem) verfügten und noch im 4. Jahrhundert bewohnt waren. Als Gewerbeeinrichtungen konnten Ziegel-, Keramik- und Glasproduktion nachgewiesen werden. Die Mehrzahl der Einwohner dürfte jedoch ihren Lebensunterhalt im Betrieb der Thermen und in der Pflege der Badegäste verdient haben. Die Begräbnisplätze des Vicus werden wie üblich außerhalb der antiken Ortsgrenzen gelegen haben.

Eine Straße verband den Ort mit dem Vicus Coriovallum (Heerlen), die noch heute in weiten Teilen im Bereich der Vororte Laurensberg und Horbach als Laurensberger Straße und Alter Heerler Weg als Straße und Wirtschaftsweg in Gebrauch ist. Damit besaß der Vicus eine direkte Anbindung an die wichtige Verkehrsachse der Via Belgica von Köln in das nördliche Gallien. Wege durch die Voreifel führten über Tolbiacum (Zülpich) nach Belgica (Euskirchen–Billig), wo man auf die Reichsstraßen von Köln nach Reims und von Bonn nach Trier traf.

Die vermutete Anlage einer Befestigung zum Schutz des Vicus im unruhigen 4. Jahrhundert an der Stelle des Rathauses konnte bis heute nicht nachgewiesen werden. Im Bereich von Rathaus und Marktplatz aufgefundene Fundamente erhärten keine eindeutige Zuordnung. Leider sind oberirdisch, bis auf die rekonstruierte Säulenstellung der Portikus, keine römischen Gebäudereste erhalten.

Nach dem Abzug von Militär und Verwaltung an der Wende vom 4. zum 5. Jahrhundert wurden die Großbauten nicht mehr unterhalten und verfielen. Trotzdem bestand auf dem Gebiet des Vicus eine Siedlungskontinuität bis in das frühe Mittelalter hinein. In karolingischer Zeit diente das Steinmaterial zum Bau von Pfalzkapelle und Palastanlage, wobei die römischen Spolien (antikes Baumaterial in Zweitverwendung) der karolingischen und mittelalterlichen Fundamente Rückschlüsse auf die repräsentative Ausgestaltung des Vicus erlauben.

Die römischen Altertümer im Bereich des Domes, wie die Marmorsäulen der Pfalzkapelle oder der Proserpinasarkophag Karls des Großen, stammen nicht aus dem Stadtgebiet, sondern wurden von den Karolingern als Herrschaftssymbole aus Italien in das neue Machtzentrum verbracht, um eine Kontinuität zum antiken Kaisertum zu schaffen.

Im Stadtteil Burtscheid ist römische Besiedlung nachgewiesen. Ein dem Apollo Grannus gewidmeter Weihestein ist als Abguss im Eingangsbereich des Kurhotels „Schwertbad“ aufgestellt.

Das Aachener Umland war für antike Verhältnisse dicht besiedelt. Rund um die Stadt sind im Bereich der fruchtbaren

Lößbörde dutzende Trümmerstätten römischer Bauernhöfe nachgewiesen. Dieser ertragreiche Boden erstreckt sich als breiter Streifen vom Limburger Hügelland in den heutigen Niederlanden bis an den Rhein bei Köln und Bonn und wurde ab der Jungsteinzeit landwirtschaftlich genutzt. Durch Bodenprospektion und Grabungen konnten bis heute mehr als 6000 Wohnstätten nachgewiesen werden. Im Eifelvorland wurden die anstehenden Bodenschätze gefördert und häufig an Ort und Stelle sofort verarbeitet. Im heutigen Stadtteil Brand fanden sich Anlagen zur Eisenverhüttung und im nahe gelegenen Stolberg wurden Steinkohle, Zink sowie Blei-, Eisen- und Kupfererz gefördert.

Museum Burg Frankenberg
Bismarckstraße 68
52066 Aachen
0241 / 432-4410
www.burgfrankenberg.de
Öffnungszeiten:
So 11 – 14 Uhr

Die Abende verbrachte ich, die Mahnung des Vicarius missachtend, bei Wein und Bier in den Tavernen der Stadt. Kein Wirt, der mich nicht beim Eintritt freudig begrüßte und mir unaufgefordert einen gefüllten Becher oder einen Krug auf den Tisch stellte.

Taverne

5 Varnenum (Aachen – Kornelimünster)

Kapitel: Segen und Fluch

Fundamente mit Treppenaufgängen zweier gallorömischer Umgangstempel

Der gallorömische Tempelbezirk von Varnenum befindet sich außerhalb des Aachener Vorortes Kornelimünster. Wenige hundert Meter hinter dem Ortsausgang in Richtung Stolberg-Breinig führt ein befahrbarer Feldweg zu einem kleinen Parkplatz direkt neben der Anlage. Schon bei der Anfahrt bietet sich dem Besucher ein beeindruckender Ausblick auf die sich einen Wiesenhang hochziehenden Mauerreste der Anlage.

Mehrere Grabungen legten im letzten Jahrhundert Grundmauern, Treppenaufgänge und Gebäudefundamente des ummauerten Tempelbezirks frei, die aus den vorhandenen Trümmern bis zu einer Höhe von mehr als einem Meter wiederaufgerichtet wurden. Die Anlagen weiterer sakraler Gebäude und der dazugehörige Vicus wurden durch Einzelfunde und naturwissenschaftliche Prospektion in unmittelbarer Umgebung des Areals nachgewiesen. Wiesen bedecken heute oberhalb der freigelegten Fundamente die ehemalige Siedlung.

Bei den Tempeln handelt es sich um gallorömische Umgangstempel mit vorgelagerten Freitreppen.

Reste von Vorgängerbauten unter den heute sichtbaren Tempelfundamenten belegen wenigstens zwei Bauphasen der Anlage im 2. und 3. Jahrhundert. Der Fund mehrerer Votivtäfelchen gab Aufschluss über die hier verehrten Gottheiten. Namentlich genannt sind Varnenus, Namensgeber des Ortes und Sunuxal, Schutzgöttin der hier ansässigen germanischen Sunucer, die nach der Vernichtung der Eburonen durch Julius Caesar in der Umgebung angesiedelt wurden. Münzfunde erlauben eine Datierung der Anlage vom 1. bis zur Mitte des 3. nachchristlichen Jahrhunderts.

Die ebenfalls aufgemauerten Fundamente von vermuteten „Priesterwohnungen" oder „Schatzhäusern" erheben sich gegenüber der Treppenaufgänge an der Einfriedungsmauer des heiligen Bezirkes. Spolien der Anlage konnten in der Bausubstanz der nahen Bergkirche St. Stefan in Kornelimünster festgestellt werden. Im Ortsbereich ist eine Weihetafel gut sichtbar in eine Natursteinmauer oberhalb der Abtei eingelassen.

Vermutlich ist der heilige Bezirk wie anderenorts bis in das 4. Jahrhundert genutzt worden, da das aufstrebende Christentum hauptsächlich in den Städten Fuß gefasst hatte, während auf dem Land die paganen Kulte noch lange praktiziert wurden.

In diese Zeit fällt die Zerstörung vieler sakraler Anlagen durch christliche Eiferer oder germanische Plünderer.

Die spätere Anlage von Bergkirche und Abtei im nahe gelegenen Kornelimünster unterstreicht die sakrale Kontinuität der Örtlichkeit. Die Anlage des Tempelbezirks zeigt die Vorliebe der antiken Erbauer, ihre Heiligtümer an landschaftlich exponierten Stellen zu errichten. Von den Freitreppen der Tempel hat der Betrachter einen weiten Blick auf die Höhen von Nordeifel und Hohem Venn. Es ist ein Glücksfall, dass kein Neubau- oder Gewerbegebiet die Ruhe und Abgeschiedenheit des Tempelbezirks in einer beeindruckenden landschaftlichen Umgebung stört.

Der antike Betrachter wird einen ähnlichen Ausblick von den Tempelpodesten auf die bewaldeten Höhen genossen haben.

Einen anschaulichen Überblick über die Baugeschichte und die Funktion der Anlage gibt eine am Rande des Tempelbezirks aufgestellte Schautafel.

... an deren Fuß die Tempelgebäude eines heiligen Bezirkes im Sonnenschein hell aufleuchteten. Ein Ort, wie geschaffen, den Beistand der Götter für die Heimreise herbeizuflehen.

Gallorömischer Umgangstempel

6 Tolbiacum (Zülpich)

Kapitel: Entkommen

Entspannt im Tepidarium ruhend, bedauerte ich die mittellosen Flüchtlinge, die an Stelle eines festen Daches höchstens eine Zeltplane über dem Kopf hatten.

Schnittmodell Römertherme Zülpich
(mit freundlicher Genehmigung von ARW-Modellbau GmbH / www.arw-modellbau.de und Römerthermen Zülpich)

An dem wichtigen Kreuzungspunkt der Fernstraßen Köln-Trier und Reims-Bonn entstand im 1. Jahrhundert n. Chr. der römische Vicus Tolbiacum. Das antike Ortszentrum lag auf der höchsten Erhebung des heutigen Stadtgebietes in der Nähe von Kirche und Burg. Wie die meisten städtischen Siedlungen in der Region wurde auch Zülpich in der spätrömischen Zeit mit einer Befestigung versehen. „Burgi" zum Schutz der Landbevölkerung im unruhigen 4. Jahrhundert konnten auch in der näheren Umgebung der Stadt dokumentiert werden.

Nach dem Abzug der Römer übernahmen die Franken den befestigten Platz und schufen dadurch die Möglichkeiten für eine Siedlungskontinuität in die Zeit des Mittelalters hinein. Grabinschriften belegen, dass die romanischen Bewohner des Ortes nicht flohen oder vertrieben wurden, sondern friedlich mit den Eroberern zusammenlebten, bis sie im beginnenden Mittelalter im fränkischen Bevölkerungsteil aufgingen. Glashütten, Töpfereien und landwirtschaftliche Betriebe produzierten ungehindert weiter, und wie in vielen Siedlungen des untergegangenen Imperiums stellten die Fähigkeiten der Provinzialen in Gewerbe, Handel und Verwaltung einen wichtigen Faktor der frühen germanischen Staatsgründungen dar.

Im Jahre 496 n. Chr. besiegte vor den Mauern von Zülpich der Frankenkönig Chlodwig die um die Vorherrschaft konkurrierenden Alemannen und trat nach dem Sieg in einem spektakulären Akt mit 3.000 seiner Krieger zum christlichen Glauben über.

Als einziger römischer Gebäudekomplex sind die Reste des ehemaligen Bades erhalten, die in den dreißiger Jahren auf dem Mühlenberg ausgegraben wurden. Die im Rheinland einzigartig erhaltene Anlage dokumentiert, mit den in besonders gutem Zustand erhaltenen Wand- und Bodenheizungen (Hypokausten), anschaulich das System der römischen Badekultur. Von der ursprünglichen Anlage, die wie in Heerlen als „Reihentyp“ konzipiert war, konnten Heizraum, Kaltbad, Laubad und Warmbad ergraben und gesichert werden. In einer späteren Bauphase waren die Thermen um ein angebautes Schwitzbad, weitere Becken und eine Basilika erweitert worden. Die Reste des Badegebäudes (30 x 35 m) wurden in die Räumlichkeiten des Hauses „Römerthermen Zülpich“ – Museum der Badekultur integriert.

Neuere Grabungen in der nahen Umgebung der Thermen legten Teile der spätantiken Festungsmauern frei.

Römerthermen Zülpich
Museum der Badekultur
www.roemerthermen-zuelpich.de
Öffnungszeiten:
Di – Fr 10.00 – 17.00
Sa, So und Feiertags 11.00 – 18.00
Tel.: 0 22 52 / 838 06 - 0

Römertherme Zülpich im 4. Jahrhundert
(mit freundlicher Genehmigung von Dr. Frank Dießenbacher,
Mark Tewissen GbR / www.informationsmedien.de und Römerthermen Zülpich)

7 Belgica (Euskirchen-Billig)

Kapitel: Entkommen

Die Zeit verging wie im Fluge und am Mittag rumpelte unser Wagenzug in den Vicus Belgica hinein.

Römischer Straßenvicus

Etwa auf halber Strecke zwischen den Euskirchener Ortsteilen Billig und Rheder liegen unter Äckern die Überreste des römischen Vicus Belgica, von dem oberirdisch keine Siedlungsreste erhalten sind. Der Ort besaß die Form eines länglichen Dreiecks und nahm eine Fläche von ungefähr sechs Hektar ein.

Im 1. Jahrhundert entstand nach dem Bataveraufstand an der Gabelung der Straßen Köln-Trier und Bonn-Trier ein millitärischer Sicherungsposten, aus dem sich der Vicus Belgica entwickelte, der in einem Straßenverzeichnis des 3. Jahrhunderts erwähnt ist. Münzfunde bezeugen eine Besiedlung bis in das 5. Jahrhundert hinein, in dem das Leben im Vicus erlosch.

In den siebziger Jahren wurden ca. 30 Prozent des bebauten Areals mit der für einen römischen Vicus typischen Streifenbebauung entlang der Straßen freigelegt. Bei einer Breite von 5 bis 15 Metern besaßen die Häuser eine Länge von 20 bis 35 Metern und waren mit ihrer Schmalseite zur Straße ausgerichtet. Auf einem gemauerten Fundament waren die einstöckigen Aufbauten als verputzte Fachwerkwände ausgeführt, über die sich das ziegelgedeckte Dach erhob. Die Gebäude dienten sowohl Wohn- als auch Gewerbezwecken und prägten mit ihren Ladenlokalen und Betriebsstätten das Ortsbild. In der Regel war ihnen eine hölzerne Portikus vorgelagert, die es den Einwohnern ermöglichte, ihre Besorgungen und Geschäfte trockenen Fußes und vor der Sonne geschützt zu erledigen. Hinter den Häusern befanden sich in der Regel Brunnen und Anbauten, denen sich der Nutzgarten anschloss. An exponierten Stellen wie der Straßengabelung wurden massiv ausgeführte Steinhäuser mit einem nahezu quadratischen Grundriss nachgewiesen, in denen wahrscheinlich die Herbergen des Vicus zu sehen sind.

Das Auffinden mehrerer Weihesteine und Kultbilder, die Jupiter, Diana, Mithras und den Matronen zuzuschreiben sind, deutet auf Heiligtümer im Ort hin. Bestattet wurde nach römischer Sitte außerhalb des bewohnten Gebietes entlang der Straßen.

Neue, geomagnetische Untersuchungen gaben Hinweise auf einen Burgus im Ortsgebiet, mit dem sich die Bewohner Belgicas vor den wiederholten fränkischen Einfällen im ausgehenden 3. und 4. Jahrhundert zu schützen suchten.

In den ländlichen Regionen war ein Vicus das unbestrittene Zentrum des gesellschaftlichen und wirtschaftlichen Lebens, in dem periodisch Märkte stattfanden, auf denen die ländliche Bevölkerung des Umlandes ihre Erzeugnisse anbot und sich mit den nötigen Waren des alltäglichen Lebens und Luxusgütern eindeckte.

Ein dichtes Netz von Siedlungsstellen und Bauernhöfen ist in der Umgebung und in nächster Nähe des Vicus Belgica nachgewiesen.

8 Bad Münstereifel – Iversheim

Kapitel: Entkommen

Blick in einen römischen Brennofen zur Kalkgewinnung

Nördlich von Bad Münstereifel befindet sich auf der rechten Seite der von Euskirchen-Kreuzweingarten herführenden Bundesstraße 51 die ausgegrabene Anlage einer römischen Kalkbrennerei. Ein Schutzgebäude sichert heute den größten Teil der Anlage, deren hoher Erhaltungsgrad sie zu einem der wichtigsten Zeugnisse römischer Industriebauweise nördlich der Alpen macht.

Im Bereich der Sötenicher Kalkmulde, die im Mitteldevon vor 400 Millionen Jahren entstanden war, waren im 3. Jahrhundert bis zu zehn Kalkbrennereien auf engstem Raum in Betrieb, um den anstehenden Dolomit zu Baukalk zu verarbeiten.

Die Iversheimer Kalkbrennerei wurde im Frankensturm des

Jahres 270 n. Chr. zerstört, in vergrößertem Umfang wiederaufgebaut und produzierte bis zum Beginn des 4. Jahrhunderts.

Anfangs vier und später sechs nach oben offene Brennöfen, von denen einige sehr gut erhalten sind, bildeten den rückwärtigen Teil der zu den Seiten offenen Werkhalle, die von einem großen Pultdach überdeckt war. Die schmalen Öffnungen an den Stirnseiten der Öfen dienten der Beschickung mit Brennmaterial. Davor schlossen sich die Räume der Belegschaft mit den dazugehörenden Küchen und Backöfen an.

Bis zu 50 Arbeiter, darunter Maurer, Schmiede und Schreiner zur Instandhaltung, versahen ihren Dienst bei einer vollen Auslastung der Anlage. Hinzu kam ein Arzt, der den Männern wegen der extrem harten und staubigen Arbeit zur Seite gestellt wurde. Da der Hauptabnehmer von Baukalk das Militär war, bestand die Belegschaft aus abkommandierten Legionären. Weihesteine und Ziegelstempel nennen die XXX. Legion „Ulpia Victrix“ aus Xanten und für das Ende des 3. Jahrhunderts die III. Legion „Cyrenaica“, die im nahen Osten stationiert war.

Chemische Mörteluntersuchungen in den ehemaligen nordwestlichen Provinzen wiesen den hier gebrannten Kalk bis Bonn und Xanten nach.

Die zur Kalkgewinnung notwendigen Grundstoffe wie Kalkstein und Holz waren in allernächster Nähe in verschwenderischer Menge vorhanden. Der anstehende Kalkstein wurde im Hang hinter der Anlage gebrochen und zu handlichen Brocken zerkleinert. Gleichzeitig schlugen Holzkommandos das zum Brennen notwendige Holzmaterial und schafften es vor den Ofen.

Vor dem Brennvorgang wurde, angelehnt auf einen umlaufenden Mauersims im unteren Teil des Ofens, aus größeren Kalksteinbrocken mit Hilfe eines Leergerüstes ein gewölbter Himmel errichtet, auf dem der zerkleinerte Kalkstein schichtweise aufgebracht wurde. Nachdem der Brennvorgang gestartet war, ließ man die Füllung bei einer Temperatur von ca. 1050°C durchglühen, bis in einem weiteren Arbeitsschritt die Füllung mit einer Lehmschicht bedeckt wurde, um vollends mürbe zu schmoren. Nach 5 bis 6 Tagen war der Brennvorgang beendet und das Material soweit abgekühlt, dass der fertig gebrannte Kalk entnommen werden konnte.

Aus Versuchsgründen wurde einer der Öfen wieder instandgesetzt und ein Probebrand durchgeführt, der erstklassigen Dolomitkalk erbrachte. Aufgrund dieses Experimentes konnte errechnet werden, dass in der Anlage im Monat etwa 200 Tonnen Kalk gebrannt werden konnten.

www.bad-muenstereifel.de
Öffnungszeiten des Schutzbaus:
Mai – Oktober Sa, So und an Feiertagen 11 – 17 Uhr
Außerhalb dieser Zeiten nur nach Anmeldung unter:
02253 / 8027

9 - 12 Der Römerkanal

Kapitel: Unter Freunden

Die Bevölkerung der CCAA (Colonia Claudia Ara Aprippinensium – Köln) hatte nach der Konsolidierung der römischen Macht mit 40.000 Einwohnern eine Größenordnung erreicht, die sie in den Rang einer antiken Metropole erhob. Damit war die Verwaltung der Provinzhauptstadt Niedergermaniens vor das Problem gestellt, eine der Einwohnerzahl entsprechende Versorgung mit Trinkwasser sicherzustellen. Das Wasser des Rheins entsprach bei weitem nicht den zivilisatorischen Ansprüchen und die schnell erschlossenen Quellen des Vorgebirges stellten nur eine zeitlich befristete Notlösung dar. Entsprechend dem Geschmack der Zeit verlangte man nach sauberem, kalkhaltigem Wasser aus hochgelegenen Lagen, dem die vorhandenen Vorkommen der Sötenicher Kalkmulde in der Eifel entsprachen.

Tausende Arbeiter und Soldaten wurden deshalb am Ende des 1. nachchristlichen Jahrhunderts abgestellt, das Vorhaben umzusetzen und mit dem Bau der Eifelwasserleitung das größte Technikdenkmal der Antike nördlich der Alpen zu schaffen.

Mit 95,4 Kilometern wurde der „Römerkanal" zu einer der längsten Fernwasserleitungen im römischen Reich, der unter Berücksichtigung aller Zuleitungen, einschließlich der älteren Vorgebirgsleitung, die die Quellen der Ville erschloss, eine Gesamtlänge von 130 Kilometern erreichte.

Von den Ingenieuren als reine Fließleitung konzipiert, deren Gefälle je nach Geländebeschaffenheit zwischen 0,1 und 10 Prozent betrug, mussten gewaltige Steinwerke errichtet werden, um Täler und Senken zu überbrücken. Das Tal der Erft bei Euskirchen-Rheder wurde mit einem 560 Meter langen Aquädukt überbrückt und die das Swisttal überspannende Bogenkonstruktion erreichte eine Länge von 1.400 Metern.

Vier steingefasste Quellbecken, die alle erhalten sind, lieferten die erforderlichen Wassermengen.

Der Klausbrunnen von Mechernich-Kallmuth und die Quellgebiete von Mechernich-Urfey und Hausener Benden bei Mechernich-Eiserfey, wobei die beiden letztgenannten noch heute ins Wassernetz einspeisen, wurden im Sammelbecken von Mechernich-Eiserfey zu einem einzigen Kanal zusammengeführt. Vom später erschlossenen „Grünen Pütz" bei Nettersheim im Tal der Urft führte ein Zuleitungskanal zur Quelle von Kallmuth, deren Kapazität sich durch diese abschließende Baumaßnahme erhöhte.

Die unterirdische Wasserleitung verlief frostfrei in einer Tiefe von 0,90 Meter unter der Oberfläche.

Die lichte Weite der u-förmigen Kanalrinne betrug 0,75 Meter und war im Innern mit einem rötlichen Wasserputz (Opus Signinum) sorgfältig abgedichtet. Die 0,35 Meter starken Außenwände aus Grauwacke oder Gussbeton endeten oben in einem halbkreisförmig gemauerten Gewölbe mit einer lichten Höhe von 1,50 Meter. Das reichte aus, um den Kanal bei Wartungsarbeiten begehen zu können, zu deren Zweck an kritischen Stellen Revisionsschächte mit einer Öffnungsgröße von 0,75 Meter mal 0,90 Meter angelegt wurden, um einen Einstieg zu ermöglichen.

Nach Fertigstellung der Arbeiten flossen pro Tag bis zu 20.000 Kubikmeter Wasser in die antike Metropole am Rhein. Diese enormen Wassermengen bewirkten jedoch eine starke Versinterung der Innenwände mit Kalkablagerungen, die stellenweise eine Stärke von 0,40 Meter erreichen, was den Wasserfluss jedoch nicht einschränkte. Stellt man eine Betriebsdauer von 150 bis 200 Jahren in Relation zum Grad der Versinterung der Kanalwände, kann davon ausgegangen werden, dass der Kanal ohne aufwändige Restaurierungsarbeiten spätestens zu Beginn des 5. Jahrhunderts versiegt wäre.

Mit den Germaneneinfällen des 3. und 4. Jahrhunderts und den damit einhergehenden Zerstörungen am Leitungswerk kam das Ende des Kanals, und die Stadt Köln musste sich für die nächsten 1.500 Jahre wieder auf ihre Brunnen und die Quellen der Ville beschränken.

In den folgenden Zeitaltern bemächtigte sich die Legendenbildung des gigantischen Bauwerks. Eine alte Sage berichtet, dass die Wasserleitung einst Köln mit Trier verbunden hatte, und dass nicht Wasser, sondern Wein durch die Leitungen floss. Eine andere Geschichte weiß zu berichten, dass eine mit teuflischen Kräften ausgestattete Ente den weiten Weg von der Mosel bis an den Rhein im Römerkanal zurückgelegt hätte und schnatternd unweit des Kölner Domes ans Licht des Tages geschwommen sei.

Der Kanal regte aber nicht nur die Phantasie der mittelalterlichen Menschen an, sondern diente auch als Quelle wertvollen Baumaterials. Von der karolingischern Zeit bis in das 13. Jahrhundert hinein diente der Römerkanal als leicht zugänglicher und bequemer Steinbruch für die Bauvorhaben der Umgebung. Viele Burgen und Kirchen in der Nähe, wie die Burg Rheinbach, sind aus ausgebrochenen Kanalsteinen erbaut worden. Das Material wurde an vielen Stellen so systematisch abgebaut, dass der Kanal häufig nur noch als Ausbruchsgraben im Gelände auszumachen ist. Der Kanalsinter war als wertvoller Rohstoff für kleine Säulen und Altarplatten hoch begehrt, weil der „Gossenstein" durch Polieren eine dem Marmor ähnliche Maserung erhält.

Wo sich die Wasserleitung noch heute unbeschädigt im Erdreich befindet, ist ihr Verlauf an der alten römischen Arbeitstraße festzumachen.

Ausführliche Informationen zur Eifelwasserleitung unter dem Stichwort „Römerkanal" auf den Seiten zur Geschichte des Ortes Kreuzweingarten und seiner Umgebung:
www.woenge.de

9 Euskirchen-Kreuzweingarten

Rechts der B 51 liegt im Ort Kreuzweingarten ein hervorragend erhaltener Leitungsaufschnitt des Römerkanals, dessen Lage gut ausgeschildert ist.

Die Sinterablagerungen an den Seitenwänden sind leider so stark, dass eine Begehung der Kanalröhre nicht möglich ist. Sie lassen im unteren Bereich nur einen 12 Zentimeter breiten Spalt offen und bedecken die Seitenwände, nach oben dünner werdend, bis zu einer Höhe von einem Meter. Es lässt sich erahnen, wie einfach die Menschen des Mittelalters den begehrten Rohstoff Sinter gewinnen konnten.

Nachträglich in die Kanaldecke eingebrachte Öffnungen erhellen das Bauwerk, so dass der Betrachter den unterirdischen Verlauf der Kanalröhre mehr als 20 Meter weit mit den Augen verfolgen kann.

10 Das Aquädukt von Vussem

Am Ortsende von Vussem erheben sich drei gemauerte Pfeiler eines römischen Aquäduktes über das Tal des Veybaches, die 1959 auf den Fundamentresten des antiken Bauwerks detailgetreu rekonstruiert wurden. Im Ort weisen Hinweisschilder auf das Aquädukt hin, und eine ausführliche Informationstafel enthält wichtige Informationen zu Bauart und Funktion der Anlage.

Ursprünglich überbrückte die Kanalrinne auf zehn bis zwölf Pfeilern das enge Seitental in einer Höhe von 10 Metern. Im Sockelbereich der Pfeiler ist das original römische Mauerwerk aus groben, dick vermörtelten Grauwackestücken gut zu erkennen. Die Außenverblendung war in sorgfältig bearbeiteten, faustgroßen Grauwackewürfeln ausgeführt.

Im oberen Teil verlief unter einer Abdeckung aus massiven Sandsteinplatten die Leitungsrinne, in der das Wasser mit exakt berechnetem Gefälle Richtung Rheinebene floss.

Neben dem Aquädukt führt eine Steintreppe den steilen Talhang empor, wo der Anschluss an die Kanalrinne im Originalbefund offenliegt. Weiter im Wald stößt man nach wenigen Metern auf die Reste eines Wartungsschachtes, der gut im Gelände zu erkennen ist.

11 Die römische Brunnenstube von Mechernich-Kallmuth

An der Straße von Eiserfey nach Kallmuth erhebt sich nach ca. 2 Kilometern auf der linken Seite ein Schutzbau aus Beton, der das im Jahre 1953 vorbildlich restaurierte Technikdenkmal einer römischen Brunnenstube vor den Einflüssen des rauen Eifelklimas schützt.

Nach dem Eintritt führt eine Treppe zu einem der eindrucksvollsten Bauwerke römischer Wasserbaukunst hinab.

Eine Schicht aus dicken Kieseln bedeckt den Boden der viereckigen Anlage (3,50 x 5,80 m) und reinigte das durch Fundamentaussparungen und Wandöffnungen (20 x 30 cm) hineinströmende Wasser von groben Schmutzpartikeln. Bis 1948, als ein benachbartes Bleibergwerk abgepumpt wurde, schüttete das Quellbecken immer noch 300 bis 500 Kubikmeter Wasser aus.

Die in einer Dicke von 60 Zentimeter gemauerten Außenwände aus Grauwacke ruhen auf einer Auflage aus Sandsteinblöcken. Deutlich sind im Mauerwerk die zur Versteifung und Stabilisierung angebrachten Rundbögen zu erkennen. Der obere Wandabschluss der offenen Brunnenstube bestand aus rundgekanteten Sandsteinplatten, von denen einige in Versturzlage auf dem Boden des Beckens gefunden wurden.

Über eine 30 Zentimeter hohe Staustufe strömte das gesammelte Quellwasser durch einen Leitungskanal zum kreisrunden Sammelbecken des nahen Eiserfey, wo weitere Zubringer einmündeten und die Hauptleitung nach Köln ihren Anfang nahm.

Wenige Meter neben der Brunnenstube ist die später angelegte, kleinere Zuleitung aus Nettersheim erhalten und in den Schutzbau integriert, während ein weiterer, etwa 30 Meter entfernter Zulauf nicht sichtbar ist.

12 Römische Quellfassung „Grüner Pütz"

Nahe der Rosenthaler Mühle, etwa 2,5 Kilometer nordwestlich des Ortes Nettersheim, befindet sich im Tal der Urft die südlichste Quelle des Römerkanals.

Die in der Fläche 2 x 2 Meter messende, teilrekonstruierte Brunnenstube aus gemauerter Grauwacke wurde einige Jahrzehnte nach dem Bau der Eifelwasserleitung angelegt, um den gesteigerten Wasserbedarf zu befriedigen. Als oberer Mauerabschluss ist eine Abdeckung aus halbrunden Sandsteinen aufgelegt, die an den Stirnseiten mit Unheil abwehrenden Gorgonenhäuptern verziert sind. Gespeist wird die Brunnenstube von einer ca. 80 Meter langen Sickerleitung, die eine Tonschicht an der Trockenseite gegen Wasserverlust isolierte. Aus diesem noch heute sichtbaren Kanal floss das Wasser in die ca. 4 Quadratmeter große Brunnenstube, deren Tagesschüttmenge bei 700 bis 800 Kubikmeter lag. Die Sohle der Brunnenstube war ursprünglich mit einer dicken Kieslage bedeckt, die als natürlicher Filter wirkte. Die im Wasser befindlichen Schwebstoffe sanken auf den Boden herab und das gereinigte Wasser konnte aus dem Sammelbecken klar und sauber in die aus Gussbeton gefertigte Kanalröhre fließen. Die mit rotem Wasserputz abgedichtete und mit Grauwacke und Kalksteinen überwölbte u-förmige Rinne leitete das Wasser des „grünen Pützes" zur Brunnenstube von Kallmuth. Nahe der Brunnenstube, wenige hundert Meter Richtung Nettersheim, ist im Gelände noch die Trasse der antiken Fernstraße von Köln nach Trier sichtbar, die sich als Hohlweg den steilen Hang in Richtung Urft hinabwindet.

Kanalaufschluss in Euskirchen-Kreuzweingarten

Rekonstruiertes Aquädukt von Mechernich-Vussem

Römische Brunnenstube von Mechernich-Kallmuth

Brunnenstube „Grüner Pütz“ in Nettersheim mit Gorgonenhäuptern

13 Das Matronenheiligtum auf der „Görresburg“ bei Nettersheim

Kapitel: Der Wolf der Wälder

Matronenheiligtum mit Weihesteinen

Die Verbandsgemeinde Nettersheim ist am besten über die A 1 zu erreichen.

Der Ort blickt auf eine reiche römische Vergangenheit im ehemals dicht besiedelten Landstrich unweit des Kastells von Jünkerath (Icorigium) und des Vicus von Marmagen (Marcomagus) zurück. Viele Funde deuten auf einen Wohn- und Produktionsplatz hin, dessen Siedlungskontinuität sich alleine anhand von Münzenfunden vom 1. bis zum Beginn des 5. nachchristlichen Jahrhunderts nachweisen lässt.

Ganz in der Nähe entsprang, von zwei Gorgonenhäuptern bewacht, mit dem „Grünen Pütz“ die südlichste Quelle der Eifelwasserleitung, und die Trasse der wichtigen Fernverbindung von Köln nach Trier verlief ganz in der Nähe des heutigen Ortes.

Ackerterrassen an den umliegenden Berghängen, im Volksmund Wellenberge genannt, sind stumme Zeugen einer ehemals intensiven landwirtschaftlichen Nutzung.

Reste römischer Pingen und Stollen, die zur Gewinnung von Bodenschätzen in die erzführenden Hänge getrieben wurden, sind Überbleibsel von Metallgewinnung und -verarbeitung.

Auf einem vermuteten römischen Werkplatz befinden sich noch heute grob zugerichtete Blöcke aus Sandstein, die auf eine Arbeitsstätte für Steinmetze hinweisen.

Obwohl bisher nur die Reste einer Villa Rustica im Gelände untersucht werden konnten, haben weitaus mehr Höfe am günstigen Siedlungsplatz existiert, und der Boden birgt noch manche archäologische Überraschung.

Mindestens zwei Matronenheiligtümer befanden sich in der Nähe der antiken Siedlung, wobei die Weihesteine eines dieser Heiligtümer die Existenz eines Benefiziarierpostens beweisen, dessen Standort nicht bekannt ist. Die „Benefiziarier“, meist altgediente Centurionen, leiteten mit einer Mannschaft von vier bis fünf Veteranen eine Straßenstation und wahrten damit die Sicherheit des römischen Wegenetzes. Nach der einjährigen Dienstzeit war es Sitte, den lokalen Gottheiten aus Dankbarkeit einen Weihestein zu stiften. Auf diese Weise sind uns heute noch die Namen der Staatsbediensteten geläufig, die für die Sicherheit des römischen Straßennetzes sorgten.

Die „Görresburg“ ist eine Bergzunge, die sich von Südwesten an den Ort heranschiebt und auf dessen schmalem Hochplateau weithin sichtbar das Heiligtum der Aufanischen Matronen über der Landschaft thront. Im Ortsteil Zingsheim wurden die Fundamente eines weiteren gallorömischen Umgangstempels aufgefunden.

Der Ausgrabungsbefund auf der „Görresburg“ wurde in den siebziger Jahren soweit aufgemauert, dass sich der Betrachter einen guten Eindruck von der einstmaligen sakralen Anlage machen kann. Der viereckige Tempelbezirk, in römischer Zeit von einer niedrigen Mauer umgeben, nimmt eine Fläche von ca. 600 Quadratmetern ein. Im Innern standen drei nach Osten ausgerichtete Gebäude, nämlich ein gallorömischer Umgangstempel und zwei kleinere Nebengebäude zur Verwahrung sakraler Gegenstände und Opfergaben. Der Hauptbau mit einer Seitenlänge von sechs Metern war ehemals weiß verputzt und trug eine Dacheindeckung aus roten Ziegeln.

Münz- und Keramikfunde vom Ende des 2. bis zum Beginn des 5. Jahrhunderts belegen eine Nutzung der Anlage über mehr als 400 Jahre, denn noch lange nach der offiziellen Christianisierung der Städte im 4. Jahrhundert wurden in der Abgeschiedenheit des Landes weiterhin die alten Gottheiten verehrt.

Abgüsse von drei aufgefundenen Weihesteinen, die alle die für Niedergermanien typische Dreiheit der Matronen zeigen, sind vor dem Haupttempel aufgestellt. An manchen Tagen sind im Kultbezirk die Matronensteine mit Feldblumen und Ackerfrüchten geschmückt, was den Anschein erweckt, als ob die alten niedergermanischen Gottheiten in aller Stille weiterverehrt würden.

Infos zum Ort und seiner Geschichte:
www.nettersheim.de

Männer und Frauen, die auf den Feldern ihrem Tagwerk nachgingen und mit einem Erntewagen das Getreide vom Feld holten, hoben die Köpfe und grüßten uns freundlich.

Römische Erntemaschine

14 Römische Villa von Duppach-Weihermühle

Kapitel: Der Wolf der Wälder

„Als ich vor zwanzig Jahren das erste mal hier war, standen die meisten Grabmäler noch aufrecht, die einen Vergleich mit den Grabmonumenten an den Ausfallstraßen der Colonia nicht zu scheuen brauchten.“

Römische Grabnekropole

7 Kilometer südlich von Jünkerath liegen unweit der Ortschaft Duppach-Weihermühle im Erdreich die Überreste eines ausgedehnten Siedlungskomplexes von mehr als 3 Hektar Größe.

Im 2. und 3. Jahrhundert entstand hier in Hanglage, 800 Meter abseits der Römerstraße Köln-Trier, die von einem Trierer Ratsherrn gegründete herrschaftliche Anlage einer Villa Rustica.

Grabungen und elektromagnetische Untersuchungen der letzten Jahre ergaben allein für das Hauptgebäude eine Länge von 60 Metern. Daran schlossen sich die Nebengebäude und eine repräsentative Grabnekropole mit insgesamt vier Grabmonumenten und einer Grabkammer mit oberirdischer Bogenarchitektur an.

Aufgegeben nach dem ersten Frankeneinfall am Ende des 3. Jahrhunderts, belegen Pfostenlöcher und Schlackenreste im Innern der Gebäude eine Umnutzung zu einer metallverarbeitenden Anlage im 4. Jahrhundert.

Das Steinmaterial der Grabdenkmäler wurde systematisch abgebaut und diente zur Errichtung der Einbauten oder wurde anderweitig verwendet. Vor Ort fanden sich noch die Reste eines Löwe-/Eber-Monumentes und der beinahe unversehrte Kopf eines Greifen, die im Trierer Landesmuseum zu besichtigen sind.

Vor Ort weist eine Informationstafel auf die ehemalige Anlage hin.

Weitere Informationen:
www.grabdenkmaeler-duppach.praeges.de

15 Die „Villa Sarabodis“ in Gerolstein

Kapitel: Der Wolf der Wälder

Villa Sarabodis

Beim Bau der Erlöserkirche im Jahre 1908 wurden über dem rechten Ufer der Kyll im Stadtteil Gerolstein-Sarresdorf die Überreste eines herrschaftlichen römischen Gutshofes ausgegraben, dessen gut erhaltene Grundmauern dem Besucher einen anschaulichen Eindruck der ehemals luxuriösen Anlage vermitteln.

Im Eingangsbereich sichert ein Schutzbau eine Raumstellung mit Hypokausten (Bodenheizung), die aus Überresten rekonstruiert wurde.

Die Villa war von der Mitte des 1. bis zur Mitte des 4. Jahrhunderts bewohnt. Eine Brand- und Schuttschicht von nahezu einem Meter bezeugt ihre gewaltsame Zerstörung.

Auf die Ausgräber wartete eine Überraschung, als der Boden die Skelette von 27 männlichen Personen preisgab. Die jungen Männer waren alle sehr hochgewachsen und wahrscheinlich germanischer Herkunft, was die aufgefundenen Grabbeigaben unterstreichen. Man war auf ein Gräberfeld gestoßen, das in den Ruinen der Villa angelegt worden war.

Die Grabungsfunde, die anschaulich die Alltagswelt der Villenbewohner dokumentieren, sind im Ausstellungsraum des kleinen Museums zugänglich gemacht.

Römisch-Germanisches Altertumsmuseum „Villa Sarabodis"
Sarresdorfer Str. 15 – 17
54568 Gerolstein
06591 / 7901
www.kulturdatenbank.de.vu

An den typischen Haarknoten und den Waffen hatte ich sofort erkannt, dass es Franken waren, die uns erwischt hatten.

Germanische Krieger

16 Villa Otrang

Kapitel: Heimkehr

Blick auf die nach Süden ausgerichtete Terrasse mit Eckrisalit

5 Kilometer nördlich von Bitburg an der Bundesstraße 51 führt unweit des Weilers Fließem eine gut ausgeschilderte Straße zur Ausgrabungsstätte „Villa Otrang". Idyllisch verteilen sich kleine Gebäude in mediterranem Stil über einen Wiesengrund, den eine mächtige Steinterrasse mit aufgesetzten Pergolen gegen den leicht abschüssigen Hang abgrenzt.

Im Frühjahr 1825 pflügte ein Bauer in der Nähe des Fleckens Fließem, nur wenige Kilometer nordöstlich von Bitburg, seinen Acker. Es war eine mühselige Arbeit, die mit vielen Steinen durchsetzte Erde mit einem Pferdepflug umzubrechen, und manche Pflugschar war ihm auf diesem Feld zerbrochen. Wegen der vielen handlichen Steine aus Grauwacke und Ziegelbrocken aus gebranntem Ton wurde dieser Ort im Volksmund „Tempelherrenschloss“ genannt. Wieder einmal stockte der Pflug und fluchend feuerte der Landmann seinen Ackergaul an, bis das Arbeitsgerät mit einem Ruck freikam. Erstaunt blickte er auf eine Hand voll bunter Steine, die vor ihm im Tageslicht glänzten. Neugierig kniete der Mann nieder und besah sich die viereckig geformten Plättchen, an deren Unterseite Mörtel haftete. Einen solchen Fund hatte er auf seinem Feld noch nicht gemacht und rasch holte er einen Spaten und legte ein wundervolles Ornament frei. Dass dieser ungebildete Mann das freigelegte Mosaik sorgsam wieder mit Erde bedeckte und den Fund der „Trierer Gesellschaft für nützliche Forschungen“ anzeigte, ist einer der Glücksfälle der frühen deutschen Archäologie. Vielleicht war er von der Schönheit seines Fundes angerührt und vermutete, eine wertvolle Entdeckung gemacht zu haben.

Erste wissenschaftliche Grabungen brachten bald die Reste eines mit prachtvollen Mosaiken geschmückten römischen Landgutes zutage. Anlässlich eines Besuches des preußischen Kronprinzen im Jahre 1838, dem späteren König Wilhelm IV., wurde die Anlage vom Preußischen Staat käuflich erworben und gesichert. Die zum Schutz der Mosaiken errichteten biedermeierzeitlichen Schutzhäuser stehen mittlerweile unter Denkmalschutz.

Weitere Grabungen durch das Landesmuseum Trier legten in den Jahren 1873/74, 1929 und 1935 die gesamte Anlage der römischen Villa frei.

Das einstmals imposante Herrenhaus gehörte zu einem Gutskomplex (379 x 132 m) mit Bädern und Nebengebäuden, den eine steinerne Mauer umgab. Bewohnt wurde der herrschaftlich ausgestattete Besitz von einer alteingesessenen treverischen Adelsfamilie, die wahrscheinlich Rinder- und Pferdezucht betrieb. Das Trierer Umland war für seine feurigen und kräftigen Rösser bekannt. Der Baubeginn der Anlage fällt in das erste nachchristliche Jahrhundert, und das teilweise zweistöckige Hauptgebäude verfügte über 66 Räume. Als typische Villa Rustica mit vorspringenden Eckrisaliten ausgestattet, erfuhr es in den nächsten Jahrhunderten mehrfach Erweiterungen. Das

Ende der Villa kam mit den zahlreichen Germaneneinfällen des 4. Jahrhunderts, und die von ihren Bewohnern verlassenen Gebäude wurden zu Beginn des 5. Jahrhunderts durch Feuer zerstört.

Mindestens 13 Räume waren mit Bodenmosaiken ausgeschmückt, von denen sich vier erhalten haben. Über ihnen erbaute man die bereits erwähnten Schutzbauten. Ziegelstreifen veranschaulichen die Grundrisse der einzelnen Räume. An der Südseite der Anlage wurde auf den antiken Überresten der Portikusfassade eine Terrasse errichtet, deren wiederaufgerichtete Säulen ein südländisches Flair vermitteln. Von hier hat der Besucher einen schönen Ausblick auf die ehemaligen Ländereien des Landgutes.

Auf dem gegenüber liegenden Höhenzug lag zur Römerzeit ein zur Villa gehöriger heiliger Bezirk mit zwei kleinen Tempeln.

In dem Schutzhaus über der ehemaligen Badeanlage kann der Besucher ein Modell der Villa in ihrer letzten Bauphase betrachten.

Die hauseigenen Thermen waren nach dem gleichen Prinzip wie die großen öffentlichen Badeanstalten gebaut. Zuerst suchte der Gast den Umkleideraum (Apodyterium) auf, der heute nicht mehr erhalten ist. Zu sehen sind dagegen ein Schwitzbad (Sudatorium), das Warmbad (Caldarium) mit dazugehörigem Kesselraum, das Laubad (Tepidarium) und das Kaltwasserbecken (Frigidarium). Die verschiedenen Becken mit ihrem wasserdichten Verputz sind vorzüglich erhalten und an den Wänden befinden sich noch die Reste des bemalten Stucks. Über einen außerhalb gelegenen Heizraum (Praefurnium) wurden Böden und Wände erwärmt. Die heiße Luft zirkulierte unter dem Fußboden zwischen den aufgemauerten Bodenpfeilern (Hypokausten) und stieg durch röhrenförmige Hohlziegel (Tubuli) innerhalb der Wände nach oben. Ein Wohnkomfort mit beheizten Fußböden und Wänden, der erst im 20. Jahrhundert wieder erreicht wurde.

Ein weiterer Schutzbau überwölbt die luxuriösen Wohn- und Schlafräume des Gutsherrn, von denen ein Raum mit Apsis mit einem schönen Tier- und Rankenfries ausgeschmückt ist. Der

Schlafraum ist ebenfalls mit Mosaiken ausgestattet. Eine Treppe führt in den Keller (Weinkeller), in dem sich die Heizvorrichtung des Wohntraktes befand.

Das nächste Schutzhaus birgt die Reste einiger besonders beeindruckender und prächtiger Räume, deren Mosaike vielfältige Ornamente zeigen und in ihrem optischen Eindruck an heutigen Bodenschmuck mit Teppichen erinnern. Die bei Auswahl der Mosaiksteine verwendeten stumpfen Farben geben den Zeitgeschmack des 2. Jahrhunderts wieder.

Der in den 60er Jahren errichtete Fachwerkschutzbau birgt die Reste des einfachen Gesindebades, das außerhalb des Herrenhauses lag.

Ein letztes Gebäude beherbergt Verwaltungseinrichtung und Restaurant.

Altertumsverwaltung Römische Villa Otrang
Otranger Straße
54636 Fließem
06569 / 807
www.villa-otrang.de
Öffnungszeiten:
April – September 10 – 18 Uhr
Oktober – November und Februar – März 10 – 17 Uhr

Bodenmosaik der Villa Otrang
(mit freundlicher Genehmigung von Veronika Geerling, Aachen)

17 Beda (Bitburg)

Kapitel: Heimkehr

Erhaltene Kastellmauer mit Türmen

Drei Jahrzehnte nach der Eroberung Galliens wurde im Jahre 10 v. Chr. auf einer Anhöhe an der Fernstraße von Köln nach Trier eine Straßenstation errichtet. Die Ansiedlung inmitten des heutigen Stadtzentrums entwickelte sich zu einem Vicus von überregionaler Bedeutung.

Grabungen und Inschriften belegen für Bitburg Tempel, eine Thermenanlage und sogar ein kleines Theater. Als Besonderheit wurde im Ort ein Feuer- oder Signalturm nachgewiesen, dessen Besatzung sich aus den jungen Männern des Ortes rekrutierte.

Im Jahre 275 n Chr. wurde der Vicus während der ersten verheerenden Germaneneinfälle von den Franken zerstört, und Konstantin errichtete im Kernbereich des Ortes ein mächtiges Kastell, dessen Oval aus Mauern und 14 Türmen den Platz der oberen Altstadt einnahm.

Verblendetes Gussmauerwerk, aufgelockert durch den so genannten Fischgrätenverband (Opus Spicatum), hat sich bis zu einer Höhe von mehreren Metern erhalten. Große Teile der alten Kastellmauer sind im Originalzustand an der Straße „Römermauer“ und in mittelalterlicher Umgestaltung an Rathaus, Pfarrhaus und Liebfrauenkirche erhalten.

Ein archäologischer Rundweg führt über 16 Stationen zu den Überresten von Kastell und Vicus.

Nach der Landnahme der Franken im 5. Jahrhundert n. Chr. wurde der Ort nicht verlassen, sondern durchgängig bewohnt. Die große Funddichte im Innenstadtbereich belegt eine Siedlungskontinuität über das frühe Mittelalter bis in die heutige Zeit.

Kreismuseum Bitburg-Prüm
Trierer Str. 15
54634 Bitburg
06561 / 683888
www.kulturdatenbank.de.vu
Öffnungszeiten:
14 – 17 Uhr, Mo geschlossen
April – September Mo, Mi, Do Fr auch 10 – 13 Uhr

18 Hermenweiher in Welschbillig

Kapitel: Heimkehr

Brunnen mit rekonstruierten Details des römischen Wasserbassins

Wer von Bitburg Richtung Trier fahrend etwa 14 Kilometer hinter der Stadt die B 51 verlässt und den Abzweig auf die B 422 nimmt, erreicht nach 2 Kilometern den Weiler Welschbillig. In der Mitte des Ortes wurden im Schatten der mittelalterlichen Burganlage die spektakulären Reste eines riesigen römischen Wasserbassins aufgefunden. Bis auf den heutigen Tag werden im Ort Welschbillig bei Bauarbeiten immer wieder Mauerzüge des Villenkomplexes angeschnitten.

Die „Hermenweiher“ genannte Anlage war ehemals Bestandteil einer großen herrschaftlichen Villa, deren Glanzzeit die Regierungsjahre Valentinians I. und seines Sohnes Gratian waren. Die Residenzstadt Trier erlebte im gleichen Zeitraum ihre letzte und größte Blüte, und die Villa war gleichzeitig Mittelpunkt eines großen Domänenbezirks als auch Sommersitz der in Trier regierenden Kaiser.

Vollständig ergraben und wissenschaftlich untersucht wurde

bis heute lediglich das gewaltige Wasserbassin (60 x 18 m), dessen Umgangs- und Randzone mit roten und schwarzen Mosaiksteinen ausgelegt war.

In der Erdverfüllung des Beckens fanden sich 71 „Hermenköpfe", steinerne Büsten, die in römischer Zeit auf der Umfriedung des Bassins aufgestellt waren. Die Büsten verdanken ihre gute Erhaltung dem Umstand, dass sie bei der Auflassung oder Zerstörung der Villa mutwillig in das verschlammte Wasserbecken gestoßen wurden. Im Schlamm verborgen, blieb ihnen das Schicksal unzähliger Statuen und Reliefs erspart, die in den unersättlichen Kalköfen des Mittelalters ihr Ende fanden. Die Hermenköpfe befinden sich heute im Rheinischen Landesmuseum zu Trier, wo sie in ihrer Gesamtheit die größte römische Skulpturengruppe nördlich der Alpen darstellen. Die in grobem Kalkstein ausgeführten Steinmetzarbeiten zeigen die Portraits von Menschen unterschiedlichster Nationalitäten, bekannte Philosophen, berühmte Feldherren, Götter und idealisierte Putten mit fruchtbekränzten Häuptern. Insgesamt gesehen ein repräsentativer Querschnitt der geistigen Kultur und der Zusammensetzung der Bevölkerung des 4. Jahrhunderts an der Mosel.

Wegen seiner Größe und Ausstattung kann der Hermenweiher nicht nur Bade- und Schwimmfreuden gedient haben. Eine entlang seiner Mittelachse errichtete niedrige Trennmauer lässt auf Boots- und Schwimmwettkämpfe schließen, und eine zusätzliche Nutzung als Fischteich ist wahrscheinlich. Von der ursprünglichen Anlage ist oberirdisch nichts erhalten, lediglich einige Hermennachbildungen sind gegenüber der Fundstelle in eine Brunnenanlage integriert worden. Dennoch vermittelt die Teilrekonstruktion aus Stelen und Begrenzungsgittern einen lebendigen Eindruck der ursprünglichen Anlage.

Informationen unter:
www.kulturdatenbank.de.vu

19 Die „Villa Rustica“ in Mehring

Kapitel: Villa Vineta

Villa Rustica in Mehring

Direkt neben der alten Römerstraße von Trier nach Neumagen liegen am rechten Moselufer auf einer felsigen Anhöhe die imponierenden Überreste einer Villa Rustica aus der Blütezeit des Römischen Reiches. Entweder fährt man die B 53 bis zum Ort Mehring und folgt der ausführlichen Beschilderung zur anderen Moselseite, oder man verlässt die A 1 bei der Anschlussstelle Mehring und folgt der Straße bis in den Ortsteil vor der Moselbrücke.

Die seit dem 19. Jahrhundert bekannte Fundstelle wurde im Jahre 1982 fast vollständig ausgegraben. Die reichen Funde aus den Gebäuden und der in unmittelbarer Nähe an der alten Römerstraße liegenden Grablege gingen zum großen Teil in den Bestand des Trierer Landesmuseums über.

Der Kernbau der Villa stammt aus der Mitte des 2. Jahrhunderts, und mehrere Ausbauten stehen für den wirtschaftlichen

Aufschwung des landwirtschaftlichen Betriebes in den folgenden Jahrhunderten.

Latrinengebäude und eine Badeanlage belegen den Komfort des Anwesens, dessen wichtigste Wohnräume gegen die Winterkälte mit einer Fußbodenheizung (Hypokausten) versehen waren. Darüber deckten Mosaike die Fußböden, und die Wandsockel waren mit schwarzem Marmor ausgeführt. Der Hauptraum der Villa misst annähernd 100 Quadratmeter, und selbst heute würden Ausstattung und Größe der Anlage hohen Ansprüchen gerecht werden.

Nach Zerstörungen im 4. Jahrhundert wurden die Gebäude wieder instandgesetzt und bis in das 5. Jahrhundert genutzt.

Der hervorragende Zustand der ausgegrabenen Gebäudereste führte zum Ankauf des Geländes durch die Gemeinde Mehring, und in den folgen Jahren wurde unter sachkundiger Leitung die nach Süden ausgerichtete Hauptfassade mit den typischen Eckrisaliten und der verbindenden Säulenvorhalle (Portikus) rekonstruiert. Der im 4. Jahrhundert verfüllte Keller ist wieder begehbar und der Besucher kann wie vor 1.700 Jahren in das Turmzimmer des Westrisalits hinaufsteigen. Wie in römischer Zeit schweift der Blick über Rebenhänge, die Berge der Mehringer Schweiz und die Moselschleife. Es scheint naheliegend, dass auch die römischen Betreiber an dieser von der Natur bevorzugten Stelle Weinberge anlegten, denn noch heute werden im direkten Umfeld der Villa Reben angebaut.

Trotz des herrschaftlichen Eindruckes darf der Besucher nicht vergessen, dass er hier die Überreste eines landwirtschaftlichen Betriebes vor Augen hat. Es gab an der ganzen Mosel und vor allem im direkten Umfeld der Stadt Trier noch weitaus prächtigere Anlagen. Diese regelrechten Paläste dienten den Repräsentanten der kaiserlichen Verwaltung und den Angehörigen des Hofes als Sommersitze.

Informationen zur Villa:
www.kulturdatenbank.de.vu

Hypokausten mit ansteigenden Tubuli der Wandheizung und Bodenmosaik

20 Die römische Kelter in Piesport

Kapitel: Heimat in Not

Becken mit eingebauter Presse der römischen Weinkelter

Westlich des Ortes Piesport ist unmittelbar neben der B 53 an der Straße nach Ferres ein teilrekonstruierter archäologischer Fund von überregionaler Bedeutung zu besichtigen. Im Jahre 1985 wurden hier im Zuge von Bauarbeiten die Überreste einer gut erhaltenen römischen Kelteranlage aus dem 4. Jahrhundert gefunden, die bis weit in das 5. Jahrhundert hinein genutzt wurde.

Im Ganzen konnten bei einer Gesamtausdehnung der Anlage von 44 x 20 Metern über 15 Kelter- und Arbeitsräume nachgewiesen werden. Der Befund wurde gesichert, mit einem Schutzdach und mit einer hölzernen Keltervorrichtung versehen, deren Konstruktion aus römischer Zeit überliefert ist.

Das gut erhaltene technische Denkmal vermittelt einen prägnanten Einblick in Funktionalität und Arbeitsweise einer Weinkelter der Spätantike. Zunächst dienten zwei Becken dazu, das angelieferte Rebenmaterial aufzunehmen. Die mit wasserdichtem Ziegelmörtel abgedichteten Wannen verfügten über einen beheizbaren Boden, was zu einer schneller einsetzenden Gärung des Lesematerials führte. Ein weiteres Becken diente dazu, Überkapazitäten bei besonders ergiebigen Ernten aufzunehmen. Aus den hochgelegenen Behältnissen wurde das Lesegut in zwei kreisrunde Kelterbecken umgelagert, in denen das Material gepresst wurde. Der Most lief dann durch Kanäle in tiefer gelegene Auffangbecken, aus denen der Rebensaft zur weiteren Verarbeitung in Fässer und andere Behältnisse umgefüllt wurde.

Ähnliche Anlagen sind an mehreren Orten entlang der Mosel aufgefunden worden.

Informationen zur Kelter:
www.kulturdatenbank.de.vu

21 Das Kastell von Neumagen

Kapitel: Heimat in Not

Turmfundament mit eingemauerten Blöcken eines Grabmonuments

Auf der rechten Moselseite führt die Uferstraße direkt durch den Ort Neumagen und durchschneidet das Areal des ehemaligen konstantinischen Kastells.

Die Gründung des Ortes Noviomagus (Neumagen) fällt in das 1. nachchristliche Jahrhundert, und es entwickelte sich auf Grund der verkehrsgünstigen Lage am Schnittpunkt alter Verkehrswege ein bedeutender Umschlags- und Handelsplatz, der im Jahre 275 n. Chr. dem ersten großen Germaneneinfall zum Opfer fiel. Unter Kaiser Diokletian und der Wiederkehr geordneter Zustände erholte sich der Ort von den Verwüstungen. Um eine Wiederholung der Katastrophe des Jahres 275 n. Chr. zu verhindern, wurde Neumagen unter Kaiser Konstantin in das rückwärtige Verteidigungssystem einbezogen.

Zentrum des Ortes war nun ein stark befestigtes Kastell von ca. 1,3 Hektar Grundfläche, dessen 3,50 Meter dicke Mauern durch 14 Türme verstärkt waren. Durch zwei Tore gesichert durchzog nun die römische Fernstraße von Trier nach Mainz der Länge nach den ovalen Festungsplatz. Noch 50 Jahre nach ihrer Fertigstellung beeindruckte die mächtige Festung die Zeitgenossen. Der römische Dichter Ausonius beschrieb in seinem Gedicht „Mosella" aus der zweiten Hälfte des 4. Jahrhunderts die Anlage als „die berühmte Feste des göttlichen Konstantin".

Nach dem Abzug der Römer wurde der Ort von den Franken als feste Burg genutzt, und trotz der Zerstörung durch die Normannen im Jahre 882 n. Chr. standen im 19. Jahrhundert noch bedeutende Reste der Mauern und Türme aufrecht. Heute sind oberirdisch kaum noch Reste der ehemaligen Festung erhalten.

Seine Berühmtheit erlangte der Ort, als am Ende des 19. Jahrhunderts Grabungen im Kastell durchgeführt wurden, deren Funde eine archäologische Sensation darstellten und dem Ort den Ehrennamen eines „rheinischen Pergamon" eintrugen. Bei der Freilegung der Grundmauern kamen zahllose mit Ornamenten und Reliefs versehene Steinblöcke ans Tageslicht. Es waren die Überreste zahlloser Grabdenkmäler, die während der Bauarbeiten abgebrochen und als Steinmaterial in die Fundamente eingefügt wurden. Die Unmenge des verwendeten Materials lässt vermuten, dass ein Großteil der Trierer Gräberstraßen für das Bauprojekt genutzt wurde. Die durch den Germaneneinfall zerstörten Denkmäler und umgeworfenen Grabsteine wurden in dieser Notzeit zum willkommenen Rohstofflager für die in aller Eile ausgeführten Befestigungsarbeiten.

Für die Nachwelt stellt diese „Denkmalschändung" einen

unverhofften Glücksfall dar, weil die Bild- und Ornamentsteine damit dem schädigendem Einfluss der Witterung und den Kalköfen der Nachzeit entzogen wurden. Ein einzigartiger Bilderbogen römischen Lebens vom 1. bis zum 3. Jahrhundert hat sich dadurch bis auf den heutigen Tag erhalten. Nach Sichtung und Katalogisierung des Fundmaterials konnten die Wissenschaftler ganze Grabmäler in ihrer ursprünglichen Gestalt zusammensetzen. Anhaftende Farbreste belegen die grellbunte Bemalung der Grabdenkmäler und Weihesteine.

Es ist eine Ironie des Schicksals, dass die Neumagener Funde heute zum großen Teil im Rheinischen Landesmuseum in Trier ausgestellt sind. Damit kehrten die Denk- und Grabmäler nach ihrer Entdeckung an ihren ursprünglichen Herkunftsort zurück. Am Fundort selbst ist lediglich eine Kopie des berühmten „Neumagener Weinschiffs“ aufgestellt.

Informationen zum Kastell:
www.kulturdatenbank.de.vu

Befehle ertönten, die Ruderer der rechten Seite stemmten die Riemen gegen die Strömung und das Boot lief im Bogen auf die hölzerne Plattform zu.

Patrouillenboot

22 Die „Villa Urbana“ von Longuich – Kirsch

Kapitel: Roma Victor

Der rekonstruierte Badetrakt der Villa Urbana

Nahe des Autobahndreiecks Moseltal liegt auf der rechten Flussseite die Gemeinde Longuich-Kirsch, die man, aus Trier kommend, am besten über die B 53 und die Moselbrücke bei Schweich erreicht. Oberhalb des Weinortes Longuich erhebt sich in den Rebenhängen die mediterran anmutende Rekonstruktion eines römischen Badegebäudes, das anhand der Beschilderung über schmale Weinwege gut zu erreichen ist.

Die Thermen waren als linker Flügelbau Bestandteil eines der prächtigsten und größten Herrensitze des Trierer Umlandes aus dem 2. bis 4. nachchristlichen Jahrhundert. An einen Zentralbau schlossen sich zu beiden Seiten repräsentative Bogengänge an, die das Hauptgebäude mit den beiden Flügelbauten verbanden. Die Gesamtabmessungen des mehrfach umgestalteten und erweiterten Gebäudekomplexes betrugen einst 110 x 28 Meter. Eine

Schautafel zeigt neben wichtigen Informationen eine Ansicht der ehemaligen Anlage.

Alleine der 1987 ergrabene und rekonstruierte Badekomplex umfasste mehr als 10 Räume und erfüllte mit Heißbad, Warmbad, Kaltbad, Schwitzbad und Umkleideräumen alle Ansprüche, die seinerzeit an eine Thermenanlage gestellt wurden. Die einzelnen Becken und das Heizungssystem sowie Reste von bemaltem Wandputz, Marmorverkleidungen und Glasmosaiken sind erhalten geblieben – eine auffallend prächtige und luxuriöse Ausstattung für ein Privatbad. Die Anlage gehörte vermutlich einer reichen Trierer Familie, deren Mitglieder eine herausragende Stellung am kaiserlichen Hof einnahmen.

Das Ende kam mit den Frankeneinfällen in der Mitte des 4. Jahrhunderts, als die Gebäude zerstört und nicht wieder aufgebaut wurden.

Während der wiederhergestellte Gebäudetrakt für Besichtigungen und Festivitäten zur Verfügung steht, ruhen die übrigen Gebäudeteile noch unter den angrenzenden Weinbergen.

Ein Gräberfeld, auf dem sich mehrere unberührte Steinsärge aus spätrömischer Zeit fanden, wurde in unmittelbarer Nähe der Anlage freigelegt. Einer dieser Sarkophage enthielt das Skelett einer mittelgroßen Frau, vermutlich einer Bewohnerin der Villa, und steht heute vor dem wieder aufgebauten Badetrakt.

Informationen zur Villa Urbana:
www.kulturdatenbank.de.vu

Hinter dem Bach trafen wir auf die Legionäre, die einen guten Eindruck auf mich machten.
Infanterie des Bewegungsheeres mit vorzüglicher Bewaffnung...

Römische Legionäre des 4. Jahrhunderts

23 Palatiolum Trier-Pfalzel

Kapitel: Rom des Nordens

Römische Fensterbögen im ältesten Wohnhaus Deutschlands

Wenige Kilometer flussabwärts von Trier liegt links der Mosel der pittoreske Stadtteil Pfalzel, dessen Name einen ersten Hinweis auf eine römische Palastanlage gibt, die im Zentrum des Ortes viele Spuren hinterlassen hat.

Der spätere Kaiser Julian soll in den fünfziger Jahren des 4. Jahrhunderts den Befehl zum Bau des wehrhaften Palastes gegeben haben. Die Zerstörungen in Stadt und Umland während der Frankeneinfälle werden den Ausschlag für den festungsartigen

Charakter der Anlage gegeben haben, die als Sperrriegel den ungehinderten Zugang nach Trier durch das Moseltal blockieren sollte.

Die vierflügelige Anlage mit vorspringenden Eck- und Zwischentürmen nahm eine Fläche von 60 x 56 Meter ein und gruppierte sich um einen geräumigen Innenhof (26 x 18 m). Von außen erweckte der dreistöckige Palast wegen des Fehlens der Fensteröffnungen im ersten Stockwerk den Anschein einer wehrhaften Festung. Die Fassaden im Innenraum, ausgeführt in der typischen Mauertechnik aus Kalksteinquadern mit Durchschüssen aus roten Flachziegelbändern, waren verschwenderisch mit Fensterfluchten und Arkaden gegliedert. Erhalten sind im Vorraum der Stiftskirche Teile der Innenausstattung, die aus Mosaiken und marmornen Wandverkleidungen bestand.

Südlich des Palastes schloss sich eine etwa gleich große Kaserne für die Besatzung an.

Unter seinem Nachfolger Valentinian I. kam es zu einem ersten Umbau, wobei die heidnischen Motive aus Bodenmosaiken und Wanddekor entfernt und durch neutralen Marmor-schmuck ersetzt wurden.

Als sich zu Beginn des 5. Jahrhunderts die kaiserliche und provinziale Verwaltung aus dem unsicheren Trier zurückzog, wurde der Palast von seinen Bewohnern verlassen. Er verfiel, bis sich in den mächtigen Ruinen im 8. Jahrhunderts ein Kloster ansiedelte, in dessen Mauern Bonifatius, der Apostel der Deutschen, weilte. Ein Teil des Südostflügels wurde durch Niederlegung der Trennwände in die heutige Stiftskirche umgewandelt.

Spätere Jahrhunderte bezogen die alte römische Residenz als erzbischöfliche Burg in das entstehende Ortsbild ein, das von einer vollständig erhaltenen Wehrmauer mit Bastionen umgeben war.

Wer durch den romantischen Ort Pfalzel geht oder vom nahen Ufer der Mosel einen Blick auf die Gebäude wirft, erahnt immer noch Pracht und Schönheit der alten Kaiserresidenz. Wie im Diokletianspalast zu Split erfährt der Besucher mit jedem Schritt die jahrtausendealte Kontinuität von der Spätantike über das Mittelalter bis auf den heutigen Tag. Bis zu einer Höhe von 12 Metern ist das antike Mauerwerk in der Stiftskirche und der angrenzenden Bebauung nachzuweisen, und der Ort rühmt sich, das älteste bewohnte Haus Deutschlands in seinen Mauern zu beherbergen. Gut sichtbar sind an ihm die im Putz ausgesparten Mauerbögen und Fensterwölbungen aus römischer Zeit.

Informationen zum Ortsteil Trier-Pfalzel:
www.trier.de

Kniende Mosaikleger drückten unter Verwendung von Schablonen die Schmucksteinchen in den noch feuchten Bodenbelag.

Mosaikleger

24 – 30 Augusta Treverorum (Trier)

Kapitel: Brot und Spiele

Palastaula

Die günstige Verkehrslage am Kreuzungspunkt vorgeschichtlicher Handelswege und ein Übergang über die Mosel führten lange vor den Römern zur Gründung einer treverischen Ansiedlung im heutigen Stadtgebiet. Nach der Eroberung Galliens durch Julius Cäsar rückte der Ort, dem im Jahre 50 n. Chr. der Status einer „Colonia“ verliehen wurde, schnell in den Mittelpunkt der römischen Kolonisationsbemühungen.

Mit der Festigung der Rheingrenze im 1. nachchristlichen Jahrhundert wuchs die junge Stadt in der relativen Sicherheit des Hinterlandes zum Versorgungszentrum der römischen Truppen am Limes heran, deren Garnisonen in hohem Maße Waffen, Lebensmittel, bronzenes Geschirr, Töpferwaren, Kleidungsstoffe und Wein benötigten.

Der Bataveraufstand des Civilis im Jahre 70 n. Chr. führte zu einem letzten Aufbegehren der Treverer gegen die römische Herrschaft, das ein Gefecht in der Nähe der Stadt beendete. Die römische Besatzungsmacht ließ Milde walten, und unter der „Pax Romana" wandelte sich die Provinzialbevölkerung, statt nach Eigenständigkeit zu streben, in eine weitgehend romanisierte Gesellschaft.

Tempelanlagen, Thermen, Amphitheater, Circus, Forum und Verwaltungsgebäude schmückten bald das Zentrum an der Mosel. Eine mächtige Brücke, über die noch heute der Verkehr rollt, überspannte den Fluss, und ab dem späten 2. Jahrhundert schützte eine mehr als 8 Kilometer lange Befestigungsmauer mit Türmen und Toren die Stadt.

Am Ende des 3. Jahrhunderts durchbrachen Alemannen und Franken den Limes, zerstörten Trier und verwüsteten die germanischen Provinzen und weite Teile Galliens. Kaiser Diokletian beendete die schwere Reichskrise, und der Caesar des Westens, Constantius Chlorus, und sein Sohn Konstantin bauten die Stadt prächtiger denn je wieder auf.

Es begann die mehr als hundert Jahre andauernde Blütezeit Triers als kaiserliche Residenz und Sitz der westlichen Präfektur, die den gesamten Westen des Reiches von Britannien bis Nordafrika verwaltete. Tausende Beamte versahen ihren Dienst in den unterschiedlichen Einrichtungen. Die Stadt erreichte ihre größte Ausdehnung und zählte mit annähernd 80.0000 Einwohnern zu den sechs wichtigsten Orten des Imperiums.

Großartige Bauten wurden unter Konstantin und seinen Nachfolgern erbaut. Außerhalb der Stadt errichteten Kaiser und Verwaltungsbeamte im Umland hochherrschaftliche Villen und Paläste. In Trier etablierte sich das frühe Christentum schon im 3. Jahrhundert, was durch die Nennung von Bischöfen belegt ist.

355/56 n. Chr. kamen die Franken wieder und verwüsteten die Vorstädte und das Umland, konnten aber vom späteren Kaiser

Julian unter großen Mühen abgewehrt werden. Die dominierende Stellung Triers im Westreich endete 390 n. Chr., als der Kaiserhof nach Mailand verlegt wurde. Nur wenig später, im Jahre 400 n. Chr., wich die Verwaltung der gallischen Präfektur nach Arles in Südfrankreich aus, weil die Stadt an der Mosel in den Wirren des ausgehenden 4. Jahrhunderts nicht mehr sicher war.

Das chaotische 5. Jahrhundert sah viele Plünderungen, bis die Stadt im Jahre 480 n. Chr. endgültig in fränkischen Besitz überging. In den folgenden Jahrhunderten lebte die romanische Bevölkerung friedlich neben den germanischen Eroberern. Beide Volksgruppen verschmolzen zur heutigen moselfränkischen Bevölkerung, und die romanische Sprache hielt sich an der Mosel bis in das Mittelalter hinein.

Wir haben es der Kirche und den mächtigen Trierer Erzbischöfen zu verdanken, dass sich römische Kultur und Fertigkeiten in die Welt des Mittelalters hinüberretteten.

Bedeutende Funde aus Trier und Umgebung sind im Rheinischen Landesmuseum ausgestellt. Besonders sehenswert sind die Mosaiken, die Neumagener Steindenkmäler, die Hermenköpfe aus Welschbillig und eine alle Epochen der Römerherrschaft umfassende Münzsammlung.

Rheinisches Landesmuseum Trier
Weimarer Allee 1
54290 Trier
0651 / 97740
www.landesmuseum-trier.de
Öffnungszeiten:
Mo – Fr 9.30 – 17.00
Sa, So, Feiertags 10.30 – 17.00
November – April Mo geschlossen

Die berühmten Konstantinischen Deckengemälde können im Bischöflichen Dom- und Diözesanmuseum besichtigt werden.

Bischöfliches Dom- und Diözesanmuseum
Windstr. 6 – 8
54290 Trier
www.museum.bistum-trier.de
Öffnungszeiten:
April – Oktober 9 – 17 Uhr
So 13 – 17 Uhr
November – März 13 – 17 Uhr
Mo geschlossen

24 Die Porta Nigra

Trier besitzt mit der Porta Nigra das am besten erhaltene monumentale Stadttor der Antike. Damals wie heute beeindruckt das Bauwerk aus dem letzten Viertel des 2. Jahrhunderts den von Norden in die Stadt kommenden Besucher durch seine Größe und imperiale Wucht und diente damit sowohl militärischen als auch repräsentativen Zwecken.

Vierzig Meter in der Breite und zwanzig in der Höhe betragen die Ausmaße des triumphbogenartigen Gebäudes, das den Verkehr durch zwei Toröffnungen ungehindert in die Stadt hinein- und hinausströmen ließ. Drei Stockwerke türmt sich der Bau, an den Seiten von zwei halbkreisförmig vorspringenden Türmen überragt, und sowohl Außen- als auch Innenfassade sind reich durch Fenster und aufgesetzte Halbsäulen gegliedert. Im Gegensatz zu den meisten anderen antiken Bauten in Trier ist die Porta Nigra gänzlich aus großen Sandsteinquadern errichtet worden, die zusätzlich mit Metallklammern verbunden waren.

Beim Bau des Tores wurde weißer Sandstein verwendet, der witterungsbedingt eine dunkle Färbung annahm, was dem Bollwerk seinen Namen gab.

Bearbeitungsspuren vor allem an der Außenseite lassen erkennen, dass der Bau niemals fertiggestellt wurde.

Wie andere erhaltene Stadttore zeigen, hätte der Bau noch mit einer glatten Außenseite versehen werden sollen. Schuld am Abbruch der Arbeiten war die Belagerung Triers durch den aufständischen Clodius Albinus (196/197 n. Chr.). Als die in Mainz stationierte XXII. Legion die Lage wiederhergestellt hatte, wurden die Arbeiten nicht wieder aufgenommen, was der monumentalen Optik des Tores nicht geschadet hat.

Der gewaltige Bau trotzte allen Belagerungen und Eroberungen im 4. und 5. Jahrhundert. Die Steinräuber des Mittelalters ließen den Bau unbehelligt, und nur wenige Ausbruchspuren zeugen von Versuchen, die begehrten Metallklammern herauszubrechen. Grund war die Nutzung des Stadttores als christliche Kirche, nachdem der heilige Simeon im 11. Jahrhundert im Ostturm eine Einsiedlerbehausung eingerichtet hatte. Von der mittelalterlichen Nutzung als Sakralbau zeugen heute noch der Choranbau und einige barocke Zierelemente, die in den Sandstein gemeißelt wurden. Im Nachhinein hat uns die zeitweilige Nutzung der Porta Nigra als Sakralbau eines der eindrucksvollsten Monumente der gesamten Antike bewahrt.

1804 blieb es Napoleon vorbehalten, alle späteren Zutaten zu entfernen und dem Bau seine ursprüngliche Gestalt zurückzugeben.

Informationen zu den Trierer Römerbauten:
www.trier.de
Öffnungszeiten:
April – September 9 – 18 Uhr
Oktober – November 9 – 17 Uhr
Dezember 9 – 16 Uhr
Januar und Februar 10 – 16 Uhr
März 9 – 17 Uhr

25 Der Trierer Dom

Kaiser Konstantin ließ im Jahre 326 n. Chr. über einem ehemaligen kaiserlichen Palastbezirk eine gewaltige Doppelkirchenanlage errichten.

Die Auffindung der Konstantinischen Fresken des profanen Vorgängerbaus ist als einer der spektakulärsten Funde der Deutschen Archäologie in die Geschichte eingegangen. Kurz nach dem Krieg fanden sich im Bauschutt unter dem Dom die Fragmente eines riesigen Deckengemäldes. Antike Handwerker hatten beim Abriss des Palastes die Trägerschicht aus Stuck heruntergeschlagen und einplaniert, um darüber den Domboden aufzubringen. In mehrjähriger, mühseliger Arbeit setzten Archäologen und Restauratoren die Fresken wieder zusammen, die heute im Bischöflichen Dom- und Diözesanmuseum ausgestellt sind.

Die antike Grundkonzeption einer Doppelkirchenanlage über dem ehemaligen Palast ist bis heute durch den Dom und die danebenliegende Liebfrauenkirche erhalten, die im 13. Jahrhundert als gotischer Neubau über der ehemaligen Südkirche errichtet wurde.

Der heutige Dom hat seinen Ursprung in der Nordkirche der ehemaligen Anlage und wird seit nunmehr 1.700 Jahren ununterbrochen als Gotteshaus genutzt. Bestimmendes Element ist der unter Kaiser Gratian im Jahre 380 n. Chr. in Auftrag gegebene quadratische Kernbau, in dem das antike Mauerwerk bis zu einer Höhe von 25 Metern sichtbar ist. Das Dach wurde von vier gewaltigen Granitsäulen getragen, deren Herkunft aus dem Steinbruch des Odenwälder Felsenmeeres als Beleg für die römische Präsenz jenseits des Rheines im späten 4. Jahrhundert zu sehen ist.

Als die Franken im 5. Jahrhundert Stadt und Dom plünderten, brannte die Kirche aus und die Säulen barsten in der Feuersglut. Beim Wiederaufbau wurden sie durch römische Säulen aus den verfallenen Tempeln der Stadt ersetzt. Heute liegt eine dieser mächtigen Säulen als „Domstein“ vor dem Westportal.

Den römischen Kernbau des Domes betrachtet der Besucher am besten von der Nordseite (Windstraße) aus, wo das charakteristische spätrömische Mauerwerk aus Kalksteinquadern mit Ziegeldurchschüssen deutlich sichtbar ist. Die einstigen Fensteröffnungen, die den Bau mit Licht durchfluteten, wurden im Mittelalter reduziert und verkleinert. Der Wiederaufbau des Domes nach der normannischen Zerstörung im Jahre 882 n. Chr. und vor allem die Umgestaltung unter Erzbischof Poppo im 11. Jahrhundert reduzierte die antike Bausubstanz auf den noch heute sichtbaren Quadratbau.

Öffnungszeiten:
November – März 6.30 – 17.30 Uhr
April – Oktober 6.30 – 18.00

26 Die Palastaula

Unweit des Domes erhebt sich die ziegelrote Masse der Trierer Palastaula. Mit einer Höhe von mehr als 30 Metern und einer Grundfläche von 74 x 32 Metern zählt die Trierer Basilika zu den größten erhaltenen Monumentalbauten der römischen Antike und übertrifft mit ihren Ausmaßen die Senatskurie auf dem Forum Romanum in Rom.

Das repräsentative Gebäude, das den Herrschern des Westreiches als prunkvoller Empfangs- und Repräsentationssaal diente, wurde in den Jahren 305 bis 311 n. Chr. errichtet. Die Basilika ist als rechteckiger Ziegelbau mit angeschlossener Apsis ausgeführt, dessen Längswände sich in Arkaden- und Fensterreihen gliedern. Unterhalb der Fenster angebrachte Schlitze dienten der Anbringung einer rundum laufenden, hölzernen Loggia. Westwand und Apsis tragen noch sichtbare Reste des ehemals weißen Wandputzes und in den Fensterleibungen hat sich die zum Kontrast angebrachte, rötliche Ausgestaltung erhalten.

Dem Eingang an der Giebelseite war in der Antike eine Querhalle vorgelagert, die der Besucher durchschreiten musste, wenn er in das Innere des gewaltigen Hallenbaus gelangen wollte.

80 Jahre lang schlug in der Basilika das politische und militärische Herz der westlichen Reichshälfte, und Konstantin der Große und seine Söhne, Julian, Valentinian I., Gratian und der Usurpator Magnus Maximus thronten umgeben von ihrem Hofstaat auf einem Podest in der Apsis. In ihren Mauern wurden Caesaren inthronisiert, Konsuln wie Ausonius feierlich in ihr Amt eingeführt, Staatsedikte verlesen und siegreiche Feldherren begrüßt. Entsprechend dem Zeitgeist des 4. Jahrhunderts beherrschten kostbare Stoffe, funkelnde Edelsteine, glänzende Perlen und prächtige Mosaike das Bild der Staatsakte und Empfänge. Der Lobredner Eumenius feierte im Jahre 310 n. Chr. den Bau als den „Sitz der Gerechtigkeit", der „bis zu den Sternen hinaufreicht".

In den Stürmen der Völkerwanderung brannte die Palastaula aus und wurde nach dem Abzug der Römer als Wohnsitz des fränkischen Gaugrafen dem Königsgut zugeschlagen. Das 10. Jahrhundert sieht die Basilika mit zugemauerten Fensteröffnungen und einer zum Wohnturm umgebauten Apsis als bischöfliche Burg. Im 17. Jahrhundert wurden die Ostwand und Teile der Südwand niedergelegt und der dadurch verschmälerte Baukörper als Seitenflügel in das erzbischöfliche Schloss integriert.

Dem 19. Jahrhundert und dem preußischen König Friedrich Wilhelm IV. blieb es vorbehalten, der Basilika ihre ursprüngliche äußere Gestalt wiederzugeben. Feierlich wurde der Wiederaufbau im Jahre 1856 mit der Einweihung des noch heute bestehenden evangelischen Gotteshaus abgeschlossen.

Öffnungszeiten:
April – Oktober 10 – 18 Uhr, So 12 – 18 Uhr
November – März 11 – 12 und 15 – 16 Uhr, Mo geschlossen

27 Das Amphitheater von Trier

Unweit von Palastaula und Kaiserthermen erhebt sich am Fuße des Petersberges das gewaltige Rund des Amphitheaters.

Um das Jahr 100 n. Chr. wurde über einem Vorgängerbau die Arena in den Hang des Berges hineingearbeitet, wobei das anfallende Schuttmaterial zur Aufschüttung der stadtseitigen Zuschauerränge diente.

Die ovale Spielfläche von 70 x 49 Metern und die aus verblendetem Gussmaterial gebauten Zugänge sind nahezu vollständig erhalten, während die Stufen der drei Zuschauerränge dem Steinraub der nachfolgenden Jahrhunderte zum Opfer fielen.

Das Rund der Anlage fasste annähernd 18.000 Zuschauer und war zum Schutz der Besucher mit einer vier Meter hohen Mauer zur Spielstätte hin abgesichert. Vom Innenraum aus sind noch heute die Zugänge zu acht Käfigen oder Kammern begehbar.

Der Boden der Arena ist von einem Raumsystem unterkellert, das aus dem anstehenden Fels gehauen wurde. Hier arbeitete eine Pumpenanlage, die die Kellerverliese wegen des ständig austretenden Wassers trocken hielt, und es wurden auch Reste einer hölzernen Hebebühne festgestellt, mit deren Hilfe Tierkadaver, Menschenleichen und Kulissen gehoben oder abgesenkt werden konnten.

In den dunklen und feuchten Verliesen fanden sich kleine Verwünschungstäfelchen, die einen Blick auf das Schicksal der hier auf den Tod harrenden Kämpfer gewähren. Unter anderem starben hier Ascarius und Merogaisus, zwei gefangene Frankenkönige, die Konstantin zur Erbauung der Bevölkerung gegen wilde Bären antreten ließ.

Die Vorführungen in der Arena liefen nach einem exakten Spielplan ab. Der Eröffnung mit Musik folgten Kämpfe und Prügelszenen mit stumpfen Waffen, bevor wilde Tiere gegeneinander gehetzt wurden. Danach traten Menschen gegen Tiere an, wobei häufig „ad bestias“ verurteilte Verbrecher und politische Gefangene den grausamen Arenatod erlitten. Der Höhepunkt eines Spieltages war bis zum Ende des 4. Jahrhunderts der Kampf Mensch gegen Mensch, der häufig mit dem Tod des Unterlegenen endete. Der Legende nach sollen im Trierer Amphitheater auch Christen den Tod erlitten haben, weshalb an der Stelle ihres Martyriums im 5. Jahrhundert eine kleine Gedächtnisstätte errichtet wurde.

Der Bau der Stadtmauer im 2. Jahrhundert bezog die Arena als leicht zu verteidigende Zwingeranlage mit eingegliedertem Stadttor in das Verteidigungssystem mit ein. Ein Angreifer musste, wollte er in die Stadt gelangen, zuerst die südliche Arenazufahrt und das starke Nordtor der Anlage überwinden.

In den Notzeiten der Völkerwanderung diente das uneinnehmbare Bollwerk als letzter Rückhalt für die nach dem Abzug von Militär und Verwaltung dezimierte Stadtbevölkerung.

Im Mittelalter lag das Amphitheater außerhalb der verkleinerten Stadt und wurde von den Anwohnern als billiger Steinbruch genutzt, bis Erdrutsche das gesamte Areal in eine unscheinbare Mulde verwandelten, in der Wein und Gartenfrüchte angebaut wurden.

Heute werden das Rund der Arena und die Zuschauerränge wieder für Aufführungen genutzt.

Öffnungszeiten:
April – September 9 – 18 Uhr
Oktober – November 9 – 17 Uhr
Dezember 9 – 16 Uhr
Januar und Februar 10 – 16 Uhr
März 9 – 17 Uhr

28 Die Barbarathermen

Nahe der Römerbrücke liegen an der Südallee die imponierenden Überreste der großen Thermenanlage.

Um das Jahr 150 n. Chr. waren die öffentlichen Thermen nahe dem Forum (Viehmarkt) dem Ansturm der Besucher nicht mehr gewachsen, so dass zwei Wohnquartiere weichen mussten, um Platz für eine neue Anlage zu schaffen. In aufwändiger Bauweise wurde mit einer Fläche von 250 x 170 Meter einer der größten und prächtigsten Badetempel des römischen Imperiums geschaffen.

Das eigentliche Badegebäude vereinigte unter seinem Dach in symmetrischer Anordnung Kaltbad (Frigidarium), Warmbad (Tepidarium) und Heißbad (Caldarium). Umkleide- und Massageräume sowie eine großzügige Eingangshalle vervollständigten den Badepalast, dem im Norden unter freiem Himmel ein Schwimmbad und die säulenumstandene Palaestra vorgelagert waren. Verschwenderisch waren die Raumfluchten mit Marmor, Mosaiken und Wandmalereien ausgestattet. Plastiken und Säulen mit kunstvollen Kapitellen füllten Nischen und gliederten die Wände bis hoch zu den stuckverzierten Decken.

Besonderer Wert wurde auf die Gestaltung der Fassaden, insbesondere der Nordfront, gelegt, von deren Ausstattung der Torso einer Amazone, die Kopie einer Schöpfung des Phidias, gefunden wurde.

Ein ausgeklügeltes Heizsystem im Keller erwärmte Böden und Wände der Baderäume und ist heute in weiten Teilen zu besichtigen.

Jahrhundertelang war die Badeanlage in Betrieb, und bis in die fränkische Zeit vergnügten sich alle Schichten der Trierer Bürgerschaft bei Bad, Unterhaltung und Müßiggang, bis die veränderten Vorstellungen der öffentlichen Moral dem frohen Treiben allerorts ein Ende setzten.

Im 8. Jahrhundert zu einer Burg umgewandelt, standen bis in das 16. Jahrhundert hinein große Teile der Thermen aufrecht.

Öffnungszeiten:
April – September 9 – 18 Uhr
Oktober – November 9 – 17 Uhr
Dezember 9 – 16 Uhr
Januar und Februar 10 – 16 Uhr
März 9 – 17 Uhr

29 Die Kaiserthermen

Mächtig erheben sich an der Ostallee die monumentalen Überreste der so genannten Kaiserthermen in den Himmel.

Obwohl niemals in Betrieb genommen, war die Anlage ungleich prächtiger konzipiert als die nahen Barbarathermen und die Badeeinrichtung unter dem heutigen Viehmarkt. Nach dem Aufstieg Triers zur Residenzstadt der Caesaren des Westens wurde im letzten Jahrzehnt des 3. Jahrhunderts mit dem Neubau auf dem Gelände eines ehemaligen Wohngebiets begonnen, das im ersten Frankensturm zerstört worden war.

An der Verkehrsachse des Decumanus Maximus von der Moselbrücke zum Amphitheater gelegen, war die Gesamtanlage streng symmetrisch geplant. Durch eine Portikushalle betrat man die Palaestra (Gymnastikplatz), an deren gegenüberliegendem Ende sich der Eingang in den mächtigen Saal des Frigidariums (Kaltbad) befand, dem die Säle des Tepidariums (Laubad) und des Caldariums (Warmbad) folgten. Parallel zu den Haupträumlichkeiten waren kleinere Säle und Funktionsräume aneinandergereiht, deren Nischen und Apsiden den stilistischen Abschluss der Architektur bildeten. Für eine gute Ausleuchtung und Belüftung des Badepalastes sorgten große Fenster und geräumige Lichthöfe. Unterirdisch befanden sich die heute zu besichtigenden Kellerräume mit den Praefurnien (Öfen) der Heizungsanlage, die den Badekomplex auf angenehme Betriebstemperaturen bringen sollten.

Ausgeführt wurde der Bau in der meisterhaften römischen

Mauertechnik des 4. Jahrhunderts mit dem Wechsel von weißen Kalksteinquadern und roten Ziegeldurchschüssen. Auffällig sind die zahlreichen Entlastungsbögen über den Zuleitungen, die der Versorgung der Anlage dienten.

Die Nutzung des Badepalastes sollte dem Hofstaat und den Bediensteten der Reichsverwaltung vorbehalten bleiben. Als aber im Jahre 316 n. Chr. der Regierungssitz nach Konstantinopel verlegt wurde, hatte die Anlage ihre geplante Bestimmung verloren und die Bautätigkeit wurde eingestellt.

Unter Kaiser Valentinian erfuhr der Rohbau eine Umwidmung zum kaiserlichen Forum oder Amtssitz des gallischen Präfekten, und die Arbeiten wurden um das Jahr 365 n. Chr. wieder aufgenommen. Das Frigidarium wurde abgebrochen und das Tepidarium zu einer Vorhalle für den neuen Zentralraum (ehemaliges Caldarium) umgebaut. An die Stelle der entfernten Gebäudeteile trat ein von Säulenhallen gesäumter Vorplatz, und die nicht mehr genutzten Kellerräume wurden mit Schuttmaterial verfüllt.

In fränkischer Zeit zur Festung umgewandelt, wurde das Caldarium im Mittelalter als Bastion in die mittelalterliche Stadtmauer einbezogen. Ein vergrößertes Fenster der Südapsis diente bis in das 19. Jahrhundert hinein als Stadttor.

Zu Beginn des 20. Jahrhunderts wurde der antike Bau systematisch von den Ein- und Umbauten der Vergangenheit befreit und in den 80er Jahren großflächig renoviert, wobei die Lücken und Schäden im antiken Gemäuer in traditioneller römischer Mauertechnik geschlossen und ausgebessert wurden.

Öffnungszeiten:
April – September 9 – 18 Uhr
Oktober – November 9 – 17 Uhr
Dezember 9 – 16 Uhr
Januar und Februar 10 – 16 Uhr
März 9 – 17 Uhr

30 Die Römerbrücke

Kaum einer, der über die alte Moselbrücke nach Trier hinein fährt, macht sich eine Vorstellung davon, dass der Verkehr hier schon seit fast 2000 Jahren den Fluss überquert. In unveränderter Form tragen die sieben mächtigen Brückenpfeiler aus römischer Zeit auch heute die wichtige Verkehrsverbindung über die Mosel.

Eine hölzerne Vorgängerkonstruktion aus dem frühen ersten nachchristlichen Jahrhundert, deren Pfahlroste 1963 wenige Meter unterhalb der Steinbrücke aufgefunden wurden, wurde im Jahre 154 n. Chr. durch die noch heute bestehende Steinkonstruktion ersetzt.

Am Standort der heutigen Pfeiler wurden stabile Doppelspundrahmen in das Flussbett gesetzt, die es ermöglichten, den Flussboden bis auf das gewachsene Gestein auszuräumen. Auf diesem festen Untergrund wurde das Fundament aus Granitquadern aufgemauert und darüber die eigentlichen Pfeiler aus Steinquadern hochgezogen, denen Eisenklammern zusätzlichen Halt gaben. Um dem bei Hochwasser andrängenden Schwemmmaterial möglichst wenig Anprallfläche zu bieten, waren sie spitz zulaufend ausgebildet und am hinteren Ende aus strömungstechnischen Gründen mit einem halbrunden Abschluss versehen.

Die hölzerne Fahrbahn lag direkt auf den Pfeilern und wurde immer wieder erneuert, bis sie Balduin von Luxemburg im Jahre 1343 durch eine steinerne Gewölbekonstruktion ersetzen ließ. Steinerne Pylone auf dem dritten und fünften Brückenpfeiler, von denen einer noch im Unterbau erhalten ist, zeigten die damalige Fahrrinne an. Um das Jahr 180 n. Chr. wurde das Bauwerk in die Stadtbefestigung einbezogen und beide Brückenenden durch stadttorartige Schutzbauten verstärkt, die sowohl die Brücke schützten als auch ein Eindringen in die Stadt unmöglich machten.

In der jüngeren Vergangenheit mehrmals umgebaut, erhielt die Brücke ihre jetzige Gestalt in den 30er Jahren des letzten

Jahrhunderts, als, den Erfordernissen des modernen Verkehrs folgend, die Fahrbahn verbreitert und die an den Seiten vorstehenden Bürgersteige hinzugefügt wurden. Heute stellt das Bauwerk das einzige verkehrstechnische Erbe der Antike in Westeuropa dar, das in dieser Größe noch heute seine alte Funktion erfüllt.

Einen bedeutenden kulturhistorischen Überblick gewähren die Kleinfunde, die im Umfeld der Brücke bei Ausbaggerungsarbeiten an das Tageslicht kamen. Tonnenweise wurden römische Münzen aller Größe aus dem Uferschlamm gebaggert, die beim Überqueren der Brücke als Kleinopfer ins Wasser geworfen wurden. Mit etwas Glück kann man noch heute bei Niedrigwasser einen kleinen Fund machen.

Porta Nigra

Römischer Kernbau des Domes

Römerbrücke mit moderner Fahrbahndecke

Blick in das Amphitheater

Babarathermen

Kaiserthermen

Schlag auf Schlag prasselte auf Rüstungen und Schilde, als die Kämpfer sich umkreisten, um die Schwächen und Stärken des Gegners zu erkunden.

Gladiatoren

Trachten, Uniformen und Staatsroben aus allen Teilen des Imperiums wirbelten im bunten Reigen über die spiegelnd polierten Marmorplatten und Mosaiken des Hallenbodens.

Audienz

31 Die Igeler Säule

Kapitel: Auf Leben und Tod

Igeler Säule

Gegenüber der alten Kaiservilla zu Konz befindet sich am linken Ufer der Mosel im Ort Igel das einzige noch aufrecht stehende und vollkommen erhaltene Grabdokument aus römischer Zeit nördlich der Alpen. Es liegt direkt neben der B 49, die als Hauptstraße den kleinen Ort durchquert.

Die Igeler Säule entging der Zerstörung, weil es für ein Denkmal der Kaiserin Helena, Mutter Konstantins des Großen, gehalten wurde.

Ob sich der Name „Igel“ von dem auf dem Denkmal thronenden Adler (Aquila) herleiten lässt, ist in der Forschung umstritten. Ebenso möglich ist eine Verbindung zu dem mittellateinischen „Agulia“, was soviel wie Obelisk oder hoch aufragendes Denkmal bedeutet (vgl. Eigelstein in Köln).

Gewidmet war das Denkmal den Brüdern Lucius Secundinius Aventinus und Lucius Secundinius Securus, die es zu ihren Lebzeiten in der Mitte des 3. Jahrhunderts aufstellen ließen. Es war eine durchaus gängige Praxis, auf prächtig geschmückten Grabdenkmälern Werbung für den eigenen Gewerbebetrieb zu betreiben. Alle Seiten des 23 Meter hohen Monumentes tragen Reliefs, die neben religiösen Inhalten auch das Alltagsleben einer reichen und tüchtigen Tuchmachersippe darstellen. In römischer Zeit wurden Denkmäler und Grabsteine bunt bemalt, weshalb eine Rekonstruktion der Säule im Innenhof des Trierer Landesmuseums im antiken Farbenschmuck zu besichtigen ist.

Obwohl die Reliefs zu Goethes Zeiten, der das Denkmal im Jahre 1792 auf seiner Reise zum französischen Kriegsschauplatz besichtigte, noch vollkommen erhalten waren, haben die Umweltgifte dieses einzigartige Relikt provinzialrömischen Lebens nicht verschont. Der figürliche Schmuck hat schweren Schaden genommen, und erst die Behandlung der Steine mit konservierenden Mitteln und die Anbringung von Zinkblechen über den vorstehenden Gesimsen haben eine weitere Zerstörung des Grabmals vorerst unterbunden. Unser Wissen um das ursprüngliche Erscheinungsbild der Igeler Säule verdanken wir dem Zeichner Carl Osterwald, der im Jahre 1829 alle Einzelheiten des Grabbaus auf dem Papier festgehalten hat.

Informationen zur Igeler Säule:
www.kulturdatenbank.de.vu

32 Das „Grutenhäuschen“ bei Igel

Kapitel: Auf Leben und Tod

Rekonstruierter römischer Grabtempel in den Weinbergen

Wie eine Vision aus römischer Zeit prangt an der B 49 zwischen Igel und Wasserbilligerbrück (LUX) ein kleiner Tempel inmitten der Weinberge. Es ist das „Grutenhäuchen“, ein kleiner Grabtempel, der zu einer Siedlung im nahen Mühlental gehörte.

Ende der neunziger Jahre wurde der kleine Sakralbau wieder in seinen Ursprungszustand versetzt und vermittelt uns einen lebendigen Eindruck vom Einklang antiker Architektur mit der sie umgebenden Natur.

Der Tempel besteht aus einem einzigen Raum, dessen Außenwände mit Blendarkaden untergliedert sind. Das vorstehende Giebeldach wird von sechs Säulen gestützt und bildet eine offene Vorhalle, zu der eine seitliche Treppe hinaufführt. Im rückwärtigen Bereich der Vorhalle befindet sich eine Türöffnung zu einem in den Fels geschlagenen, gewölbten Stollen, in dem gemäß der Sitte des 3. und 4. Jahrhunderts die in Sarkophagen bestatteten Verstorbenen ruhten. Im Bodenbereich ist der Estrich noch vollständig erhalten, während der Putz an Wänden und Gewölbe durch die Witterung so stark beschädigt ist, dass von der ursprünglichen Ausmalung kaum noch etwas vorhanden ist.

Informationen zum Grabtempel:
www.kulturdatenbank.de.vu

33 Der Tempelbezirk von Tabernae (Tawern)

Kapitel: Auf Leben und Tod

Tempelbezirk
(mit freundlicher Genehmigung von Veronika Geerling, Aachen)

Die alte Römerstraße von Trier nach Metz führt auf der linken Moselseite durch den kleinen Ort Tawern, dem römischen Tabernae. Heute benutzt man die B 51 von Konz nach Saarburg, auf der man nach 5 Kilometern Richtung Grevenmacher (LUX) abbiegt, bis man Tawern erreicht.

Funde im Ortsbereich lassen auf eine Straßenstation mit Tavernen und einzelnen Wohnhäusern schließen. Oberhalb des Ortes wurden auf dem Plateau des Metzenbergs die Überreste eines ausgedehnten Tempelbezirkes aufgefunden, zu dem ein gut ausgeschilderter Weg hinaufführt.

Eine Fläche von ungefähr 1,5 Hektar Größe barg die Grundmauern von vier gallorömischen Umgangstempeln, einigen Schatzhäusern, Behausungen für Priester und Bedienstete und einem Brunnen. Eine Mauer umgab den heiligen Bezirk, durch die zwei Tore hinein- und hinausführten.

Außerhalb des Geländes befand sich eine Herberge mit angegliederten Geschäften, in denen der Besucher sich mit den noch heute für jene Örtlichkeiten unumgänglichen Devotionalien eindecken konnte.

Aus dem mit Trümmerschutt verfüllten Brunnen wurden Teile von Statuen und Inschriftensteinen gefunden, die einen Rückschluss auf die hier verehrten Götter zulassen. Wahrscheinlich waren es fanatisierte Christen, die bei der Zerstörung des Heiligtums die geheiligten Weihesteine in den Brunnenschacht warfen. Damals ein Sakrileg, belegen die Funde aus dem Brunnen, dass an diesem Ort Merkur, Apollo, Serapis, Isis und die einheimische Pferdegöttin Epona verehrt wurden. Weiterhin fanden sich auf dem Gelände neben anderen Zeugnissen sakraler Verehrung mehr als 700 Münzen von der keltischen Zeit bis zum Ende des 4. nachchristlichen Jahrhunderts. Dieses 4. Jahrhundert sah die Blütezeit der Anlage, als das Christentum die paganen Kulte in den Städten schwer bedrängte und viele Altgläubige sich in der Ausübung ihrer Riten in die Heiligtümer des Umlandes zurückzogen.

Wer heute vom nahen Parkplatz im Wald die wenigen Meter bis zum Tempelbezirk zu Fuß zurücklegt, erreicht bald die Umfassungsmauer des ehemaligen Heiligtums. Fast zwanzig Jahrhunderte durchschreitet der Besucher, wenn er durch das Eingangstor die Anlage betritt und staunend einem vollständig restaurierten Tempelbezirk des 4. Jahrhunderts gegenübersteht. Unter der Leitung des Landesmuseums Trier sind in den neunziger Jahren die Überreste der einsam im Wald gelegenen Anlage in ihrer ursprünglichen Farbigkeit wiedererstanden. Die Erhabenheit dieser Kultstätte inmitten der Wälder gehört zu den eindrucksvollsten Momenten, die ein Reisender auf den Spuren der Römer in diesem Teil Deutschlands erleben kann.

Informationen zum Tempelbezirk:
www.kulturdatenbank.de.vu

Glossar

Albis: Elbe, Fluss in Norddeutschland.

Alemannen: ein im Südwesten Deutschlands beheimateter Germanenstamm, der im 4. Jahrhundert gemeinsam mit den weiter nördlich siedelnden Franken die größte Gefahr für die römischen Provinzen darstellte. Vermutlich entsprang das Volk der Alemannen einem Zusammenschluss unterschiedlicher Stämme, die im Südwesten Deutschlands bis zur Lahn siedelten. Erstmalig zu Beginn des 3. Jahrhunderts erwähnt, durchbrachen sie um 260 n. Chr. den Limes und nahmen das ehemalige Dekumatenland rechts des Rheines in ihren Besitz. Mehr als 200 Jahre lang bedrohten sie in wechselvollen Kriegen den südlichen Rheinlimes und fielen verheerend in Gallien und Oberitalien ein. Im Gegensatz zu Franken, Goten, Vandalen und Langobarden errichteten sie keinen Nachfolgestaat auf ehemals römischem Gebiet und gingen nach einer vernichtenden Niederlage gegen Chlodwig im Jahre 496 n. Chr. im fränkischen Merowingerreich auf.

Ambrosius: der spätere Kirchenvater wurde 339 n. Chr. in Trier als Sohn des römischen Stadtpräfekten geboren. Nach dem Tode des Vaters ging die Familie nach Rom, wo Ambrosius nach umfangreichen Studien seine Karriere als Politiker und Kirchenfürst begann. 373 n. Chr. wurde er von Kaiser Valentinian I. zum Statthalter Oberitaliens in Mailand ernannt und ein Jahr später zum Bischof gewählt. Ambrosius trat für die Einheit des Christentums gegen die arianische Lehre ein und verfolgte gegenüber dem alten Heidentum eine kompromisslose Linie. Er starb im Jahre 397 n. Chr. in Mailand.

Antunacum: Andernach, Stadt am Mittelrhein.

Aquae Mattiacum: Wiesbaden.

Aquila: Igel, Ort bei Trier.

Aquis: Kurzform für Aquae Granni (Aachen).

Arcoballista: der Armbrust ähnliche Waffe, aus der Bolzen verschossen wurden und die als „Scharfschützengewehr“ der Spätantike galt. Die

Arcoballista wurde hauptsächlich bei Kommandounternehmen im Grenzkrieg eingesetzt.

Arelate: Arles, Stadt und Verwaltungszentrum des 5. Jahrhunderts in Südgallien.

Argentorate: Straßburg, Stadt im Elsaß.

Arnapa: Erft, Fluss im Rheinland.

Atuatuca: Tongern, Stadt in Belgien.

Aufanische Matronen: ursprünglich keltogermanische Mutter- und Fruchtbarkeitsgöttinnen, die in den nordwestlichen Provinzen verehrt wurden. Weihesteine, die ihrem Kult gewidmet wurden, stellen sie in ihrer typischen Dreiheit dar.

Ausonius: Decimus Magnus Ausonius (310 – 393 n. Chr.), geboren in Burdigala (Bordeaux), war ein am kaiserlichen Hof hoch angesehener Rhetoriker. Obwohl als Christ getauft, blieb die römische Götterwelt seine geistige Heimat. Werke wie die „Mosella" gelten als eine der letzten Höhepunkte römischer Dichtkunst. Als Prinzenerzieher und Konsul des Kaisers Gratian lebte er lange am Hof in Trier und nahm am Alemannenfeldzug Valentinians I. (368 n. Chr.) als Militärtribun teil.

Auxiliareinheit: in der frühen und mittleren Kaiserzeit nichtrömische Verbände, die zur Verstärkung der Legionen aufgestellt wurden. Sie stellten Spezialverbände (Reiterei, Bogenschützen etc.) oder wurden in der Grenzsicherung eingesetzt. Im 4. Jahrhundert während der Germanisierung des römischen Heeres bildeten sie als leichte Infanterieeinheiten zu 500 Mann den Kern des Bewegungsheeres und der Garden. Ihren Platz nahmen Föderaten ein, verbündete Stämme auf dem Reichsboden oder jenseits der Grenzen, die als komplette Einheiten unter einheimischen Führern in Dienst gestellt wurden.

Bacchus: der römische Gott des Weines ist häufig rebenbekränzt inmitten einer Schar fröhlicher Zecher dargestellt.

Ballista: Schleudergeschütz für Pfeile.

Ballistarii: Spezialtruppe zur Bedienung der Pfeilgeschütze.

Barbaricum: unzivilisiertes, nichtrömisches Gebiet.

Barditus: germanischer Schlachtgesang, der auch von den Auxiliartruppen und später vom gesamten römischen Heer übernommen wurde.

Bataver: ein germanischer Stamm, der in den heutigen nördlichen Niederlanden beheimatet war. Im Bataveraufstand (69/70 n. Chr.) besiegt, aber als Volk nicht untergegangen, stellten sie über Jahrhunderte hinweg dem Imperium kampfkräftige, berittene Auxiliareinheiten, bis sie im späten 4. Jahrhundert im Stammesverbund der Franken aufgingen.

Beda: bedeutender Vicus und spätantike Festung in der Südeifel.

Belgica: Vicus (Euskirchen-Billig)

Benefiziarier: altgediente Offiziere (Centurionen), die für ein Jahr eine Benefiziarierstation zum Schutz von Verkehrswegen und kleinerer Ansiedlungen übernahmen. Dokumentiert sind sie durch Weihesteine, die sie nach ihrer Dienstzeit den lokalen Gottheiten stifteten.

Bodobrica: Boppard am Rhein, spätantike Festung.

Bonna: Bonn, Legionslager.

Burdigala: Atlantikhafen im südlichen Gallien (Bordeaux).

Burgus: Kleinfestung ziviler oder militärischer Art, die zum Schutz von Verkehrswegen, unbefestigter Ansiedlungen oder größerer Landvillen angelegt wurden. Sie bestanden aus einem festen Turm oder Haus und waren zusätzlich durch Wall und Graben gesichert.

Caementarius: Maurer.

Caldarium: Heißbad in den Thermen.

Cella: ummauerter Innenraum eines Tempels.

Centenarius: Offizier der Kavallerie, dem Centurio vergleichbar.

Centurio: Mannschaftsoffizier des römischen Heeres, der eine Hundertschaft führte.

Chariétto: ein fränkischer Krieger vornehmer Abstammung, der zu Beginn der 50er Jahre des 4. Jahrhunderts in römische Dienste trat. Er sammelte hauptsächlich germanische Freischärler um sich, mit denen er den Trierer Raum von plündernden Germanenbanden säuberte. Mit seiner Truppe in die römische Armee eingegliedert, stieg er unter Julian und seinen Nachfolgern in der militärischen Rangfolge bis zum Comes (Heermeister) auf. Er fiel 365 n. Chr. in einem unbedeutenden Gefecht gegen alemannische Plünderer in der Nähe von Chalons sur Saône.

Circitor: Unteroffizier der Reiterei.

Clavi: Schmuckelemente auf Textilien, siehe *Tunika.*

Colonia Ulpia Traiana: Xanten, siehe *Tricensima.*

Colonia: Kurzform für Colonia Claudia Ara Agrippinensium (Köln).

Comes Sacrarum Largitionum: Leiter der Steuerbehörde einer Präfektur.

Comitatenses: mit den Militärreformen des späten 3. und frühen 4. Jahrhunderts rückte man vom Prinzip der starren Grenzverteidigung ab und stellte bewegliche Einheiten zusammen, die im Hinterland stationiert waren. Im katastrophalen Germanensturm der fünfziger Jahre des 4. Jahrhunderts entgingen diese Eliteverbände der Vernichtung und bildeten das Rückgrat der erfolgreichen Gegenoffensive unter Julian.

Contiacum: Konz, Stadt bei Trier.

Confluentes: Koblenz, befestigte Ansiedlung mit Mosel- und Rheinbrücke.

Coriovallum: Heerlen in den Niederlanden nahe der deutschen Grenze bei Aachen.

Cressiacrum: Kirch, Ortsteil der Gemeinde Longuich-Kirch.

Dalmatica: festliches Gewand, das über der Tunika getragen wurde.

Damnatio Memoriae: missliebige Persönlichkeiten und Herrscher wurden nach ihrem Tod verflucht und ihre Namen und Gesichtszüge aus Inschriftentafeln und Portraits herausgemeißelt.

Decem: Detzem, Ort an der Mosel. Die Ortsbezeichnung lässt sich von Decem (zehn) herleiten, dem zehnten Meilenstein moselabwärts von Trier.

Decumanus: Hauptstraße, bildete zusammen mit dem kreuzenden Cardo die wichtigsten Verkehrsachsen einer Stadt.

Diözese: größte Verwaltungseinheit der Spätantike, die mehrere Provinzen umfasste. Zur gallischen Diözese mit dem Zentrum Trier gehörten die gallischen, germanischen, britannischen und Teile der afrikanischen Provinzen.

Divodurum: Metz, Stadt im Nordwesten Frankreichs.

Draconarius: Feldzeichenträger, gehobener Mannschaftsgrad.

Epona: keltische Pferdegöttin.

Etrurien: Toskana.

Exceptor: Verwaltungsbeamter.

Fibel: Kleidungsaccessoire aus Eisen oder Edelmetall der Antike und des Mittelalters, mit dem Mäntel und Umhänge an der Schulter zusammen gehalten wurden. Von der Funktion her einer Sicherheitsnadel ähnlich, waren Fibeln oft aufwendig geschmückt und dienten dem spätantiken Heer als Rangabzeichen.

Föderaten: siehe *Auxiliareinheiten.*

Folles: Münzen, Kleinwerte aus Kupfer, die oftmals abgewogen verrechnet wurden.

Franken: im 3. Jahrhundert schlossen sich rechtsrheinische Stämme (Brukterer, Salier, Sugambrer, Chattuarier u. a.) zum Großverbund der Franken (Freien) zusammen. Sie überschritten mehrfach den Rhein (270/355 n. Chr.) und verheerten die römischen Grenzprovinzen bis nach Gallien hinein. Ab der Mitte des 5. Jahrhunderts überschritten sie endgültig den Rhein und nahmen die nordwestlichen Provinzen in Besitz, bis ihr Machtbereich im frühen Mittelalter das gesamte westliche Mitteleuropa einschloss.

Franzisca: Wurf- und Schlachtbeil der Franken.

Gallien: das römische Gallien auf dem Gebiet des heutigen Frankreichs und Teilen Westdeutschlands (Belgica) entwickelte sich zu einer der reichsten Provinzen des gesamten Imperiums. Das hoch entwickelte keltische Handwerk ging eine glückliche Symbiose mit der römischen Verwaltungskunst ein und dank des in Gallien entstandenen Systems der „Villae Rusticae" gedieh die klimatisch bevorzugte Provinz zu einer der Kornkammern des Reiches. Während das Volk noch lange der keltischen Sprache und Kultur verbunden blieb, nahm die Oberschicht schnell romanische Lebensformen an.

Garum: die aus eingekochtem Fischsud bestehende Würzsauce war in römischer Zeit als Kochzutat unentbehrlich und ähnelt geschmacklich der Worcestersauce mit einer stark fischigen Note.

Gelduba: Krefeld-Gellep, Lager und Festung vom 1. bis 5. Jahrhundert.

Germanien: rechts des Rheines erstreckte sich auf dem Gebiet des heutigen Deutschlands und Nordhollands das freie Germanien, das im Osten bis weit nach Ost- und Südosteuropa hineinreichte. Auf dem linken, römischen Rheinufer lagen die Provinzen Germania Prima und Germania Secunda. Die Germania Prima mit der Provinzhauptstadt Mainz umfasste nach dem Verlust der rechtsrheinischen Gebiete im 3. Jahrhundert einen schmalen Gebietsstreifen von der heuten Schweiz bis zur Mündung des Vinxtbaches (Finis – Ende / Grenze) bei Bad Breisig in den Rhein. Die Germania Secunda mit der Hauptstadt Köln erstreckte sich bis an die Nordsee und umfasste Teile Nordrhein-Westfalens, Belgiens, der Niederlande und Nordfrankreichs.

Gila: Kyll, Fluss in der Eifel, der nahe bei Trier in die Mosel mündet.

Gladius: das wuchtige Kurzschwert der römischen Legionäre von der Republik bis in die Kaiserzeit war mit einer Länge von 50 – 60 cm vor allem im Nahkampf auch als Stichwaffe geeignet.

Grannus: der dem römischen Heilgott Apoll gleichgesetzte keltische Gott Grannus wurde vor allem in Quellheiligtümern oder Kur- und Badeeinrichtungen verehrt. Im römischen Aachen (Aquis Granni) gab es zwischen den beiden Thermenanlagen einen großen Kultbereich, der u. a. dem Apollo Grannus geweiht war.

Hades: griechische Bezeichnung für die Unterwelt.

Hypokausten: unter dem Fußboden aufgerichtete Türmchen aus Ziegelplatten, die einen Hohlraum erzeugten, durch den die warme Luft des Heizungssystems den Boden erhitzte. Ein durch Hypokausten und Tubuli beheiztes Haus stand für einen Wohnkomfort, der erst im 20. Jahrhundert wieder erreicht wurde.

Icorigium: Jünkerath in der Eifel, römische Festung.

Idar: die keltische Bezeichnung für Waldberg könnte von der einheimischen Bevölkerung für den Hunsrück gebraucht worden sein.

Juliacum: Jülich, römischer Vicus und spätantikes Kastell.

Julian Apostata: Flavius Claudius Julianus lebte von 332 – 363 n. Chr. und war römischer Kaiser von 361 – 363 n. Chr. Als Sohn des Stiefbruders Kaiser Konstantins des Großen überlebte er die Wirren nach Konstantins Tod und wuchs in Konstantinopel und Athen auf. Christlich erzogen, wandte er sich um 350 n. Chr. der Philosophie des Neuplatonismus und dem alten Götterglauben zu. Von seinem Cousin, dem Kaiser Constantius, wurde er im November 355 n. Chr. zum Caesar des Westens ernannt und es gelang ihm mit großem militärischem Geschick, die verlorenen Provinzen im Nordwesten zurückzugewinnen. 357 n. Chr. schlug er die Alemannen vernichtend bei Straßburg. Vom gallischen Heer 361 n. Chr. zum Gegenkaiser ausgerufen, zog er seinem kaiserlichen Vetter mit großer Heeresmacht entgegen. Der plötzliche Tod des Constantius ersparte dem Reich eine militärische Entscheidung, und Julian verlegte seinen Regierungsschwerpunkt in den bedrohten Osten, wo er im Jahre 363 n. Chr. im Krieg gegen die Perser fiel. Berühmtheit erlangte er in erster Linie durch seinen Versuch einer heidnischen Restauration. Der bei der Mehrzahl seiner Untertanen geliebte und bewunderte Julian gilt als die letzte verklärte und romantische Herrscherfigur der Antike.

Kolone: Bauer der Spätantike, der in einem Abhängigkeitsverhältnis zu seinem Patron und Grundherr stand. Der Patron entrichtete die Steuer für seinen Kolonen, der ihm dafür einen Teil seiner Ernteerträge ablieferte. Kolonen waren vom Militärdienst befreit und Zeit ihres Lebens an ihre Scholle gebunden. Der Steuerdruck und die unsicheren Verhältnisse der Spätantike zwangen viele Kleinbauern, sich in dieses Abhängigkeitsverhältnis zu einem Großgrundbesitzer zu begeben.

Lanista: Schiedsrichter bei den Spielen im Amphitheater.

Legion: nach der Heeresreform auf eine Kampfstärke von 1.000 Legionären reduziert, gliederten sie sich in Centurien (ca. 100 Mann) und Kohorten (200 – 300 Mann). Die Reiterei war in Vexillationen zu je 500 Mann zusammengefasst. Die Notitia Dignitatum, eine Auflistung aller bestehenden Heeresverbände zu Beginn des 5. Jahrhunderts, weist eine Zahl von 240 Legionen aus, wozu noch einmal die gleiche Anzahl von Auxiliareinheiten und Föderaten kommt. Damit verfügte die spätrömische Armee über eine Gesamtstärke von ungefähr 500.000 Soldaten, auf deren Schultern die Reichsverteidigung lastete. Auch die Bewaffnung hatte sich den Anforderungen einer größeren Beweglichkeit im Einsatz angepasst. Helme wurden nur noch von Offizieren und Elitetruppen getragen, und als Körperschutz dienten der buntbemalte germanische Rundschild und das leichte Kettenhemd. Als Offensivwaffen wurden die Spatha (Langschwert) sowie Stoßlanzen oder Wurfspeere verwendet.

Leuge: in Gallien gebräuchliche Entfernungseinheit von ca. 2,2 km.

Limitaneinheit: Grenztruppen, die nach der Heeresreform in festen Garnisonen und Festungen stationiert waren. Im Gegensatz zu den Comitatenses handelte es sich um zweitklassige Verbände, deren Aufgabe darin bestand, einem feindlichen Angriff so lange zu widerstehen, bis Entsatz aus dem Inland herangekommen war. Verstärkt wurde der Grenzschutz durch

Hilfstruppen und Milizeinheiten, die aber nur einen begrenzten Kampfwert besaßen.

Livia: Leiwen, Ort an der Mosel.

Longinus: Longen, Ort an der Mosel.

Longus Vicus: „Langes Dorf“, römischer Name für Longuich an der Mosel.

Lugdunum: Lyon.

Lupia: Lippe, Nebenfluss des Rheins.

Magister Equitum per Gallias: Oberbefehlshaber der Reiterei der gallischen Diözese.

Marcomagus: Marmagen, Vicus in der Nähe von Nettersheim/Eifel.

Massilia: Marseille, südgallische Hafenstadt am Mittelmeer.

Medriacum: Straßenstation bei Melick (NL).

Meile: römische Entfernungseinheit von ca. 1,5 km.

Mediolanum: Straßenstation bei Geldern-Pont am Niederrhein, auch Name für die Stadt Mailand in Norditalien.

Mogontiacum: Mainz.

Morpheus: der römische Gott des Schlafes und der Träume.

Mosella: Mosel.

Mosa: Maas.

Mulsum: ein mit Honig und Gewürzen versetzter Wein, der vor dem Essen als Aperitif genossen wurde.

Novaesium: Neuss, Legionslager.

Noviomagus: Neumagen, spätantike Festung an der Mosel bei Trier.

Optio: ein Unteroffizier, der in der Regel einen Zug von 10 – 20 Legionären oder Kavalleristen befehligte.

Palästra: säulenumstandener Platz, auf dem in einem Thermenkomplex Sport getrieben wurde.

Palatini: Leibgarde des Kaisers, die nach der Auflösung der Prätorianer durch Konstantin neu aufgestellt wurde. Im Gegensatz zur früheren Elitetruppe, die in ihrer Mehrheit den alten römischen Traditionen anhing, war der Anteil der Christen unter den Palatini besonders hoch.

Pannonien: Ungarn.

Palatiolum: Trier-Pfalzel.

Pax Romana: „Römischer Friede", lange Friedenszeit vom 1. bis zum 3. Jahrhundert, in der die Provinzen einen ungestörten wirtschaftlichen und kulturellen Aufschwung erlebten. Die heutige romanische Prägung der südwesteuropäischen Staaten in Sprache und Kultur geht auf diese Zeit zurück. Bis weit in das Mittelalter hinein galt diese Zeit als das „Goldene Zeitalter", dessen Zustand nie wieder erreicht werden sollte.

Pilum: die klassische Wurfwaffe der Legionäre mit kurzem Holzschaft und einer langen, dreieckig endenden Eisenspitze. Das Pilum, dessen Spitze sich beim Aufprall verbog und nicht zurückgeschleudert werden konnte, verfügte auf kurze Entfernung über eine fürchterliche Durchschlagskraft. Im 4. Jahrhundert wurde das Pilum durch das ähnlich konstruierte, aber leichtere Spiculum ersetzt.

Piscina: mit kaltem Wasser gefülltes Schwimmbecken in den Thermen.

Pluviale: festlicher Umhang, ähnlich einem Poncho.

Portikus: überdachte Säulenstellung vor Häuserfronten oder seitliche Begrenzung heiliger Bezirke.

Porto Pigonto: Piesport, kleiner Hafen an der Mosel.

Präfekt: Vorsteher einer römischen Verwaltungseinheit. In der Diokletianischen Reichsreform wurde die durch Teilungen vermehrte Anzahl der Provinzen in Diözesen zusammengefasst. Die gallische Diözese mit ihrem Verwaltungssitz in Trier umfasste die germanischen, gallischen, britannischen, spanischen und einen Teil der nordwestafrikanischen Provinzen.

Präfektur: Verwaltungsgebäude.

Principia: Gebäude der Kommandantur im Militärlager.

Quintum: Quint bei Trier, Straßenstation mit Vicus. Der Name lässt sich von der lateinischen Zahl 5 (Quintus) herleiten und besagt, dass die Ansiedlung am 5. Meilenstation moselabwärts lag.

Rhenus: Rhein.

Rigodulum: Riol, Ort an der Mosel.

Rigomagus: Remagen.

Rura: Rur, Fluss im Rheinland.

Sablones: Straßenstation bei Nettetal-Kaldenkirchen am Niederrhein.

Saratus: Saar.

Schienenpanzer: im 1. und 2. Jahrhundert der gebräuchliche Körperschutz der Legionäre. Er bestand aus festen Blechstreifen, die mit Scharnieren, Riemen und Hakenverschlüssen zu einem stabilen Panzer zusammengefügt waren. Im 3. Jahrhundert wurde der Schienenpanzer durch das leichtere Kettenhemd oder den Schuppenpanzer ersetzt.

Silva Arduenna: Eifel und Ardennen.

Soiacum: Schweich, Ort an der Mosel.

Spatha: dieses ursprünglich nur von der Kavallerie verwendete ca. 80 cm messende Langschwert löste im 3. Jahrhundert den Gladius als Standardfechtwaffe ab. Grund war die von den Germanen übernommene Umstellung auf die Hiebfechtweise.

Spiculum: Wurfspieß, siehe *Pilum*.

Stilus: Schreibgriffel aus Metall mit einer Spitze und einem abgeflachtem Ende, zum Schreiben auf einer Wachstafel (*Tabula*).

Sunuxal: Stammesgöttin der keltischen Sunucer, die westlich der Rur im Aachener Raum siedelten. Ihr kultisches Zentrum lag in Varnenum (Aachen-Kornelimünster), wo ein der Göttin geweihter größerer Tempelbezirk ausgegraben wurde.

Tabernae: Tawern, Ort bei Trier, dessen Name sich von Taverne ableitet.

Tabula: mit Wachs beschichtete Holztafel, die mit einem Stilus beschrieben wurde.

Tegula: Dachziegel.

Tepidarium: Laubad.

Teudurum: Straßenstation bei Tüddern im Selfkant.

Tolbiacum: Zülpich im Rheinland, römischer Vicus und spätantike Festung.

Toga: weißes Prunk- und Festgewand der Römer aus einem Stück Stoff, das kunstvoll um den Körper geschlungen wurde, wobei der linke Arm frei blieb. Angehörige des Senatorenstandes waren an dem Purpurstreifen ihrer Toga zu erkennen.

Traiectum: Maastricht in den Niederlanden, bedeutende römische Siedlung in der Spätantike.

Treveris: Kurzform für Augusta Treverorum (Trier).

Tribun: hoher Offizier, der in der Spätantike eine größere Einheit (Kohorte/

Legion) befehligte. Über ihm standen der Comes oder Dux, der ganze Grenzabschnitte leitete und als oberster Befehlshaber der Magister Militum (Heermeister), den es pro Verwaltungseinheit sowohl für die Infanterie als auch für die berittenen Truppen gab.
Tricensima: auf den Ruinen der im ersten Frankensturm (ca. 260 n. Chr.) zerstörten Colonia Ulpia Traiana (Xanten) errichtete Großfestung, die 352 n. Chr. unterging. Für ihren Bau wurden ganze Stadtviertel einplaniert und die Steine der zerstörten Großbauten als Baumaterial verwendet. Eine Nachfolgesiedlung, deren Lage nicht bekannt ist, ist durch ein Gräberfeld um den heutigen Dom St. Viktor belegt.

Tricensimani: die „Dreißiger“, Nachfolgeeinheit der in Xanten stationierten XXX. Legion.

Tubulus: Hohlziegel, der unter dem Wandputz angebracht war. Tubuli waren wichtige Bestandteile der römischen Gebäudeheizung, weil die erwärmte Luft durch sie hindurchströmte und die Wände aufheizte.

Tunika: das Universalkleidungsstück der Römer für alle Lebensbereiche bestand aus einem knielangen Hemd, das um die Hüften gegürtet wurde. Festliche Tuniken waren aufwändig mit eingestickten Zierfeldern und Schmuckbändern (Clavi) versehen. Im 4. Jahrhundert hatten sich als zusätzliche Kleidungsstücke Hose und Kapuzenmantel durchgesetzt. Als Mantel diente ein viereckiger Stoff, der um die Schulter geschlungen und von einer oft aufwendig verzierten Fibel zusammengehalten wurde. Die Toga wurde nur bei feierlichen Anlässen von hohen Würdenträgern getragen. An den Füßen trug man feste Sandeln oder geschlossene Halbstiefel aus Leder, die je nach Gebrauch über genagelte Sohlen verfügten.

Turinga: Thörnich, Ort an der Mosel.

Untariacum: Klüsserath, Ort an der Mosel.

Urafa: Urft, Fluss in der Eifel.

Varnenum: Aachen-Kornelimünster.

Vicarius: in der Spätantike löste der Vicarius den Lagerpräfekten als Kommandanten eines befestigten Lagers oder einer Festung ab.

Vicus: ein Dorf oder eine kleinstädtische Siedlung mit einigen hundert oder tausend Einwohnern. Ein Vicus lag oft an einer exponierten Straßenkreuzung und bildete den Mittelpunkt einer stärker besiedelten Region. Hier befanden sich untere Verwaltungseinrichtungen, Benefizarierstationen, und Märkte, auf denen die landwirtschaftlichen und handwerklichen Produkte des Umlandes angeboten wurden. Geprägt wurde das Ortsbild entlang der Straßen von Tavernen, Geschäften und den Werkstätten der Handwerker, die in ein- bis zweistöckigen Streifen-häusern mit vorgelagerter Portikus untergebracht waren. Je nach Größe verfügte ein Vicus über Badegebäude (Thermen) und religiöse Einrichtungen (Tempel). Im 4. Jahrhundert wurden viele Ansiedlungen durch einen Burgus geschützt (Billig) oder vollständig befestigt (Jülich, Zülpich, u. a.). Viele Vici überstanden das Erlöschen der römischen Zivilisation im 5. Jahrhundert und bildeten die Keimzelle heutiger Städte.

Villa Pulchra: Pölich, Ort an der Mosel.

Villa Rustica: kleiner oder größerer Gutshof zur Produktion landwirtschaftlicher Erzeugnisse auf dem Lande. Die Villa Rustica bestand aus einem repräsentativen Wohnhaus des Besitzers mit wirtschaftlichen Nebengebäuden. Eine von Risaliten (vorspringende niedrige Turmgebäude) begrenzte Portikus prägte das Bild des Anwesens und je nach Größe wurde ein Bad angebaut. Oft umgab den Wohn- und Arbeitsbereich eine Mauer, außerhalb derer Begräbnisplätze und kleinere sakrale Einrichtungen lagen. Das System der Villae Rusticae bildete das Rückgrat der Ernährungswirtschaft in den gallischen und germanischen Provinzen. Im Eifelvorland überwog die Gewinnung von Bodenschätzen wie Eisen, Blei und Kohle. In der Kölner Bucht bis nach Aachen haben mehr als 6.000 dieser Einrichtungen existiert und selbst im unsicheren 4. Jahrhundert gab es noch Neugründungen. Im Gegensatz zu den größeren Siedlungen wurden die Villae Rusticae nach dem Abzug der Römer selten weiter genutzt. Die germanischen Neusiedler bauten neue Wohnstätten und nutzten die abseits liegenden römischen Häuser zur Gewinnung von Baumaterial.

Villa Sarabodis: Gerolstein-Sarresdorf, große und luxuriöse Villa Rustica.

Visolvia: Oberwesel, Stadt am Rhein.

Zeittafel

v. Chr.	
58 – 51	Caesar erobert Gallien bis zum Rhein. Rheinübergänge im Neuwieder Becken.
22 – 19	Gründung der Colonia Augusta Treverorum (Trier) auf einer treverischen Vorgängersiedlung.
13	Gründung des Militärlagers Mogontiacum (Mainz), das sich im 1. nachchristlichen Jahrhundert zur Stadt entwickelt.
12 – 9	Germanenfeldzüge des Drusus mit dem Ziel der Unterwerfung Germaniens bis zur Elbe. Tod des Drusus auf dem Rückmarsch. Errichtung von Militäranlagen in Xanten (Vetera).
n. Chr.	
9	Niederlage des Varus im Teutoburger Wald gegen die Cherusker unter Arminius. Verlust von 3 Legionen.
15 / 16	Germanenfeldzüge des Germanicus mit unentschiedenem Ausgang. Abbruch der Offensive und endgültiger Rückzug an den Rhein.
50	Köln wird zur Colonia erhoben (Colonia Claudia Ara Agrippinensium).
69 / 71	Bataveraufstand unter Führung des Civilis. Zerstörung Veteras (Xanten) und Ausrufung eines Gallischen Sonderreiches. Sieg des Cerialis über die Aufständischen bei Vetera.
90	Einrichtung der Provinzen Germania inferior (Niedergermanien) und Germania superior (Obergermanien) mit den Hauptstädten Köln und Mainz.
um 100	Gründung der CUT – Colonia Ulpia Traiana (Xanten) – und Bau der Eifelwasserleitung nach Köln.

70 – 250	Lange Blütezeit und stetiger Ausbau römischer Kultur in den nordwestlichen Provinzen.
189 – 191	Erfolgreich abgewehrter Germaneneinfall am Niederrhein.
um 200	Zusammenschluss rechtsrheinischer Germanenstämme zum Verband der Franken im Norden und der Alemannen im Süden.
211	Erste Alemanneneinfälle am Oberrhein.
212	Constitutio Antoniana: Verleihung des Römischen Bürgerrechts an alle Reichsangehörigen. Germaneneinfälle am Niederrhein.
235 – 284	Herrschaft der Soldatenkaiser und Reichskrise nach der Ermordung des Kaisers Alexander Severus in Mainz.
259 – 260	Verheerende Germaneneinfälle, Aufgabe des Limes und Verlust der rechtsrheinischen Gebiete.
259 – 273	Gallisches Sonderreich des Postumus mit der Hauptstadt Köln. Sicherung der Rheingrenze durch Postumus und seine Nachfolger Victorinus und Tetricus.
270 – 275	Erneute Einfälle der Franken und Alemannen.
293	Ernennung des Constantinus Chlorus (Vater Konstantins) zum Caesar des Westens. Trier wird Residenz des Westreiches mit hundertjähriger Blütezeit.
297	Verwaltungs- und Provinzreform unter Diokletian. Germania Prima (I) und Germania Secunda (II) werden Teil der Gallischen Diözese.
306 – 337	Konstantin I., der Große.
306 – 319	Frankenfeldzüge Konstantins. Aus- und Neubau von Festungen (Köln–Deutz, Bitburg, Neumagen).

313	Mailänder Edikt und freie Religionsausübung für die Christen im Reich.
314	Maternus Bischof in Köln.
337 – 361	Constantius II., Sohn Konstantins, wird Kaiser des Ostreiches und ab 353 Alleinherrscher.
337 – 350	Sein Bruder Constans regiert im Westen.
341 – 343	Frankeneinfälle am Niederrhein unter Constans zurück geschlagen. Germanische Landnahme in entvölkerten Gebieten.
350 – 353	Nach der Ermordung des Constans usurpiert Flavius Magnus Magnentius die Herrschaft im Westreich.
351	Sieg des Constantius über Magnentius in der Schlacht bei Mursa. Die furchtbaren Verluste (50.000 Mann) schwäche die Schlagkraft des Heeres.
352	Einfall der Franken in die von Truppen entblößten Grenzprovinzen. Die spätrömische Festung Tricensima (Xanten) wird zerstört.
354	Kaiser Constantius verfügt die Schließung heidnischer Tempel. Zerstörung von Tempelanlagen durch fanatisierte Christen.
355	Ausrufung des Heermeisters Silvanus zum Augustus in Köln. Ermordung des Silvanus und anschließende Belagerung Kölns durch die Franken. Eroberung des Kastells von Gellep (Gelduba).
356	Julian, Vetter des Constantius, wird zum Caesar des Westens ernannt und befreit Köln.
356 – 359	Rückeroberung der verlorenen Provinzen durch Julian.

357 Erfolge über die Franken bei Jülich und Maastricht und Sieg über die Alemannen bei Straßburg.

359 Proklamation Julians zum Gegenkaiser und Wiederaufbau der Grenzbefestigungen am Rhein.

360 – 361 Vorstöße über den Rhein zur Grenzsicherung.

361 Tod des Constantius.

361 – 363 Alleinherrschaft Julians. Das Christentum wird durch die heidnische Restauration zurückgedrängt und Julian von christlichen Biographen als Abtrünniger (Apostata) bezeichnet. Julian fällt im Perserkrieg.

364 – 375 Kaiser Valentinian residiert in Trier. Ausbau des Rheinlimes und erfolgreiche Abwehr von Germaneneinfällen. Tod Valentinians.

375 – 383 Unter Kaiser Gratian christliche Politik unter dem Einfluss des Mailänder Bischofs Ambrosius.

378 Verheerende Niederlage des Ostkaisers Valens gegen die Goten.

381 Verlegung der Residenz von Trier nach Mailand.

383 Ermordung Gratians durch den Usurpator Magnus Maximus.

383 – 388 Maximus residiert in Trier, Versuch einer heidnischen Restauration.

388 Theodosius besiegt und tötet Maximus.

392 Verbot der heidnischen Kulte. Das Christentum wird Staatsreligion.

394 Verlegung der gallischen Präfektur von Trier nach Arles.

395	Tod des Theodosius und Teilung des Reiches unter seine Söhne Honorius (Westen) und Arcadius (Osten).
401	Abzug der römischen Truppen zum Abwehrkampf gegen die Goten in Italien. Übernahme des Grenzschutzes durch föderierte Germanen.
411	Letzte Sicherung der Rheingrenze.
420	Frankeneinfall in Trier.
451	Sieg des römischen Heerführers Aetius über die Hunnen auf den Katalaunischen Feldern.
455	Belagerung und Einnahme Kölns durch die Franken. Plünderung Triers.
476	Romulus Augustulus als letzter weströmische Kaiser durch den Germanen Odoaker abgesetzt.
479	Trier wird endgültig fränkisch.
486	Chlodwig, König der salischen Franken, erobert das Reich des Syagrius, den letzten Rest weströmischer Herrschaft in Gallien.
nach 480	Koexistenz von germanischer und römischer Kultur im Rheinland nach der fränkischen Landnahme und Fortbestand der „Romania“ an Rhein und Mosel bis ins Mittelalter. Siedlungskontinuität in den großen Städten Köln, Mainz und Trier mit Auswirkungen bis heute.

Weitere Bücher
der Trilogie:

MARCUS
Tribun Roms

Band II

MARCUS
Maximus Alamannicus

Band III